◆ 时任化学工业部部长彭涛（右二）陪同周恩来总理（左一）和陈云（左二）、李富春副总理（右一）参观化工产品展览（1958年）

◆作者与姐夫陈庆龄（中坐者）、二哥彭定新（右一）合照（1982年，南昌）

◆ 饮水思源：捧一掬鄱阳湖水（2005年）

◆青年时期的彭涛

◆彭涛手迹。作者进京求
　学时，彭涛致信在京友
　人，请予关照。这是给
　作家胡奇、曾克的信
　（1949年，南京）

◆ 故乡鄱阳风光

◆ 作者提交辽宁抗疫诗书画印作品
网络展的书法作品（2019年）

22

❦

散文集《秋日的私语》及其他

彭定安文集

彭定安/著

东北大学出版社

·沈 阳·

图书在版编目（CIP）数据

彭定安文集. 22，散文集《秋日的私语》及其他 /
彭定安著. — 沈阳：东北大学出版社，2021.8
　　ISBN 978-7-5517-2363-3

　　Ⅰ. ①彭… Ⅱ. ①彭… Ⅲ. ①社会科学—文集②散文
集—中国—当代 Ⅳ. ①C53②I267

中国版本图书馆CIP数据核字（2021）第124918号

出 版 者：东北大学出版社
　　　　　地址：沈阳市和平区文化路三号巷11号
　　　　　邮编：110819
　　　　　电话：024-83680267（社务部）　83687331（营销部）
　　　　　传真：024-83683655（总编室）　83680180（营销部）
　　　　　网址：http://www.neupress.com
　　　　　E-mail:neuph@neupress.com
印 刷 者：辽宁一诺广告印务有限公司
发 行 者：东北大学出版社
幅面尺寸：170 mm × 240 mm
插　　页：4
印　　张：23
字　　数：377千字
出版时间：2021年8月第1版
印刷时间：2021年8月第1次印刷
责任编辑：周　朦
责任校对：杨世剑
封面设计：潘正一
责任出版：唐敏志

ISBN 978-7-5517-2363-3　　　　　　　　　　　定价：104.00元

出版说明

INTRODUCTORY NOTES OF A BOOK

本卷为散文集。

它由两部分组成：一部分是出版于1993年的散文集《秋日的私语》；另一部分则是这本散文集出版以后所写的散文。第二部分散文都写于1993年以后，尤其几篇篇幅较长的散文，皆出自耄耋之年。如果第一本散文集是"秋日的私语"，那么第二部分零散的散文，就可以称为"冬季的絮语"了。要说它们的意义和价值，也许可以认定，一是反映了我的生活，我的理性世界和感性世界（尤其是晚年的）；二是映照了社会的情状、文化的演进和生活之流的逝波涟漪。其中，访学欧美的见闻与思索的散文，涉及中西文化的异同和交流的涉猎、考察与思考，其主旨均在中国的现代化和中国文化实现从传统向现代创造性转换这一主题，尚有一定的思想–文化意义和学术品性，故有评论指为"学者散文"；还有几篇追忆师友的文字，我亦颇为珍惜。

其他诸篇，也没有按照发表先后的次序排列，而是大体按主题组合又适当照顾时间先后来排列的。第二部分，其中4篇长篇回忆散文，总题为《耄耋回首往事前尘》，记录和反映了我人生道路上一些影响至深的人和事，或许也映照、透视了一些社会与人生的隐在的规律和"人生哲理"。本卷后面特意以近年发表的纪实文为尾，以映出我暮年的生活状态；还有一篇关于辽河文化的散文，则是由我2018年所写的3万多字的长篇学术论文，经"散文化"缩编改写而成。最后，则是以我多年来先后所写的几篇传记性文字作结。

彭定安

2021年6月

巴黎情迹

——海外吟草之一

彭定安

谒巴黎公社墙

巴黎细雨暮色幽，公墓寂静少客游①。

曲径尽处呈遗址，残垣村雨体自由②。

攻坚累累尽先烈，殉情寂寂别无由③。

烈士青年洒碧血，换得人间□发球。

访雨果故居

高宇崇楼卷族旗，生老如孔悦铅华④。

壶盒觞盂叙往事，罗漫芝夫牖之霞⑤。

"九三"空言撼人心，"艾娜"情世留住伍⑥。

金兑离桌临窗立，诗人憔悴见无虚⑦。

长吟涯

莱茵秋思 '92.11.21（四）阴.晴

目录

第一部分　秋日的私语

题　记

它们都写于人生的秋季

不是秋之果

只是秋之思

无论今日之"所视"

还是昔日之"反思"

都带着长久经历形成的

价值评断框架

选择机制和审美定势

不是我在说话

而是话在说我

1993 年 7 月 3 日

秋日的私语

乔治·吉辛在他的世界散文名著《四季随笔》中这样写过："现在我们从人生的秋天来回顾那些久远的往事，伊·比今天用一种宁静满意的心情写信，这对我很好。他引用歌德的话：'人在青年时代希望的事，在老年时实现了！'"然后，吉辛说："歌德这些话过去对我是一种希望，后来我摇头不信。现在我微笑地想，我自己的情况证明这话何其真实啊。"

我现在早已不是尼采所说的"人生的中午"，也已不能仅仅如吉辛所说是"人生的秋天"，而应该说是人生的深秋，正运行向着冬天而去了。在这深秋季节，读着吉辛的话，"宁静满意"是有的，但也有惆怅、辛酸和苦涩。然而，并非一己的感伤，而是历史（昨天就已成为历史）的情怀。并没有青年时希望老年时实现，倒是有青年时未曾希望的，老年时却成事实。歌德的话对我不曾是一种希望，我也未曾摇过头，现在也就没有用那份微笑来证实歌德的话是如何真实。

青春华年笃信前程定似锦而终似墨，哀乐中年，以为将抛尸荒野芳草萋萋掩孤坟，而晚景不凄凉。如果这都是个人的命运所致，倒无多少感叹，却因为这是一代人、一种人的"集体无意识"的个体体现，而感慨良多良深。在人生的夏末秋初而真正开始具有人生意味的人生，不仅太晚而且因为体衰而活得太累。但是"第二个青春"的理论诱惑和现实生活的鼓舞和推动，倒真的"青春难再得，努力爱春华"地"爱"了一番。写所谓著作，一本又一本。撰所谓论文，数多质差，连篇累牍，还有那么多"学术活动"，东南西北、国内国外，还有那么杂的行政事务，缠身损心，再外加这样那样的社会活动。扮演着多重角色，但是有一颗简单的魂灵平凡的心。"萧瑟暮年夕阳红，为学不欲作冬烘；勤读诗书近实践，心系元元寄苍穹。"（引自作《春日偶成》）此心此情，亦是文心文情，如流水注入小溪，如白云飘洒长空。连那些被称为"学术著作"的文字中，也隐然潜存。至于此外的零篇杂碎，就更难避免了。这些篇什，或记事或抒情，或报道会议或讨论问题，也有国外游踪的纪实，虽然作"散文诗"状，虽然仿"散文"写法，但大都呆板滞迟，缺乏灵气文韵。不过我向来信实"不是我在说话，而是话在说我"，虽说是我在叙事描物写人，但终究都是我用我的话语在说，而我之"话语"却是我的生活，我的生命，我的童年、少年、青年、中年以至老年的欢乐、忧愁、痛苦、希望、奋斗等知情意的文化积淀、情感结晶、心理升华。说"他者"时，是"话在说我"又是"我的话"在说别人他事中反映、反应、反射了我及我之历史。我非我，而是"一滴水"反映着过往的历史和今天的现实。也许只有这一点因缘，才使这种杂什篇章有一点社会、时代、文化意蕴。纵是"贫矿"，但终究是"矿"。

但因为都是在人生的秋天时所写，所以称为"秋日的私语"。

"愿你的生命中有足够多的云翳，来造成一个美丽的黄昏。"

云翳，是够多的了，在我的生命中。那么，黄昏该是美丽的，是吗？

蜗牛的今昔

据说，很久很久以前，蜗牛背上并没有壳。那时因为没有这沉重的包袱，所以走起来很快；不像现在似的从早走到晚，还走不了几尺远。

有一次，不知为了什么，蜗牛犯了众怒，因而遭到极严格的批评。这很伤了蜗牛的心，从此以后，它便躺在阴暗潮湿的地方，回顾着过去，悲痛着现在，却不顾、不敢去想将来。它终日以泪洗面。这眼泪里含着懊悔、悲伤和辛酸。日积月累的泪水淌在它的四周，和地上的灰尘、污垢相混，渐渐地结成了薄薄的硬壳。蜗牛是这样地悲痛已逝的过去，以至不想见阳光和同伴。它干脆把那薄薄的硬壳卷成黑暗的小圆壳，躲身进去，只是偶尔走动时才露出一对触角，以防碰壁。从这以后，蜗牛就背着自己一手造成的这包袱，极慢极慢地爬行了。

日子长久了，蜗牛也的确不安于壳中的生涯，不满于在阴暗潮湿的角落里爬行，特别是当它窥见偶尔射进角落里的阳光和听见外界的欢笑声的时候。可是，不幸得很，壳是这样长久和牢实地凝固、粘连在它身上，使它不能抖掉它。

只要蜗牛能走出阴暗潮湿的角落，让阳光的热力来烘烤，让伙伴们来帮助，它是能把壳去掉的。这是一定的。然而它似乎还没有觉悟到这一点。你看，它不是还在阴暗潮湿的地方爬行吗？

艺术的魅惑

每个人都有他的艺术觉醒期，一般在少年时代到来。但我却很难确切地说出自己的这个人生必经的思想感情与审美心理发展阶梯的发生期。不过，我至今未能忘怀，少年时代——大约在高小毕业和刚上初中这个时期，在南国酷热的夏夜，顾不得到后院去纳凉，伏处斗室挥汗临摹丰子恺漫画的情景。那是专注而愉悦的。我画了厚厚的一本。以后，既临芥子园画谱，也学徐悲鸿的杰作，还摹写过法国著名画家米勒的《第一步》。多种样式的美术作品，把一个美的世界呈现在少年爱好者的面前，更像甘露似的，把对于美的魅力的迷恋与爱慕，浸润到我这个少年追求者的心灵。它洗涤与启迪，把我引向真与善的感应和倾慕。虽然，以后我投考杭州艺专而名落孙山，在中国人民解放军第四兵团文工团美术组工作而一事无成，证明了我连起码的美术工作者的素质也不具备。然而，这少年时代播下的对于艺术魅力的倾慕之情和为这种魅力所浸润而启迪的良知，我至今珍爱不已，深恐将这童心的遗痕失落于衰敝的记忆中。

冲淡了这种艺术的魅力与对它的追求之情的，是文学的侵入。就在我对美术如此钟情的时候，文学，首先是散文，来叩我的心扉。极少的几篇《古文观止》中的古典散文名篇，虽然我爱而诵之，能够背得下来，但影响更深的却是"五四"以来的白话散文篇章。每当假日或无课的下午，我便从书橱里抽出一堆语文教科书——这都是兄长们用过的，挨本地选读五四以来散文名家的作品。那景、那情、那意境、那文笔，令人神爽心迷，陶醉于美的氛围之中。尤其是春雨淅沥或秋雨霏霏的日子里，透过窗棂能见迷蒙的湖上烟雨，江南美秀娇甜的自然风物，将人引入审美体验的欢悦中。这是一种陶冶，也是一种灌输，还是一种潜移默化的教育。其中蕴蓄着感情的、理性的、思想的汁液，也包容着审美心理和艺术素养的哺育。

然后，我又从散文进入小说与驳论文字的喜爱之中。那"中介"是鲁迅的杂文。大概在初二或初三年级时，我囫囵吞枣地阅读起鲁迅的杂文，那"逻辑之钳"和激情的意蕴，带着强劲的磁力，把我吸引住了。这种更偏重逻辑思维的影响，在若干年后，又把我引向理论领域。在20世纪40年代末期，在党领导下的学生运动的高潮中，我在同学的带动下，开始接触社会科学。它拨动了我的理论思维之弦，从此读艾思奇的哲学著作，潘梓年的逻辑学著作，薛暮桥、狄超白的经济学著作，进而读马克思主义经典著作。但由于我对文学艺术的酷爱，兴趣便从这里向文艺理论倾斜和发展了。

回首往事，我觉得，如果说风雨楼头读散文，是家庭中介的作用，那么，斗争年代学理论，便是时代的影响了。我们每一个人都是这样在时代、社会、家庭的大小环境的磨砺下长大的，个人的兴趣不免要受到时代思潮的志趣的矫正和引导。

结合着自己的生活经历和艺术学习的途程（包括创作的探索），结合着对于别人的创作经验和作品的体会，在探索中虽然时有所悟，似有所得，但更多的是处于困惑中——诱我前行的不是解答而是疑问。如果说，以前尤其是青少年时代对于艺术的感受主要是魅力，那么，现在更多的却是魅惑了。

如果说我对于艺术懂得了一点什么，那么，应该说，我懂得了在这个领域里自己所知太少，亟须学习。有多少问题使我困惑而欲求解决啊！

然而这困惑，具有更强烈的魅力。

三十年流云飘逝

——花甲之年忆"而立"

30年时光，像夏日长空的一片白云，倏然飘逝。岁月流泻，人生短暂。然而记忆的沉重，又令人深感生活的迟滞，剜不去那些往日的刻痕。不过，无论是"白云"还是"刻痕"，都留下了一些对于个人和群体、今天和明天有意味的积极的内涵。

30年前，正当我还差两年迈向而立之年时，生活突然向我板起了严峻的面孔，立而未立，猝然而倒。大约10年之后，正当面临不惑之年时，却又陡然陷入极大的困惑之中。这十载黄金时代，生活是严酷而冷峻的。这是一种人与社会的双向选择：社会对人做了"负选择"（筛选掉），而人却对社会做出积极的选择——不欲颓唐与消逝。

我至今没有查到出处，但我确切地记得读到过列宁说的这样意思的话语：在十月革命胜利后不久的时候，德共中央一位年轻而颇富才华的中央委员犯了错误，列宁谈到他时，说道，他不得不暂时离开政治的旋涡，但他可以潜心研究。离开政治旋涡，潜心从事研究，这成为我在当时做出选择的根本指导思想。虽然尔后的漫长岁月中，政治的旋涡似乎从未脱离过我，但是"潜心研究"的决心，却确实从此时起埋入心田。还清晰地记得，自己在沉重的体力劳动（拉纸、倒煤、修路、掏厕所等）之后的夜晚和假日按计划阅读的情景，在辗转病榻时读、写、思的状况。关于美学的不少基础著作，还有一大捆已经灰飞烟灭的读书笔记，就是在这种情况下阅读和写作的；在中国医大一院的简易病房（那是1958年"大跃进"的产物，而我那时按规定不许住入正式病房），我用买一本书读后折价卖掉、再添一些钱买新书的办法，"车轮"式地读完了当时风行的文学名著（当时每月只有三十几元生活费，不得不这么办；感谢一位不知姓名的年轻护士，她每次回家时，替我买来新书）。

在沈阳市第三医院住院时，在二十来人的嘈杂大病房的门边一角，躺卧病榻，读完了《马克思恩格斯列宁斯大林论共产主义》等理论书，上面写满了幼稚然而真挚的发自内心的学习心得与感受。在卧病不起、枯守斗室时，蛮有兴味地读北大中文系学生编写的四卷本《中国文学史》。……这些都是在记忆中留下了印痕的。此外自然还有许多。不过，我那时是有重点、有选择地做了安排的。"细水长流"的是读鲁迅。那时正陆续出版新中国成立后新一版的《鲁迅全集》，一部精装本，逐册读来，一遍又一遍。但重点"攻关"的却是太平天国史和美学。前者是为了创作一部电影剧本《忠王传》。笔记累累，图表篇篇。美学则是理论研习的热点。科学研究也同世事类似，往往事后的结果与事前的安排不相一致。30年后，鲁迅研究固然成为我的主业，美学研究也是我的主课；但曾经位居第二的太平天国史，至今除了一部仍在箱子里接受耗子"批判"的电影文学剧本之外，便只有一缕无可奈何的恋情，而能够记得的史实已经不多。

如果要说一点什么感受以至"经验"之类，我想说：选择是重要的，而信心、决心和韧性是它的基础；选择既定，按计划实现则是保证。我还以为，不要"死叮在一朵花上"，要广阔、拓展、丰富以至庞杂，目光四射，兼容并蓄。当然，要有核心，要万变不离其"宗"。还需要"人皆为我用"——这当然只是指做学问说的。

如果要说失去了什么，回顾往昔，我的确感到失去了人际交往、友朋切磋，失去了娱乐、休息。这不仅是我人生之旅中的损失，而且是科研上的错失——这些都不是生活的多余部分，固然又不能让它成为主要部分。

苏东坡在《赤壁赋》中对于那个既羡长江之无穷，又抱与明月长终的感伤"客"说，如果从变的观点看，连天地也瞬息而逝；但若从不变的观点看，那就物我都是无尽的。年届花甲，回首"而立"，既感岁月瞬逝，又觉物我无尽。革命者的一生，片时千古，融于一体。重要的是时时抓住眼前的一瞬，失去了它也就失去了千古。

（写于1988年）

文　竹

　　桌上摆着盆景，小瓷盆里生长着一丛文竹。它总是默默地、默默地生长，不见它开出花，无论红色或黄色或蓝色的。它只是默默地生长。它并没有竹子那样笔挺的坚实的干，却是细细的，弱干柔枝。它是异样柔弱，细细的水珠一洒上去，它便弯下了腰、低下了头。然而这姿态，却透出谦逊的礼貌和温驯的品格。

　　因为，渐渐地，它就又挺立起来了，而且默默地生长。因此它为许多人所喜爱。……

　　那还是很久以前了，当海婴初生，许广平还躺卧产床时，鲁迅到医院来看望她，手里捧着盆景，那里生长着的就是一丛文竹。鲁迅在简略的日记中记着此事："上午往福民医院。……买文竹一盆，赠广平。"

　　这颇体现了鲁迅的用心。文竹，柔弱温驯，是颇带"女性"味儿的。然而它又总是那样顽强地、默默地生长，不慕粉饰，不羡繁花。柔弱中蕴含着刚强。鲁迅在哀悼他的学生、烈士刘和珍时曾说，他以为这位敢与校长斗争的学生，奔走呼号，"叱咤风云"，该当是桀骜锋利的模样吧？然而，他见到这位学生领袖时，却"暗自诧异"：她是温和的，脸上总是带着微笑。而当斗争遇到挫折，她忧虑母校前途，便簌簌泪下，颇显"柔弱"之态。然而，她最后却英勇牺牲在军阀段祺瑞的走狗射击的子弹下。

　　她的内里是刚强坚定，外表却温驯柔弱。

　　文竹就是如此。然而它又不仅如此。

　　它不需要多少水，也不需要阳光的直接照射，无须几许辛劳、多少侍弄，但却总是默默地生长，默默地把绿色和生命的美献给人间。

　　人们笑它，带着轻佻与鄙视，说："多么微小的、薄的、没有花的贡献啊！"

然而文竹默默地生长，毫不气馁。它说，世界宏大，它需要各种乔木、各种花，需要牡丹，需要青松，也需要小草。每一种类，都有它特自的贡献，无论大小、厚薄、宽狭、长短、久暂。世界是宏大的，宇宙是恢宏的，它包容并发挥着一切一切的力量。

包容并发挥，一切一切的力量！

春日的哀痛

——悼念两位敬爱的师长

春风没有吹来万物复苏的佳音，却连连送给世界以哀痛的悲声，他们何以匆匆离去！我久久沉思而哀痛、哀痛而欲诉衷情。

黎澍，被称为独立思考的学者、当代思想家、马克思主义理论家的人——我还想补充一句：一位有骨气的文人。他在写作中站起来却猝然倒地，就撒手而去了。他的渊博的学识，精粹的见解，透辟的论说，恣肆深邃的文字，都随着他的逝去而灰飞烟灭了，死的彻底、冷酷和无奈！我在从南国飞抵北京的夜里，突然得到这个噩耗，心头笼起乌云，感到像窗外的深夜一样黑暗。然而我立时想起正是他，在乌云刚刚散去不太久时，首先给了我心头一抹春日的阳光。那时他正筹组《中国社会科学》杂志编辑队伍，从外地选调人员，我有幸是其中之一。此外还有几个与我是"五七同科"者。那时朝霞刚自东方升起，起用"此类"还不是没有说道儿的，然而他无所顾忌。他曾在书房里与我谈完此事，那"环屋皆书也"的套间书房给我以深刻印象。他的精辟大胆透彻的谈论，使才从山沟里钻出的我，既感痛快淋漓，又不免心悸。他又派人来沈阳与我谈工作问题。然而"辽宁不放"，我的京华一梦飘然逝去。

如按中国习惯而我又不怕僭越，我可称他为"吾师"。40年前，我在北京香山听他讲了一课。讲的是不为人重视的资料工作，然而他的宽阔视野与精到见解，竟说得不少学生放弃当编辑、记者的志愿而要去当

资料员，我则从此喜爱和重视资料。听君一席话，受益贯终生。以后，他的《马克思主义与中国革命》同胡绳同志的《帝国主义与中国政治》一样，是我的启蒙著作、基础读物和基本参考文献，使我终身受益。1986年，我院要举办一个讲习班，我请他莅临讲学，他欣然同意，然而届时却因病住院，来信说不能践约，委婉恳挚，如师长然。以后，又曾为我院一位研究人员的成果处理问题给我写信，言辞恳切，关心提携，感人至深。他从不以"大家"之态对待后学晚辈。然而他又确是大家。记得1981年我参与主持一个全国性学术讨论会，为给一位重要领导起草讲话稿发生争议，一位文艺界老领导说："再不行，就只有请大手笔黎澍了。"可见，他既是大家，又为世所重。但他为自己收入"学术精华丛书"的自选集写序，却文仅二百，透出他的谦逊。他说，自己的文章，只有"文革"以后的"颇具独立思考、并非人云亦云"的风骨。夫子自道，诚哉斯言，而语中又含着多少谦逊、几许苦衷。

我们失去了他；然而我们得到了他留下的言和行。道德文章，永存不灭。

在这之后，春风吹来的第一信，竟又是宦乡同志逝世。

年前就听说宦老得了不治之症，正在上海治疗。然而他自己还在埋头写一份重要的关于国际问题给中央的政策建议。不久，就听到噩耗。他在黎澍老人离去不久，就匆匆跟上，"黄泉路上结伴行"了。如果真有死神，那么他就太残酷了，竟忍心连连夺去吾国精华！已经是半个多世纪以前了，我还是南国一个中学的学生，便得知宦老在主持《前线日报》笔政，每天《编余漫笔》中给战乱中的人们带来真实的信息和思想的亮光。近几年，我有机会多次听到他的国际问题报告，总是总揽全局，周详独到，精辟透彻，意旨集中，语不枝蔓，而且从不拿一个纸片，侃侃而谈，一泻而成。1987年在长春东北地区苏联东欧问题研究协作会上，他即席发言和作报告，都是如此风格。吉林一位领导同志说："都在他心里呢！"他真可谓心中装着一个世界。会后应邀来辽宁，我陪同他，有机会亲炙风范。他住在国家元首级高级单元住房里，然而，他房里，连同他的副手高谞同志、学生吴恩远，相聚闲谈，拉家常，叙琐闻、议细事，随便而亲切。他毫无大家派头。我省主要领导人和有关部门负责人与他一起座谈，听取他对辽宁对外开放的意见，他也侃侃而谈，既如数家珍，又如叙家常，丝毫没有教训人的姿态，然而意见又是深刻和中肯的。我应出版社之邀，写了一本关于中国改革的小书，竟请他作序，这使我至今想起仍然失悔自己孟浪。但他却欣然同意，要我把书稿寄去了，而他太忙，发稿在即，序终未能写。不过负责地写了一封信，做出他的评价，他说："这是探索我国改革问题时应有的好态度，我欣赏你的这一态度。"他这些话语，鼓励与奖掖之意盖过我已取得的成绩。眷眷之心，溢于言表。从宦老身上我感到与黎澍同志同样的精神风范。这种不是普通人的"普通风度"，这种民族精英、学问大家的平易之风，体现着他们达到了一种境界，一种人与文化的境界。令人敬佩，而生倾慕与效法之心。

（写于1989年）

金秋十月曲阜行

——漫记"孔子·2540"国际学术讨论会

已是10月中旬，"齐鲁青未了"，大地仍然在灿烂的阳光下闪着绿色的生命之光。300多位中外学者从北京来到曲阜，讨论孔子、考察孔子，也是亲炙孔子与中国传统文化的温馨。

阙里宾舍：传统与现代结合

在车上远远眺望坐落在孔府之旁的现代化宾馆阙里宾舍，俨然一座古建筑，庄严沉重稳定，大屋顶、黑灰色的墙，与孔庙、孔府无异。然而走近一看，门前的宽阔广场，进门前的廊檐，进得门来的地毯、沙发、习见的现代宾馆的种种设施，又是一幅与国内外三、四星级宾馆相比也毫不逊色的现代宾馆景象。然而，在舒适的沙发上坐下，迎面是赵朴初秀雅流利的字体书写的《诗经·小雅·鹿鸣》，转脸又见吴作人的

雄劲飘洒的笔体所写的《论语》片断，那字、那诗文，镶嵌壁上的石碑，又飘着浓郁的中国传统文化的芳香。登上二楼表演厅、里间的学术会议厅，种种现代化设置与布局，令我想起在美国国会图书馆、德国波恩大学、巴黎第七大学之所见。与之相比，也毫不逊色。但是，悬挂的古典乐器、飘散于屋里的徐缓优雅的中国古典乐曲，又引入中国传统文化的欣赏境界。

阙里，是孔子的出生之地。在阙里宾舍国际会议厅，听各国学者评议孔子学说及其现代影响，在一个"古老而又现代化"的建筑里，讨论两千多年前的哲人思想，而又探讨其现代影响。如此种种，都令人联想到传统与现代的结合、中与外的结合，想到中国文化由传统向现代化转变的轨迹与前景。

孔府：传统文化与血斑泪痕

孔府占地200多亩，厅、堂、楼、殿，布局严整，错落有致，分中、东、西三路，有如北京故宫。这里是公爵之府，又是圣人之家，人称"天下第一家"。皇朝更迭累易其姓，而孔府却千年继世长，它的富贵尊荣竟在皇家居所之上。鸟瞰孔府示意图，再从大门到后园游走一遍，便深深感受到一种中国传统文化氛围。这个庞大复杂的建筑群，一进一层，平面向深远延伸进入，大门→二门→大堂→二堂→内宅门→前上房→垂花门→前堂楼→后堂楼→后五间→后花园，直线深入，然而层层隐蔽，侯门深深深似海。两侧又有各种各类附属建筑，分门别类，等级森严。各类建筑对称而又有变化，正门紧闭，侧门常通，回廊曲折，树蔽花掩，屋暗室隐。在总体上，表现了中国传统的文化精神，博大精深、温厚婉约、沉稳庄重、气势恢宏。但是也表露了封闭性和保守性的一面。围墙一包，这是一个"自给自足"的封闭世界。这和我在巴黎凡尔赛宫和慕尼黑的王宫花园所见，截然不同。那里前面是广大宽阔的花园广场，开阔平展，一览无余，背后是高楼崇宇，高门大窗，宽敞明亮，无遮无掩，热烈、开朗、明亮，然而缺乏隐曲、幽雅、深沉、细致。

孔府作为孔子的世代家府，实际上却与孔子的学说、与文化关系不大，不像孔庙那样确有文化氛围。这里更多的是侯门爵府气。孔府历代常与皇族侯门结亲。在历史上，孔家的儿媳妇有过严嵩的孙女、乾隆的女儿、袁世凯的妹妹，可见与豪门结缘之深。正如鲁迅所说，孔子被他们"捧到吓人的高度"，为的是笼络人心、统治天下。

孔林：幽灵与精魂

孔林，孔子家族的公墓。占地3000亩，有坟10万座，墓碑8000多块。里面古木参天，青草铺地，累累坟冢，错落散处于郁郁树林之中。这是一个幽静葱郁的大森林，这是一个幽闭死寂的大墓地。这里还有众多的碑碣，散在的楼台亭阁，古迹不少；树种很多，不乏异木，更有药材，曾盛产蓍草、灵芝，名贵一时。恐怕不见得是地灵药杰，而是"人杰药灵"吧。

这里的坟茔墓陵，有的修崇碑高垒，有的建造亭阁碑碣，有的只有墓石一方，而大多数是黄土一抔。我们曾下车谒孔子墓，也曾去看孔令贻墓。但我对这些都缺乏凭吊的心意，却很想看看明代戏剧家、才气纵横的《桃花扇》作者孔尚任之墓，他在孔子后裔中倒是有才学而又有骨气的文人。在离贻墓不远处，看到一方矮小的墓石，撩我思绪。这是20世纪80年代由一位日本女子所立。碑文说，她的外祖母石井雪子嫁给了孔子之后、日本留学生孔令偁。抗日军兴，孔归国，雪子以母病笃，经痛苦斗争，不得不别夫守母，留在日本。从此夫妻分离不复再见。其后人则曾在上海晤面。独自读过碑文，所思良多。我踏着绿茵之中泛出隐隐黄色的秋日草地，思绪泛起一缕淡淡的哀愁，又仿佛觉着这碑和这碑里的人生悲欢以及东瀛的立碑人，倒显出人间情意，胜过那些高碑宏文。

孔尚任之墓，这异国女性立下的小墓石，是这沉沉孔林中的可爱的小精灵。

现代人的解读：《布衣孔子》

《布衣孔子》是山东话剧团新创作排演的一出现代话剧。它反映现代人对于孔子其人的解读。贯穿全剧的是一男一女、一中一日两个现代人，他们身着新潮服装，不时出现于古代人中，介绍、解析，既表解读，又是接纳。不暇议全剧，只说几段令我感兴趣的场面。

开幕不久便是孔子从鲁国京城回来，家人和弟子出而迎接。学生问先生可去见过老子。孔子说，见过、谈过，获益不浅。他说道，老子说，一个人应该做到"正直而又不至于无所顾忌，光亮而又不至于有刺眼的光芒"。这也许可说是孔老儒道相通的地方，已成为中华性格的一个内涵了。

孔子又说他带来了一个新学生。他介绍说，"他叫公冶长，懂鸟语。但他因此遭了罪"。孔子的女儿对此感兴趣，她问公冶长，你怎么会懂鸟语的？公冶长回答说：

"我爱这绿树，这蓝天，这山、这水！"

孔子的女儿说："我也爱这些，怎么不懂鸟语呢？"

公冶长说："那你还不是真爱，只要真爱就懂了。"

这不是写实语言，而是象征的哲学语言。其中含着真义。真诚深挚的爱，对人、对事业、对国家民族，就能产生力量、智慧和效能。

孔子在齐国游说失败，要继续走，对乡人嘲讽他"累累若丧家之犬"也不在意。他问众弟子，谁不愿跟随了，可回鲁国。冉求站了出来，说："先生学问高深正确，但我愚钝，学不了啦，再前进不了啦，只好到这里为止。"他要回鲁国做官。孔子说："求啊，愚钝的人，走到一定的地方，就不前进了；但你是自己画了一条线，走到这里，你就不前进了。"他批评的意思似乎是，冉求乃不为也，非不能也。然而他同意冉求回鲁国当官去。冉求一拜再拜而别，孔子拂然背身。但当冉求远去，他老先生突然转身，望着远方，举起双手，高喊："求啊！求啊！"他内心是矛盾的。

孔子与晏婴同游。晏婴是个侏儒，其矮小与孔子的硕壮对比强烈，受到路人的轰然嘲笑。那两位现代人注意及此，说："瞧见没有，晏婴脸红了。"以后，孔子说齐而遭失败。于是现代人又说，如果当初晏婴没有那忽儿的脸红，孔子可能就成功了，历史就改变了吧。不能排除这种偶然因素的历史作用。这些，可就纯粹是现代人的解读，而仅供参考吧。

孔子见子南，是一件千古公案。孔子为何去见这个不正经的宫廷后妃而又谈得那么久？连当时他的学生都烦了而且起了疑心，而孔老夫子似乎有苦难言，只是赌咒发誓地说，如果有什么见不得人的事，"天厌之！天厌之！"《布衣孔子》里，让子南自己回答"现代人"说："我只是想见见他，就见了一下。"俨然一个现代女性的自由不羁。剧中写到孔子则是正襟危坐，论经说道的，很规矩。这些，当然又都是现代人的一种解读了。

不过，这些现代解读并不烦人。

剧中有句话：孔子是"知其不可而为之"的人。这倒概括了孔子那种儒家积极入世的态度。

总体上，这个孔子画像，还是可爱的，让人可以权当一说而接受，我觉得比在孔庙中见到的历代孔子画像好得多。那都是名画，但不知为什么都把孔子画得粗壮枭勇像武士不似文人，若军人而非学者？

这是否与古人对孔子和儒学的解读有关？

十月曲阜行，留下一大堆芜杂而又有获益的记忆。追记如上，或可提供一点思索的资料。

草原远梦与乡愁

走进草原，便进入一个绿色的鲜花着锦的现实世界；仿佛又徜徉于一个令人思索的而又难忘的历史远梦中，且有甜蜜又苦涩的乡愁撩拨。

草原在人们面前动态地展现了一个世界。这世界辽阔、丰富、美丽而动人，又复杂、变幻，悠悠然，于平静中潜蕴着斗争与发展。

我读过《铁流》写到的草原，读过《静静的顿河》写到的草原，辽阔、遥远、神秘而模糊，然而令人神往。也曾在《科尔沁旗草原》中读到过草原，在南国少年时代，小桥流水人家之中难于想象大漠孤烟落日圆。然而神交草原于想象的广袤、粗犷中。尔后，又在《开不败的花朵》中读到草原，鲜花遍草地，热血染碧原。草原美丽庄严而感人。更在草原插队落户十个春与秋，然而那不过是昔日草原边缘、今日沙浸风蚀的非草原的"草原"，只留着被深沟切割的、盐碱污染的、沙丘包围的小小的草地，诉说绿色生命的衰朽。也见牛羊，也见马群，也见风吹草动。凄凉浸过荒野，秋日的衰草瑟缩于寒风中，整个草地颤动着白色的草浪。

但这都不是真的草原，这都已成梦。我向往真的草原，我希望重温旧时梦，以至追寻远去的历史的幽梦。

如今，真的草原就在面前，望不到它的辽远的边缘，看不尽它简朴的风光。绿野、鲜花、羊群、蓝天、白云、苍鹰、牧人、蒙古包、沙丘、树林、远山、颓圮的古城堡……太阳张开它的热和亮光、清风展开它的翅膀，抹遍草原，掠过草原。

人生悠悠，总盼望着看见真的草原，总也得不到愿望的实现。突然，梦一下子变成现实，毫无先兆与预感。世事总是如此难于意料和超出预想。面对草原美景，所思纷繁芜杂。仅仅这意外而突然的来到，一个浅薄渺小世俗之梦的非期实现，也够叫人思悠悠而思绪难平，觉得冥冥中有一种看不清、弄不明、猜不透、难琢磨的力量主宰命运，而勾起种种遐思，翻动往事重重，悟不透路数、理不清头绪、摸不准规律。

然而不管如何，草原在前，梦已成为现实。

然而我总觉得梦的撩扰。一个现实的物质的草原上，却总弥漫着一种心灵的虚幻的近梦和远梦。"秦时明月汉时关"。草原的古老更远远、远远超过秦月汉关山。

几十万年前，身躯硕大的野牛群，在绿草如林的远比现在更辽阔丰满的草原上奔驰。世界属于它们。在那漂亮的现代化建筑物的玻璃柜里，见到过那硕大的比现今牛角大两倍的野牛双角，那身躯该多么大，那由如此硕大的个体组成的牛群，又该是多么威武、雄壮、强悍，其奔驰是力的进军，是风的叱咤，是生命的强劲涌动。遥想当年草原，是谁家的天下？然而，身躯瘦小得多的人，那原始的人类，却战胜了它们、驯服了它们、驾驭了它们。它们臣服了，低头了，奉献了自身，连身躯也细小了，性格也温驯了。当屠刀相向时，它竟安静地等待死亡而凄惶地流下永别的泪，唱一曲哀婉的歌而不是反抗的曲，向役使了它的一生而又在它无力或他需要时宰杀它的人。如今在草原上低头吃草、悠闲地摇着尾巴、缓步前行的，是它们的后代。它们如今不是奔驰在草原上，而是常常拉着那一挂一挂的链在一起的嘞嘞车，为主人追逐水草而运载一切。它们成了牧人的友伴和助力，与人建立了感人的内外沟通的生物圈关系。马牛羊，草原三牲，成为牧人的瑰宝、生之源、幸福的基础。它们装扮了整个草原，赋予草原以生命和发展的机制。

茫茫草原，宽广无边，蒙古包稀疏难见，羊群也只占极小的地盘，而且并不多见。牧人只在聚居点里和蒙古包周近才可见到。比起那人车拥挤、寸步难行的闹市街区，比起那房屋堆积、高楼林立的城市，以至比起那人烟稠密的农村来，草原和牧区，真是宽敞、舒展、空旷、安静，然而也冷僻、荒蛮、寂寥，透着落后的形容。但我总感到这里有一种热闹的潜隐的存在。远在五六千年以前，我们的祖先曾经在这里创造了辉煌的文化。赤峰博物馆展出的那古老的猪龙，告诉人们多么欣喜的历史信息。我曾站在这出自土地深层的古物面前，发思古之幽情：多么生动的气势，多么美丽的造型，多么精细的制造，有模仿、写实、再现，又有变形、想象与表现，这是令人惊讶而惭愧的艺术创造。它还告诉我们中华民族之象征的龙，最早的形成和发展的轨迹，并给以深刻的美学启示。在当时和以后的岁月中，生殖繁衍于此的先人们，创造了一个文化基源——红山文化。多么美丽的陶器、用具、装饰品，都是历史的、文化的、艺术的信息。我最爱那陶器的造型。当年的"艺术家"们是以怎样一种高尚优雅的美之心灵和巧的手，制造了世界本来没有的这么美的外形式，培养先人的美感能力又给人间后世留下了美。我站在这些原型和修复的美之形面前，思索着人与美，思索着人的创造力。在静静的草原上，仿佛有古人的身影在浮动、奔跑、劳动、舞蹈、歌唱。这儿曾经是先进的繁华的，走在历史的前头的。然而，是什么原因，又是怎样地使南国越楚蛮荒之原、草莽之地、水乡泽国，渐次成了繁华先进之区，而把这块古老的土地甩在了后头？这里有多少可歌可泣的故事，有多少兴衰枯荣的沧桑和人世变迁之迹？

当地朋友指点着那远山，静静地伫立在辽阔的绿原上，像历史老人在沉思。五指山，像五根硕大粗壮的指头，并排张开伸在草原上，像是大自然有意的安排。在更远的远处，在山崖上，有古老的岩画。多么想一睹风采。它令人想起阴山的岩画、狼山的岩画群，以至西班牙阿尔塔米拉的世界著名岩画。那些远古和近古的先人们，怀着怎样的心境和目的，创造了这些人类的心灵与美的踪迹，记录了一代代人如何生产、劳作、生活和思维。它们也同样告诉人们今日闭塞、落后、静寂的草原，曾经是文化发达的源头，美的创造的渊薮。

达里诺尔湖遥望可见。这里阳光灿烂，远处那湖上的天空却见乌云遮掩，沉沉的浓绿色，绿色上翻着依稀的白浪。白浪更远处是更浓更绿以至成为乌青的矗立的青山。然而那却是湖水。我想起《铁流》中写到的蓝色的大海在远处看起来好像是站立着。不可理解却是事实，美丽而奇异的景致。也还几次见到西拉木伦河在草原蜿蜒。湖与河，养育了草原，养育了先人，也养育了从猪龙岩画到今日内蒙古以至中华民族古老悠久的文化。那深绿的湖水，浩渺的涌波，以至浅浅的干涸的河水河床，都在诉说着历史风情与繁华。曾见洞庭波，几度彭蠡过，也曾泛舟太湖，都与这里大异其趣，没有渔舟白帆，不见游艇孤舟，更没有楼台亭榭、周遭城垣，只有绿的草、绿的水、蓝的天，一片茫茫，恢宏寂寥，历史的与现实的寂寞。

来到应昌路，当年元朝皇帝最后一块安身立命之地。古战场上绿草弱花，寂寂无语。只见广袤的草原上一座矮山，残留着一座塔基，断垣残瓦，乱石杂草，诉说历史上的繁华与今天的孤寂。日本诗人松尾芭蕉的诗句："武士们怀着功名之梦的战迹处，夏草萋萋"，正足以描述抒发此时此地的情境与襟怀。不远处一方土丘，玉石台阶，玉石柱础，都已污损。"雕栏玉砌应犹在，只是朱颜改"，这里却是雕栏玉砌都已灰飞烟灭，而朱颜早已腐朽剩下白骨不知在何方。这儿是王宫，那儿是街市，然而如今都成瓦砾覆盖草莱，一切繁华、金钱、粉黛、欢乐、争斗都永远地逝去了。只有草原还在。元史记载，当明亡元之后一年，元顺帝退驻应昌府。再过一年，死于痢疾。这年五月初夏，明军来袭，皇太子爱猷识礼达腊逃走，皇孙买的里八刺和他的后妃宝玉一同被俘获，赫赫大元帝国，不满百年之寿，倒在草原上，像它当年起自草原一样。踯躅于草丛与断瓦之间，草原的风有力地吹过来，带着声响扫过这当年的宫院所在。

不知道那位处在元代盛世而又身居色目人之较高地位的萨都拉，在蒙古人强兵烈马驰骋欧亚、中华沃土尽在铁骑治下的历史时期，何以竟时时萌发人生浮沉、世事变幻的感叹，而且特别对皇家帝业世代兴衰感叹良多。这似乎成了他的一个情结。登上北固山，泛舟秦淮河，他对于六朝形胜总要发自内心深处地喟然浩叹。"英雄一去几千载，饮者今何在？陌上家家列纸钱，孙刘高冢何人拜？""共君且须饮一斗，处世不必歌七哀。孙刘世业今何在？百年狠石生莓苔。"都是一些断肠之句。他特别对三国曹刘的消逝于历史之波兴叹不已。高冢莓苔，逝者已矣，礼拜何人？一种巨大而深刻的历史寂寞感浸润而至。作为诗是好的，作为中国古代诗坛有数几位少数民族诗人之一，他也是出色的，其气度资质胜过清代满族的纳兰性德。但是，作为现实的反映者、统治阶层中人，他的情绪却过于消沉而难为世所容吧。一曲《金陵怀古》，又一首《登石头城》，哀叹六代繁华消损尽，追念往事豪杰空无物，"听夜深、寂寞打空城，春潮急"，"石头城上，望天低吴楚，眼空无物。""伤心千古，秦淮一片月。"幽怨清冷，哀伤抑郁，令人每读必唏嘘慨叹而又美不胜收。特别渗透着中华性格和东方美的审美情怀与志趣。诗人的敏感，使他在烟火炽盛、繁花似锦之时，不是踌躇满志，而是回首往事，瞻望未来，对任何人间胜迹的永恒性提出怀疑而又无可奈何地惆怅无地。英雄伟绩，帝业盛世，都是短暂的，要逝去的，只有青山、流水、明月、清风、客观世界的一切，才是永恒的。这种哲人的寂寞和哲学的惆怅，引人进入一种豁达襟怀，也是一种审美境界。因此我喜欢萨都拉的壮怀激烈又寂寞惆怅，胜过对于纳兰性德的温柔多情、意绪缠绵的欣赏。令人惊喜和深思的是，这种叹喟世事人文不具有永恒性的萨都拉氏的诗词，至今流行。一部《雁门集》为后人世代相传，真使人不禁产生一种对于追求不朽者的嘲笑和对于但愿为世所忘却又为后世景仰者的景仰之情。

面对辽阔草原，以及草原上笼盖四野的辽阔的星空，想起这些不朽与速忘、片时与千古的辩证与颠倒、虚妄与实在、光明与阴晦、欢乐与哀怨、历史与现实，使人走进一个质实的幻境、现实的梦园、抑郁的欣慰和哀怨欢乐之中。"人间如梦，一樽还酹江月"，大江东去，巨浪淘尽了千古风流人物，却又淘不尽，风流人物千古再生，一代复一代。

然而草原确实变了，不断地有时代的新信息从绿草丛中显示和萌发。蒙古包后面站立着小小的风力发电机。天风吹来，铁翼转动着，产生电流，给草原带来地上的"星光"，带来各地的声音并且送来荧屏上的图像，把茫茫草原同广宇寰球连接起来；少女的披肩长发，在街镇上飘然掠过；新潮服装同长袍马靴相映；苏木（乡）供销社玻璃柜里摆着邓丽君，以及其他一些香港或内地歌手的磁带；蒙古族干部身着西装，年轻牧民驾摩托飞驰，世俗文化这样迅速地渗透和变易。还有远方外洋来的"黄发碧眼儿"和他们的衣着、打扮、神态、言语，以及对他们投来的注视而并不惊诧更不拒斥畏惧的目光神情，表现出草原的开化与开放。现代文化因子，已经如此多元、迅速、深入地飘散于古老而仍不脱蛮荒的草原上，反映着时代的武步、生活的演变、文化的演进和人的心态的变易。然而，人们深层的文化——心理结构究竟如何？传统心态、现实心态、梦的心态，变了多少，仍在变化，向何处变化，其变化之轨迹如何？忽然想起成吉思汗和他的祖先后辈，想起历史和它的演变之迹，想起那渺渺历史远梦和一种深深的乡愁——文化的乡愁，草原牛羊，铁骑沙漠，大雕弯弓，何以养育了一代英豪，足以策马扬鞭沙尘滚滚席卷欧亚大陆，逞一世之雄，建一时伟业？那时的英雄豪杰、马上骑手是何种心态？然而，又为何不足百年，便灰飞烟灭，一去不复返，留得倚梦逐史魂？农牧文化、草原文化足以击败农业文化、城市文化，以"低"击"高"，以"后进"胜"先进"，使之溃败，但却不能最终征服，最终却是溃败者征服了征服者，一种心态战胜了另一种心态，一种文化战胜了另一种文化；软性的文化战胜了金戈铁马、钢盔铁甲。

草原的夜空如此高远、辽阔、浩渺，它与同样状态的草原，上下相合，构成一个恢宏的空间，象征着无限的宇宙。犹忆十几年前曾经多次眺望如此星空，惆怅而寄希望于时空的流逝，蓄积着重重的乡愁——区域的和文化的乡愁。今夜乡愁又复撩人思绪，一种现时的乡愁，和对于往日那种乡愁的乡愁。我们默然对语，灵犀相通。这儿没有声响的嘈杂、人事的纷乱，有的只是寂静幽悠、安详沉默，使人离人生世界更近、更亲、更热切。可惜未能寄宿于蒙古包，过一夜清静、平和、孤独和没有甜梦、噩梦、乱梦的空白的睡眠。一面是实质的睡眠，一面是心灵的升华。记起那远去的历史幽梦，记起那现实的乡愁，怀着希望，咀嚼着甜蜜。

永远的记忆，克什克腾草原！

欢悦的感恩节之夜

——访美掠影之一

    我们到达华盛顿后，正赶上美国全民欢度感恩节。麦克格莱斯教授热情地邀请我们到他家里去共度佳节。当我驻美使馆文化组的同志听说这件事后，笑着说："这是对你们的特殊待遇。"美国的感恩节像我国的春节一样，是全家人一年一度团聚的日子，一般是不同外人共度的。

    傍晚，华灯初上，我们乘车去赴宴。来到教授住宅旁，地灯柔和的光亮，映照着一方小小的草地，旁边还种着毛竹，竹叶依然婆娑。草地所包围的是一所在华盛顿常见的独户居住的两层小楼。进到屋里，只见里面已经有一对中年夫妇带着两个孩子在座了。经介绍，知道是墨西哥人罗伯托·布加林夫妇，他作为访问学者正在乔治·华盛顿大学管理学院跟麦克格莱斯教授共事和学习。

    不久，又来了两批客人，先是一对30多岁的年轻夫妇，他们是海地人理查德和他的哥伦比亚人妻子莲拉。最后，是秘鲁驻美使馆的官员卡门女士。在谈话间，麦克格莱斯教授夫妇不断地进出厨房，又到客厅里间布置餐桌。在美国，劳务费很高，年薪两万到三四万美元的教授（他们的工资比同级工程师要低）是雇不起佣人的。我到过的四五位教授家，他们都是亲自操持家务而没有雇佣人。

    入席之前，麦克格莱斯教授从厨房里托着一个大盘子走到客厅里，请大家看看当晚招待客人的火鸡。这是感恩节宴席上必备主菜。我们欢呼、鼓掌，表示欢迎和感谢。感恩节还讲究吃南瓜。据说，最初开辟这块新大陆的殖民者，有一次在寒冷的冬天，没有吃的了，饥饿和死亡威胁着他们。这时，这块大陆上原先的主人印第安人，便拿出了南瓜，解救了他们。这就是感恩节的由来。那么，恩在印第安人，恩在南瓜，所以感谢之情是向着印第安人和南瓜而不是上帝了。不过，印第安人至今

并未享受到真正的报恩之举，而南瓜至今也只是过感恩节时的观赏物了。

我们按照名签入席。我被安排在主人的右手边，可能是主宾席吧。主人拿出了茅台酒，主妇身着一套白底蓝花棉布做的中国农村妇女常穿的便服，墙上挂着中国的挂历，窗台上放着福建出品的木雕画。主人用这些欢迎来自中国的客人。然而，在座的还有来自拉丁美洲和亚洲的五个国家的客人。因此，我说，这是一次国际性的感恩节，它给人留下愉快而难忘的记忆。我将记述这次欢聚，并请每人在名签上注明国籍签名留念。大家欢笑着，轮流把签名卡传给了我。来自墨西哥的客人罗伯托·布加林在名签上写下了这样的祝词：

"幸福，财富和爱情，以及享受这一切的时间。"

席间，大家称赞中国的菜肴和茅台酒，并且询问我有关这方面的问题，我尽我所知加以介绍。话题由此而转入中国古老的文化，客人们也都以赞赏的口吻来说它。秘鲁外交官说，她的祖国的古老文化与中国文化有关，墨西哥学者也指出了墨西哥古老的文化同中国古代文化的因缘。在这异国佳节的国际性欢宴上，主人的热情和显示来自中国的物品，不同国籍的客人们对于中国古老文化的赞赏，既让我的民族自豪感油然而生，也在我心头燃起祖国之念和祖国之恋；同时，也痛感发扬传统文化、革新传统文化的急迫性。

终席之后，女主人又同我热烈地谈起她为之奔忙已经一两年的孔子展览会问题。我答应回国帮她向有关方面探寻实现这个计划的可能性和途径。我对她的想法表示赞同，我说："要了解中国和中国文化，以至于了解东亚文化，的确需要了解孔子。"

友谊的温馨至今留在我的心里。好像中美两国文化和友谊的大海中的一滴水，它映着历史和现实。

纽约第42街即景

——访美掠影之二

纽约给人的印象，大不同于华盛顿。如果要用最简括的话来描述，那么，就是"复杂"二字了。在这里，先进与落后、文明与野蛮、幽静与喧闹、整洁与混乱、豪华与穷困、严肃与荒淫，同时存在，一起展现在你的面前，使你看到美国的另一面，美国的社会与文化的另一面。

我们来去华盛顿，两度驻足纽约，都住在我国驻纽约总领事馆，它就在宽阔的碧波荡漾的哈得逊河旁，相当幽静。我爱在高楼的窗前眺望鸥鸟在河上安逸地滑翔，横跨河身的大桥上的汽车长龙连成一体向前疾驰，夜色来临，摩天大楼的灯光与霓虹灯，组成一个闪光的变幻的世界，那直插天际的屋顶灯光，就像星星在天穹闪烁。这一切都是幽雅或热烈的、美丽的，而且显示着现代文明的成果。然而，我们很快得到警告，在纽约活动要特别小心谨慎，别遭抢劫。同时也听到一些我们的同志遭到不幸的事例。哦，纽约，在你的文明的光焰中，竟蕴含着这野蛮、落后的黑影么？

纽约第42街离领事馆不算太远，这儿是纽约最繁华、最热闹的街道之一，也是最展示现代文明的所在吧。一幢幢摩天大楼把本来宽阔的街道，挤压得令人感到狭窄了。每一幢楼都有着自己的形状，有的楼的整体外形，显示出艺术美的风韵。这里没有统一的模式，这里需要独出心裁与自己的风格，只有这样才有竞争力，才能长久生存。设计师的巧妙构思、建设者的高超技术、投资者的不惜工本，告诉我们诸多信息：富足、豪华、技术先进、科学发达，现代文明凝集为物化形态。可以想见建筑物内部的同样的状况。然而，在街旁，也有用火炉子卖烤饼的小摊贩；有敲打着鼓点要钱的穷汉；有在萧索寒风中裹着披肩盖着毯子的老太婆，坐在出卖衣服杂物的小摊旁，孤寂地、惆怅地看着并不光顾她的疾步而行的人群，从她身旁穿过。我还被一个街头画摊吸引住了。一排画框倚墙放在地上，稍一浏览，多是风景画，我以为比那些令人莫名其妙的堂皇地陈列在艺术博物馆和豪华客厅里的现代派艺术品，更叫人爱看，功底也不差。旁边站着一个年轻的女人，披着披肩发，瑟缩倚墙而立。我不禁猜想：她是谁？画家本人？画家的妻子、女儿？无法判断。我几次看见她，从未见人买她的画。她踯躅在这豪华的街头摩天大楼的脚下，与巨大的财富相隔咫尺，同无与伦比的奢侈毗邻，然而她只能用艺术去"乞讨"，在冬日的冷冽空气中餐饮寒风！

　　我们到纽约公共图书馆去参观访问。清晨，人们已经陆陆续续地来到，男的女的，年老的学者，妙龄的少女，衣着豪华的和朴素的，都安静地、守秩序地站在门口，等待开馆，不少人抓紧时间读书看报。当进到馆内时，我们见到现代化的设备，琳琅满目的丰富的藏书，走廊里还陈列着高雅的古代艺术品，带着楼梯走廊的高层书架，幽静雅致设备先进的阅览室，阅览者那么专注，聚精会神。这里充满文化的气氛，进取的精神，钻研的空气。然而，走出门来，走上大街，第42街呀，毫不掩饰地展示纽约的另一面：三五成群的黑人青年，一堆一伙，在人行道上、店铺门口嬉闹，神态妖邪，眼光梭巡，好像随时会向你扑来。他们成为街上的威胁因素。人们告诉我们，往往是他们突然拥上前来，你必须赶紧把钱或物给他们，否则，匕首插入你的身体，他们便疾风般逃离。这一切都在瞬间发生、结束，否则，他们就会落入警察之手。对于行人来说，这是猝不及防的。人们告诉我们，他们最爱"光顾"的是中国人。因为他们了解到，我们身上都带着现金，而不像美国人多是使用信用卡。

　　我们从商店出来，买了一点杂物，装在提兜里，两人并肩疾步地走着。忽然一个年轻的白人紧跟在后面，连声问："买的什么？在哪里买的？"问得紧。一位穿着整齐的老人猛插入我们之间，向那青年申斥了一句什么，便迅疾而去。他可能是一位正派公民，同时警告我们和那个跟踪者。我们加快脚步，那青年紧跟不舍。我们穿过横道，拐弯，他也都跟随着。直到我们四人会齐，在一处街口再次拐弯，他才直奔前方而去。他是谁？是精神病患者，还是歹徒？是胡闹，还是怀有恶意？都不清楚。但确使我增加了不安全感。夜幕低垂，笼罩着耀眼的光明，车灯的长龙蠕行，向前看一色红色的尾灯闪光；向后看，白色强光车灯，直射前方。下班的、归家的人群像潮水般汹涌，只听见汽车的紧急的刷刷刷刷的响声，杂沓急骤的行人的皮鞋声，像暴风雨、像机关枪；灯光和霓虹灯闪烁，迅疾地变幻，一切都以急行军式的姿态行进，都像发生了什么事情，要快、要离开、要躲走、要穿过。似乎安全感已经完全失去。我们决定叫一辆出租车，然而一辆一辆从面前穿过，都不肯停留，都已经载客了。忽然一辆大型轿车驶到面前，停下，开门，召唤我们上车。我们赶紧弯身钻进去，关上车门。这才松口气，安全感在心头升起。我们很快就到了领事馆，一付车钱才知上当，车费竟贵了好几倍。

第42街的繁华，可算世界之最吧？多么豪华的商店，多少华美的商品，多么漂亮的玻璃橱窗，现代物质文明的成果在这儿展览。然而，在这商店、公司丛中，闪现着写有三个"X"的影院，这是警号，孩子们别进去！有的商店看起来是卖文具或照相器材的，然而小灯绕着橱窗，迅速地一明一灭，像眨着鬼眼，而红色的霓虹灯闪出几个字"Live sex Theater"（活的性剧场）！这里是另一种情景，是粗俗、落后、颓废、色情。

春雨巴黎

巴黎多的是令人迷醉处。然而我最难忘的却是巴黎春雨、春雨巴黎，是巴黎春雨中在一家僻静之处的客舍里的宁静。也许，巴黎太繁华太热闹了，我们的活动也是很热烈很紧张，所以，那热闹繁华之后的宁静，就更令人陶醉了。在欧洲最宽阔繁华笔直的香榭丽舍大道上疾驰或悠闲漫步之后，在欣赏了卢浮宫世界名画精粹之后，在沉醉于罗丹纪念馆的艺术结构之后，在拜谒拉雪兹神父公墓心潮起伏之后，以及神寄巴黎圣母院和激动于最现代的蓬皮杜艺术文化中心之后，情绪激越，心神摇曳，自然有一种工作与遨游、审美与思索、接受与吸取之后的疲惫。这时，当走进那幽静的卧室，享受宁静与孤独，就感到一种分外的愉

悦，这是一种心的宁静、情的宁静，一种精力与生命再生性的宁静。它是音乐中的休止符，是国画布局中的空白。

在巴黎，我们住在香榭丽舍大街岔出的一条小街上。街口有一尊巴尔扎克塑像，穿过它身边，走进去几十米，便繁华隐去、市嚣消逝了。这里有一家小小门面的小旅馆。进门一个小服务台，小巧玲珑，始终只有一位服务小姐，接待厅、休息厅、天井，都非常娇小，却又都装饰素雅，并绕以青藤红花，颇像是淡妆少女，连电梯都是老式的栅栏门，小到只能容下两个人，一切都是古老、小巧、精致、优雅。这完全是一座古老的贵族宅第，它装着几许悲欢离合、几许恩仇的历史内涵吧？然而现在是繁华落尽淡雅以待四方来客了。我住在二楼背面的一间单人卧室里。每当我怀着生之疲惫回归此处时，门掩处，与世隔绝，整个楼是静谧的，整个房是静谧的，我听见静谧的无声之音，心里便涌起寂寞与孤独的欣喜，感到心境宁静，而生命力便在逐渐恢复。我伫立窗前，窗外是迷蒙中的春雨巴黎，像是披着雾纱的美女。四周高楼将旅舍后院围成了一个深深的筒式的天井，微风在这里徜徉，细雨在这儿婆娑，墙上爬满的青藤都闪着露珠。这里没有车声，没有市嚣，没有噪音。这是巴黎的后院，也是人生的后院，生活舞台的后台，心理的单间。足可安顿人的疲劳的心、净化尘染的魂灵。在对面高楼的一扇窗棂里，聚集了那么多的白鸽，它们飞来飞去，大群的走了，又有大群的留下，互相偎依和细语。在窗台上，窗台下边的墙上，布满了灰白色的厚层鸽粪，告诉人们这儿是久远以来的"鸽居"。在巴黎，在游人繁杂处，总有大群的鸽子与人一同嬉戏，它们漫步在人群中、翱翔低飞在人头上，布置成一番自然和谐景象与气氛。却原来，热闹过后，它们也在这巴黎的后院、生命的后院，来歇乏解劳，来求得心的宁静。我同鸽群一同享受这热闹场中、热闹之后的宁静、寂寞与孤独。微风细雨都成为我愉悦的浅吟低语。

这巴黎春雨中的后院，我一直未能忘怀，并且总是寻求这种后院，甚至我以为人的生活、人类的生命不能没有这种后院。

巴黎述怀（外一首）

　　烟花三月，出访法国。彼处风光旖旎、人文佳丽，引人入胜，且目睹欧西传统文化，亲炙其当代学术艺文，感奋良多，然异邦虽好，却常生故国之念，亦于欣喜之中萌发世事沉浮之感。于是情为之动，而不可抑，写巴黎诗草数章，抒发性情而已，若计工拙，不免贻笑大方。

其一

飞天一夜到巴黎，故国人事梦难寄。
眼前繁华使缭乱，心底胜景欲比翼。①
荒漠风沙催人老，欧西文明启心旗。②
何须惆怅十年迟③，抖擞精神重努力。

其二

坎坷平生梦凄厉，何期今日到巴黎。
不羡红灯绿酒好，惟觉学术艺文丽。

---

① 巴黎之繁华，名不虚传，诚为"欧洲最美丽的城市"，尤其入夜，车如潮涌，灯光如注，与街灯、霓虹交相辉映；然此处更指其现代化之设置，尤其学术艺文之繁盛，使人初识之下，眼花缭乱，但由此思及祖国在改革途程中，社会主义之发展远景，避资本主义现代化之弊害，扬社会主义现代化之优长，胜景熠熠，足可比翼，且应超越。

② 笔者曾于边塞荒漠生活十年，壮年入乡老年归；今日以访问学者之身亲觅欧西文化之盛，心旌摇曳，所思甚多，颇欲于垂老之年，犹有所为，开拓新的研究领域，以新的眼界、新的方法，从事新的研究，写出有新意之作。

③ "十年迟"，指前述边塞生活十年。然而，迟滞荒废者，何止十年。

圣母院里乐音美，卢浮宫中绘塑奇。①

雨果故居忆哀史，罗丹旧馆惊高艺。②

香榭丽舍车潮涌，枫丹白露泉雨急。③

此生不虚走天涯，美哉人间法兰西。

其三

旧梦依稀来眼底，心系故园到欧西。

大漠荒寒弃置身，枫丹白露心神怡。

浮沉人生非己运，淘沙大浪是真谛。④

黄昏岁月夕阳心，犹自奋励写新意。⑤

其四

巴黎至美意难平，魂兮盈盈故园情。

---

① 我们入巴黎圣母院时，正值礼拜日，有大弥撒进行，庄严肃穆。大厅之中，以栏杆隔
　　开，中有数百礼拜者，四周则有来自世界各地之游者静默围观。台上主教以漂亮之男低
　　音朗诵经文，时而管风琴启奏，童声、女声或混声同唱宗教歌曲，优美动听，回荡厅
　　中，我情不自禁，连声赞美。然法外交部陪同人员乐克莱（LECLERC）先生告诉我：
　　此非最好，还有更动听者。卢浮宫中油画、雕塑、鳞次栉比琳琅满目，美不胜收。

② 参观雨果故居，想起《九三年》《巴黎圣母院》《悲惨世界》中所描写的法兰西历史、社
　　会与生活，在罗丹纪念馆得见大批罗丹杰作，不仅久已闻名者如《思想者》《加莱义
　　民》《巴尔扎克》《欧米哀尔》等都得见其貌，且见到大批未见、未闻之作品，其艺术之
　　高，令人赞叹，久而不忘。

③ 香榭丽舍大街，世界闻名，自凯旋门笔直然而起伏延伸直至尽头，两边小车如潮奔涌，
　　入夜灯光红白各一边，有如长龙；久闻枫丹白露之美，今日得一游，皇宫边为法国古典
　　式阔大园林，有多处喷泉，喷洒水柱，凌空飘落，有如急雨。

④ 边塞苦寒，"胡天八月即飞雪"，且大漠风沙，黄尘蔽日，大风"一年刮两次，一次刮半
　　年"，徜徉于枫丹白露法国古典园林之中时，忽忆边塞生涯，胡天飘雪、荒漠狂沙之景
　　幻化而出，顿生世事浮沉之感，更觉心旷神怡。现代人之思维、情感、心理活动，超越时
　　空，跳荡奔腾，远非"白云苍狗""心猿意马"所能形容。然而此种大变，实非个人命运
　　与能力所致，而是中共十一届三中全会之后，民族国家命运之大变体现于个体之上。

⑤ 笔者曾于边塞荒漠生活十年，壮年入乡老年归；今日以访问学者之身亲觅欧西文化之
　　盛，心旗摇曳，所思甚多，颇欲于垂老之年，犹有所为，开拓新的研究领域，以新的眼
　　界、新的方法，从事新的研究，写出有新意之作。

海阔天涯爱子身，山重阻隔稚妇庭。
历史滔滔大江水，人类济济觉新群。
物质福身心神损，文化再造育魂灵。
欧西文明多所取，东方精髓亦需寻。
情系家国天涯客，华夏范型创新境。^①

其五

去国离乡六时差，正是巴黎四月花。^②
黄柳碧草塞纳美，红袍黑靴丽人佳。^③
风物千差赞异国，海天万里思故家。
艰困频仍心酸楚，拓展在望意风发。^④
世事纷扰百年忧，心神沉吟一世差。
夜半服药度险关，吾身吾魂系吾华。^⑤

1988年3—4月初，巴黎

告别塞纳河

塞纳河水千年流，阅尽人间恩与仇。
一城美景难迟述，两岸秀色不胜收。

---

① 身为天涯客，心赞欧西传统文化与当代文明，然而既生故国之思，更感西方文化与当代社会弊害之一面，并非一切皆好，且就整个人类文化而言，物质福身，而心神有损，人类文化亟须再造，人之魂灵面临危机，人类须创造自己最佳生活方式。为此，东方文化精髓所在，亦应研究、优化、吸引、发扬，使中华文化、中华性格由传统向现代化实现创造性转变。"华夏范型"，应即具有中国特色社会主义与现代化中华文化，建设中国式工业化、现代化之社会主义社会。

② 巴黎时间与北京时间，时差为六小时。巴黎气候稍暖于北京，斯时已绿柳黄花，装点塞纳河。

③ 巴黎街头常见昂首急驰之法国女郎，身着各式红色大衣，黑色丝袜与黑靴，颇美观。或为今年"新潮"？

④ 此联意在述近几十年历史，表当前改革与发展之形势，非言个人命运。

⑤ 在巴黎，某日，因事心绪不宁，夜半旧病来袭，有猛发之势，乃起坐服药，自我镇静，念天地悠悠，人生苦短；然革命者一生，片时千古，决于一瞬，亦融为一体，乃坦然而思，若果抛尸异邦，魂兮归来，吾心吾魂仍决复返中华。

故国常踏岸边草，异邦暂亲草间流。

忧患忽忽百年短，鸿爪雪泥几处留？

1988 年 4 月 11 日下午离法归国前夕，于塞纳河畔长椅上

金风送爽波恩情

我把一段美丽温馨的回忆，留在了波恩，在一个金风送爽的时节。

1988 年 8 月 29 日，国际比较文学协会第 12 届年会一结束，我就应邀去波恩。我带了几件行李，行动不便，但在慕尼黑旅馆和车站、在路途上，都得到素不相识者的真诚热情的帮助。当到达波恩车站而不见接我的友人时，那主动为我寻找电话亭，又兑换硬币给我打电话的行色匆匆的青年，那一经请求就为我广播找人的铁路员工，都把亲切的友情的温馨洒在一个异国初访者的心田。

我坐在友人住宅的草坪上，眺望广阔的田野，谛听秋风萧瑟之音，思绪悠悠情意绵绵。这异乡游子心中的家园感，这人生搏斗中的暂息，这人世熙攘中的孤独，带着一种苦涩的甘甜。"做客'查'家居乡间，难得浮生数日闲。仿佛此身入深山，远离尘嚣几千年。"我写下这样几句"打油"。每次出国，总是疲于奔命，难得今番如此悠闲。

我更爱独坐查艾克先生处在地下、里外两大间的宽大书房里，浏览这位汉学家丰富的藏书——中国图书中无论是古籍还是现代著作，都远远超过我。一进来，就有"隔世之感"，尘嚣远去心自静，"宋元学案""饮冰文集"，唐诗宋词，戏剧词曲，以及中国当代作家的作品，琳琅满目。随手翻阅，在清静中涉足今古中华，品味其艺术魅惑，无所追蹑而有所思索，思绪正如那波恩蓝天上的秋云，聚散天空，飘逸流荡，身心随着历史与文化的逝水柔波游弋，知识的摄取与心灵的休歇和谐融会。在联邦德国徜徉于故国文渊，别有一番风韵与滋味。

当夜幕降临，夫人励心女士和孩子们各自进入卧室之后，查艾克先

生便拿来酒具要与我对饮论文了。他这里应可谓"中国作家之家"了。王蒙、从维熙、莫言都是他的朋友。高晓声、许觉民、苏叔阳、王安忆等，都先后下榻斯处。高晓声描写过如何与查艾克先生夜饮。但我为"小酒人"，远不及高晓声能饮尽瓶底。啤酒故乡的优质啤酒，确实味美，我勉强能喝两杯，而茅台虽好，却只能领略醇香半盅。其实，"查"先生也是爱饮而不多。但饮中谈、谈中饮，醉翁之意不在酒。除了有一次他拿了元史中关于历法的一个问题问我之外，谈话都是关于中国文化和当代文学的。他关心中国的现代化，但总是强调首要的是教育、是文化。他讲了联邦德国战后的复兴与发展历程，论证他的诤言。他已经翻译出版了《天云山传奇》等中国作品，近期又要出版高晓声小说的德译本。这本非他的专业，他用业余时间从事翻译工作。异邦友人的这种"中国心"，激起我这中国人心里的情感之波。

查艾克先生陪我参观了波恩大学东方语言学院汉学中心和中文系，在各个办公室，各类中文书籍，包括地方志，收集颇全，使用方便，在中文系系主任、查艾克先生的好友顾彬教授那里，我高兴地获悉，他正在编译六卷本的《鲁迅文集》。我心里顿生欢欣。鲁迅的思想与著作该是首次这样大幅度奉呈于德意志民族之前，这是他赞颂歌德、喜爱尼采的回报，也是德国文化对他的又一次接纳。

我们坐在波恩大学一座后院的短墙上。绿荫下有几对年轻情侣依偎细语，我们则俯瞰下面缓缓流淌的美丽的莱茵河。河上游动着各种船只，两岸风光如画。我带着对于欧洲的，特别是德意志文化的浮光掠影的一瞥，也怀着了解到中国文化与现代文化正在汉学家——"中国学"学者们的努力下与之接触、渗透和交流的欣喜之情，望着莱茵绿波美姿，同查艾克先生并肩而立，从深广与切近两方面都感受到一种友谊的温馨，并体会到其中的文化内涵。

贝多芬故居，园庭狭窄，楼房矮小，古老简陋的管风琴和钢琴，幽暗的房间，乐圣耳聋后的"笔谈簿"和手制的喇叭形助听器具，报道了他的艰困的生活和痛苦的心声。引我注目的是第五室角落里的吉欧丽塔·闺茜娅娣伯爵夫人的胸像。作为贝多芬的学生和女友，贝多芬著名的《月光奏鸣曲》就为她而作。胸像勾起人们对于音乐大师在爱情生活中的凄苦经历回忆。就是这样的环境、生活和身躯，酝酿和创造了不朽的音乐，使人感受到一种矛盾、一种压迫感和一种人性的、心理的、艺术的、创造的伟力，耳边好像隐隐起伏着那不朽乐章的音响和旋律，它们宣告人是不屈的，乐观向上的。走到题词桌前，我情不自禁，写下我的感受："在痛苦中创造了美妙音乐给欢乐以全人类的贝多芬永远活在人们心中！"

难于忘怀的是同一位德国老夫人的会见。她是一位富有者，她愿拿出她的钱财来帮助中国发展教育文化。但她不愿意人们说出她的姓名。她已经拿出巨款邀请了十几位中国作家访问联邦德国。当她把我们迎进她的豪华而整洁幽雅的客厅时，我发现她是那样健朗，那样精神抖擞，那样友好和热情。她拿出点心和茅台酒招待我们。我们品着酒，叙谈着。她问查艾克先生："中国当前最需要的是什么？"查艾克答道："教育。"她高兴地与查艾克握手，她同我们讨论了如何为中国发展教育与文化出力的问题。当我们告辞时，她走进房间，拿着一个精致的小盒，递给我说："你来去匆匆，我来不及给你什么礼物，这是我母亲留下的，送给你的夫人。当她挂在胸前时，你看到它就会想起我了。"打开小盒，一枚古老的金属镶嵌胸花，像是漾着微笑，躺卧在我的手上。我表示深深的感谢。临别，我再次说："中国现在还很穷，困难还很多，我们首先要把经济发展起来。""但同时……"她立即接着强调："要把文化，把道德也发展起来！"这使我重新忆起她在我们一坐下时就说的一番话："欧洲问题很多，希望在中国，中国如果学习欧洲的好地方，去掉它的不好的东西，发展起来，在全世界会发挥它的巨大的作用！"

励心女士给我们拍了许多照片，留下了这一温馨、友谊、包容的晚上。夫人邀请我们到餐馆去用餐，但我们婉谢了。她冒着倾盆大雨，送我们到楼外，又伫立在屋檐下，频频招手。汽车转过身，她的身影才消逝在幽暗灯光之中。

几天之后，在登机大厅。握手，告别，相约重晤在中国、在德国。我举起双手向他们挥别。当他们的身影消失在机场大厅的人群中时，我转过身，泪眼模糊。第一次波恩之行，在金秋之季收获了丰厚的友谊果实。哦，波恩！

（写于1992年）

莱茵波光映科隆

"夜晚我来到了科隆，/听着莱茵河水在响，/德国的空气吹拂着我，/我感受到它的影响"。

——海涅

"哪里生命在享受欢乐，/那里就充满着理性。"

——歌德

我们驱车离科隆而去，向着迪伦（Düren）而去，去到我们的住地海因里希·伯尔家园。一路上几次在高速公路上跨过莱茵河，我总禁不住深深地看着这个被德国人称为"父亲河"（多瑙河被称为"母亲河"）的碧绿的缓缓流淌的河水，望着两岸如画的风光和现代城市，而思绪起伏，没有头绪，如狂飙奔突，但有一个主题。在一个秋日的下午，我们来到了住地。这是一个僻静小"村庄"里的小庭院，由三座不相连的两层小楼组成，构成一个院落，而为草坪和绿色原野所包围。这就是我们将在这里居留三个月的"海因里希·伯尔家园"。海因里希·伯尔基金会的郎格拜因先生热情地接待了我们，领我们在一座两层楼中安顿下来，又引我们去见了同住在此的来自莫斯科的一位作家和一位画家，还有一位俄国老作家的夫人。

在小楼宽敞的书房坐定，被一种从未感受过的寂静安宁所包围，我再次响起了那心头的狂飙曲，那同一个主题以变奏的形态出现。

1972年，联邦德国55岁的作家海因里希·伯尔获诺贝尔文学奖，为国争光。当他身获殊荣时，我正在东方古国的一个沙漠边缘的深山小村，蜷缩于重压之下，度过自己本应是富有创造力的壮年时光。我从不曾梦想过德国和欧洲，梦想过同当时获得世界殊荣的德国作家发生什么因缘，我连世界上有这样一位德国作家也不知道。今天，我走到了德国的伯尔之家的小楼里，只能是十几年来改革开放的民族复兴的现代化大潮回浪中一粒沙砾的幸运所得。滴水映日光，尘沙见大漠。而且，也只有中国的改革开放和取得的成就，才会使一个世界性基金会邀请中国的作家、艺术家来访。

海因里希·伯尔出身于科隆。他对于科隆、对于莱茵河有着深情。在《关于我自己》中，他写道：

"我出生在科隆。莱茵河厌倦了她那中游的宜人景色，在那里变得河面宽阔，泻入坦荡的平原，流向北海的浓雾。那里的人们一反德国各州的惯例，既不那么十分认真地看待世俗的权力，也不把教会的权力放在眼里；在那里，曾经有人拿花盆向希特勒掷去。"又说："我出生在科隆，它因哥特式大教堂而闻名……（市民）那种幽默，像科隆大教堂一样名闻遐迩，它那官方的表现形式足以令人不寒而栗，但在街头，有时又豁达大度，充满智慧。"

这些，足可使我们了解，伯尔对于科隆和莱茵河的衷情所在：莱茵河的宽阔，科隆人的轻蔑世俗与宗教权力，其睿智与幽默，这成为伯尔的性格与作品的基因和光源。

伯尔为了安静地写作，于1962年，在依傍着科隆、依傍着莱茵河的郎根布罗伊希"村"，买下了一座农家庭园里的房子。他在自己认为合适的季节到这里写作。他的写作室面对园林和广阔的田野，视界开阔。1985年，他逝世于这座幽静的别墅里。1989年，政府给予了一笔资助款，由伯尔的儿子、建筑师文森特·伯尔设计和组织施工，建设、装修了三栋共五套或隔开或连接的两层小楼，成为海因里希·伯尔基金会管理下的一个外国作家、艺术家的创作之家。已经有许多批作家、艺术家先后在这里创作和做研究工作。来的那天，郎格拜因先生指着与我住的小楼紧相连接的小楼说："索尔仁尼琴就在这座小楼里住过。"

来的第二天下午，我正在书房开始享受我的第一个读书日，随我来的老伴景云则在厨房安排炊具。忽然她喊道："你看，来了一辆小汽车，下来几个人。"我赶紧迎出去。只见一位高大的中年德国人正在打开车厢后盖取东西。我用英语向他问候。他便用英语自我介绍说："我是伯尔的儿子，我同我母亲一起来到这里。"刚来就见到伯尔的亲人，好不高兴。这时，一位白发老夫人款款而来。她仪态端庄雅丽，表情和蔼亲切。我对她说："我从中国来。"她说："我知道。你是一位作家，你将在这里写作。"我说："我同时还讲学。"这一点，她也知道。我见她正忙于搬东西，就匆匆告别，相约以后叙谈。哪想到，下午，伯尔夫人突来告别。她指着她的儿子说："他要去美国。我们来收拾一下东西。"握手而别。我们目送汽车远去。一阵惆怅袭上心头。"才是相逢，便又离别"。我同景云都为夫人端庄典雅的仪态倾倒。她是一位英译德的文学翻译家，译作很多。但她衣着朴素，穿一件米黄色大衣，没有任何装饰和化妆。她的儿子和儿媳也都穿着简朴的便装。她和她的家人的神情，没有流露一点"我是主人"的气势，没有一点世界名人家属的神气，只是一派普通德国人的仪态，然而举止不凡。

这是一种心态，一种文化心态。他们并不把财产只用作自己享受，而是献给他人，献出之后又没有赐予者的隐在的矜持。他们掌握着手中的钱，并不图自身的安富尊荣，而是投向文化，用于文化事业的发展；帮助别人从事文化活动和文化创造。伯尔基金会还有其他许多会员，他们每年都向基金会提供资金；每人所出的钱也许数量不是太大，但总计却不少。这些钱，用来为外国作家、艺术家的创作服务。这使我想到自己的故土。人们在自我享受方面已经相当阔绰了。但是，对文化事业的社会投入，却很少。文化、教育、科研、艺术事业，在经济拮据中过活。德国人现在过着相当优厚的生活，但德国也曾经困苦过。我在一本德文著作《伯尔与科隆》的照片中，也曾见到伯尔夫妇艰苦生活的形迹。然而，这种生活早已消逝。如今，却是另一种高度文明的生活。然而，就在战后的困苦时期，他们出版了《歌德全集》。德国历史主义学派最后一位大师梅尼克在二战刚结束时，以83岁高龄写出了《德国的浩劫》一书，他探寻德国复兴之道。在那时，他就诉诸文化，诉诸人的内在生活和内在精神。他们终于成功地创造了被称为"世界经济奇迹"的发展速度和高度，证明了"文化有时比经济更重要"和"文化是明天的经济"。

我在1988年见到波恩大学东方语言文学系主任顾彬（Kübin）教授时，他告诉我，他正在编译四卷本的《鲁迅选集》。现在这部大型译著就要出版了。而我们现在鲁迅著作和鲁迅研究著作的出版都很困难。我的朋友查艾克（Eike Zschacke）先生的博士论文是论述元代名丞许衡的。这些题目，对于德国来说，都可以说是"远水"之"远水"，但他们都能得到经济、社会和行政方面的支持，被纳入德国的文化学术事业之中。

"德国的空气吹拂着我，我感受到它的影响。"但这只是引起了我的思索，启发我想到我们应当借鉴。并不要求照搬和以其为依归。西餐非常好吃，我很爱吃。但一周之后，我却非常想吃葱蒜姜，想吃中国咸菜。我在德国读德国人的著作，读康德，读歌德和席勒，读尼采；但我每天都看唐诗。我每天听从巴赫到勃拉姆斯的德国古典音乐，但我随身带了两盘"中国古代乐曲"的磁带。莱茵波光科隆情，终竟流向中国文化的故土和故土文化的中国；但我们需要出来走走看看，需要借鉴。各民族文化本具"通感"，因而本质上是世界性的。

旅德寄语：传统与现代

在我们居住的伯尔之家中的这栋楼的后门石墙上，嵌着一块石头，上面镌刻着一行字："ANNO 1626"。这是一栋古老的农家建筑，至今已历经300多年风霜了。楼房也仍然保留着古老建筑的模样：尖屋顶、阁楼、黑瓦，屋檐流水，气窗伸脖向天，厨房壁炉尚在，起居室内有弯曲的楼梯。它大概是这个5栋群楼构成的庭院中的最年长者了。它保留着历史的痕迹和传统的风貌。然而，这只是外貌和部分内容，至于其他方面却都是现代化的，与城市无异。楼上卫生间的各种设施，24小时供应热水，厨房的电器化炉灶、烤炉、冰箱、不锈钢器具和精美的玻璃餐具等。传统与现代，在这里结合在一起，并且融合于一体了。我们居住于此，一方面感受到在欧洲以至俄罗斯作品中看到过的乡村别墅或农家庭院的古欧洲风味，同时，又享受着一切现代生活设施的方便与舒适。

走出小楼，这种感觉就更鲜明了。庭院为草坪、果树和广阔的田野所环绕，有鸟雀的啁啾，有秋日的最后的花团锦簇，墙头葡萄一串串，树上挂满苹果和梨，三五只绵羊在缓缓地吃草，还有石头围着的长满青苔的水池。周遭寂静幽深，只有秋风时而絮语般吹过。这一切都是传统的，而且是乡村的。然而，草丛树墙间却有一石雕半身人像俯在游泳池岸似欲跃入水中。庭院中有阅览室，可听音乐、看电视、阅书报。那盏门灯，声控，夜幕来临，在五六米远的脚步声，就会"叫"亮它，而声音消失十几分钟，它又会自动熄灭。

放眼全"村"，这感觉会更深一层。全"村"约有十几户人家，沿着山坡，环着一条幽静的柏油马路弯曲蜿蜒，静立着十几幢现代化楼房。树木参天显得颇为古老的小森林环绕着。这条"街"，就叫"海因里希·伯尔街"。然而街上并没有商店，只见街边一家墙上有一个自动售货的"香烟箱"挂着，算是透露点商业气息。这里有广阔的农田。但我只在"村"里见到一家农户。我见到他们收割：一台收割机割倒苞米，并就"机"粉碎成饲草从旁边喷出，傍行的一台汽车跟着装载。驾驶收割机的青年像个大学生。这里离克罗伊藻（kreuzau）镇3公里、离迪伦城8公里，人们都在平常，更多是在周末开车去那里的超级市场购物：一切食品（蔬菜都洗净，用塑料袋包装）、用物都可从此购得，吃起来又很方便而卫生。高速公路就在离"村"只需步行几分钟的地方。驱车驰上公路，近可去迪伦，十多分钟到；远可去科隆、波恩，一个多小时；再远去法兰克福，也只两三小时。到达法兰克福，这里有欧洲第二大国际机场，每天平均5万人次、多时7万人次起落。登机飞天，"朝发夕至"，就可以到世界各地了。而从公路走，到欧洲各国也都不要太长时间。静坐园林中，时闻高速公路上传来隐隐汽车飞奔的嗡嗡声，头上有时会响起一阵高空飞行的客机的嗡鸣。这一切，都在提醒人们，"现代化"的生活和节奏就在身旁，欧洲和世界都同这个小"村"紧密相连，随时可通。

在这里，"农村"和"城市"、"工业"和"农业"也是紧密相连、互相融通的，彼此在概念上的截然划分不是那么鲜明了。不同的是这里少一些"声色犬马"，而多一份宁静，多一份阳光和空气。我在德国的有限行程和活动范围中，已经到过和接触过多处这样的"乡村"，或者叫"乡村-城市"。这是一种标志，一种现代化的标志。现代化必须完成一个"工艺过程"，就是使几倍于吃粮人口的产粮人口，转化为百分之几的数量，就是说，百分之几的人从事农业可以养活90%以上的人而粮食有余。但是，第三产业的人口却极大地增加。与此同时，农业人口也就绝大部分转化为城市人口了。而在现代化的条件下，城市人口却大批地"退"回到"农村"来居住以享受更多的安静、阳光和空气。难怪德国朋友惊奇地说："你们中国怎么那么看重'农转非'呀？"

在"海因里希·伯尔街"两旁，耸立着的都是精美而硕大的两层楼房，外表就显得颇"现代"，而里面当然都是一律现代化、电器化设备。楼后却是大草坪和森林，楼前是小草坪和花坛，花坛上有各色各样花卉在秋日的阳光下开放或在秋风中摇曳，而都开放着各种鲜花。门前部停着一二辆轿车。是的，他们过的是一种高度现代水平的生活，这里的"生命在享受欢乐"。但这里居住的都不是上等阶级或大富翁，而是一般居民。我们已经认识的对面的一位邻居路德维希夫人，就是一位中等学校的退休教师。同儿子在一起居住，三四口人吧，就住着那样一栋高级的"花园洋房"，拥有几辆汽车。

当然，这一切并不是凭空得来的，也不是"悠闲"和"文盲"所能创造的。德国在两次世界大战中都是战败国，战祸的摧残、巨额战争赔款的沉重负担、生命财产的损失、民族文化精英的牺牲与出走，留下多少艰难困苦。德国在二战以后有"战争文学""回乡文学""废墟文学"的说法，这从文学领域，当然也是从生活领域，反映了那灾祸困厄的岁月和那岁月中的灾祸困厄。但曾几何时，他们复苏，振兴，发展，又再次成为位居世界前列的经济、科技大国。这当然是经济发展的结果。但德国朋友说，他们的政府一直注重教育、学术事业的发展，他们在战后又培养了新的一代又一代的科学家、学者、艺术家和广大的各种人才，把文化注入了经济，使它成为健壮的、有活力的肌体而茁壮地、迅速地发展。

令人感兴趣而启发思索的是，这十几栋楼房没有一栋是相同的，各自有不同的设计、不同的装置、不同的布局；连同每栋楼的每一扇窗户的设计也是各具特点的，表现了一种充分的个性化，因此也就多样丰富。同时也显出了一种随处表现的独特的创造性。这也是一种文化心态：不要标准化、一律化。但另一点却又都是相同的：没有一幢楼有围墙，都是敞院，人们走过可以看到房屋和里面。不愿封闭，这也是一种文化心态。这似乎与我们的心理格局正相反。我们住宅小区的楼房是规范化、标准化的，而每一单元、每一套间都把自己封闭起来了。这里是否也存在一种传统与现代的差异？

我们到这里的当天下午，几位来自各国的作家、艺术家就都随郎格拜因先生的车去科隆了，居然留下我们这初来乍到一切生疏的老夫妇俩看守庭院。而这里一切又都这么"公开"：不及我的身高的木板条门，不能上锁，在根本就没安装门的院子里的仓库里，就放着公用的全自动洗衣机，另一个仓库里放着两辆新自行车。阅览室里有电视机、图书和多种设施。我想起我们临出国时，小区隔壁楼里有两家在上午被撬。小区大兴安装防撬门之风。附近一个军事机关院内的家属宿舍也都家家安防撬门。然而这里竟这样的吗？我们怀着忐忑不安的心情度过了在这德国"乡村"的第一个寂静的夜晚。一切平安。第二天，看看"街坊邻居"，家家汽车在门外过夜，每扇大玻璃窗都没有任何防护设置。我们就这么当"看院老头、老太太"，平安无事。这里，每家庭院里，都有果树，我们这个院里就更多，街道两旁也有。红果、绿果挂满枝头，地上也掉了不少，然而没有人偷摘，也没有人捡。也许是这"村"里"人员纯洁"吧，然而没有"流窜犯"？我们的德国朋友住在另一"村"里，情形也相同。

我想起歌德的那句诗："哪里生命在享受欢乐，那里就充满着理性。"人们生活的安稳和富足，以及较高的文化素质，使他们能够理性地对待这种"物质诱惑"。同时，也还有综合的、社会的原因：法制的健全和警力的充足、防卫设置和应急处置的方便可靠，等等。但不能排除公民素质的作用吧。至少，在"日常生活"的层面上，这里是具有理性和文化的内在力量的。传统的道德和现代文化素养，在这里也是结合着的吧。

邻居路德维希夫人那天来"串门"，向我们介绍以前在我们现在住的这栋楼房中住过的诗人、艺术家、翻译家的情况。她要写下一点什么，我拿出常用的稿纸给她。我说："这是中国纸。"她马上说："哦，中国几千年前就会造纸，欧洲人是从中国学会造纸的。"中国传统文化的荣光闪现，但这传统确实需要创造性地转化，转化为不失传统的现代化文化。

梦回"朗根"路迢迢

——旅德漫语之一

离开德国、离开朗根布罗伊希已经三个多月了，梦魂依旧常绕"朗根村"。她的幽静、美丽、优雅而且具有深沉的意义，都使我留恋而思念；我们在那里度过的三个月的美好时光，为一生所难得，而且只有这一次，也使我"梦里寻她千百度"；在那里留下的国际性的友谊的足痕，虽不过"雪泥鸿爪"，也使我心绪紧系，而难于忘怀。

记得那是去年秋深时节，我们来到朗根布罗伊希。当驱车进"村"时，首先映入眼帘的是一座小巧而古旧的尖顶教堂，一下子便引导我们进入欧洲情境，然后是蜿蜒寂静的"街道"，寂静的为草坪、花坛所环绕的循"街"排列的楼房，还有寂静的田野、寂静的森林，和我们在寂静中感受到寂静、享受寂静的心的沁甜。"脱尽红尘三十里"，人生难得几回寻。我陡然间陶醉了。

以后我便在这种沁甜而且陶醉的心情中，读书、写作、讲学、出访，度过了充实而有意义的三个月。

我很难说，这三个月是"乡居"还是"城居"，因为朗根布罗伊希究竟应当算作乡村还是城市，令人难以划分。照前面简单描述的情景看，应该说是乡村；从它的居民只有十几户、人口不满百、街道上没有商店，以及农田就在周近，森林环抱着"村庄"等状况来说，它应该属于农村范畴。但是，这里既不闭塞，也不落后，很少见到农民，更没有牛羊鸡鸭和猪狗满街跑、满院串的农村风光。从这些方面看，它又明显具有"城市性"，交通以汽车为唯一工具，居民只有两户农民，这也该确定其为城市。这里的居民是由这样一些人家构成的：有画家兼牧师、有退休的女教师、工人，还有一家美国公司在德国的分公司经理、市里一位著名富翁的遗孀等，总之，人口结构是非农业户占多数。放眼看全村，一栋一栋漂亮的、精致的两层楼房，设计各异、风采纷呈，每家的门口都有草坪、花坛，也是多姿多彩、各领风骚，鲜花在秋阳下闪着笑靥，或在秋风中摇曳。如果走进屋里，你就会发现全部现代化、城市化的装置和设备，同城市无异，一样方便舒适。至于生活情形，略述若干吧。清晨，会看见人们驾车飞驰而过，有的一手驾车、一手吃"三明治"，赶去上班。傍晚，当我们外出散步时，沿着"海因里希·伯尔街"向森林边沿漫步，便见人们三三两两在自家门前收拾草坪和花坛，既是劳动又是休息，神态悠闲，在享受着生活的乐趣，透着一种温馨。当我们走过时，便都停下工作，微笑点头，用英语或德国问声好。每到周五、周六黄昏，常见断续的小汽车开来，停在各家门前。车上走出男女老少、各色人等，衣履整洁、神态自若。他们也许有的是来度周末假期的，有的是来探访亲友的。孩子们的交通工具则是摩托车。因为未满18岁的孩子不许开汽车。更小的孩子是骑自行车，但似乎是"玩车"为主，有意思的是那些童车后面，都插上根很高的软杆，上插三角小红旗，孩子们骑在车上，在公路上、房屋边，逍遥自在地耍戏，汽车老远就缓行或躲避，表现出对儿童的爱护和孩子们天地中的安全感。还有一户养了几匹剽悍的骏马，常见一位少女，戎装英姿，在田间小道上纵骑扬蹄，奔驰在绿野中。在秋风细雨之日，那迷蒙中的飒爽英姿，给人很深的印象。

每天清晨，当地的报纸就都放在各户门前的信箱里了；中午，又送一次报纸和信件，风雨无误。随报纸和信件送来的还有多种印制精良美观的广告（报刊均有），每天如此。居民可以了解各种商业信息，本县超级市场也每天有广告送来，从中可以找到要买的食物的品种和价格。居民们大多在周末开车去县城超级市场，购足一周所需食用的物品。

这个小小的山间小村，可以说是同世界相通的。在屋里，电话可以通往世界各国。我往美国、中国都打过电话，一次拨通，声音清晰，就像市内通话一般。走出村不远就是公路，几分钟到县城，十几分钟到市里。上了高速公路，两个来小时可到繁华都市科隆，可达首都波恩，三个多小时到法兰克福就可乘飞机去往世界各地了。如果开了小汽车奔驰若干小时，就可以到达欧洲各国了。

所有这些，都使人感到，在这里乡亦城、城亦乡，城乡工农差别已极大地缩小而趋于泯灭了。只是人们的劳动种类不同了，这里的空气更好，也更清静雅致，那种发展中国家的"城乡二元格局"的社会构造已经蜕变为一元格局了。难怪德国人由城向乡倒流，许多人喜爱"乡居"。我据此也想到，这印证了马克思主义所论证的资本主义越发达，向社会主义过渡越快越容易的道理了，因为那样就在生产和社会结构方面为"转变"提供了更高的物质条件。

最近，收到来自"朗根"的信息，是邻居路德维希夫人写来的。她在信中说：

> 1月和2月里，直到2月20日，这里都一直很温暖，只有两周中有一些霜雪，使朗根布罗伊希变成白色的了。但是，从3月9日星期二开始，我们就拥有一个早来的温暖的春天了。第一朵鲜花已经开放，鸟儿也开始歌唱，人们都在庭园里工作，在海因里希·伯尔庭院的玫瑰花丛中工作（你在秋天看到并写过那最后的玫瑰），并且发现了小小的第一批新叶。是的，生命在继续。我们只需要健康，并每天欢愉地欣赏它们。

她描述了春天朗根"村"的诱人风光，这又勾起我对她的回忆、思念和期待。

（写于1992年）

"伯尔家园"三月旅

——旅德漫语之二

我们从去年9月到12月，旅居德国三月整，就住在朗根布罗伊希这个幽静的小"村庄"里。这里有一座属于海因里希·伯尔基金会的写作别墅。我和老伴就是应这个基金会的邀请来德国讲学和从事研究与创作的。

海因里希·伯尔是1972年诺贝尔文学奖的获得者。1985年他逝世前，每年都离开喧闹的城市来到"朗根村"别墅休假和创作。这座别墅原是一个农家庄园，伯尔和基金会先后翻修了旧宅，修建了两座新楼，由五栋相连或相对的楼房组成了一个错落有致的庭院。前面则是草坪和花园，园中种植了几株梨树和苹果树，有一个圆圆的池塘、一方不大的游泳池；远处是广阔的原野和田畴以及茂密的森林。秋天，绿色的庭园、绿色的原野，庭院里盛开的玫瑰花丛，枝头绿色的梨和红色的苹果在晴空骄阳下露出喜人的颜色；当秋雨淅沥时，这一切又都笼罩在迷蒙中，绿色的世界罩上一层雾纱，令人看着顿起一种甜蜜的惆怅。天气未冷时，我每天一张藤椅一杯茶，安坐在草坪中、木篱旁，踏草依花，展读书卷。我集中读了一批德国学者、作家的著述，涉及哲学、历史、文学、艺术，仿佛走进一个德意志学士文人创辟的思想与智慧的璀璨世界，情意飞翔、思绪绵绵，体认那种世界性、人类性、文化性的生命意识，知性规范和终极关怀，感到思想升华、情态净化、内心充实。正是在这种环境中，三个月的时光，除了讲学、参加访问、社会交往之外，我读了一批书，写了三篇论文、多篇散文，还翻译了半篇学术论文。

在这种安闲而繁忙、平静而充实的读书写作生活中，我常想起平生的坎坷和终至一事无成，因而深感一定的物质条件的必要。安静优雅的环境，能够像清泉一样洗涤人们灵魂中的尘埃与污垢，能够启动智能与创造欲望，不仅使个体的生命获得意义，而且能使社会因而得到大小不等的文化奉献。这次要感谢伯尔基金会，感谢伯尔成立这个基金会。他们从物质上支持和帮助世界各国的作家、艺术家、学者，使他们能够在安静优雅的环境中，从事他们的创作和研究，度过一段舒适美好而富于创造性的生活；然而并不"狭隘地"要求他们的创作和研究一定要服务于德国或者可使基金会获利。这是一种世界意识的文化观念。每当我工作之余，悠闲地在草坪上、田野间和本村街道上散步，怀念路远迢迢、海天之外的祖国时，不免忧思绵绵。何时，我们也能成立一些这样的基金会，也使本国学者、作家、艺术家能够得到帮助，去为国家民族社会做出他们的文化奉献呢？

德国的基金会很多，仅就我接触到的说吧，就有同伯尔基金会有关联的"北莱茵——威斯特华伦基金会"；在德国西南部的一个小镇施特雷伦，有一个"欧洲翻译工作者之家"，用提供住处、工作室和图书馆的方式，帮助多国的翻译工作者。我有幸在这里工作10天。此外，还有不少大学设有研究基金会和奖学金，帮助国外学者。这些，都是一种社会性文化科学投资，而且辐射到世界各国。

文化事业作为社会发展的一个领域和一种动力，主要不是像工业、商业一样，是创造物质财富的部门，而是主要创造精神财富的部门，因此它需要更多的资金投入，不仅有国家的拨款，而且包括社会的投资，个人的奉献和非营利的投入。文化人的整体社会与历史效能，也不是直接创造物质财富，而是间接创造，或者更多地创造精神财富。因此，它们的价值所在，也不是富有金钱，而是富有知识。

在克罗伊藻县讲演

——旅德漫语之三

伯尔家园所在地属于克罗伊藻县。这个县的县城里有一个群众性业余教育组织，经常邀请来访的外国作家、艺术家、学者或其他知名人士讲演。讲演的题目、内容广泛，因人而异，目的在于使听众开阔眼界、增强知识吧。这也从一个小的侧面反映出德国全社会重视各种性质的教育的情况。听众是不固定的，各行各业的人，自由选择，自愿参加。早在10月份，这个组织在一期简讯性的材料中通告其成员，12月3日将邀请我去讲演，并且对我做了简单介绍。它在讲述我的简历和著述情况时，称我为"受到挫折而能迅速站起来的人"，这对我来说，未免是一种拔高的评价，但说明他们是"掌握情况的"。11月的一天，主持讲演会的海因茨勒先生就来到我的住处，同我商量讲题以及其他有关事宜。德国人办事认真，即使是这种业余文化活动，也这么有板有眼、一丝不苟。

12月3日这天晚间6时许，我的德国朋友、汉学家查艾克先生驾车陪同我前往县城俱乐部。我的讲演内容是关于鲁迅的。由于听众是"非专业性"的，所以我只是一般地介绍鲁迅的生平、思想和著作的概况。

当然，面对德国听众，我侧重讲了点鲁迅同德国文化，同歌德、尼采的关系。先是查艾克先生朗读了一段德文本《阿Q正传》，然后，我从这里入题讲鲁迅。我发现听众对《阿Q正传》听得很入神。查艾克用的是一种古老的德译本。会后，与我同住伯尔家园的原东德戏剧家脱勒又拿出一本五十年代民主德国的德译本《阿Q正传》。这使我很高兴，鲁迅的不朽著作，在德国至少有两种译本，而且都出版得很早。鲁迅早就进入德意志文化圈中了。这还使我想起德国友人告诉我的，鲁迅的散文、小说已经全部译成德文了。我认识的波恩大学的沃尔夫岗·库彬教授编译的四卷本《鲁迅选集》也快出版了。我在科隆东方艺术博物馆还买到一本德国出版的中国新兴木刻集，封面就是硕大的鲁迅木刻像，序言则侧重介绍了鲁迅在提倡新兴木刻方面的功业，这使我感叹不已。在德国，鲁迅的著作和形象正在文化界昂首阔步。

在我讲演完毕时，按照惯例，由听众提问题。提问很热烈而且范围广泛。关于鲁迅，问得多的是"精神胜利法"。也许由于东西方文化的差异，他们在"领会"这种阿Q精神上有些障碍。有趣的是有的问："在你看来，是德国人还是中国人更讲礼貌?"我凭着日常所见，脱口而出："德国人很讲礼貌。"想不到，我语音一停，会场爆发出一阵别有意味的笑声，表示了一种不同意的情绪。有人立即说："中国是礼仪之邦，我们一向都知道中国人是最讲究礼节的。"我很赞同这种观点，但是我内心里颇为时下某些中国人粗野、好打好骂的不文明行为感到苦涩。

讲演会直到10点才结束，这是因为提问较多。讲演结束，主持人海因茨勒先生立刻付给我酬金。也许有人会以为这就是"市场经济"吧。但我以为，这里主要表现的是知识的价值和对知识的尊重。

莱茵河畔

　　莱茵河畔，莱茵河畔，如歌词的吟唱，像花那样、像诗那样、像梦那样美。碧波把两岸繁华拥入北去的逝水，穿科隆而过。"科隆已经存在，但她又是一个梦境。"出生于科隆的诺贝尔文学奖得主海因里希·伯尔这样写过。科隆、莱茵，都像梦一样美。美是甜蜜的，然而沈从文又说，"美丽总是愁人的。"漫步在莱茵河畔，在科隆的沿着莱茵河蜿蜒伸展的河边马路上，心里弥漫着甜蜜和愁绪——一种甜蜜的愁绪和一种愁绪的甜蜜。河水缓慢而沉着地流淌，来自瑞士，流经德意志大地，径入荷兰，流向北海。一路徜徉，好似在诉说历史、诉说梦、诉说心中的涟漪。心头流过许多河，许多故乡的河。南国风光旖旎的河、北国浑水汹涌的河、沙漠之地干涸的河。面前却又流过异国的河，欧洲著名的国际河，养育了歌德、贝多芬以及海因里希·伯尔的河。人生多少变幻，几许升沉，而又多奇诡与意外。今日漫步在莱茵河畔，"河水像替我轻奏曼陀铃，悠悠地细说心中的恋情。"风姿绰约、金发飘洒、服饰优雅的金发女郎结伴而行，穿过人群；衣着朴素的大学生，在河畔林荫长椅上，忘情于书本世界之中；身穿各色漂亮大方披风或大衣的老夫妇，互相搀扶，默默地缓步而行，像是沉浸在昔日年华的追忆之中。河上有美丽的船只游弋，岸边是如画的风光，葡萄园顺着陡峭的山坡直达山顶，莱茵河畔充满了色彩，充满了阳光，充满了生活的美和情趣。"世事波上舟，沿回安得住？"今宵就将离去，即此别莱茵，何日再相逢？

　　刚从莱茵河畔世界著名的科隆大教堂走出。巍峨宏伟的建筑、160米高的塔顶，无数大小不同的精美雕塑，诉说天国的故事，对照人间的苦楚。多少美好的事物，多么美好的生活，然而仍有这么多人，男男女女老老少少，在昏暗幽静肃穆的大礼拜堂里，在一方"祈祷厅"里，点燃弱弱烛光，忏悔、祷告、祝福，诉说自身的不幸、愁苦、哀伤和痛苦，祈求赐予平安与幸福。记得在巴黎圣母院，也见此景，也生此情：多么美好的生活，也有不足，也有愁肠忧心，要向上天诉说和祈求降临人间人生所缺所无。人的灵魂，永远不能为物质之光所满足，总会造成灵魂的暗影。此光愈强，影像越深，灵魂的结构，需要物质与精神的平衡与融会。

教堂左近，树影婆娑，秋风过处，黄叶坠落。一尊满身披铜绿骑马英雄塑像，屹然而立于山坡之上。我问："这是谁？一个王吗？"郎格拜因先生说："威廉第二。"哦，腓特烈大王，威名籍籍，一位在近世建功立业的德皇。他在这里眺望科隆大教堂，俯瞰莱茵河。他也在向人们诉说历史，静听来自世界的人们评说他自己的历史功过。我则爱倾听梅尼克的说论。他是德国历史主义学派的鲁灵光殿式大师。他说，如果威廉第二是一个中等之才、性格更明智的执政者，德国历史会是另一样，也许会更好些。他是"德国历史上一个不幸的偶然"。然而他的"偶然"，却又同德国资产阶级和其他阶级的腐败，同普鲁士军国主义这些历史的普遍性联系着。偶然是必然的交叉与表现，恩格斯这样说。威廉第二的才能和性格上的"偶然"，深刻地烙印在德国的历史必然性上。

依依难舍，离别莱茵。走入一条"小巷"，古老的商店、古老的石块马路，使人立即想起欧洲许多古典小说中的生活场景。慕尼黑也曾见过、巴黎也曾见过。人们总是这么有情有义，保留这些历史的遗迹、见证与风光，使人留恋、回忆、思索和反省；然而仍旧很实用。重修后的科隆大教堂的后院，也还保留小小的一角二战战火的遗痕。巴黎街头则时见古老建筑上二三百年前的雕塑。我所住"海因里希·伯尔之家"的一栋楼房，也是建于1626年的古迹。历史是发展的，因而是延续承接的。不能割断、不可弃置，更莫摧毁，不余些许。"历史的化石"，不是使人发思古之幽情，而是给人们的现实以许多遐想与灵感。

莱茵河畔，艺术博物馆与大教堂同在。现代艺术在这里呈现，令人眼花缭乱；日本的浮世绘、中国的古代绘画（其中不少珍品），也在这里显身，让人把眼光和思想转向古代、转向东方。文化在这里表现出它的民族性和世界性、现实和传统的结合。

莱茵河畔、莱茵河畔，像诗像花像梦那样美，历史、现实、人生、艺术、文化都融在绿波荡漾中，都赋予悠悠流水中，诉说世界与人生、艺术与文化在我心中的涟漪。

番石榴的芳香

　　偶然买到一本久想一读的《番石榴飘香》。这是 1982 年诺贝尔文学奖获得者、哥伦比亚当代著名作家加西亚·马尔克斯同他的好友、记者兼作家门多萨的谈话录，内容是问答式地漫谈他自己成长的过程和创作体会。全书以清顺流畅、轻松随便的谈话，交流着对生活、艺术、创造、荣誉的看法和体验，质朴而真实地表述了一位大作家成才的经历。确实飘洒着一股番石榴的芳香。番石榴是拉丁美洲的一种常绿灌木，果实若核桃，芳香浓郁，可供食用。马尔克斯把这本书以它命名，意思是：作家精选素材才能加工提炼出番石榴的香味一样的作品。

　　然而我读过此书之后，却感受到另一种芳香：一股飘散于世界文坛的"文学的番石榴"芳香，是如何产生的呢？原来有这样几种"原因"，也就是"土壤和阳光"：一是作家从小在外祖母家生活；二是外祖母给他讲故事；三是诸多世界文学名著的培养。

　　美国著名作家海明威对于"最好的文学创作准备是什么？"这个问题的回答是："不幸的童年。"我在拙作《创作心理学》中曾经概括许多世界著名作家的经历而称为作家的"童年情结"。现在，在马尔克斯身上，又得到一个有力例证。当门多萨问他的世界名著《百年孤独》创作初衷时，马尔克斯回答说："要为我童年时代所经受的全部体验寻找一个完美无缺的文学归宿。"当问及《百年孤独》的创作经过时，他说，他确是像传闻那样，18 岁就想创作这部小说，但是一直未能动笔，因为没有找到一个他认为合适的叙述方式，直到过了十五六年之后，他在旅行中受到触发，恍然大悟："原来，我应该像外祖母讲故事一样叙述这部历史"。于是他就开始写了，而且写成功了。

　　我在这里并不想讲创作心理和创作经验问题，而是想讲一点体验：

童年生活和童年时代周围的人，对于一个人的未来的成长，是多么重要啊。我们还可以举出很多类似的例证。艾青深受他的保姆大堰河的影响，鲁迅写过"长妈妈"对他的深远的爱与帮助；托尔斯泰曾得益于在他幼年时为他弹奏钢琴的女仆，而屠格涅夫简直可以说是被一个带他的农奴引进文学天地的；福克纳永远记住一位黑人女仆对他的影响，以至在他的作品里，总有一个仁厚朴实的女黑奴形象。

我们现在可以说有两辈人在共同关怀第三代的成长，许多人望子成龙，不惜工本，扩大投资，总以为把"幸福"二字填满孩子的童年，他就能健康成长，或以为用钱可以买来一个"明日的栋梁"。其实未必。"给予"和"接受"之间，有一个双向的交流和互换的过程。有一定的从"灌输"到"内化"的规律，绝非揠苗助长可以奏效的。所以，需要研究的是如何因材施教。

马尔克斯的外祖母给小外孙讲的都是神鬼故事，把他死去的姨妈、舅妈说得就像同活人们共同生活在同一栋楼里一样，吓得马尔克斯后来一人住在一个宾馆的房间里时，还会有童年听外祖母讲这种故事时的恐惧感。而他的《百年孤独》就由此生发出拉丁美洲风靡世界的魔幻现实主义。这说明育人过程与人才成长，并不是像种豆得豆、种瓜得瓜的过程那么简单和"机械"。这里，变化、曲折、"歪打正着"、正打歪着，等等情况，都是有的。运用之妙，存乎一心，成法大概是没有的。但是，在人的吸收力强、敏感度高的童年，选择适合其心性的教育方法，注意他周围的亲戚、朋友、邻居、同学对他的影响，是十分重要的。这应是不二定律，因此应该引起我们的重视。

我以为，这可说是《番石榴飘香》的另有意味的芳香。

马克思、恩格斯在《德意志意识形态》中曾经说过："一个人的发展取决于和他直接或间接进行交往的其他一切人的发展。"他们这是从整体的人的发展而言，如果仅就人的幼年、童年来说，所谓"其他一切人"中的首圈或称第一批人，就是父母、祖父母、外祖父母、最亲近的老师、同学等人。正是他们首先决定孩子的发展。而对于他们来说，对对象所产生的影响，除了实施影响的方式方法之外，还有一个自我修养问题，这就是教育者必须先受教育的老问题了。

（写于1992年）

"且待小僧伸伸脚"

——《夜航船》一则故事的启示

《夜航船》是明末大文学家、史学家张岱写的一部有趣的书。取这书名的意思大概有两条：一是表示读书写作的生活，开始于寂静的夜晚，有如乘船夜航于知识之海中；另一个是夜航船上的学问，最难对付。夜航船，是南国水乡的交通工具。旅人乘此种在夜的江上航行的船上，闲来无事，南来北往的人天南海北地神聊，以消磨时光。但人多事杂，涉及知识领域和社会状况都很宽广，要能在其中应付裕如，确是要有一点杂学本领的。张岱所言夜航船，更有其特殊的意义：那时他的第二故乡绍兴，特别是余姚一带少年，幼即从学，二十岁后学手艺，学有根底，社会知识亦丰，在夜航船中遇到他们，聊天侃大山，就更要有点"道行"了。

然而也有例外或曰其中自有"稗子"。《夜航船》有一则故事，我最是喜欢，甚至不免常常想起。故事说的是有一次在这夜航船上，有一书生应问答对、高谈阔论；有一个和尚在他旁边，见此情景，不但不敢作声，连睡觉也蜷起双腿，畏慑有加。但听听却发现了书生的破绽，于是就请问相公："澹台灭明是一个人两个人？"书生答道："是两个人。"和尚又问："那么，尧舜是一个人两个人？"书生很有把握："自然是一个人！"和尚笑了，说道："这等说起来，且待小僧伸伸脚。"

我喜欢这故事叫那个没有真才实学却好高谈阔论甚至胡呲的小子出了丑；更欣赏它那隽永的幽默和隐约而深沉的讥刺，尤其是自称"小僧"的和尚最后那一句话和那一个行动：笑而伸脚睡去，畏慑尽去，先恭后倨。我以为这是我国古代的最佳幽默小品之一。现代幽默讽刺作品，包括电视小品和相声作品，是否也可从中得到启发。

这故事也使我时时警惕：第一，不懂的事情，千万别想当然；第二，最好有备无患，多读多学，以备急用。但我更有点"刺到自己痛处"的感觉。我不是一个敢于高谈阔论的人；但由于种种原因，却不免要在不同场合，被约被逼得说东道西。尤其可怕的是，常常不仅就本专业内的问题，而且涉及专业外的事情来发言。即使是本行，也难都说得清，更何况"行外"唠叨。这就势必要时有破绽了。即使是平常，写个错字读个别字什么的，也都是有的事。天知道有多少场合，有哪几回，旁边就坐着"小僧"，面含微笑，心中念念有词："这等说起来，且待我伸伸脚吧！"那难堪是比明里被人指出破绽还要严重的。

所以我常提醒自己，小心别让旁边有人说："我可要伸伸脚了。"或者，像夜航船上的书生那样，能够当面听到一声"且待小僧伸伸脚"也好。

这里附笔说明一点：澹台灭明是孔老夫子的弟子，其人貌丑而有德行，所以孔子就他的情况而感叹说，可不要以貌取人哪！

读书偶得的宏旨大义

读书偶得，一般地说，只不过是闲来无事翻翻书，偶然有所得有所感，所以是无关宏旨的。但如发而为文，有点儿知识、有点儿逸闻轶事、以至狐鬼神仙之类，街淡巷议、古今中外，姑妄言之、姑妄听之，无硬学之苦，有增闻之趣，于作者读者都不失为一种读书之乐。所以这类不登大雅之堂的简短文字，倒也常有人写、有人愿读。

不过，这种读书而又偶得的事，有时候竟然影响了读书而有得者一生的重大选择以至人生道路，这却颇关乎宏旨大义了。这并非一种推测，而是确有其事，并且不算少见。古今中外有不少作家、学者、科学家以至其他性质的名人，常常是在儿时读一本书，使他有一种特殊的感触，而影响了一生的道路。《山海经》对于鲁迅的影响，是世人常常谈起的；胡适因读《神灭论》而消解了对于鬼神世界的恐惧，并使一生的思想品性受到影响，也是值得一提的。鲁迅和胡适都从小读《纲鉴易知录》，鲁迅似乎只从中学得中国历史的一个概略，而胡适却由此引起编历史年表的兴趣，并在11岁的小小年纪上就真的编了个《历史帝王年号歌诀》。他在自传中说："这也可算是我的'整理国故'的破土工作。"这儿时的读书偶得，几乎可以说规划了他一生学问事业的雏形。这都可以说，偶一之得，影响终身，因而就有点宏旨大义了。

这里涉及书和人两个方面：一是书要有所依据；二是人要有所感触，缺一不可。

但事情却也并不那么简单。书要有所依据，这"依据"必须是对读的人来说是"正合我意""正切我需"才行；人要有所感触，这感触之产生，则必须是"久蓄于心""时在追寻"的。哥伦比亚的著名作家、1982年诺贝尔文学奖获得者加西亚·马尔克斯的经历很说明这个问题。他是著名的新闻记者，但很早就想写小说，一直没动笔。后来，有一天，还是在他大学一年级读书时，他读到了卡夫卡的《变形记》。小说的开头写道："一天早晨，格里高尔·萨姆沙，从不安的睡眠中醒来，发现自己躺在床上变成了一只巨大的甲虫。"马尔克斯忽被触发，心里想道："我姥姥不也这么讲故事吗?"又想，这么写倒可以试试。就这样奠定了他写小说的决心。《变形记》就好像雷击电触，使他的灵感产生了，潜在的创作欲望迸发出来了。

偶得，是偶然的，然而其中蕴含着必然性。这"必然性"就蕴含在"正合我意"的"我意"之中、"正合我需"的"我需"之中。因为"我意""我需"就是"我思"的结果和进一步思考的起点，我思故有"我意"之形成和"我需"之产生，于是也就产生了向外摄取的吸引机制，一旦遇到，即使是偶然的吧，也就"一拍即合"了。

这样说来，学而思之的"思"，不仅要在学之中进行，而且要在学之前有备之。

了海和尚与鸽子医生

——读书忆往

　　我在小学读书时，学过哪些东西，现在几乎都已无记忆，但是，有两篇语文课文，却至今记得，特别是清晰地记得几幅插图的景象，而且还常想起它们。

　　第一个是"了海和尚"。我不记得课文的题名是否就是这样，但主角的确就叫这个名字。故事说的是，有座山隔开了两个村庄，来往的人都要爬山越岭，费时费事。山上庙里有一位名叫了海的和尚，劝说人们把山打通，挖一个隧道来通行，却无人响应。于是了海和尚就发了宏愿，自己动手来打洞。他日日夜夜地凿、刨、挖，不知过了多少年（也许是我记不清了），他终于打通了这座山。这精神是十分感动人的。我特别清晰地记得那幅插图：一个黑寂寂的山洞，一盏灯光如豆的油灯，一个瘦骨伶仃的和尚，坐在地上，双手举起，正在凿洞。我记得当时和以后，常常注视这幅肯定不会画得多么高明的插图，飞翔着种种的悬想：了海和尚如何天天地挖洞？洞如何一天天深入，而他自己却一天天瘦了下去？如何终于有一天，他看见了"那面"射过来的一线光亮？大概就因为有过多次的这种天真的欣赏，所以留在了芜杂的记忆库中，成为我久远的记忆刻痕之一。啊，可敬又可怜的了海和尚，我至今还记得他的枯瘦却又坚强的身影！然而，我至今不知道这个故事出自何处，在别的地方也没有见到过了海和尚这个名字。我也不记得那篇课文和当时的老师由此引发了什么结论、什么教诲——可见，即使有，也并没有给我留下印象。而我自己的出神欣赏，也根本没有进入道德境界，更没有产生"我长大了也要向他学"这类有出息的宏愿大志。我只是对那幅图画感兴趣，从它那里勾起（被启发）了种种悬想。这也许就是一种最初始的审美体验。但细一追究，就会发现这种审美体验固然引发自那幅画，但却又同了海的行为即故事的内容分不开。也许在这种审美体验中，就同步输入了一种模糊的道德理念和人生体验吧。至今想来，半个多世纪烟云飞逝，这画还如此清晰地印刻在心里，足见形象性教育之有利，审美教育之重要。我并不觉得，了海和尚教育了我，在我以后的生活道路中寓有了海和尚的影响，但我确实记得在当时稚嫩的思想中，是甚感了海和尚这件事是"很有意思"（不是意义）——"很好玩"的，所以乐于去思考其过程情景和结果。那么，这是否就是一种潜移默化的教育呢？我说不清楚。

不过，我由此却想到，对儿童的教育，最好不要总是耳提面命地"你记住，要如此如此，要这般这般"，这样做的结果往往不理想；说多了反倒引起反感，效果不好。重要的是启发，而且是形象的启发，是循着性之所近、情之所动、心之所爱去启发。

另一个故事是《鸽子医生》。它讲到一个乡村医生，骑自行车穿行于乡间为人治病；车后用笼子带一只信鸽，看病时开了药方便绑在信鸽腿上，放飞归家，鸽子又带药回到病人家。一次，鸽子又"衔命"飞归，不幸在路上被孩童用弹子打伤，几至不支，但它却忍痛支撑，坚持飞行（用现在的话说，就是拼搏）。鸽子终于到家，又缚药飞回，继续拼搏，送药成功。但它自己却力竭身亡了。"这鸽子真好！"这是我的直觉反应，这可能已经关涉道德评价。但也仅此而已。我仍是没出息地并未想到诸如"要像鸽子那样为别人牺牲自己""要像鸽子那样拼搏"等诸如此类的大道理。其中有两幅插图，是我印象很深的。一张画着乡村医生骑自行车奔驰在乡道上。那是20世纪40年代，我那据说在秦代就已出现的故乡古城，全县城也不超过10台自行车。谁骑车而过，路人侧目而视。所以我在书上图中看到乡村医生骑车行医，真是钦羡崇敬得很。另一幅就是鸽子云中拼搏飞行的画了。那鸽子奋飞苦斗的身影，我至今闭眼仍能想见。这是一幕悲剧。我深深地被打动了。悲为美。那种内心的感动滋润着一种美的甘甜和苦涩。这也许就启蒙了一个寂寞少年的爱美的心扉，以及最初始的悲剧心理？

50多年的时光流逝，竟没有冲去这幼年的绮梦。而且常常想起。我自己也觉奇怪。但我说不上这记忆给了我什么道德的力量和思想的影响。不过，我在酝酿《创作心理学》的写作时，"人生三觉醒"命题的提出，以及认为其中"人生觉醒"常在幼年、少年时代，因一件事、一个故事、一本书、一张画的触发而发生，似乎与这个少年时期的心理活动有关。当然，我在研习和写作过程中，并未直接想起这个往昔的悲剧感受和人生体验，但潜意识的作用，我以为是存在的。

自从学了那两课语文课之后，悠悠岁月，几十年间，我有原因或无根由地多次想起这两则故事，特别是故事中的主角了海和尚与那只死去的鸽子。我总以为了海和尚一生是值得的，有意义的。佛家宗旨，本在普度众生，但这终究渺茫虚幻。了海虽说只是为了两个村庄的人的通行方便，以及还有偶过的旅人的省事，但究竟是做了一件实在帮助人的事。他穷年累月含辛茹苦，挖通隧道，虽然未曾慈航普度，但却是"一洞实帮"，使自己的一生没有空过。后人是否纪念，树碑立传，对于他，无论生前还是死后，尤其是撒手西去之后，是没有意义的。但这种实实在在的于人有利的事实的存在，以及在此之前的那个追求过程，就是一个人生的意义世界。了海并没有虚度一生，他在那行动过程中，行动是苦的，但他心里应该是感到幸福的。否则，他也不会那么锲而不舍。至于那鸽子，也确实是充分发挥了它的生命功能。动物好像都有这种拼命奋战的生命本能。不过此处所写的鸽子已是一个艺术形象，被寄寓了社会意义。这些，自然都是后话，是我的思想反刍和审美的再接受。但那少年时学习课程时的"原料输入"，却也是功不可没的。

这里似乎使人联想某些有意义的事。

末了还再啰唆几句。我在写《创作心理学》一书时，曾向我国当代著名作家进行问卷调查，有20多位作家做了认真仔细的回答。在关于人生三觉醒的问题中，他们的回答是一致的：在少年时代受到一个事件、一本书或一幅画、一篇文章的触发，而至猛然醒悟或深有所感，迈向觉醒。

永不忘怀的读书刻痕

我以为读书从性质上来区分，大概有三种：①求知的阅读；②兴趣化的阅读；③思想修养性的阅读。这三种情况，是从"阅读起点"说的。也就是说，一开始读书时所抱的态度如何，决定了读书的性质。但是，从结果上看，却有时会发生蜕变，比如一种兴趣化的消遣性阅读，在"阅读终了"却于思想上颇有启发，或于人生体味上有所思索，这就使阅读行为从第二类变成第三类了。其他"性质转换"的情况也都会有。当然，还有时是三者融会为一而不可分的。

在我的读书生活中，从"阅读起点"说，以上诸种情形都有过；而从"阅读终了"来说，则有两大类性质不同的结果：一类是对于求知、写作、研究问题有很大帮助；一类是对于思想方向、内心生长和人生选择上，作用很大。前者，几乎是难以历述其迹，数不胜数的；而后者，则有几次阅读，可以说是在我的思想上留下了剜不去的刻痕，终身受其影响，永志不忘。

这里我想说一件事，即一次难忘的阅读。

我曾经读到过列宁的一段话，这是他在谈到一位年轻而有才华且具理论素养的俄共中央委员，在政治上犯错误的时候说的。列宁的话的大意是说，这位同志由于犯了错误，不得不暂时退出政治的旋涡，然而"他可以潜心研究"。

我那时正是在一场政治风暴中几遭灭顶之灾，已经被夺去了笔杆而拿起了铁锹。白天，碌碌风尘，拉纸、运煤、装垃圾、掏粪；晚上，洗不净身上的臭气，却仍爱闻书香，这是我安顿自己芜杂而震颤的灵魂，在书的世界中寻求慰藉的时刻。在一个夜深人静我正享受一种难得的孤独的时候，读到了列宁的这段话。我久久地凝视它而陷入沉思，特别是"潜心研究"四个字，像是电击雷震似的，刺进了我的心底里。我断定自己找到了一个走完革命征程和人生旅程的"四字箴言"。虽然，尔后的几十年间，我仍然未能脱离过政治旋涡，甚至还在"文革"这个更大的旋涡中，旋进了社会底层，在塞外边陲蛰居十年；而且，我也至今未曾做到"潜心"，也谈不上真正研究了什么，但是，那"四字箴言"却确实引领我度过了艰危岁月和困厄生活。在似乎已到了天边的穷困深山沟里读鲁迅，读列宁论赫尔岑和托尔斯泰（这些篇章给了我认识鲁迅的理论指导），在除了一铺炕就容不下其他的"马架子"里，站着读《资本论》。这都不仅给了我以力量、勇气和信心，而且导引我进入思想文化的领域，过一种内在精神生活。又在牛棚猪圈旁伏在凳子上写《鲁迅诗注释》（此稿遗失，后重写出版）。这些，都是在那"四字箴言"的支撑下做的。

我至今深受其益。只可惜，我当时未曾抄录。多年来几经回忆与查找，终于没有找到出处。我曾多次应约写涉及这个问题的"答卷"或文章或"生平简介"，因此多次翻查列宁文集而未得。但我的记忆不会欺骗我。确有其事。

然而，最近我忽然想到，是否在一本我过去常读、非常喜欢的克拉拉·蔡特金的《列宁印象记》中呢？电光一闪。我到处寻找，终于找到这本小册子。书已发黄，是极少几本在两次"书灾"之后保存下来的20世纪50年代初期出版，仍是竖排本的书。我翻阅查找，居然惊喜地发现，那文字珠玑，就在此中。

记忆果真没有骗我，但却有误差，虽然本质未变。原来列宁谈的是20世纪20年代初德共中央年轻的领导人保罗·李维。列宁说他器重李维和李维的才能，但李维犯了错误必须严肃对待。蔡特金为李维辩护，列宁则说，你比李维为自己辩护得还要好，但"我们在政治上不管意图而只管效果，你们不是有句俗话，说'走向地狱的路是用良好的意图铺成的'吗？"列宁又说，"李维回到我们这边来的道路是通行无阻的，只要他自己不把路堵塞住。他的政治前途操在他自己手里。"然后，列宁说，他不得不"暂时脱离政治生活"，这是痛苦的，然而是一个考验。列宁接着说："保罗必须接受这个考验，正如我们俄国人在沙皇时代接受了放逐和囚禁一样。那可以成为一个潜心研究和自我了解的时期。"（蔡特金《列宁印象记》第36—37页）

我复述这些，不仅在于修复和修正自己的记忆，而且，我重读这些，又发现了好些新意。比如，对一个人的政治行为以至一切行动，在思想认识的评价上，固然可以和应该顾及主观动机和客观效果，这样才全面、科学；但是，在实际处理，尤其在纠正错误偏差上，却只能"不管意图而只管效果"，就是说，不能因为意图好，就让效果坏的事继续下去。这也许还可视为现时处理和历史评价的合理差别。因为前者是现在、办实事，后者则是事后、评议等，虚实各异。又如，列宁引用的那句德国谚语，也是很富启发意义的。再如，只要自己不把路堵死，纠正错误的道路是通行无阻的，前途操在自己手里。这也很富有人生哲理味。

更重要的是，列宁除了说"潜心研究"之外，还说了"自我了解"，这就既有研究客观又有反思自己的双重意义了。

由此我想到"学而时习之"这句古训的意义与价值。

由此我也还想到庄子在《外物》篇中所说的"得鱼忘筌，得意忘言"的话。这是读书一法。看来，我当年以至后来很长时期，对列宁这段谈话，是得其意而忘其言了。然而仅得其意，也使我受益极大极久远了。

这段读书所得是永远剗不去的思想刻痕。

穷读书和读书乐

读书的快乐，是我生活中永恒的快乐。它不仅永恒性地贯穿于我的坎坷崎岖的生活道路上，而且，在我的生活中保持着一种永恒性的快乐。这种快乐，不像声色犬马、红灯绿酒、荣华富贵、金钱权势那样，在快乐之后会产生、在快乐背后隐藏着一种空虚感、失落感和疏离感。恰好相反，在这种读书之乐的背后和以后，更锦上添花似的油然而生充实感、美感和幸福感。

我的读书之乐，竟总是同穷字相连。然而这"穷"的意义，却并非专指经济上的穷困，同时也还包含政治上的困顿、心灵上的困惑。每当此种时候，能够解除处境之困厄、扫除心头之乌云，给予欢乐的，就只有书籍了。当然这欢乐远不只是借此消遣，排除了愁绪、消磨了难挨的时光，更不在于那种"书中自有颜如玉，书中自有黄金屋"的空疏庸俗的遐思妄想。今日回想和反思起来，这读书之乐的内涵，我揣摸有两条：一是文化上的消解；二是生命与世界终极价值的体认。

所谓"文化上的消解"，这里略说两句。它有两层意思，浅层的、直接的、感受性的是知识、智慧和创造，令我欢欣、赞赏、兴奋和充实。"学了有什么用"这个问题并不存在，"智慧使人振奋"这种感应却启人心志。更深层上的意义，就是一切苦痛和问题，从个人的到社会的与时代的，都从哲人大师的著述中得到一种虽非直接的解答，却是足以振聋发聩的启迪，从而苦恼与苦痛之根源都得到一种哲理的回答，在文化上得到消解，而不能成为纠缠如毒蛇似的难解的情结。我常想，那些自杀的人和消沉者，大概就在于没能去寻求这种文化消解吧。

我至今还记得在少年时代看到的一幅丰子恺的漫画，画着一间布置幽雅的书房，临窗一架风琴，一位女郎在凝神弹奏，题目是"读书之乐乐无穷，瑶琴一曲来熏风"。这画和诗句都令我陶醉，温暖和滋润了一个在贫穷中求知的少年的心，并启迪良知与审美感受。以后，"五四"时期产生的美文，那些散文大师的佳作，便成为心灵的、审美的清风明月、娇花垂杨，不仅是一种感性的温存，而且是一种知性的灌输和理性的熔铸。当时我正读初中，每当暇时假日，或风朝雨夕，或冬日暖阳，在我那临窗可眺湖光山色的书房中，捧读这些抒发人间挚情的散文，"灵山多秀色，空水芳氤氲"，那种怡情养性之功，确实使人忘了穷愁心绪宁，也使一个没落官宦与书香之家的子弟深受世态炎凉之苦，却从中得到文化消解。

也难忘"五七"风暴之后，开始一二年"劳余"读书和尔后20多年的业余读书。1958年的一个夜晚，我在照例的夜读中读到列宁的一段谈话。列宁在同国际妇女运动领袖克拉拉·蔡特金谈话时，谈到德共领导人保罗·李维在政治上犯了错误，一面为他惋惜，一面则说，他必须"暂时脱离政治生活"。这对保罗·李维是一个考验，但是，"那可以成为一个潜心研究和自我了解的时期。"（见蔡特金《列宁印象记》，生活·读书·新知三联书店1954年6月第一版）好似思想的电光一闪，照亮了我的眼，看见一条适于自己行走的宽广的路。"潜心研究"，我心中

称之为四字箴言。尔后的岁月中，由于中国特殊历史时期的"政治风情"，也由于我有幸而又不幸总是处于"时代的风口浪尖"，所以不仅不曾脱离政治生活，而且总未能躲过政治旋涡以至政治风暴；但是，确实，我一直在以"潜心研究"和"了解自己"为生活之圭臬。虽然无论在哪个我所接触到的领域里我都谈不上有什么真正的研究，但作为目标和生存模式，"四字箴言"确为我所信奉并实践着。

记得就在这之后不久，一场大病，剖腹除患，后患又起，卧床数月。而且按我当时之身份，不许住正式病房，而只能挤进"大跃进"产物——医大所谓的简易病房。青春年华，身心皆苦，每月又只有36元生活费，可说是全面性、整体性的贫穷困厄了。这时，读书，也只有读书给了我欢乐与希望。记得当时读马、恩、列、斯"论共产主义"，兴味盎然，几乎每一页都有眉批夹注，感想联翩，不管写得何等幼稚、乌托邦、理想主义，但当时确是给了我高昂的生存意识和无限希望。更有趣的是，当时文学新著一本又一本，而我钱又不足，只好买一本，读完卖掉，添几角钱，再买一本。我称为"车轮购读法"。《红旗谱》《六十年的变迁》《青春之歌》这些名著，就是花几元钱，如此购读的。感谢一位护士，她在休假时替我这个当时人们都视为"不可接触的人"，办这件麻烦而寒酸的事。我至今记得她年轻的身影，然而不知其名姓，无法当面致送我的感谢与敬意。春风啊，请带去我的太迟的由衷问候吧！

"文革"期间，插队边陲，地理上、物质上、生活上和心理上，都如处沙漠，也是全面贫穷。但是，读书之乐，伴我度过了10年时光。除了夜晚，星期假日，我总是一张藤椅，坐在鸡窝式房舍外的菜园边，一摞书一杯茶，让身心都驰骋于知识、思想、智慧、求索的广阔天地。当时月薪68.5元，买不起书也无书可买。但旗图书馆却有够我读个够的书。我有幸是当时全旗第一个也是唯一一个借读《资本论》的读者，至今还留着当时站着写下的读书笔记。正是从这本革命圣经中，我体察到当时的举措并不那么革命和马列。但未敢也无能深思细想。也还得到图书管理员"睁一眼闭一眼"的照顾，经常从书库里捧出一抱抱"封资修"，得以步古今中外哲人、学者、作家、艺术家的睿智与探索的思想、艺术轨迹，寻胜探幽，其乐无穷。往事悠悠，时过境迁，然而今日回首十几年前事，依然感受到那时的读书之乐，而乐其乐。

如今老矣。但是读书之乐仍然是生活中主要的、基本的、生存状态之乐。如今之穷不在金钱，而在寿命与时光。环视满书架的图书，既有坐拥书城之乐，又有读不过来、急于读而又无更多时间来读之苦。然而每每在读书有所得之时，便乐不可支而不觉老之已至。我仍不惮以文艺作品为消遣，而以读费精神、须思索之书为乐。思考与探索，总是予人以快乐的，是生之欢乐。这仍然是我的生存模式，仍然从读书中得到文化消解和对世界、社会、时代、历史、人生终极价值的层垒式积淀的体认。

书房内外

在现代社会，是不可能闭门读书的。这扇门无论如何封闭不起来，除非你把心灵的门扉也关闭了。然而那就是"哀莫大于心死"了，还谈啥子读书？现代传播媒介每分钟都在传播人们近在咫尺和远在天边的信息，什么门窗都关不住。谁能闭得住这扇书房之门呢？

那么，闭门读书的说法就该取消了——这又不见得：在具体的阅读行为中，在相对独立的时段中，是需要关起门来读书的。不但书房的门要关起来，就是那扇"心扉"也要关起来。当然，这都是暂时的。只有这样，读书方能收效。

现在的问题是许多人关不住门安不下心来读书。这是当代社会整体性心气浮躁的一种表现。连那些掌握社会机枢、发展方向、人民命运的人们，也难得静下来读读书；连那些本以读书为业，以读书来获取一生的进取出处的莘莘学子，都静不下心来读书；连那些以研究自然、社会为职业的科学工作者都不能安心读书或净心读书……这社会心气之浮躁，可谓不轻。这在中医学上叫作阳盛阴衰，物质世界红火，精神世界疲弱。

所以，相对意义上的闭门读书，在一个大段落时区中的相对固定的短时间的闭门读书，还是很必要、很必要的。各行各业的人都要读一些他们共同需要读的书，又要读一些分别要读的书。无论是职业的读书、学业的读书还是休息的、娱乐的、消遣的读书，都是需要的。当代社会的文化格局是，一方面书籍天天在大批地出，装载了无与伦比、数大质优的有用信息和知识，人类的心智成长、发展与永葆青春，要靠经常更新、持续不断地读书；另一方面，影视传播媒介则更迅速、更广泛、更深入地播撒同样的信息与知识。但是，前者是一种双向互动的创获过程——阅读，主体在这个过程中凭客体（书籍）以塑造自己的心智与形象，而后者，却是"文化工业"，以复制的手段和形态，塑造受体，人成为易逝性、一次性、复印性的文化所熏陶和客体化的接受体。心智和形象的成长都带着大众化、一体化、标准化的印痕。这就要求互补，要求以阅读补视听之不足与缺陷；当然，同时也是以视听补阅读之不足与缺陷。

我们需要一定时期内的一定时间的固定化、规范化、计划化、创获化的阅读，即一定的闭门读书。在此时此刻，"两耳不闻窗外事，一心只读'圣贤'书"。

读过"小"书之后，然后走出书房读世界这本大书、社会这本大书。以书所给予的知识的、信息的、理论的、文化的、审美的、才干的、智慧的、技巧的装备，去生活与工作、创造与拼搏。

对于那些职业的读书者，为了工作而要读书和以读书为主要工作者，固然是要能闭门读书，但是，这"闭门"也是有限制的、有条件的，特别是，不能作为一种生存模式或生活态势而存在。在这方面，在总体上，应该是开门读书的，或者说"门虽闭而常开"。一个开门之处是书籍的购买、收藏与阅读，总是流动的、时常更新的，总是买新书、读新书、了解书的"行情"——不是价格的而是内涵与信息的行情。再一个更重要的开门之处，则是走出书房，了解社会、了解世界，接触种种人，直接用眼耳鼻舌身去感触人和社会、世界和生活。这个"走出书房"，可以是就在家门口、住宅小区、邻里之间，也可以是诸种社会活动、会议和工作，也还应该有区外、省外，更好还包括国外。这样，眼界开阔心胸宽，放而观天下万物，收而读书斋图书，内外结合、互相促进、"死""活"相催，就能收分外之效应了。

知识爆炸的现代社会，作为知识载体的书籍，也在空前地增殖，现代人不读书，是一种"非现代生存"状态，无论做什么都是低水平、低效率，因而会失败的。法国社会调查机构去调查法国人休假时干什么，大多数人的答案是"少看或不看电视，多读点书"。不过我们现在的这种"社会性读书觉悟"的程度还很低，因为我们现在还处在知识贬值、知识分子收入较低，所谓"高文化低收入'贫困'化"和"低文化高财富'大款'化"的前现代化阶段。装修的是卧室和客厅而不是书房，思想情感、意志、希望、理想、财富都在书房之外，书房外面风光好，书房里装的却是寂寞。

这情况早晚得改变，会改变、应改变。

买书：买快乐

买书，现在对于我来说，是生活中一件少有的快乐，一种在少有快乐的生活中的"少有的快乐"。老年人享受的对象越来越减少，却又越来越多地从昔日占领的物质的、精神的、审美的、享乐的领地中，一个接一个地撤退出来。这不仅是一种自然规律，而且应该是老者的一种人生觉悟。然而，买书、读书这种快乐，这种享受，却是老年生活中于身心都有益的文化养生。

买书就是快乐，就是直接的快乐，不必等到"书到读时用时方为乐"。这是一种使生活与生命具有兴味的快乐，使生活与生命具有意义的快乐；而且，也是一种没有想到具有什么意义的快乐，即"原生快乐""元快乐""自足快乐"，也就是说，只要买书，就是快乐。

我曾经常常想买书，想到一种贪婪的程度，然而又总是阮囊羞涩，要吃饭养家，而且低工资，有一段时间只能"获取"最低生活费，所以，又常常只是"计划经济体制"，每月"抠"出极小一块作为买书之资，所以又在支出上有计划、按比例，选那最喜欢、最急需也比较便宜的书买。可想而知，在这种生存状况下买书，虽然是一种"艰苦奋斗"，却真正是一种快乐，一种用可怜之数的钱去买来的人生最大之快乐。

如今是大不同了，简直可以说想买什么书就买什么书，想买多少就买多少，只是愁书没有更多空地方放。不过，买书的快乐却不在于这种"满足供应"，而在于动机、行动、过程、收获与归宿。把买书行为剖析为如此多程序，是为了按快乐发展顺序来陈述其乐之所在和所蕴含的意义。当从杂事俗务之中排开，能够安排出半天工夫去逛书店，或者还有了具体的搜购目标，这动机一经产生，心里就不免乐从中来，快乐地预计着这一天的到来，这比之要去开会、办事、预计要扮演某种角色，心里要快乐得多，因为这不但可以得到所要求购的书籍，而且"偷得浮生半日闲"，又是一种文化休息，真正是"心中窃喜"。于是给生活增添了期待、希冀、寻觅与悠闲等乐趣。待到这天到来，步行、挤汽车、进书店，心中有目的而无烦扰，自由来去，轻松超脱，这行动和过程，都充满意味，我想，军事家的奔赴决胜的疆场、企业家的操作成功的预设、"炒股"族的精心算计十百之利的取得，其行动与过程中的心情和情感波澜，大都亦复如此吧。这真是各有各的人生，各有各的乐趣呵。等一进书店，尤其是在沈阳不多的开架买书之处，展眼望，信手挑，随意翻，逡巡浏览，时不时选得一本心爱、欲读、急用、备查、待检之书，便是一阵兴奋，乐从中来。然后计价付款，夹着一捆书，悠然信步，仪态静穆而心绪奔涌于知识智慧探寻思索的天地，几十分钟行程，不觉就到。

归来之后，或立即、或待有时日，一本一本地翻阅欣赏装帧插图，浏览参考书目，然后读序，读前言、题记，读跋、后记，等等，知一本著述或创作或翻译的立意所在、主旨内涵、来龙去脉，或更读目录、总论、主要章节、特色部分，知其大概，于是考虑何时来读、何时可用、何时可查、何时可携带为旅行读物、外出读物或消遣读物。高兴的时候，常常在扉页涂鸦，记感想、抒情、意评、得失，写心得。这整个的过程，都充满了意味和乐趣，增加了生活的分量、生命的价值。过去有人说读书是让别人在自己的脑子里驰骋；但就我的感受来说，却不同，倒是我自己的思想情思，"借他人酒杯"来抒发宣泄；有时候是双向互动，彼之驰骋，启我之思路，于是而扬鞭策骑，并辔齐驰，在知识智慧探索的天地里嬉戏遨游。偶有所思，或有所得，真如一位大师说过的"有如富家之得千金焉"。

近年来，经常向京沪杭湘等地出版社邮购图书。信发款汇，等待书到，也是乐趣，书到又一番快乐。其经历亦如上述。

就这样，我以买书为乐，并且得到一种"元快乐"；而从这种快乐之中，又派生种种快乐，并生出快乐之上的种种收获。所以我常说："我去买快乐去了！"或者说："汇款买快乐去吧！"

啊，这买书的快乐！

革命襟怀诗家情

——谈立人《春草集》读后感

新年刚过，喜得立人同志题赠的《春草集》。病中习读，感触良多。

这是一本古典诗词集。就古典诗词范围而言，我以为有"诗人之诗"与"诗家之诗"的区别，或者说有两种审美物质之不同。前者才气纵横，自由奔放，不拘一格，不重规范，只取其形。后者，则学有功底，深沉周密，遵其规范，守中创获。两者有美学风格之别，而无高下之分。窃以为立人同志之诗，乃"诗家之诗"，用词遣句、立意布局、音韵格律，悉遵规范，然而诗情意境皆于此中得之。此种风格本身，就是一种美，"有意味的形式"，就具有审美价值。

立人同志诗词均作。词更重格律音韵，需要"填"，也就更具这种格律美与形式美的素质。但词的长短句，变化逶迤，又更活泼跌宕，另具美感。立人同志似更爱填词，而我以为他的词比诗更好。也许是他更爱词的高度规范与格律约束，这更有利于发挥他的学人特长之优势吧。但词的活泼音步与轻松格调，又往往长于抒情。这也与他的情溢于怀有关。

的确，他喜填"长套曲"，如《沁园春》《雨霖铃》《六州歌头》等。这需要功力、气韵与情感的充实与灌输，否则，虎头蛇尾，难以卒篇，难免苍白。但立人同志之作，却都一气贯底，不仅见学力，而且富于情感，终篇有力。

立人同志是革命前辈。革命襟怀是他的诗作的意义世界。这是诗之骨。但诗要有情，否则无血肉。更要二者结合，方有诗魂。立人同志之作，二者兼备，诗意乃生。我尤喜那几首"寄内"抒怀性质的诗词，二者融会，情发自内，真挚朴质，读之令人动容。

诗贵含蓄。立人同志之作，具此优点。如《卜算子·送春》《如梦令·茅屋风雪之夜》，写于"文革"之中、插队之时，前面诗句凝练沉滞，意境苍凉，如"片片伤春泪""淡月凉如水""冷炕硬衾如铁"等句都是；但结尾笔锋一转，"且待春回大地时，香色仍无愧""风雪，风雪，知否暮冬时节！"语句不多，然情回意昂，含蓄蕴藉，颇有"冬天来了，春天还会远吗"的意味，更何况已是"暮冬时节"。此等处，诗人意气显见，志士节操亦露。虽是"私情"一段，但也是革命襟怀的抒写。

我曾以我对立人同志之诗的浅见呈刘异云、沈显惠同志，他们都说："文如其人、文如其人！"那么，也许我的理解不算太隔膜。故读书心得如上，就正于方家及立人同志。

我心中的绿洲

—写在《鲁迅评传》后面

在一个北国深秋寒冷的夜晚，我写完了《鲁迅评传》的最后一行，不禁长长地嘘了一口气，感到如释重负。成败且不说，二十多年来的愿望，总算完成了。24年前，当为了纪念鲁迅逝世二十周年而写了《鲁迅的一生》之后，便产生了写一部较详细的鲁迅传记的愿望。然而，工作一开始，同时也就结束了。接着便是长期的经受严酷考验的艰难岁月。但这个愿望却始终保留在心的深处。它成为一种潜在的力量，催我不断地学习鲁迅的作品，促我尽力去理解它的精深博大的内容。渐渐地，有关的资料和学习心得的材料，碎片似的日积月累的多起来了。但是，同时也就像刮下的鱼鳞似的，沾着血丝而飘散于尘封的笔记里和芜杂的记忆中。在十载风狂雨骤的年月里，我颠沛于风沙漫天的塞外僻乡，思想与生活同样简陋。在那苦闷的日子里，除了马克思主义经典著作之外，精神上的绿洲，就只有一部已经残缺的《鲁迅全集》了。记得在为无名浮肿所纠缠与折磨，而以炕头为主要活动地带的一年左右时间里，在悠闲然而苦痛的岁月里，心灵的伴侣就是这部《鲁迅全集》。它使我的思想越过卷起漫天黄沙的呼啸狂风，搅得周天寒彻的、翻飞的"如席"雪花，驰骋于中国、世界、历史、文学、社会、人生的广阔天地里。它像一泓清泉一样，摇曳于像我所居住的半沙漠地带一样荒凉的心田中。于是，有关理解和认识鲁迅思想、作品的材料多了起来，整理了各样分类笔记，随时写下了零碎、片断、似乎稍纵即逝的心得、随想、思想的火花，甚至动笔写了少年时代，并且有了一个副产品《鲁迅诗注释》。这种只埋首耕耘，不敢期望收获的"工作"，不仅使荒寒的岁月平添了些热气，而且使简陋和凝滞的思想有了生机。

以后的情形不克赘述。总之，粉碎"四人帮"后，迎来了春天，使我终于能够完成这个愿望了。然而当我为结束评传写作而感到欣慰时，随即为之惶恐，我是否正确地描绘了鲁迅的形象呢？是否正确地评介了他的思想与作品呢？回答只能是，期望前辈与同行、读者与专家，给予评断教正，而我自己只能说：我写出了我心中的鲁迅。

我坚持信守一条原则：如实地描绘，而不添加任何主观臆测和歪曲。把鲁迅当作一个人——当然，是伟大的人来写，而不是当作一个"天才"、神来描画。因此，我没有去渲染他如何聪慧过人，如何少年时代就显出不凡气质与光芒，更不愿如过去有人所形容的，他在出生时就像神明降临人世一样，给家庭与人间带来欢欣与朝气，在很小的时候就"自觉反封建"。而是，企图探索：是哪些条件和事实，在鲁迅的少年时代，影响了他的思想，铸成了他的性格，规范了他未来的发展途径？而在以后的战斗一生中，历史、时代、社会、同时代人、族人、亲人、朋友、学生、劳动者以及敌人等诸种因素，又如何影响了他。他是一个伟大的吸吮者，所以才能成为一个伟大的给予者；他是一个伟大的受教育者，所以才是一个伟大的教育者。

另一方面，对于一向为人们所回避、写得很少的他的恋爱、婚姻、家庭生活，我却用了一些篇幅来介绍，并且试图探索它们在鲁迅思想与事业上所造成的积极和消极的影响。

鲁迅在他伟大的战斗的一生中，经历了中国革命的两个时期、几个重大阶段。他的思想经历，反映了中国革命的发展过程。因此，我试图把鲁迅的思想创作道路，同中国人民革命的发展结合起来探索，勾画其间的联系与轨迹，并说明鲁迅以马克思主义为归宿，最终成为共产主义者，反映了中国革命的发展和群众革命化的程度，因此是历史的必然，是合乎规律的必然结果。他由此而更伟大、在思想上发展得更深刻、更丰富、更辉煌，在创作上更丰厚、更成熟、更光华四射。有人却以鲁迅后来"创作力衰退"相讥，不是无知，就是有意的诅咒与歪曲。同时，我也把鲁迅作为一个中国知识分子的伟大代表来写。他的由民主主义者到共产主义者的发展道路，是中国知识分子唯一正确的道路。鲁迅的一生，至今保持着深刻的教育意义。

鲁迅的伟大人格，同他的作品一样，始终闪耀着光芒，感动着后人，启发教育着我们一代又一代人。他的人格的伟大，既表现在对待国家、民族、人民的挚爱与献身上，也表现在对待同志、亲人、朋友、后辈、学生的情谊、关怀与帮助上；既表现于对事业的忠贞不渝与热情执着上，也流露于待人接物的诚挚与热情上。他像真理一样吸引人，也像真理一样朴素；他具有战士的坚贞与勇毅，又具有学者的深沉与平稳。他是伟大的也是平凡的，我试图将这有机地结合着的两个方面结合起来描写，使鲁迅不仅令人敬仰，而且令人感到亲近。我试图写出鲁迅在他艰危曲折、跌宕变幻的一生中，如何对待国家、民族、人民、世界以至全人类这些大节，又怎样对待爱情、婚姻、家庭这些私情。从中我们可以看到一个伟大哲人的宽宏博大的胸怀与性格，崇高俊美的灵魂与节操。它令人敬佩、景仰，启人深思，引人向上，像一股热流、一泓清泉，给人们心灵增添力量、高尚与美。鲁迅曾经说过，生活经历不多的青年，理解他的作品会有困难。我透过自己的经历，感受到鲁迅为人的伟大处和他教我们如何做人，感受到鲁迅思想的深邃，对人生、社会的剖析的深入、准确、明确，感受到他的文字的精美、人格的伟大。于是而形成一个"我心中的鲁迅"。我更不揣冒昧，不顾浅陋，写下了这个"我心中的鲁迅"。

（写于 1980 年 12 月）

奉献一支金蔷薇

有这样一个动人的故事：一个远征异国的老兵沙梅，接受了上司的临终委托——把他的小女儿带回祖国，交给一个亲人。他们越海而归。在单调枯燥的海上生活中，小姑娘要她的保护人讲故事以消除寂寞。海天辽阔，举目茫茫，只有这位不高明的讲故事人的贫乏的讲述，慰藉着那颗孤寂的幼小心灵。一切他所能讲的平凡无味的事情他都讲了，仍然填不满那颗幼弱心灵的空虚。于是他讲了一个他的祖母给他讲过的"金蔷薇"的故事。这枝金蔷薇能给人带来欢乐，带来友谊，带来幸福。从此，小姑娘沉思默念、驰骋玄想，追逐寻觅那梦中的金蔷薇。

他们到达了目的地，老兵把小姑娘交给了她的亲人，原来那却是一个冷漠、庸俗、恶作的老妪。她对这突然飘来的孤雁很不好。在痛苦孤哀的生活中，小姑娘时时思念那海上的金蔷薇之梦，期待着一枝金蔷薇的来临。老兵闻知，非常失悔自己把姑娘送进了苦难。然而有何法？爱，无能养活幼小的生命。许多年后，当老兵已经成为一个老朽不堪的靠收集垃圾为生的老翁时，一次，在一座桥上，他看见一个依栏而立的女郎，忧郁惆怅，不能自己。他想，她有着什么难言的心思。忽然，女郎回首，他们互相认出了。她惊讶，这位拯救过自己、常在思念中的老人，仍在人间。他喜不自胜——啊，姑娘长大了，美丽娇艳，亭亭玉立。相问之下，老人知道，她失恋了，她在等待她的意中人——他抛开她走了。老人把女郎领回家中，在破陋的斗室内，他们重提金蔷薇的梦。在这想象的梦中，她幸福地进入真正的梦乡。老人凝视这睡美人的安详甜美的姿态，心里渐渐生起要给她幸福，要为她制造一枝金蔷薇的心。当女郎从梦中醒来。她感到在休息中不仅驱散了疲劳，而且使自己从苦痛哀伤中振作起来了。她于是要走，去寻找离去的恋人，去寻找幸福。老人无限惆怅、无可奈何地送走了她，但在心中留下了她的美丽的身影，并唤醒了他潜埋在心里几十年的爱，他决心实现自己的心愿。他从一家首饰作坊的垃圾中，收集粉尘。每天每天，都收集来大批的垃圾，极细心、极认真、极艰苦地从中淘洗出极少极少的一点点金粉。每天如此，许多年过去，他把金粉尘集中起来，打造了一朵金蔷薇。他寻找姑娘，要送给她，实现自己的心愿，也要让她实现自己的心愿。但是，茫茫尘海，尘海茫茫，何处寻？何处找？他不知道她在何处。他终于疲惫地走完了自己的艰困的生命之路，只有一枝金蔷薇在他的身旁。它能带给人幸福。然而没有人来取它。①

记述这个动人故事的是一位老作家，他在自己的杂记中写下这个故事，然后写道：

每一个刹那，每一个偶然投来的字眼和流盼，每一个深邃的或者戏谑的思想，人类心灵的每一个细微的跳动，同样还有白杨的飞絮，或映在静夜水塘中的一点星光——都是金粉的微粒。

我们，文学工作者，用几十年的时间来寻觅它们——这些无数的细沙，不知不觉地给自己收集着，熔成合金，然后再用这种合金来锻成自己的金蔷薇——中篇小说、长篇小说或长诗。

沙梅的金蔷薇我觉得有几分像我们的创作活动。奇怪的是，没有一个人花过劳力去探索过，是怎样从这些珍贵的尘土中，产生出移山倒海般的文学的洪流来的。

但是，恰如这个老清洁工的金蔷薇是为了预祝苏珊娜幸福而做的一样，我们的作品是为了预祝大地的美丽，为幸福、欢乐、自由而战斗的号召，人类心胸的开阔以及理智的力量战胜黑暗，如同永世不没的太阳一般光辉灿烂。（康·巴乌斯托夫斯基《金蔷薇》，第11页）

这位作家借这个关于爱与幸福的故事，来说明文学创作的真谛。他说，文学创作的目的，有如老清洁工之打一枝金蔷薇给苏珊娜，是为了给大地美丽、给人类幸福。而这文学的金蔷薇（作品），则是依靠像老清洁工那样的虔诚与坚韧的精神，像他收集金粉尘那样，去收集生活的"金粉微粒"："每一个偶然投来的字眼和流盼"，"每一个深邃的或者戏

---

① 这个故事取自苏联作家康·巴乌斯托夫斯基的《金蔷薇》[关于作家劳动的札记]（李时译），上海译文出版社 1987 年 1 月新 I 版。这里是凭记忆转述，抑或有出入，但大意不差，因为仅取其意，未求细节之真。

谑的思想"，"人类心灵的每个细微的跳动"，以及"白杨的飞絮"，"映在静夜水塘中的一点星光"，等等。

他所阐述的是创作的目的和创作素材的收集：要有沙梅那样有着奉献的心和诚挚的爱，要像沙梅收集金粉那样注视生活中的每一刹那、聚集每一粒粉尘。

我在这里想要借取一点因由，生发一点心意：作家的创作心理，也是像沙梅收集金粉一样，从生活中，从人世的尘嚣中，从自然的变幻中，吸取一点一滴的成果而形成的，当然，要经过由不自觉到自觉的过程。长年累月，才形成了一个作家的创作心理亦即创作能力的"金蔷薇"。他的内心的驱动力，就是像沙梅对于苏珊娜那样的持久、深沉、真挚的爱和祝福，就是献给社会、献给人民、献给人类的爱和祝福。

然而，如何来收集，如何来积累，如何来培养这创作心理的"金蔷薇"？如何使这枝"金蔷薇"美丽、芳香、鲜艳，而且，具有独特色彩呢？又如何使这枝"金蔷薇"充分地发挥它的作用，而不至于是一朵谎花，或者令人惋惜地凋萎了？这些，便是我想要在这本书中探讨的，想要做出一定答案的。我想说明，什么是培养创作心理的金粉，这些金粉是怎样存在于"生活的作坊"之中，我们可以怎样去收集它，又怎样凝聚、烘烧、锤炼而使之成为创作心理的"金蔷薇"。

这也算是我对于我心目中的"苏珊娜"——作家和爱好文学意欲成为作家的人们——的一点心愿、一个奉献。

我也曾收集在这种学说的领域中的"金粉"，意欲锻造而成一枝创作心理学的"金蔷薇"。

这也是一个愿望、一点心意、一个梦。我深知不是金蔷薇，甚至不是蔷薇，但我愿奉献，像一棵小草。愿在草丛中，将有真的蔷薇出现。

（《创作心理学》献辞）

夜来幽梦忽还乡

《创作心理学》即将出版。忆自脱稿至今，已三易寒暑。风雨坎坷路，艰苦备尝。当得知书的校样已经寄到，而出书的最后一个难题也已解决时，我正在美国。海天万里，家书万金。我为同时得到的两个佳音而欢喜雀跃。无论是夏日清晨必有的宽广草坪上绿茵中的朝露之行，还是落叶飘洒的金秋时节的例行散步，都在内心中，有一股双重的欢乐与欣慰伴随，而使自己精神倍增。此地此时此景此情，只有身受者能够领略。"夜来幽梦忽还乡"，清秋夜梦带着乡愁与欢欣，"见到"书的校样。我特意采摘了哈佛大学古老、优雅、美丽校园里的几片枫叶，还有伯克利加州大学同样美丽的校园里的落叶，留作纪念。纪念这段短暂的生活和心之历程。难忘在异国他乡得佳音时的双倍欢欣。

其实，这种双重欢欣中，也还潜藏着更深的苦涩。然而我不愿说起。愿它像秋日这飘洒而下的落叶，永远消逝。

然而，一生中的一部主要著述，能在花甲已过之年问世，毕竟欢悦欣慰是主要的。

不过，这既是一个结束，又是一个开始。既是本书将在学术界与人世间接受检验鉴别的开始，又是作者自己将作新的跋涉的开始。

创作心理学作为文艺学、美学的分支，作为文艺心理学的分支，以及作为创造学甚至其他更多学科的分支与交叉，在我国开展研究，还处在开辟创建阶段，应该和可以做的探索还很多。我谨以此书参与学术界在这方面的对话，并愿继续已经开始的探索。

前面说及的两个佳音之一，就是在此书面临出版的最后难关时，我的朋友，著名企业家、国营沈阳防爆器材公司总经理曹继武同志，慨然伸出了援助之手。我在这里谨向他表示衷心感谢。他的援助蕴含多重意义。这不仅是对我个人的情谊与帮助，而且表现了他作为企业家对于学术文化事业的关心与热情。

写后记时，正届春末。现在已是深秋季节了。收获的喜悦之情盖过秋风萧瑟与秋气凄清，而令人愉快并怀着希望与信心，翘首向往着又一年。

（《创作心理学·跋》）

外在世界中的内在世界

我曾经蜷缩在一个深深的深深的塞外小山村，四周是深沟、高山、丘陵，好像与世界隔绝，生活的内容是春种、夏锄、秋收和猫冬——然而那时要不断地"学习"。我只能拥有一个小小的自我世界，这是那狭小封闭的山沟世界里的更小的世界。这是一个幻觉世界、思索和自省的世界。然而，我却因为进入一位哲人的世界而使自己进入一个思想文化的广阔世界：一部残破的《鲁迅全集》所创造、开辟和描述的世界。我在我那只有8平方米左右还要"放"一张炕占去几乎一半再加有炕一半大的大灶坑并住一家四口人的小马架里，度过"业余"生活，风朝雨夕——那儿的风刮得次数不多，"一年只两次，一次从春刮到夏，一次从秋刮到冬"，大风一起，黄沙漫天，白天点灯；雨天却是很少很少，但夏季暴雨一来，洪水就暴发，那咆哮的黄泥汤，就在我"门"口也几乎就是脚下滚滚而过。每在这样的时候，我就能进入这个世界了。尤其是大雪纷飞之日，"千山鸟飞绝，万径人踪灭""白茫茫大地一片真干净"，我坐在热炕头，炕上火盆里"燃"着隐约可见细瞅却无的蓝色羊粪火焰，或者温热的灰烬辐射一点热气，我便可随着鲁迅的作品，进入鲁迅的世界并由此而进入大千世界：世界、社会、历史、文化、艺术、科学、哲学、教育……但总括起来，却又不只是一种单纯的、客观的对于世界的解释和描述；而是如周扬同志所准确深刻而又极扼要地概括的：知人论世①。这就是两个区分开又结合在一起的主客世界结构：世界万事和对世界万事的评议。而同时，在接受鲁迅的这个"双合结构"的世界之时，我也不可免地把自己投入了：选择我所喜爱的、感兴趣的、能理解的，并赋予我的理解、联想、"发挥"、想象以至"改造"，彼之悲喜歌哭即我之悲喜歌哭，又不全是我之悲喜歌哭，然而却又寄托、生发、旁通及于非鲁迅的仅为接受者一己的悲喜歌哭。但我总是时时感受到一个"中国的世界"和"中国的魂灵"。狂风暴雨无所闻，黄沙漫天蔽世界，一灯如豆却照见一个广阔闪光的幻象世界，然而却是更真实的世界，或说是一个更被深入解析的真世界。这是一个十分有趣的现象：在最荒凉简陋的世界里，接触一个丰富璀璨的世界；在最缺乏文化的所在，思索文化的精灵。中国人性格和中华民族的命运的思索，盖过、取代与缓和了一己命运的哀思，使我能安详地面对嶙峋的骨立秃山，心安理得地想想将于长久之后或立时之某日，埋骨此处。"天涯何处无芳草，青山处处埋尸骨"。无悔无憾，无望无求。所以我说这是"我心中的绿洲"，在现实世界之外却又在其内的世界，又是我自己的内省世界。

我以为这是一个接受的过程；然而同时又是一个"创生"的过程：在接受的过程中领会、体验、获取对象，又对对象选择、诠释、破译以至"按己需己心己意"去改造，于是而"生发"出一个"次生世界"，一个"母体世界之中之外的子世界"。

因此，大概应该说，对鲁迅世界的理解、诠释和描述，既是对鲁迅世界的把握，也是直接或间接地对世界把握——透过鲁迅世界、鲁迅视界、鲁迅评估的"眼"，对世界的把握；而同时，又是接受者透过对"鲁迅'眼'"的理解而形成的"自我世界"与"自我视界"，去对世界的把握。这样，对客观世界的描述，同时就又成为主体世界的自我揭示了。

这样，对鲁迅世界的描述，既是客观的，又是主观的；既是鲁迅的，又是描述者自身的。

---

① 1980年之初，中国鲁迅研究学会在北京召开纪念鲁迅诞生一百周年学术讨论会撰稿会议。会上，周扬同志讲话，提出此点，至今记忆犹新。

我以为只有带有主观认识、主体体验和"自身情怀"的客观、主观描述，才不仅是有个性的，而且才是必要的；否则千人一腔，要有何益呢？不是一千个人有一千个哈姆雷特，而是一千人等于一个哈姆雷特，那么哈姆雷特也就死亡了，莎士比亚也就死亡了。鲁迅亦如此吧？

我越来越自省到，在对鲁迅世界的理解和描述中，也是在对我自己的世界进行反省与揭示。至少是揭示和透露了我的爱好与情趣，我的崇敬与追求，我的理想与愿望。

在描述别人的灵魂时，难道不是在对自己的灵魂进行审视与扫描么？

（《走向鲁迅世界·自序》）

第二部分　其他散文

散文浅识

　　散文是情感的产物，情的真挚与丰沛是它的魂灵。但情因人事而起，并需有所附丽，故纪事与叙事，则是它的躯体。思想与议论，皆蕴藏于叙事与情感之中。诗、事、思三相构成散文的美。当然，不是每篇散文皆如此。常常是其中某一项强劲，盖过其他；但也有三者水乳交融、浑然一体的。那是上品与极品。古代散文中，《兰亭集序》《滕王阁序》《岳阳楼记》《醉翁亭记》等皆是；现代散文作品中，则鲁迅的《朝花夕拾》可列入。（应邀为某专刊所写，规定以百字为限。）

诗二首

学雷锋感赋

又见雷锋照中华，无私精神花再发。

犹记当年写《永生》①，难忘"文革"批"毒芽"②。

度尽风霜荒原月，长念英士边塞沙③。

老来还思献元元，借取先贤一枝花。

（原载《辽宁日报》1990年3月6日）

---

① 1962年末，我接受紧急任务，采写雷锋事迹，乃执笔写成《永生的战士》一文。自知为"隐姓埋名人"，未署己名，而只写上提供系统材料者的名字；后以《辽宁日报》政教部副主任霍庆双同志加爱于我，嘱署一笔名，因我即将南归省亲，便以故乡县名"波阳"署之（"波阳"名已经取消，恢复原名"鄱阳"）。

② "文革"期间，我的作品遭全面批判，然《永生的战士》安然无恙；后运动"深入发展"，忽然大字报迭出，指斥"永生的战士"之题名乃与"毛主席的好战士"之名对抗，是"蓄意篡改"；又斥"雷锋平凡而伟大"之说，乃"宣扬刘少奇的'吃小亏占大便宜'的黑货"，如此等等，故《永》文乃"一株不折不扣的反毛泽东思想大毒草"云云。此外，还有与此事有关的其他罪名与麻烦，于是我罪加一等，旋即举家插队边陲。

③ 当时，虽批判有加，然我内心始终认为宣传雷锋没错，当时雷锋宣传的指导思想无误。十年插队，边塞风沙，荒原夜月，照我无眠；然每思文字生涯，仍坚持《永》文之作，至少是平生唯一做对了的事情，心无愧疚，且于雷锋心仪不衰。

巴黎情迹
——海外吟草之一

谒巴黎公社墙

巴黎细雨景色幽，公墓寂静少客游。①
曲径尽处呈遗址，残垣对面诉自由。②
坟碑累累尽艺品，矮墙寂寂别不留。③
烈士当年洒碧血，光照人间誉满球。

访雨果故居

高宇崇楼贵族家，尘光如水洗铅华。④
堂室幽暗叙往昔，罗漫艺光熠云霞。⑤
"九三"风云撼人心，"艾娘"情波留佳话。⑥
忽见高桌临窗立，诗人长伫吟无涯。⑦

（原载《沈阳日报》1995年8月28日）

---

① 巴黎公社墙位于巴黎著名的拉雷兹神父公墓之中，平时游客甚少。

②③ 公墓之中，坟碑累累，每座之前均有雕像，精美动人；然巴黎公社墙则唯剩断壁残垣，别无装饰。巴黎公社墙的对面，是"二战"期间德寇集中营中暴动俘虏的无名英雄墓，墓前竖立一巨大雕塑，唯两只巨大的戴着镣铐的手臂，正奋力挣扎束缚，雄伟悲壮，极富感染力。

④⑤ 雨果故居在一栋庞大的贵族宅第中，时光流逝，洗尽昔日繁华；然而，在文学史上，19世纪浪漫主义殿后大师之属的雨果，却以其小说创作，如熠熠云霞，光照史册。

⑥ "九三"，指雨果描写法国革命之作品《九三年》。"艾娘"，即雨果名作《巴黎圣母院》中之美艳善良的姑娘艾丝米拉达。

⑦ 雨果居室窗前有一桌，腿甚高，桌面内斜，只能站着写字。据说有的作家为了文字精审练达而站立写作，莫非雨果也是此意？

忧患岁月的艺术补偿

——追忆逝水年华

白发华年，扬起回忆的风帆，让生命之舟暂时洄游，驶进已逝岁月的港湾。重温往昔的忧患，心里迷蒙着一层薄雾，其中散布着无数的颗粒，凝聚着苦痛与忧伤、追求的挫折、求知的渴望与欢欣、温情的浸润以及冷酷的摧残，苦与甜、人与兽、友与敌、光明与黑暗交织在一起，时代的、民族的、家庭的、个人的忧患与奋斗，如水之于大海，融会在一起。取一颗粒而观之，它映照着那片海。

我出身于南国的一个书香之家，还记得家里当时有一副对联写着"忠厚传家久，诗书继世长"。然而当我看到并且明白这副对联的意义时，"传家"与"继世"的理想含义已经被"离散"与"中断"的现实代替了。恰当抗日战争的炮声响起时，我听见了父亲去世的丧钟，烽火连天的岁月中，天灾与人祸频来，火神的光临使几处房产化为灰烬；日寇的侵占使整个县城历尽劫难，慌乱中的弃家奔逃与空城时坏人的洗劫，使我的家庭"顷刻"崩毁。在敌寇的轰炸下，在亲人与乡亲的哀吟中，我度过少年时代。这时，家庭已经一贫如洗，家人为谋生而星散，母亲为传家与继世而带着年幼的我，在破碎的家与哀伤的岁月中彳亍与挣扎。我就这样汲饮忧患，冲破朦胧浑噩而进入人生的觉醒期。忧患意识与怜悯悲愤之情伴生，沉淀在我那尚处朦胧期的审美心理中，敏感地非常容易地接受那些古典诗词中的哀叹与伤感。母亲把那由于经常无米下锅的生活煎熬而发出的声声叹息，同古人于痛苦中吟哦的凄怆诗句，一同传输给我。这是生活的苦汁，然而又是艺术的甘露。

美，然而蕴含着忧伤，但也有觉醒的潜在因素。

然而我小学毕业了，我要从学堂走进店铺了。为了眼前的糊口，也为了来日的谋生，母亲决定托人说情作保送我去学手艺，只有两家（也是两种手艺）可供选择。我记得一家是金银首饰铺，另一家已经忘记了。在结束我的读书生活和开始习艺之前，有几天的闲暇时间，我在同学中告别与游玩，有人却约我去报考县里新办的私立"士行"中学。我当作是另一种游玩的方式携笔墨走进了考场。考完，我便又投入行将结束的闲散自由的嬉游生活中，等待学徒生活的到来。但是，发榜了，"金榜题名"，我居然名列第一。我站在红榜面前，看着自己的名字，童稚的心里只觉得这是生活对我开的一次玩笑，依然准备去学手艺。现实早已这样决定了我的命运，我得服从。然而，这时仍与我家同住的伯父出来说话了。他对母亲说："看来这孩子倒是个读书种子，还是让他继续求学吧。经济上的困难，我可以帮一帮。"母亲叹息着同意了。然而她没有要伯父的接济，却摘下了耳朵上的金环，对我说："这是我的寿坊钱，拿去兑了交学费吧。"就这样我居然走进了中学的门槛，决定了我一生的道路。

然而这道路是坎坷的，岁月之波中流淌着苦难与忧患的苦泉。我衣着破旧，连买一块手帕的余钱也没有。最苦的是我买不起教科书，只能靠课堂做笔记、用"调换法"（即趁同学用物理书时我借他的化学书，他看代数书时我借几何书）来温习功课和完成作业。白眼与冷遇伴随着我。一个老师就曾经在课堂上嘲弄我没有教科书，引起哄堂大笑。同学们的笑声，激起了我的哀痛与愤怒。这股心绪萦绕在一个困苦少年的心头，使他用已早熟的眼与心，来看社会与人生，感受人情的冷暖与人世的不平，以及由此而带来的最初的人生觉醒。

这觉醒给我以力量，促我去追求，去抵抗，去奋斗。在当时，所能做到的和寻求的目标自然是学习。

我很爱背诵教科书上那朗朗上口的意蕴深邃的古典散文，《兰亭集序》《岳阳楼记》《爱莲说》等，都是我喜爱的篇章。在朗读中，我逐渐领略那思想与意境，朦胧中感受到美的享受。不过，当初中一、二年级时，我最醉心的还是美术。大概因为它是诉诸视觉形象的艺术，易于抓住少年的心，也易被理解。至今还记得看到《战时中学生》上登载的丰子恺的漫画《努力爱春华》时的那种感奋之情；看到同一漫画家创作的《读书之乐乐无穷，瑶琴一曲来熏风》时，那种沉浸于优雅、幽静环境中弹琴读书之乐的悬想中时，得到了心旷神怡的审美情趣。在南国炎热的酷暑天，我不到后院纳凉，却一盏孤灯，在屋里挥汗临摹丰子恺的漫画，积以时日，竟然画了厚厚的一本。以后，我在学习之余，以浓厚的兴趣，临《芥子园画谱》，画山水花鸟，也摹写油画。我临摹过法国农村画派米勒的《初步》（现译《第一步》），也临摹过徐悲鸿的《牧羊女》。这是一种美的享受，而且给我以最初的艺术欣赏的训练。

艺术世界里的美的汁液，在这享受与欣赏中，灌输于少年渴求的心田，不仅给以美，而且借以传输善与真的信息，形成他的形象的内视力和内化为他的审美心理结构。

我也难忘这个时期音乐给我的温馨。我爱唱，也爱乐器。二胡、月琴、笛子、箫，不仅是我那时能够买得起的，也是我最爱的民族乐器。我爱二胡的沉郁幽怨，爱笛子的高亢悠扬和箫的抑郁优雅，所谓"远听笛子近听箫"，而月琴的清脆欢快，也能激起我心头的青春情绪。"春雨楼头尺八箫"，在雨声淅沥中吹一曲《孟姜女》，奏一曲《良宵》，在乐声中沉浸于幻想，虽心绪摇曳，意态凄凉悲怆，但却得到无限的审美愉悦，此景此情，至今难忘。

这是忧患岁月中的艺术补偿，它使一个困苦少年的心灵，在不平的人世间，得到心的寄托、情的舒泄和心理的平衡。这不是虚幻的人世的避风港，但却是高尚的心灵的养育场。物质的匮乏得到了艺术的补偿。

在这同时，文学又来扣我的门扉，读和画，成为我贫乏的物质生活之外的充实的精神享受。而且，这读的活动逐渐占了上风。最引我进入文学之苑的是"五四"以来那些优美至情的散文。冰心的《寄小读者》、朱自清的《匆匆》和《背影》、朱自清与俞平伯写的同名作《桨声灯影里的秦淮河》、徐志摩的《我所知道的康桥》、鲁迅的《雪》和《风筝》等，都是我百读不厌至今记忆犹新的美文。每当节假日，我最愉快的享受便是把兄长们用过的语文教科书（其中有中华书局、商务印书馆、开明书店等几家大出版社编辑出版的，篇目各有所重、各具特色），一大摞，搬了出来放在椅旁，轮流地选读其中最爱的文章。我家住在风景秀丽的东湖之滨，窗外便是山丘菜畦，远处是湖山、村廓。春朝秋夕，清风徐来，面对如此良辰美景，诵读如此感人美文，深感其中的意味，真非那富家儿的悠游嬉戏、犬马声色所能比。我感到情的激荡、心的舒畅和生命的充实。尤其是在细雨霏霏的春日或西风萧瑟的秋天，不时地楼头眺望远处迷蒙的湖光山色，或感应那秋高气爽的氛围。面对秀美娇艳的自然景色，读着这些感人的散文篇章，那景、那情、那意蕴、那思想与境界，使我感到沉醉，在审美的愉悦中，得到真善美的熏陶，思想与情感一同升华，吸吮着心灵的营养，收获着良知的启迪、审美情趣与理想的浸润。我读到作品中蕴含着的冰心的女性爱、朱自清的父子之情、鲁迅的兄弟之谊，由此而深深感受到亲情的内涵与意义，并连类而及于普泛的人与人之间的伦理感情，油然而生人道主义的思想微粒；也从那些写景与抒情交融的文字中，对于山水之美、自然之景，有了亲切的感受，燃起热爱之情。从这些美文中，我也受到锤炼、运用语言的熏陶。

一片文学与艺术的天地展开在我的面前，使我看到高尚、真挚、纯洁与这一切的美，并且开始以探寻美与生活的眼光，环视四周，意欲觅得它们的内蕴，在自身与现实之间，建立起审美关系。这也许是我的最早的艺术觉醒。

生活依然艰困，而且日益严重。最怕是年关，我有时要顶着门面，出去借贷，遭人白眼。雨雪霏霏的除夕，从门缝里不断塞进"飞子"（南方商人在年终讨债的账单）来，新春的欢乐都像那雪花落进了这穷困的沼泽中，融化而污染了。我至今能在眼前幻化出那时凄凄切切的景象。爆竹声中，不仅痛苦难当，而且深感人间的不平，朦胧期望那世道的改变。

我依旧从读书与艺术中得到补偿。父亲留下的一个绿色的大书橱和里面的父兄们的各种书籍，成了我的精神上的"五谷杂粮"，成了一个精神上的广阔天地和丰富世界。我的涉猎极为驳杂，古今中外，哲经史文，囫囵吞枣、一知半解，却都在浏览之列。但我最爱的还是文学书籍，古典中尤对《唐诗三百首》《千家诗》《白香词谱》等兴趣浓郁。而胡适、刘大白、徐志摩的新诗也为我所喜爱。

也许是受到客观的催动，也萌发激情，想要把所见与所感，用文字记录下来。我用诗来倾诉内心的哀怨，抒发心中的不平，描绘朦胧的理想，取名为《喃喃集》，表明是喃喃学语的雏燕之声。也写电影故事，不过是用听来的电影故事，加上自己的想象编造而成，第一个便是以《秋水伊人》主题歌为核心，演义而成。这是一种对于美的追求，是一种心灵意蕴的外射，抒情写意，意尽而止，并没有想到要发表，自然也不具备发表的水平。

初中毕业之后，我去到景德镇进国立临时中学，这是一所专收沦陷区流亡学生的学校，不仅不收学费，而且供饭吃，然而定量的糙米饭、无油水也不够吃的青菜，连菜汤都是一桌八个学生按顿轮流享用，生活是十分清苦的。由于日寇的封锁，吃盐十分困难，常常吃一种从土里、甚至用厕所里的脏土熬出来的"硝盐"，因此，得皮肤病的人很多。我也患上了一身疥疮，两腿溃疡，行走艰难，因而休学一学期。

抗战进入最艰苦的黎明前的黑暗阶段，我的家庭也濒临彻底崩溃的边缘。我依然靠艺术的补偿来度过国恨家"愁"的忧患岁月，在艰困凄楚中求学求生。艰困中一颗游子的心，思念故乡、思念亲人、思念浑噩的童年生活。我想起了故乡的古塔，想起了作为古城鄱阳的象征的芝山（古人曾有"杖藜携酒看芝山"之句），想起了秀水潋滟的东湖，于是我写了一篇散文《塔》，在当地报纸的副刊上发表了。以后，我又陆续发表了一些诗与散文，署名均为"游子"。这稚嫩的习作中，倒也不尽是游子思乡的情、念亲的泪，其中也蕴含着一丝哀愁、一缕抑郁，透着不满，朦胧中的向往、理想与希望。

我终于又转学回到了故乡，进了一个以师资水平高而出名的私立正风中学。入学考试的作文题是《城市的早晨》。我把自己的一点可怜的生活经历和感受，匆忙中写成一篇文章。还记得那句结尾是："季节的春天已经来到了，然而我的生命的春天呢？我期待着。"这种似乎新式的白话文，在闭塞的古城的中学老师中，竟以为是颇有"文笔"。我依旧大部分时间忙于功课，而且，我不仅爱语文课，也喜欢英语，还从数学的分析与求证中，得到浓厚的趣味和对于逻辑力量的感受。但我主要的还是从文学与艺术中寻求欢慰与补偿。我对于美术的爱好，并不稍减，这时，更参加了著名木刻家郑野夫、李桦在上海创办的木刻函授班。在抗日战争胜利后不久，我在作业创作中，刻了一幅《寒雁高飞人未还》，画面是楼头、人的背影望着天上排成"人"字的雁群，透露了一点抗战胜利、许多人仍不能回乡团聚的抑郁不满情绪。然而导师的批语说，木刻是现实主义艺术，表现人为主，你的主角却是一个背影。这批评是很正确的。以后，我又刻了一幅《自画像》（这是当时青年艺术学徒颇爱用的一种形式），这倒是正面像了，不过有什么可取的内容呢？然而，这两幅木刻竟都在当时乐平县的《长江日报》副刊上发表了。我还翻译一点短文。记得还从英语译过安徒生的童话《卖火柴的女儿》，也在《长江日报》上发表了。这篇世界名著，早有名家译本，但何以当时报纸上会把我的幼稚的转译发表呢？我至今不明白。

这时，我对于文学的爱好，已经从散文走向小说。鲁迅、高尔基成为我最敬爱的作家。鲁迅的《呐喊》《彷徨》，苏联的小说《铁流》《静静的顿河》《钢铁是怎样炼成的》等，不仅是我的文学读物，而且是革命教科书。而鲁迅的杂文、瞿秋白的《乱弹及其他》更成为我革命的和人生的导引明灯了。尤其是鲁迅的杂文，那深邃浩博的思想、那有力的逻辑之钳、那泼辣犀利又力透纸背的文字、那丰厚热烈的感情、那凛然的正气、那高尚的节操，总之，那一颗宏大浩博、深邃精湛的文心，吸引了我、教育着我，领我走进一个新的艺术天地。这里不仅有美的醇香，且有善的正气，人格的坚韧，情感的皎洁。它使我用具有"文心哲思"的眼光看世界、社会与人生。

这时期，上海出现了许多进步的报刊。我最喜欢的是《文汇报》、《民主周刊》和《文萃》。它们给我以革命的启蒙教育，使我懂得社会政治黑暗的现实及其实质。

我依旧写作，不时在报上发表。记得有一篇叫《绿漪之死》。有一点现实生活的由头，加以想象，写的是一个名叫绿漪的女学生，父母早亡而由姑妈养大。她有一个进步青年的恋人。然而姑妈要她嫁给自己的儿子、她的表哥——一个国民党军官。她被迫同意了，对恋人说："我要还姑妈这笔债！"她以牺牲青春的幸福偿还人生的欠债，然而终于抑郁而死。还写过《鄱阳——鱼米之乡》这样的通讯，甚至还写过《评华莱士竞选》这样的"国际评论"，然而多数是文艺习作。那一点微薄的稿费居然贴补了我的学习费用。

在高中二、三年级时，我的兴趣由文学，由对鲁迅杂文的驳议论战的爱好，进入了理论书籍的阅读。有趣的是，我读的第一本理论书并非马克思主义著作，而是吴恩裕教授留英时写的、具有费边社观点的《马克思主义与政治》。以后则读艾思奇的《大众哲学》、潘梓年逻辑学著作和狄超白的经济学著作，之后还读过米丁的《辩证唯物主义》和恩格斯的《反杜林论》等。如果前几本通俗理论著作我读来还算明白的话，那么，后两本书却是硬着头皮读完，而所知甚少了。然而，它们却拨开了我心头的云翳，在我前面点燃了一支火炬，而且培养了我对于理论的兴趣。

不过，由于我对于文学的浓厚兴趣，这种对于理论的爱好，仍然是向着文学倾斜，因此，便又向文艺理论和美学追索了。鲁迅、瞿秋白的评论文字，使我钦慕，给予逻辑思维与分析解剖的示范。我也读过蔡仪的《新美学》，然而没有读懂。新中国成立前夕，不仅是动荡的年代，更加是革命的年代、思考的年代、追求的年代，对生长于艰困而受到革命文学影响的青年学生，它具有振奋和鼓舞的力量。

在这样一个年代，我高中毕业了，带着弱冠之年的人常有的幻想和对人生的追求，离开家乡继续求学，度过彭蠡的波涛，告别匡庐的山峦，走向生活，走向社会与人生，走向革命。

（写于1986年4月6日）

永在的温馨与思念

——忆彭涛

一

读《波阳报》上家兄定新关于彭涛在一二·九运动中的文章，勾起我沉埋于心的对于他——我按家庭习惯称为"乾子（定乾）哥哥"——的追忆。岁月流泻，世事变异，然而这些记忆的刻痕不是淡化而是深化了。

我对于他的记忆，最鲜明最深刻的竟与"死"紧密相连。1961年11月，当他遽然逝去时，我赶到北京参加葬仪。主持丧事的化工部一位副部长郑重、哀痛而详细地向我介绍了治疗经过和中央关于治丧的意见，从中我知道了丧事是超规格办理的，由此我感受到我们党对于一位年轻部长过早离去的沉重的哀痛和庄重的悼念。由此更深深地感到"死"夺走了他所留下的哀痛，感到"死"的威力、无情和彻底。尤其在追悼会上，我看到周恩来总理亲自出席，看到他迈着沉重的步履，迈上台阶走进灵堂，感受到他的深沉悲痛。当与家属握手慰问时，前面说到的那位副部长指着我说："这是他弟弟。"总理本来已侧身将走，却又回过身来再同我握手，并问道："哪里工作？"我恭谨地回答了总理的提问。我第一次这么贴近地看到总理，那浓眉下闪着灼人光芒的眼神，给我留下永世不忘的印象，而他那俊秀庄重的脸上笼罩着深沉的忧戚，更令我感动非凡。我想，他定是为失去一个年轻有为的干部而悲伤。耳边响着低沉哀痛如泣如诉的缓慢哀乐，眼里看着总理逐渐离去的背影，我再次看一眼乾兄的遗像，迎着他那闪着睿智的目光，我又一次感受到"死"的沉重、哀痛与彻底。越过这"死"的门栏。一个人的才华、智能、功名、事业、家庭、爱情，以至人世的恩怨情仇，一切的一切，都突然消逝，永远地、不可复回地消逝了，真所谓片时千古。我感到无可言状的惆怅，以至惶惑。如果说这是一个风华正茂然而身处逆境者对于死的恐惧，倒不如说是一颗压在大石底下的小草对于生的执着。人生斯世，既然如此，那就要积极地实现生命的自存能量，并且开发自身的潜力，去建功立业，为人民、为祖国、也为了自己的生活更充实、更有意义以至更美丽。这种在亲人灵前的感受，一直成为我迈步于人生征途的一股内在力量。我一直认为，这是乾兄的精神对于我的影响，和我对于他的精神的一种感应。

二

彭涛颇富才华。我从小就仰慕他的才华。我的最早的体认，是在家中的藏书中发现他在鄱阳中学读书时的一个笔记本。上面有他写的一篇对于古诗《饮马长城窟行》的解析。"饮马长城窟，水寒伤马骨。"我至今记得第一次从他的笔记中学来的这两句沉郁忧伤的诗句，也还记得他的周详的分析和他那飘洒的笔迹。以后，我从家庭亲人、师长（他们是乾兄的同学）、上级（他们是乾兄的战友）口中，不断听到一致的赞誉：彭涛是个才子，聪明过人。他写得一手好字，文章写得也漂亮。1958年一张大字报，颇得中央和毛主席赞赏，毛主席在中南海召见他，大字报改写为《在化学工业上我们敢与一切资本主义国家较量较量》的文章在《红旗》和《人民日报》上发表了。他读书很多，知识丰富。我听赵树理说，"彭涛同志是化工部长，但是中外小说作品，他比我这个当作家的读得多"。我一直认为他是当宣传部长的好人选。但他的才华，远不限于这种"文才"范畴，他是党内"笔杆子"，但他的整体形象不是一个文化人。他还有实干的、领导的、办事的才华。一二·九运动中，他是翱翔祖国领空、暴风雨中的雄鹰群的头行者。1979年，我在中南海访问了姚依林同志。他向我详细谈了一二·九运动的经过并交给我一份他关于一二·九运动的谈话记录。在我访问时，姚依林同志刚坐下，就郑重地指出："彭涛是一二·九运动的实际上的主要领导人。"当我说明过去的历史记载不确，现在是否应当"还历史本来面目"时，他首肯了。以后经姚依林同志审阅，我发表了《彭涛与一二·九运动》一文。少年彭涛，芳华念廿，便显出了他的领导才能。他同他的战友们领导了那次震惊中外、永垂史册的爱国运动。如果这是他的才华初露，那么，抗日战争时期，在冀中的严酷斗争岁月中，任民运部长、宣传部长、地委书记、纵队政委，他更充分显示了一个职业革命家的智慧与才干。中共中央书记处原书记李雪峰同志告诉我，在筹建化工部时，他代中央提出人选名单，居首位的是彭涛，而当他把意见向小平同志汇报时，得到的结论性意见是："当然是彭涛！"可见对彭涛了解与信任之深。于是，彭涛成为第一任化工部部长，是当时的部长中最年轻的一个。宋任穷同志告诉我一件趣事，在庐山会议时，部长们都叫彭涛为"小彭"。被周总理听见了，笑着说："人家已是中央部长了，你们怎么还叫小彭呢！"

他善于团结人，他曾与陈锡联同志共事，陈锡联任纵队司令员，他任政委。当时部队里工农干部很多，那时任参谋长的曾绍山将军告诉我说："彭涛是个大知识分子，但是，他同工农合作得很好。"他也有不少文人朋友，作家赵树理、胡奇、曾克、阮章竞，记者安岗、李庄等都是他的朋友。诗人阮章竞曾向我介绍彭涛抗战时在冀中同这些人的友谊。化工部组建时，由北京市化工局等几个单位合并而成，他作为"一把手"，一碗水端平，团结了几方面的干部合作共事。我党老资格理论家、翻译家吴理屏，著名化学家侯德榜这些名流，曾任化工部副部长。彭涛与他们相处得很好。

他善于学习。我曾问他："你当政委，你会打仗吗？"他说："可以学习嘛。政委主要做政治工作的，但是打仗时要同司令员一起签字，共同负责。所以要学军事著作。"他当了化工部部长，便请专家从基础知识讲起，学习业务。他逝世时，人们议论，中华人民共和国成立后学习领导建设的本领，一个黄敬，一个彭涛，是部长中学得好、进步快的两位年轻部长。这些，都是作为领导干部很重要的品质和能力，是他们的才干的重要指标。彭涛在这方面是有突出表现的。

想起这些，我总不免忆及他的逝世。我永难忘记，在追悼会上，周总理悲戚沉郁的面容，还有在我近旁的谢老的不停的唏嘘、蔡畅同志的悲伤的啜泣。他们是在为我党失去了一位正当英年有才华的能干的干部而伤痛。是的，当他离我们而去时，才48岁。正是这种才华出众、正当英年而又正在上升发展阶段，却突然被不治之症夺去生命，有如鲜花盛开、硕果成熟却为狂风暴雨所摧折一样，令人伤怀，从而引起我的灵堂遐思。

三

彭涛一向关怀我的成长进步，这不仅是一种兄长之爱，而且表露了一位革命前辈对后来人的提携。这是我心中永在的温馨。只可惜，他离去得早，我"解放"得晚，二十几年流云飘去无踪迹，死生殊途。1949年夏，我已经是一名解放军的文艺战士，正随连队在最前线，向北粤进发，刚回驻地，就得到兵团政治部的通知，让我去南京二野政治部报到。原来，彭涛在南京见到去开会的四兵团司令员陈赓，便同他说，我的弟弟在你们兵团文工团，让他到南京来吧。于是我先回故乡鄱阳，与回家探亲的乾兄会合。我们在鄱阳县委会第一次见面，他同我紧紧地握手，第一句话就说："我听家里人说了，你爱好文艺，思想进步。"他送给我一批新出的中外文艺名著。我如获至宝。不久，我们一同赴南京。先是穿过鄱阳湖来到南昌，住在当时的省委书记陈正人同志家。当乾兄知道我的爱人曾景云是地下党员时，很高兴，便对我说："你是不是把组织问题解决了，就留在南昌工作也可以？"我说："这里没有人了解我。"他说："我了解你呀！"但是我表示了不同意见，我说："我还是想走。"他没有再说什么。我按照自己的意愿，走了自己的路。如果当时留在南昌，一生行状定是另一种模样。

然后，我们一同乘浙赣路火车赴沪。路上，每到一处停车，他就会

口述、要我笔录措辞，给亲友写信，都是急于复函交代或答复某种事情的。我每草毕，就交他审定，每次都是无一修订就定稿了。于是我说："哥哥，就让我留在你身边，给你当秘书吧。"他严肃地回答说："不行。党内有规定，不允许把亲人留在自己身边工作。"

来到南京后，他让我进西南服务团新闻大队，准备入川。我说："我想去北京，进北大完成大学学业。"他不以为然，批评我说："为什么一定要大学毕业呢？现在北京许多大学生都走出学校，南下工作。"我没有反驳，决定去新闻大队。可是，两天以后，他突然让我北上，惠如嫂领我上街买了需用物品，他为我给薄一波、周扬、张磐石等领导写了介绍信，他们夫妇还给赵树理、胡奇、曾克等作家写信，要他们在北京为我介绍文艺界的朋友。我记得，这些信中都有这样的几句："他热爱文艺，尚可造就。"这是他对我的评价和鼓励。这样，我又一次按照我自己的意愿，选择了自己的道路。

以后，1951年，他从苏联访问归来，路过沈阳，送我一只怀表。这是我生平所得的第一只表。那时，他曾经问过我是否想去北京工作。我当然愿意去。但当时少年气盛，颇想在《东北日报》干出一点成绩以后再进京华。我再一次循着自己的思路和意愿，安排了自己的进退之途。如果不是这样，那么，我一生的道路会是怎样的呢？这是不可悬想的。但以我的心性和兴趣而言，生活和从事专业的"形式"，或者会不同，但内容大概仍会与今日之情形相去不远。然而对于他的提携与关怀，我是铭记于心的。

1957年，整风鸣放期间，我作为记者，采访知识分子鸣放会。一次会上，听到沈阳化工学院一位老师的发言，说："化工部部长彭涛听说很深入基层，但是他到沈阳视察，却没有到化工学院来！"会后，我将这个意见写信转告他；信中同时写道：鸣放中有些人的意见不正确，"我认为应该坚持社会主义立场、坚持马克思主义立场"。可是，反右派斗争开始，我还是受到批判。恰好那时他到沈阳视察，约我到辽宁宾馆见面，并请母亲吃饭。见到我时，他把我领到客房阳台上，关心地问我："运动中，你怎么样？"我回答说："正在接受批判。"他望着我，沉默半晌，说："我本来想给你打招呼，但是看你写的信，认识不错，就作罢了。唉！……"后来，在餐桌上，母亲急切地用家乡话问他："乾子，定安的事情，何宁好？"他说："唉！年轻人，经受一下锻炼也好。"

事后，他把我给他的信，原封不动、也不表示任何态度地转给辽宁日报社党委。于是，在报社整风领导五人小组会上，依据这封信所表达的我的认识和态度，五人小组中的一、二、三、四把手，包括总编辑和常务副总编辑在内，一致认为对我可不划右派；但是第五把手，职务和在小组中的位置均居末尾者，却坚持定我为右派。如此开了三次讨论会，到第三次他仍然坚持，并拿出外省的一家省委机关报的报道，说："看看，这个编辑都定右派，他比彭定安还轻呢！"事情至此，其他领导不便再坚持。于是我跌入深渊。乾兄依据事实和我的主观表现，欲救我于艰困中，不幸未能如愿。但他对我的爱护，我永志不忘。（顺便说一下，那位坚持定我为右派的同志，不久后自己也进入右派行列）

四

我深深感到，彭涛的英年早逝使亲人、同志与领导倍增痛苦哀伤，想必他对自己身患不治之症也是非常痛苦的。他热爱生活，热爱他毕生从事的革命事业。一个人有才华，并非十分难得，但难得的是时逢际会，有一个施展才华的历史舞台、社会条件和个人的机遇，以及主体积极性。这一切，他都具备了，这些可遇而不可求的"历史的偶然性"，成为他做出杰出贡献于国家民族的必然性体现的关节点，这是他的幸运，也是他的才华和创造力的收获。不幸的是，正值他将有更大的发展时，生命戛然而止，停步在历史的转折期，夭折于成熟的中年时代。在那短暂的治疗期，他每天书写毛泽东诗词，笔力依然遒劲，字迹依然飘洒，然而时见败笔，时有不终篇的断章。在这些地方，流着他的内心的血和泪。宋任穷同志告诉我，在乾兄病重期，曾去协和医院看望，临别时，乾兄双泪无声地在脸颊流淌。我深信，他绝非畏惧死神的降临，他是不忍舍离战友和事业，不忍抛弃壮年的生命和施展才华的理想。这是人生最深沉的痛苦与哀伤、最难忍受的折磨与冲击。然而他终究倒在这个无情的冲击波中，留下永世的遗憾和不灭的怀念在人间。

在哀痛与追忆的灰暗的天宇下彳亍，我并不消沉，奋进之情盖过悲凉之意。让我们望着他逝去的背影，想着他一生的事业成就，去追寻自己的发展途程吧。他为党、为祖国奉献了一切，他是死而无憾的。鄱阳

湖的浪涛东湖的水，孕育着它的优秀儿女，后来的一辈辈优秀儿女仍将生长。我的追忆，不仅是以亲人之谊来诉说家族的哀痛与追思，而且是对于革命先辈的怀念，也想从中寻绎一点历史发展的轨迹，一点人生的意蕴，期有益于故乡后来人的成长。

鄱阳是美丽的、丰富的、历史悠久的，具有深厚的文化背景，理应一代代产生人才与精华，对祖国与人民做出有益的贡献。时代任务不同，历史的期待值不同，然而我们的理想与事业始终是与前辈所做的紧紧相连的。

一曲难忘

在一个盛夏的下午，在越过了大洋，在20多个小时之后，就忽然从东方到了西方、从中国到了美国，可我的心还在中国。当时差还没有开始在生理上做出调整的反应，在心理上也还没有做出文化的反应的时候，我走出了世界超型机场之一的芝加哥俄亥尔机场。仅仅是电梯就下了一个又一个，转了一圈又一圈，这才取了行李、出了关口、入了境。生疏的环境，异样的氛围，满眼的异国情调。每次初到国外时的那种片时的新奇感、美艳感混合着疏离感，融合成一种乡愁，隐隐在心头，此时又出现了。我们走出机场，向停车场走去。在地下道的拐角处，一位提琴师正在奏曲，身旁的地上放了一个打开的琴盒，里面有一点硬币。这是一位穿着和脸型都是东方人的青年人，但无法判断是日本人、韩国人、越南人还是中国人，也无法知晓是以此为生的穷乐师，还是来"自我实现"的学生，抑或是既来实习又来挣钱的穷汉。

人们络绎走过去，投币施舍的却不多。行色匆匆，飘然而过。也许出于东方人的亲近感，也许推测他就是中国留学生，我们之中的一人拿出一元美钞，扔进了琴盒。这够"出手大方"的。提琴手没有停止演奏，但却连连躬身、点头，表示谢意。我们也点头回礼，谈笑着从他身边掠过。耳听琴声从耳边消失。走了不到一箭之地，我们发现前路不通，只好又折回来。我们议论着，谈笑着，再次从乐师身旁走过时，琴声忽然转变，一种优雅流畅的旋律响起。我很快心领神会，这就是响遍中国的名曲《梁山伯与祝英台》，此时行进的正是"十八相送"那一节。我走近乐师，连连点头，微笑从我心里漾现于脸上，乐师也再次连连躬身、点头，而琴声则更悠扬、更幽雅、更为动人心弦地飘过我们耳边，飘落于我们的身后，再飘逝于茫茫人海、茫茫尘世。乡音抚慰了乡愁的涟漪，音乐语言沟通了萍水相逢者的心灵。他是一位流落异邦的中国人，他是一位奋斗他乡的留学生？音乐为我们互相致辞，替我们对话，问好，祝福！

我感到从来没有听过这么好的音乐，从来没有听过这么好的《梁祝》。我听过无数次这首名曲的演奏，在各种场合、各个地方，但从来没有一次这样动听、这样美好、这样动心、这样深入心灵震悚魂灵。我似乎听到乡音、乡愁、乡思，又听到情的融会、思的融合、心的交流。心心相印，此之谓也；一曲难忘，此之谓也。

至今，我只要闭目遐思，就仿佛听到那再也听不到的琴声，就看到那再也见不到的年轻的身影和再也不能重复的对于音乐的感受和对于美的享受。审美不仅是主客体之间的融会，而且需要审美的环境和时态。"春花秋月""夕阳残照""长河落日""古道西风""流水落花""车水马龙""泉水淙淙""杨柳依依""雨雪霏霏"，以及山、水、景、物、人、事所构成的环境，才给美和审美以附丽和氛围，可遇而不可求。然而，我却期望再次谛听这种"此时此地、此情此景、此心此意"的演奏和审美享受，以及这种"人生际会"，并且期望在生活中、在人生羁旅中，遇到其他方面、其他种类、其他性质的这种美和审美。让生活充实以美的追忆、祝愿与期待吧。

《梁祝》一曲系心魂

天上飘动乌云，晚风吹过荒野，暮色悄悄地笼罩上来，使一切显出阴影，不见一点美丽晚霞的踪迹。天地的薄暮黄昏，和我心中律动的青春相逆，却与我心绪情意的低迷同构。这是整个国家都在"大跃进"年代一个热火朝天的岁月里，黑夜来临前的夏日傍晚。抢修堤坝以图堵塞洪水来犯的义务劳动者们，在疲劳中，三五成群地分散聚堆，坐靠躺卧，谈天说地。他们的欢声笑语，划破日暮的阴郁和惆怅。而我却只能独自一人，独自一人远远地、远远地离开人群、离开欢笑，也离开人间的温馨。一个戴罪"分子"，一个不可接触的"贱民"，一个有恶毒用心的"异己"，身心俱疲，把疲敝已极的瘦弱身躯，那个已经显得多余的身躯，全付给大地，躲进阴影与惆怅，两眼望着"城头变幻大王旗"似的变幻着的天空和乌云，如鲁迅所言"抉心自食"，如托尔斯泰笔下安德列公爵躺卧沙场死人堆中，眺望星空思索生命与人生般，思索眼前的活的一己的生命与人生。迷茫，绝望，牵挂，意义消失……"沉舟侧畔千帆过，病树前头万木春"，社会唾弃、歧视与鄙视带来的巨大压力，更强大的精神摧折和心理重负，需要结实的体魄来承担，更需要强大的心理承受力、精神抗逆力！"沉舟"啊，"病树"啊，何处是归程？长亭更短亭！

无边的黑暗笼罩上来，吞噬了荒原、森林，以及大地的一切。

忽然，沉寂的工地广播，打破夜幕中的沉寂，划裂黑暗的无边，响起了小提琴轻盈而柔美的鸣响。琴声悠扬飘逸，如诉如怨如私语，时缓时急、时高时低。旋律是那样舒缓峻急有致、高亢低沉交替、柔情激越互补，细如丝竹的小提琴独奏，浑厚深沉的协奏，那是从遥远的地方传送来的琴声，细细若游丝，时断时续，仿佛天上飘来的仙乐。美丽的感觉、美好的感受，好似沁甜的汁液，浸润我的心田。它以轻柔的乐声之手，抚慰滴血的伤痛，先是生理上的舒畅，而后是心理上的舒泄。并且感受到一种艺术的美丽和美丽的艺术。一种糅合着主体意识的忧郁、惆怅、凄怆之情的，美丽、优雅、静谧、恬淡的审美愉悦，如雨露琼浆，遍洒心身。心之眼，感应到黑暗中的闪光和亮点。"美丽的音乐是多么好，艺术的美丽是多么好，拥有美丽音乐和艺术的世界——人生是多么好！"音乐美的雨露琼浆洗涤了堵塞心灵的尘埃，使生之欲和理性-理想之光萌生。它，同我当时正在研读的美学著作一起，成为一股强韧的文化消解力和文化生成力。

斯曲何曲？"此曲只应天上有，人间能得几回闻。"

以后，我才得知，它就是小提琴协奏曲《梁山伯与祝英台》。

又以后，我多次在各种场合、各种地方，以各种方式，谛听《梁祝》，每一次听到，都是除了"在场"的欣赏和审美的愉悦，又总有"往昔"的，含着融会惆怅与愉悦的双重心绪的审美记忆和遗存，从而获得加倍的美的享受，并勾起无限忆念与遐思。

时光流泻，40多年后的一天，我在刚刚踏上美国国土，走出芝加哥俄亥尔国际机场时，因走错通道返回原先走过的地下道时，一位在路边演奏提琴以获取报酬的东方人，忽然改变曲调，奏起了《梁祝》中的"十八相送"，大概是以此表示对刚才我们给他一块美元的友好态度的回报。后来我写了散文《一曲难忘》，以记此事所引起的我的故国之思和家园之情。不过，我隐去了更深的情感因缘——1958年夏日薄暮，在身心交疲中，一曲《梁祝》使一个政治旋涡中的落魄者，度过精神危机的转折悄然实现。

（原载《沈阳日报》2000年2月28日）

子恺漫画润华年

　　读《书斋》上孙郁的文章《漫话丰子恺》，勾起我遥远而美丽的回忆。半个多世纪的时光已经流逝而去，但是那深印在记忆底层的美丽的往事刻痕，当抹去世事的尘垢而显现出来时，仍然那么使人心头充满温馨，使老年人的已逝的童心，再颤动一回。然而这不是无意味的回首，更不是感伤的晚情，而是怦然心动、情系往昔却所思甚多的"过去"，在今天的"存活"，是海德格尔所说的包含着过去和未来的"时间"的"在场"。

　　少年时代，我曾在南方酷热的夏夜，在书房挥汗临子恺漫画。我当时以至现在，最喜爱也最为深层地接受因而也是最受影响的，还是丰子恺那些以中国古典诗词为题的写意漫画，我至今还记得那些画题："月上柳梢头，人约黄昏后""过尽千帆皆不是，斜晖脉脉水悠悠""红了樱桃，绿了芭蕉"，也至今还记得那用流利跌宕、柔美飘逸之笔触，用简洁的轮廓和优雅的构图所表现的那种诗情画意——杨柳、飞燕、流水、山峦、白帆、明月、女人，以及这一切所构成的美的韵味和意境。它是典型的中国式的，但它又不是国画，它的构图、造型、笔致，又融进西洋绘画的技巧与精神。犹记时当年少，初中学生，既神游于这种优美的图画，又沉浸于那些优美的诗句，而在正处艺术觉醒与人生觉醒初期的稚子之心中，子恺漫画勾起了我的美的沉醉、痴迷，而又养育了对美的迷离、恍惚的理解和诚挚、热忱的追求。至今追忆，我从其中学到了中国的古文诗词、中国的画，但更主要的是启发了一个追求人生意义的少年的审美意识和道德良知。有日本学者品评李白诗歌提出"月光与酒"，而有人以"杨柳"与"燕子"为子恺漫画的精粹，并戏以"丰柳燕"称之。的确，子恺这些诗词漫画中，皆有柳或燕，那柳是细丝儿长，柔柔的，飘曳的，婀娜多姿，迎风掠水，而燕子都是简笔涂出的

"飞剪"。那种南国风韵的植物与飞鸟，连接着蕴含了无数的江南山水风物和它们所构成的美。丰子恺从中国江南风物——也可以说是大自然中，提取了柳与燕，又融进了美的创造，用为他的心灵与精神的象征和"有意味的形式"。这是他独有的创造。他又以这一创造给予了世人以美与真与善。

丰子恺把自己的漫画分为四个时期：描写古诗句时期、描写儿童时期、描写社会相的时期、描写自然相的时期。按照他的这种分期，我接受的主要是第一期作品。不过，他也说，这四个时期是"又交互错综，不能判然划界"。确是如此。古诗句中便含着自然相与社会相。而社会相则是渗入了各时期的画中。

有些子恺漫画，给我的印象很深，深到在心上留下了印痕，并转化为人生行为。我至今不忘的是两幅。一幅是《读书之乐乐无穷，瑶琴一曲来薰风》，书房、风琴、窗前、飘起的幔帘、弹琴的少女，这是读书之前的预奏或读书之后的休憩：读书之乐得到充分的表现。读到这诗句与画幅，对读书之乐所引起的悬想与寄意是深沉与广袤的。还有一幅是在《战时中学生》杂志上看到的，应是40年代中期，时当抗日战争年代，杂志扉页赫然而呈一幅彩色漫画：一盆鲜花盛开，一位少女提壶洒水浇花，题目是："努力爱春华"。那个年代，那个年岁，这样的画、这样的诗，读者的期待视野和画家的审美理想，是何等契合、何等交融，而这种充分的"视界融合"所能引起的心灵的真与善与美的启迪之深沉，是可以想见的。也许，这两幅漫画所给予我的，较之"古诗句时期"的作品要更多、更深吧。我在尔后的人生颠簸中，是常常追忆怀想起这两幅漫画的。不过，我为之心折神往的却仍然是那些古诗句漫画，因为它更美、更自然、更清纯，更发自艺术家的心灵，也更契合接受者的心灵。我是这样地留恋它们，以至我最近还临摹了两幅《红了樱桃绿了芭蕉》和《好花时节不闲身》。

子恺漫画润华年。然而又岂止是华年呢！

（原载《沈阳日报》1997年4月3日）

忆《陶庵梦忆》之忆

偶翻箱箧，发现这样一篇残稿，云：

"近日购得明张岱《夜航船》一厚册，内附《陶庵梦忆》和《西湖寻梦》二种，故篇幅大增，而成其厚。本来，后两种我早已购得。先是买了《陶庵梦忆》单册，后作家出版社出版《陶庵梦忆》与《西湖寻梦》合册，为了后者，只好又买了一本。但那版本朴素雅致，令人喜爱，也是重复购买的原因。这次又为了《夜航船》而再次重购。这种'交叉重叠'式购书，实在有靡费之嫌；不过为了某种新书，加上版本各异、意义不同，也就乐于破费了。

"我把三种不同的版本拿来集中翻阅赏玩，欣赏比较版本装帧之优劣短长，倒也是一种雅趣。而重睹单行本《陶庵梦忆》，更引起许多联想。

"这薄薄的一册书，却承载着厚厚的记忆。

"记得此书购于杭州，那是1982年，算算已经是十四年前了⋯⋯"

文稿到此煞尾，说的是14年前的往事——而我偶然发现旧稿（2008年），并且着手整理，距那时更是26个年头了。——而今天，2012年元月，重检旧稿，则流波消逝，已经相距30年了！时光的计入，使往事和记忆都更着上浓浓的历史沧桑与人事感怀的色彩，令人感怀良多。

记得那时中国鲁迅研究会与浙江鲁迅研究会联合，在杭州举行鲁迅学术研讨会。这是继1981年在北京举行纪念鲁迅诞生100周年学术讨论会后的又一次学术盛会。我作为全国学会的副秘书长，躬逢其盛，主持会务，甚感荣幸，更因得以与鲁迅研究界以至学界诸多师长亲近，而得益甚多。我至今记得的，与会者之中，有李何林、唐弢、戈宝权、黄源、楼适夷、王元化、王瑶等诸位老先生，都是学界前辈、鲁迅研究与中国现代文学研究的第一代专家；那时算是中年而势头正盛的学者有林非、李希凡、孙玉石、陈漱渝、王德厚、朱正诸先生。我作为会务主持人，迎来送往、服务照顾，亲炙素所敬仰诸老先生学识人品的风范，而与同辈学友则相与终日，或互相切磋，或品茗夜谈，欢快何如？如今，老一辈师长均先后作古，成为历史的辉煌了；而同辈学人也都垂垂老矣。时光是多么有力而残酷啊！

当时，会址在杭州新新宾馆，为新建筑，而与其一体相通的侧院，则是著名的西子楼（是被蒋政权秘密杀害的著名报人史量才的闻名于世的旧宅第），我恰正寓居此楼中，居室面对西湖，开窗可眺孤山，室门之外则庭院优雅、绿树婆娑。晨曦暮云，或徜徉孤山凭吊侠女秋瑾汉白玉全身雕像，或二三学友坐湖边条椅，叙旧议学。日间则是老少咸集，相与论学。在20世纪学术新潮鼎盛时，在初秋的杭州，在西子湖畔，与人文学界硕儒新彦，研讨国之文心瑰宝鲁迅，此时、此境、此题、此议，这样的学术盛会，今已永逝不再了。在当时，对于我这个禁闭20多载，才从深山僻乡钻出来的"桃花源中人"来说，真是既振聋发聩，又兴奋不已，更使思想学业进益有加。这对我个人来说，是平生仅有；而在当代学术史上，亦应为可记之"当代兰亭集"吧？

记得那时杭州新华书店，闻讯特来售书。我就是在这临时书摊上，购得一册《陶庵梦忆》。在杭州西湖边上，读张岱困顿之时，追忆当年西子湖上繁华梦，那是怎样的一种读书之乐和沧桑感叹呢？我每每在晚上，倚枕浏览，既欣赏张岱之文笔清新超拔、言简意深，又感叹其寄沉痛于悠闲、抒愤懑于叙议，而引发一种无名的感伤。他在《自序》中写道："鸡鸣枕上，夜气方回，因想余生平，繁华靡丽，过眼皆空，五十年来，总成一梦。"读之令人唏嘘。至今30年过去，重温往昔种种，其感叹又岂一个"梦"字了得？

有趣而有所得的是，我竟偶然"考证"解决了一个西湖名胜命名的"疑案"。那就是：断桥为什么叫"断桥"？记得当时我就向几位博学的人和老杭州请教这个问题。或答曰："'断桥'者断桥也。'断桥残雪'不是西湖十景之一吗？"说的倒是，但是，难道断桥新建成时，就是断残的吗？无以为答。不意，我在夜读《陶庵梦忆》时，却得到答案了。在《西湖七月半》一节中，说到西湖七月半看月之人，有五类，并逐一讥诮之。其中说到："杭人游湖，巳出西归，避月如仇，是夕好名，逐队争出，多犒军门酒钱，轿夫擎燎，列俟岸上。一入舟，舟子急放断桥，赶入胜会。"这就说明，断桥者隔断又沟通里、外西湖的吊桥也。冬季，吊桥放下，积满白雪；断桥升起，便成残雪，乃成"断桥残雪"一景。我这"考证"正确与否，敬希方家教正。

（写于2012年）

书的抒情

我读过几本书，它们曾经深深地、深深地影响了我的精神生活、我的人生选择、我的感性世界和理性世界。说起来颇觉惊异，它们均非高头讲章，也不是思想理论著述，更不涉人生指导之类；但却那样深深地锲入我的精神、我的生活、我的命运！它们思想的能量何在？它们掀起了怎样的心灵震慑之波？

细想又很自然。盖时势所致、境遇有关、情境使然，如投石击瓮，力小劲弱，却响应轰然。

我已经有幸多次写过也谈到过这个主题：在一个静静的春夜里，我读到了一本书，书名为《列宁印象记》，是德共创始人、国际妇女运动杰出领袖克拉拉·蔡特金写的一本小册子，作于十月革命后不久。我却在1958年读到了它。斯时，我正以戴罪之身，仆仆道途，服役闹市，白天蓬首垢面，出入煤厂垃圾堆和粪坑；晚上，得以洗尽尘秽，读书——以思想文化的清泉，来涤荡充溢心田的、痛苦忧伤而又恐惧迷茫的尘垢、块垒和郁结。正是通过书籍，与古之圣哲、大师的精神对话中，得到对人世苦难、人生沟坎的诠释与宽解，而获取心灵的抚慰、情感的寄托、思想的升华。斯夜，斯书，我读到了"潜心研究"四个字，电闪雷鸣、醍醐灌顶、直注心田。正是它，我尔后称之为我的"四字箴言"，决定了我以后数十年的人生抉择和道路。那本是列宁训诫蔡特金的一段话。他批评蔡特金为犯错误的德共领导人列维辩护，又告诫说，列维因此不得不离开政治的漩涡，但他正可以借此潜心研究。几十年前列宁给列维指出的道路，却正击中了晚生的中国青年在困顿与困惑中迷途的心，让他看见了前途的亮光和另一种生存的意义与方式。他意外地获得了海德格尔所说的"存在"中的"此在"的内涵与意境。呵，远在德意志的早逝的蔡特金，你怎能想到，你的"不经意"的小册子的"不经意"的片言，竟会影响、决定一个后生的东方青年——今天的老人——的一生？是的，"潜心研究"，给了我绕开生命途中的荆棘与面对风雨人生中的艰困的坚韧力量，甚至，给予了我在生活中，创造、寻觅、获得意义和诗意的源泉与酵母。啊，蔡特金！我精神的教母，我曾两次短暂居留德国，时常念及你的恩情；我曾长途跋涉专程拜谒马克思故居，但无缘谒访你的遗迹，然而我确曾以东方式的虔诚，向你的亡灵致衷心的祭奠。

也是艰困，也是困惑，也是痛苦而迷茫。在那风狂雨骤的岁月，牛棚和劳役是我的"存在"的"此在"。似乎一切均已堵死，前路茫茫，生存维艰。也是"苦中读书"，也是夜深沉，也是一本小册子，我读到了它——《罗莎·卢森堡狱中书简》。这位杰出的德共领导人、国际妇女运动领袖、思想家、理论家，被列宁称赞为"国际工人运动中高飞的雄鹰"，也是蔡特金的亲密战友，身陷囹圄，面对死亡，却意志坚强、胸怀豁达、安详沉静，不断在给战友李朴克内西夫人的信中，以优美雅致的笔触，抒写清净崇高的情怀，对生活充满热爱和希望、激情和信心，对自然——鲜花、小草、蝴蝶和鸟雀，亲近爱怜。我从中体察到一种总体情怀——"安详"——"安详地对待生活中的一切苦难、挫折和忧伤！"她那种在死亡面前犹存对人生、生命以及人类和自然的挚爱，使困顿中的我，内心升起对良知的憧憬与追求、对融一己的人生与生命于广阔世界的豁达的"含泪的践行"，而得到心灵的解脱。我心中不灭的温热的火焰，卢森堡！你教给我，在任何时候、任何情况下，保持心的安详！

也是在这样的困顿中，也是夜读中，读到了工人出身的德共创始人台尔曼的《台尔曼狱中遗书》。"德国历史，童年的磨难，对现实生活的观察，这才是我真正的导师"——这是他的生平自述，这陈述，使我认识到一个人的成长的国家、民族的历史大背景和个人经历的作用，以及体察现实生活的重要。

儒家引人入世，教人"拿得起"；道家训诫出世，劝人"放得下"；释家教诲"轮回"，令人"想得开"。这是中华文化传统的解惑、去愁、开脱的思想文化资源；但是，在疾风骤雨、形势逼人的政治风暴中，立时立刻要检查、交代、认罪、回复、应答，刻不容缓、缓不应急，在此时刻，居此境遇，那些儒、道、释的精神资源，都是"远水"，止不得"近渴"、救不了"急难"。究竟还是那同样是在疾风暴雨的阶级斗争中，锤炼、锻造出来的"政治智慧"、人生抉择、生命意识和心灵出路，能够解救心灵的垂危。

是的，艰困、苦难、哀伤和忧愁；但是，在行进中，能够安详、具有爱心、怀着信心，在对自然、世界、社会、事业、学问等的理解中，无怨愤、有爱心、怀希冀，这中间不是蕴含着深深的意义甚至诗意么？

海德格尔曾说："诗意地栖居在大地上！"

（原载《辽宁散文》2014年第5期）

文化后院的眷恋

一

在一些发达国家的首都逗留，固然留下了许多"繁华梦"，但是，繁华落尽见清纯，真正给我留下不可磨灭并常常追忆印象的，却是那些繁华背后的文化后院，那些"后院之忆"。

巴黎，花之都、美人之都、欧洲首都，有多少令人沉醉的繁华之处：难忘香榭丽舍大街的华灯、鲜花、咖啡座，车如流水马如龙，难忘卢浮宫的美术精品，难忘巴黎圣母院的庄严弥撒，难忘凯旋门的巍峨和埃菲尔铁塔的高耸入云……然而，我最难忘、最常追忆的却是在罗丹纪念馆里的徜徉、巴黎僻静"小巷"里的羁旅和塞纳河畔青草地上的小憩。梦一般逝去了，又如难忘的甜梦一样留在甜蜜的记忆里。这是巴黎的后院——文化的后院，在这里，能得到身的休息、心的宁静、意的平缓、情的沉潜，令人在寂寞独处中，享受到一种繁华之后、繁华背后的安闲、清静、追想、漫忆、反思，或者，享受一种无思之思、无情之情、无动之动，从而得到补充、回复、提升，一种再生性休息。体力上和心理上都重注精力与精气，去迎接另一个旭日的东升，又一次繁华扑面、再一次讲演或讨论、提问或回答。这就是文化后院的作用。没有前台生涯、没有人生的热闹、没有物质的生活和具体的生之欢乐，人生了无意义；然而，没有后院、没有宁静、没有精神的抽象、没有形而上学的对生活与物质、具体与现实的升华、提炼、超越，一切实在与物质都变成空虚、庸俗、无意义、经不住咀嚼、失去了精神的依托。生活的前台、物质的获得，同文化的后院、精神的飞升，是人生的一物两面，不可偏废。

二

记得 1988 年访法，在巴黎的活动日程是紧张的，活动节奏上、生活上、精神上都是紧张的，我不断地接受各种学术的、文化艺术的、现代大都会生活的、人事的、聚会或交流中的信息的刺激，身体、神经和心理上，都感到疲劳，一种兴奋、欢快、欣喜之中和之后的疲劳。那时，我们住在一家小巧玲珑、建筑古朴典雅而又不失现代氛围的旅馆里，进门就是一个小小的中国式"天井"，周围环绕着沿墙爬满绿色的藤科植物，上面稀落有致地点缀着红的、蓝的、紫色的花，嫣然微笑、播撒温馨，绕着天井摆放几只沙发，构成一个好憩处。每天，早餐后出发前，我总爱在这里小坐，酝酿情绪和准备精力，去迎接一天的奔波和访学。傍晚，则在此小憩，感受一种家庭式的温馨，而当走进我的卧室时，更享受到一种独处幽静中孤寂的安宁和沁甜。正是巴黎春雨时节，我最爱在这时伫立窗前，眺望细雨像雾纱一样笼罩着天宇、华厦和旅馆后院雨中的寂静与景物。我感到身心的畅快和舒展。此时，一杯清茶一卷书，令一切繁华与烦恼皆清除，令人感受到一种真正的休息。这是在巴黎的现代繁华之后，是巴黎后院的"古典"式寂寞之享受。没有这"片时"的松弛、忘怀、离群、脱世、远离红尘，也就没有了"一日"

奔忙的意义和收获。同样，没有"一日"的奔忙，也就没有这"片时"的养生的幸福，而成为闲散和百无聊赖。

在巴黎罗丹纪念馆的后园，有草丛绿荫、有一泓池水、有池中的雕塑，当参观过纪念馆大楼的众多超凡精绝的雕塑作品之后，再到这"后院"的后院徜徉，令人感到无限的舒畅和宁静。巴黎的喧嚣像是遥远的风声，细微而悠扬，在邈远而蔚蓝的天空下，更增添这后院的宁静。一切心头的尘屑，都洗净了。此外，还有那广阔而略欠拥挤，然而井然有序的拉雪兹神父公墓，由于墓地本有的寂静，更由于一座座洁白的坟茔上，都点缀着一尊尊精美的雕塑。由于众多的法国人文精华长眠在这里，而使这一方逝者的净土，成了活人的文化后院。我在这里，也得到那种在文化与艺术氛围中感受到的宁静、沁甜和惬意，从而享受一种含着生命意味的再生性休息。

三

在波恩，这原来的联邦德国的首都，最使我留恋，至今不忘的，是乐圣贝多芬的故居。也是在热闹的大街旁，也是拐进小岔路不远，尘嚣、市喧、车声都远离而去，在幽静中，看见一座小巧的楼房幽静地立在小小的花园中。宁静与舒畅、沉潜与深思，不仅在走遍乐圣的一片片、一处处具有纪念意义的地方，一帧帧、一件件闪着历史的光辉的照片、画幅和物件，比如那古老的钢琴、那粗拙的用手拿着用的喇叭似的助听器等；不仅仅如此，更深沉的感受是，走出小楼，走在花园的小径上，徜徉漫步，所思邈远而又平息静心，轻风送来楼上播放的乐曲，悠扬、细微、断续，像柔丝也像细雨，敲击听觉，更渗透心灵，只在这时，才更深地沉浸在寂静与寂寞之中，享受一种静之美。这也是一处美妙的文化后院。

还当在东京，也曾感受到这种在大都会喧嚣中的文化后院的享乐。那天，东京大学的丸上升教授和丸尾常喜教授，陪我一同去寻找当年鲁迅留学东京时居住过的被称为"伍舍"的地方。我们在热闹的宽阔马路边下了车，步行走进窄窄的小道，穿行进入了一片小区，忽然像进到了幽静的林园。这里有一幢幢包围着树木花草的小楼，形成一个个独自生存的空间，没有喧闹、没有车声，只有路上偶尔走过的几个人，还有在游乐园、小草地上玩耍的儿童。我立即想到：这是东京的后院。它具有一种文化的禀赋，令人在宁静中享受家的温馨、休养地的养生，而路人、拜访者也能在人生奔波劳顿中，得到片时的宁静和休息。

在加拿大、在美国的城市里，我也都享受过这种文化后院的宁静和休憩。

四

人生不能没有这种物质的、精神的、心理的、灵魂的后院。这是"生之建设"的重要的另一面。当然，它也应该从"个体"到"群体"、从家庭到社会，在国家建设、民族发展、社会进步的广阔的、整体的领域里，占有它的位置，显出它的分量和威力，要在物质建设的同时，在物质的享乐、前台的热闹、"前线"的紧张的同时，也注意、发展、建设那些精神的享受、心灵的舒适、后台的沉潜、"后方"的松弛的一切，用各种手段去营造构建文化的后院——城市的、社区的、全社会的文化后院。

记得在徜徉巴黎、波恩、东京的文化后院时，都感到一种于宁静中的思想、情感、心理上的超越、飞升，一种对于物质的、感觉的、世俗的一切的超脱和形而上的感受；于是而体认和承受一种美的愉悦，不仅是眼前景物的美，而是内心感受着一种美。日本美学家今道友信说，真是"存在的意义"，善是"存在的机能"，而美则是"存在的恩惠和爱"，着意去营造城市的、社会的、社区的以至一切有人类生存的地方的这种文化后院和文化后院的美，就是给人以一种超脱世俗的境界，一种生存的恩惠和爱。这不仅可以给人以精神的享受，培养高尚的优雅的情操，而且同时也就积极地防止、抵御了恶的滋生和犯罪的动机，而使社会更纯净、更安静。

我以为这一主题，对于正在高速发展经济、建设现代农村与城市、构造现代生活的中国人来说，尤其重要。因为我们常常顾不过来这种软性的、软件系统的、文化后院的建设与发展，而这对于社会的总体进步、民族的总体发展是不利的。

（原载《东北之窗》1996年5月号）

静夜思

夜已静静地来到，来到后就把"静"撒遍周遭。越是进入夜深，就越是进入夜静。静得有一种甜滋滋的滋味沁人心脾。在山中的疗养院里，这静夜之静，静得仿佛世界已经消融在寂静中，那寂静的巨大之音，听不见却充塞心头，而使自我无比地沉静，无比地清醒，离去了一切怨愁忧伤，疏远了一切喧嚣嘈杂，感受名缰利锁的远遁，浑身轻松，心里透明，思绪纯净，而精神之翅却若垂天之云飘浮于广袤的天宇之下、世界之中，承受一种精神升华的愉悦。无动之动、无声之声、无音之音、无思之思、无文之文、无情之情，在"无"中感受到一种真实的充实。一种生命的感悟在静中悄然升起。

现代文化是响动文化、轰鸣文化、喧嚣文化、噪声文化，连音乐都噪声化，高者超过听觉接受能力的分贝数，低者在人的听觉接受极限之下的分贝数，但是都使人心在其中震颤、跃动、振奋、激荡、亢奋、骚动，以至不宁、烦躁、心悸、惶恐、惊惧，而又在这一切中消解、逃遁和享乐。让卡拉OK的吼叫把耳鼓擂鸣，让迪斯科伴奏乐高响快奏，让酒宴上的吆喝刺激魂灵，让杯盘碗筷的交响抚慰那失败、争宠、斗法、倾轧之中和之后的愤怒愁苦的心，好让这一切来冲刷城市的喧嚣、人生逆旅中的纷扰、车床机器轰鸣的包裹对身心的遮蔽与穿透，以声消声、以音消音、以毒攻毒、以苦为乐。

还是让静来折冲、中和、整合、平衡吧，人不能只有动、只有闹、只有热，而没有静、没有清、没有冷。热闹场中人、春风得意人、交易场中胜利者，往往忘记静、清、冷。物极必反，静使人反思、"退一步想"。物极宜返，能独处守静者，是文化之升华。

刚刚从贫困与黑暗中走出的人们，看见了物质的闪光、金钱的炫目，感受到光明的灼热与照射；刚刚从匮乏中走出的人，被佳肴、美酒、电器、汽车等物质享受诱惑以至俘虏；刚刚从禁欲和禁锢中解脱的人们，看见了被情欲扭曲的"爱情"，被"外面的世界"的繁华搅乱了心、夺去了神魂，因此而投入、追逐、沉迷、疯狂以至犯罪。现在许多人心中的核心词语和行动圭臬是"热衷"，还没有进化—退化到波特莱尔在巴黎这个"现代的、资本主义的、工业-城市化的""恶之花园"中感受到的另一个词语和行动圭臬——"厌倦"。到那时，才会更懂得波特莱尔的"恶之花"之诗歌："远远地飞离那致病的腐恶，/到高空去把你净化涤荡，/就像啜饮纯洁神圣的酒浆，/啜饮弥漫澄宇的光明的火。"

山中疗养，亲近树木、丛草、花卉、流泉、飞鸟，亲近大自然，听天籁的瑟箫弦管、听春朝的雀噪、秋夜的虫鸣、雨声的淅沥、山泉的幽咽，听静的无声之声，感受"无"的实有和意义。物极宜返。

（原载《辽宁日报》1997年7月10日）

"我是个村郎"

一

读董桥的《乡愁的理念》，其中有这样一段词句："我是个村郎，只合守篷窗、茅屋、梅花帐。"好一个中国古典山水画似的意境，令人意想飞翔而又心绪沉静。篷窗茅屋、木床梅花帐，当这样一个村郎，"燕子来时绿水人家绕"，这是何等的惬意和舒畅，正所谓"回到大自然的怀抱""重返心灵的家园"。

现代人是城市喧嚣中噪声的囚徒。本来工业文明就是嘈杂的文明、轰响的文明，再加上摇滚乐、卡拉OK的嘶鸣，使心理节奏和生理节奏都紧张而加快，加快而兴奋，兴奋而烦躁，久之便疲劳，疲劳而产生种种现代病、城市病、社会病，生理上和心理上的都有。越是现代化程度高的城市越是如此。这也是现代文明的一个悖论。

二

巴黎每逢周五的晚上，就游动着汽车长龙，驰向郊区、森林、湖边。慕尼黑周六、周日市区里街道冷落车马稀，大部分店铺关着门。芝加哥的"经济收入地图"上代表收入低的居民的红色点块占据了市区的绝大部分，而代表高收入的蓝色点块则远远地"流泻"在卫星城镇和"乡村"。德国远离尘嚣的十几户人家的非农业"村庄"（也许叫社区更好）"深入"到森林边、河流旁，绿树掩映，寂静幽深。当我亲历这种情境、见到这种状况时，深深感到现代人的一种摆脱现代生存困境的安排和追寻：现代人寻找失去的草帽，寻找心境的安宁。

我是个村郎。我更喜爱那些人们在周末生活的天地，更愿意被自然所拥抱和吞没。

三

但是，工业化、城市化，农业生产者减少到全人口的百分之十以下，古典意义上的农村的消失，这是现代化的必然趋势，也是它目标体系中的重头。

不过，第一批现代化国家的"弯路"和教训，提供给后续者一些聪明的设计和文化的启示。

第一是生活方式的调整。上述巴黎等地方的景象便是表现。第二是城市中的"乡村"、"休闲地"、"绿岛"、森林区、社区内的小片静幽"飞地"，以至大楼里的小花园（我在美国国会图书馆里就看到一大片玻璃罩里的绿树成荫、鲜花盛开的小公园），这些，可以统统称为城市里的文化后院。后院生活的安闲、优雅和充实，可以弥补前院、前台生活的罅隙、不足和匮乏。这里不仅有"文化账"可算，而且有"经济账"可算。人们经过在"后院"里的休闲、养生、沉静、反思，心情舒畅精神爽，回返前线，可以干得更好。而且，经过这种精神的休整、文化的整合，人的精神面貌改观、道德水准上升，犯罪之心减、无德之念弱，精神飞升，有益自身、有益社会。

四

去年（1994年）我刚自美国和加拿大归来，便去丹东开会。火车快到站时，眺望窗外，只见青山绿水、风光旖旎、村庄数点，逶迤于山下溪旁；炊烟袅袅，鸡犬相闻。那一派农村风光，特别是它的人文景观，大不同于在美加所见的那种数十里绿野山川，偶然闪过几幢"洋楼"组成的家庭农场。两相比较，还是风景这边独好，充满人间温馨。

我是个村郎，仿佛瞧见篷窗、茅屋、梅花帐。

农民可以和应该减至人口总数之最少数，但第一产业兴旺、农村依旧保留，就地"农转非"，胜过城市文化后院。或者也是中国特色之一种：重建农村社区、新的乡村概念和内涵。

五

"村郎""篷窗""茅屋""梅花帐"，都可以予以现代解读，也都是一种"象征"、一种意象，而并非古典原意的这些事物，可以是旅游点的仿古设计，也可以是闹中取静的布置，甚至可以是意造之境。"我是个村郎"，是一种超脱金钱名利羁绊，追求文化清纯，意愿奉献的象征吧，然而是实在的"存在"。

（原载《沈阳日报》1995年8月14日）

心 态

人各有志，心态不同。

一

陶侃，身为太守、刺史，长期每天早晨搬一百块砖到屋外，晚上又搬回来，为的是"励志勤力"。他还说，大禹是圣人，"惜寸阴"，我们芸芸众生，就该"惜分阴"。他是中国第一个提出"一寸光阴一寸金"的人。

陶侃（259—334），江西九江人。先后当过荆州、广州的刺史，还被封为长沙郡公、都督八州军事。统军四十载。《晋书》有传。

二

日本明治三十四年（1901年）八月四日，中江兆民把门生幸德秋水招到身边。见面时，他从坐垫下取出一部手稿，托付出版。

一年多以前，他得了喉癌，医生判"有期徒刑"一年半。于是他说："这一年半岂不足以充分利用吗？"在病榻上，他通过报纸保持同社会的联系，对时事、政治、社会不良现象以及学术文化的广泛问题，写下自己充满智慧的感想，这就是手稿《一年有半》的内容。以后，他竟超期存活，又过了一年半，便有了《续一年有半》。这已成为日本的和世界的学术名著了。

中江兆民病中说："我是虚无海上一虚舟。"但他一生不虚。

三

荷兰著名哲学家斯宾诺莎，打了一场官司，法院判他继承他应得的那一份父亲的遗产，想要侵吞这笔遗产的姊妹败诉了。然而，斯宾诺莎除了要一张单人铁床之外，其他财产都不要。要到了真理和正义就够了。他依旧一面靠磨制眼镜片维持生活，一面研究哲学、撰写著作。他终身这样过着清贫的生活，但他在精神上却富足而充实。他创立了他的举世闻名的学说。

德国著名的革命诗人海涅说："我们都是通过斯宾诺莎的眼镜片来看世界的。"

他把思想财富遗给了后世，虽然他一世贫穷。

四

美国下台的总统卡特，在回到故居之后，除了从事他的社会工作之外，还继续他的木匠作业，打桌椅家具，并且出卖。这是他的爱好和工作，然而也是他心性的表现。

五

伟大的音乐家贝多芬走在街上，迎面走来王公贵族，他昂首而过，傲然无视权贵。

同样伟大的文学家、文化大师歌德，在路遇王公贵族时，低眉侧身伫立路旁，等他们过后才走过去。恩格斯评论说，歌德身上没有完全脱去德国的庸人气味。

六

这几则不连贯的中外故事，却有一种贯通其中的东西，这就是心态。

它是人格的内在动力，也是人生价值取向的范型。

（原载《沈阳日报》1995年11月27日）

白杨树叶的理性

我一直很喜欢一句话，而且常常想起它来。每一想起，所思良多。这句话是帕乌思托夫斯基在他的名著《面向秋野》中说的："一片最渺小的白杨树叶也有它自己的理性生活。"

我不知道帕氏何以特举白杨而言，而不是别的树。在我，则是读过茅盾的《白杨礼赞》，感动于郭沫若《棠棣之花》中的诗句"明月何皎皎，白杨声萧萧"，吟唱过苏联革命歌曲中的"白杨树下……"的乐句，留下些许关于白杨的心理刻痕。而且，在我生命之壮年，有十年之久，生活在边陲塞外。荒漠之中，那泥土马路两侧或标准农田中横竖有序的防护林带，都有白杨树傲然挺立在弥天风沙中，或摇曳于清风明月下，发出悉悉刷刷的天籁之音。我在被流放的孤寂苦闷中，常常眺望凝视白杨树林和那翻着白色叶背、摇曳着、鸣响着的白杨树叶。因此，当我读到帕氏之言，立时"心领神会""灵犀相通"，觉得懂得、理解、接受了帕氏所言和"白杨树叶的理性"。

我以为这句话，表现了对白杨树的尊重、对植物的尊重，因此也是对生命的尊重、对自然的尊重。的确，白杨树和它的每一片叶子，都有它自己的理性的生活。它们与自己的根、茎、树干、枝杈以至其他树叶，共存共荣；它们有规律地吸取阳光、水和雨露；当它们被别的树木或事物挡住了阳光时，树干和树枝会歪斜扭曲身姿，去"就""讨"和迎接阳光和雨水，而树叶也会配合，使叶面迎着阳光和雨水。这是一种自然的生长态势；但是，这不就是一种理性吗？它知道如何求生存而且生存得更好。当然，这是一种不自觉的理性、自然的理性，一种自然的"自然理性"。尊重这种生存的理性、生命的理性，本身就是一种理性，一种"生命尊重"理性，一种尊重理性的理性，也是一种尊重自然和它的"自然理性"的理性。具有这种尊重自己之外的一切事物、一切生命的理性的人和思想，就会尊重人、尊重人的生命，而使自己也具有了一种崇高的理性。

汤因比与池田大作关于21世纪的对话录中，盛赞鲜花与小鸟"没有那么多经济效益的追求"。俄罗斯伟大作家托尔斯泰，在路边车辙中看到一株牛蒡草顽强地生存，感动之余，诱发了创作小说《哈泽·穆拉特》的欲望，并获得创作主题。苏轼爱竹，"无肉令人瘦，无竹令人俗"，留有名句在人间。周敦颐写《爱莲说》，诉说莲之出污泥而不染的品性之高洁。陆游咏梅，寂寞独自开，一任群芳妒，虽然零落、成泥、碾作尘，仍然"香如故"。这都是看到了、理解了、参透了植物的"自然理性"，又使它附丽于人的"社会理性"，更灌注自己的"审美理性-美学理想"，从而逐步提升、升华、结晶。把升华之后的"自然理性"，化为社会理性、审美理性，而熏染人心，濡化人类。他们从植物生存中，体察、酝酿、涵化出深沉的人道主义、人文精神。

有时候，我注视小草、鲜花、绿树和鸟雀，想起它们具有同白杨树叶一样的理性，想起哲人学士、作家艺术家对于它们的"自然理性"的体察和提升、涵化和濡化，更思想起，人世间种种与此相悖的情状，一种悲怆之情，袭上心头，禁不住泪眼蒙蒙。因为，我看见，并经受过，人对于他人的"自然理性"的污辱和嘲笑、践踏和摧残。人作为自然-动物的一员，有像白杨树叶同样的理性生活；而作为高级动物，作为"社会关系的总和"的一员，生存之外，还有爱情、家庭、亲情，有人格和人的尊严。对人的"自然理性"的抹杀，是最彻底的对人道主义、对人文精神的否弃。白杨树叶的理性，有时能得到人的自觉的尊重；而对人的更高级、更高尚、更高贵、更自觉的"自然理性"——人的最初级、最基本的理性，有时候，在有的人那里，则否。

哦，"一片最渺小的白杨树叶也有它自己的理性生活"！

（原载《沈阳日报》2000年10月16日）

梦断西域

　　回首远古，尤其是秦汉期间，中国人何等闳阔，何等热情奔放，怀着理想和自信，走向外域，传播文化。这是一种民族的辉煌，一种历史的激情，也是一种人类文化的奉献。秦时的明月汉时的光芒，通过西域少数民族，通过安息，到达中亚和西亚，又通过那里到达欧西，直达西端的罗马。如果以一种抽象的比拟来说，如此长途跋涉，如此广阔空间的播撒，作为一种文化，如果没有充足的底气，是势难贯彻始终而必中途飘散或夭折的，或者为接受者、传播者所淘洗殆尽，一无所剩，于是便委弃于历史的暗角而销声匿迹了。然而，中国文化，在远古时期向外域传播时，情况却与此相反。中华文化在远古，特别是到了秦统一、汉扩展的时代，已经发展得相当成熟，形成了相当的高度，具有众多重大的、稳定了的发明创造，唯其如此，才能具有那么强盛的力量和远涉异域犹放光彩的气魄。

　　中华文化，在这一时期，在相对孤立的大陆上的广大地域中，逐渐交流、渗透、融会了这一片广袤土地上的各种区域性文化，合成了一个综合性文化整体，完全靠着自己的智慧和努力，创造了高度发展的物质文化和精神文化，成为当时人类文化的高峰而居于最前列。正是因为这样，它才有那么强大的吸引力。

　　在这个时期内，中华文化除了向东和东北方向的朝鲜、日本等地发展外，在西北和西南，也在积极地发展，开辟了陆上丝绸之路和海上丝绸之路。这两条物质和文化的通道，成为既播中华文化于西域，又吸西域文化到中土的畅达通道。为了经略这条文化的黄金通道，中国人付出了巨大的代价，想想张骞长期艰难的跋涉和在外羁留时间之久长，想想班超等战将的艰苦卓绝的战斗，就可以想见古代中国人的激情和耐力，其中蕴含着一种巨大的文化理想。在这里，战争、探险与和亲成为文化传播强有力的杠杆。战争，除了直接的和间接的接触（战斗、非战斗以及媾和），通过武器这一中介而发生的一系列文化交流之外，在西域，战争还推动了民族的大迁徙，其中包括大月氏的长达200年时间的跨越千万里之遥的民族迁徙，还有匈奴更大规模、更大成就的迁徙。这种民族大迁徙，成为文化"成建制"的、系统的、整体的播迁。至于探险则是部分的有意识和部分附带地传播文化，但它却为下一步的文化传播开辟了新地域，建立了新基地，寻找到新对象。张骞之功绩就是这样。和亲，则是一种特殊的文化传播方式，然而是一种更为有计划、有准备、有组织，并且长期居留以后又定期来往的文化传播方式。那些和亲的公主们，做出了个人的巨大牺牲，却为历史、民族、文化做出了巨大贡献。

在古老的丝绸之路上，行走过多少商旅的驼足，奔驰过多少剽悍的战马，过往了多少浩荡的民族迁徙的队列，滴下过多少中华女性思乡念亲的眼泪。这些，竟都蕴含着丰厚的文化内涵。至今还使我们回想起秦时的明月汉时的光芒，想起彼时的长安彼时的西域，以及彼时中华民族的文化辉煌。

在这历史之路、文化之路上，主要传播到西方去的是丝绸，跟随丝绸一起传播的，则有从植桑养蚕到抽丝织绸制衣，再加上一系列生产技术，连同一起还传播了具有中华文化特色的生活观念、审美观念以至生活方式，形成了一种可称为"丝绸文化"的传播。这也就是典型的中华文化的传播。所谓"丝绸文化"的传播，更重要而有意义的是跟随丝绸原料及制品的传播带去了中华文化精神，带去了这种文化精神中的柔和、纯情、淡雅、飘逸的一面，这是中华文化远播的一个重要方面。

值得特别提出的是，儒家文化在这时期就被西方人士所注意。在他们的记载中，描述了中国的情景：重道德、重人格，宽厚仁慈，而不注重法律。这正是对儒文化的描述和赞扬。

丝绸之路如今已成荒漠，人迹难至，鸟兽亦稀，唯有残存的断垣破垒，作为历史的遗迹，勾起人们对往昔的遐思。历史的发展、世界的发展、人类文化的发展，促使中国人改变了方向，向着东南海域发展，而文化的交流也改变了方向。遗留下西北成为历史的、文化的后院。中国的大西北也成为落后的地区而失去了昔日文化的辉煌。而在地球的那边，中亚和西亚也同样失去了昔日的荣光。这一切不能不令人感发历史的浩叹。

证之以往的历史，"三十年河东，三十年河西"。也许有一天，中国的西北、中亚与西亚，会重振雄风，恢复辉煌吧。现在，我国已经发出了"开发大西北"的号令，并且，大西北的土地上已经响起了"开发"的巨响，发达地区的力量，也已经开向大西北了。

古老丝绸之路重放光芒的时日已经开始了；昔日辉煌，将要重现。

（原载《社会科学辑刊》2001年第4期）

在东京歌舞伎座看歌舞伎

回忆的丝缕，时常牵挂着东京—银座—歌舞伎座，虽然时光飞逝，转瞬已经过去几个月了。大概是印象太深刻了吧，也还因为引起的思索较多，所以，一场戏剧演出，竟令我这样难忘。

那是1993年的9月17日，我到达日本的第二天晚上，刚刚同日本交流基金的佐藤先生商谈完活动日程，一切访问尚未开始，翻译大原由利子女士就告诉我，晚间请我到歌舞伎座看一场歌舞伎的演出，这也是我这次访问日程中的内容之一。那么，我的学术访问就从观看歌舞伎开始了。这倒是很有意思的。

走进歌舞伎座，其辉煌、整洁、优雅、幽静，就使我精神一振而心情舒畅，那种走进中国剧场以及影剧院（更不要说卡拉OK厅）等娱乐场所，被嘈杂混乱拥挤的喧嚣声和"脏乱差"的形象所震慑且想立即逃走的感觉，一点也没有，倒是立即感到舒适，感到惬意，感到这是一种宁静中的享受。大概这第一印象的感觉良好，就导引了我进入审美的宁馨心境之中了吧。我们就这样缓步进入演出大厅。

宽敞而雅致的大厅里，座无虚席，却又鸦雀无声，演出已经开始了，我们弯着腰向前走去，走到最前面的中间座位上，坐下了。这是好坐席，感谢大原女士，她考虑到我听不懂日文，已从剧场服务处为我租了一副英语说明的磁带和耳机。我戴上耳机，里面便传出了女声的英语说白。我又在它的引导下，进入艺术的表演世界了。

这是一个日本古代的世界，然而又是一个现实的艺术世界。我开始靠着只能知道故事进行线索而不能领略和欣赏优雅词句组成的唱词的说明，艰难地"跋涉"，走进这个古今结合、生活与艺术结合的世界。

呈现在舞台上的是两出日本著名的歌舞伎：《夏祭浪花鉴》和《红叶狩》。不谈别的，就这颇有中国戏曲名目风味的剧名，就使我感到亲切了，而它的又不完全同于京剧或地方戏剧名字的题名，又使亲切之外产生新奇、新颖之感。台上，是一名老者和一名青年在对话，时急时缓，时怒时笑。舞台的左边小阁台上，坐着三五个人组成的乐队，从那里传出来乐队的伴奏，还有吟诵式的伴唱。忽然，"啪——啪——"两声响亮、激越而又悠长的响声，震动全场，慑人心弦，这很像中国的惊堂木的击响。我循声找去，只见舞台的左角，在乐队所坐的小阁台下边，一位身着日本古装的演员，跪在台角，用一支尺把长的竹片，在按故事发展的需要，时而击出这动人心魄的音色。我感到这声音很有气势，它的声震屋瓦的嘹亮的音色，它的短促急骤的节奏，它的以声音"楔人"正在行进中的戏剧故事构成的"语境"，或者说，它在这种"语境"中的适时的出现，以及当响声起处，我侧目而视所瞥见的表演者举起竹片、骤然落下、急剧敲击的那种身姿和力度，如此等等，都构成一种"剧情"、一种声音符号（"语言"），很有力、很特别，把人引入故事、引入人物命运之中，也引入一种惊心动魄的审美境界。

眼前正在进行中的戏剧《夏祭浪花鉴》，是这样一个故事：在夏日的祭祀节日里，丈人和女婿因故发生了争执，丈人一而再、再而三对女婿施以种种调笑、戏谑以至威逼，老实质朴的女婿最后竟既是失手又是冲动地杀死了丈人，事后，他在夏祭的迎神队伍经过时，混在人群中溜掉了。那裂帛式的激越响声，就是在翁婿争执的一次次高峰时出现的，它很自然也很及时地表现了惊诧（观众的）、提醒（表演者对观众）、进逼（翁对婿）和慌乱（婿对翁），确是一音多用了。在演出进行中，还不时地出现伴唱，那种吟诵式的歌唱，高亢、低回、悠扬、颤抖、顿挫，充分体现出日本式的节奏和调音，以三弦为主要的伴奏乐器。可惜，我不能懂得那唱词的意义。我问大原女士，她说，这都是日本古语，很难翻译。我理解这一点，这不就像中国的昆曲或汤显祖的《牡丹亭》中那些古雅的唱词难于用外语来表述一样吗？

表演虽然有一些夸张的动作，但是，基本上是话剧式的、生活化的，没有中国京剧和地方剧种的那样大幅度夸张、变形、舞蹈化、程式化的动作。演员也画脸谱，但是，没有中国戏曲的那么繁多的花样，只是在颜色和眉眼与嘴的部分，都显出夸张的、鲜明的和突出的扮相。歌舞伎最早的名称是"女歌舞伎"，表明都是女子扮演的。不过，现在恰是相反，歌舞伎的女角，也是男士扮演。大原女士说："这同中国的京剧一样。"但是她又告诉我，现在也有的歌舞伎的女角是由女演员表演了。这也和京剧的发展类同。

有意思的是，斜横过剧场大厅的左角，有一座桥似的木架长虹，名叫"花道"，有的角色，是通过"花道"出场的。那夏祭的迎神的行列，就是在热闹的伴唱声中，从"花道"上轰轰然而过，走上舞台的。这时候，剧场里，观众都转头注目这支行进的古人的行列，有的还从座位上站起来，二楼的座厢里也有人站起，弓腰，很有兴味地观赏这古代的迎神队列。这种表演模式，倒是很增加了演出的热烈气氛，尤其是使观众有一点亲临其境的感觉，以至产生一种参与感。

当那个可怜的被逼而且是在一种懵懵然状态中杀了丈人的犯人，混在人群中，同抬着神龛的迎神队列，一同从"花道"上走掉，也可说是从现实的剧场中走到戏剧的古代中去而消逝在想象的时空之中时，《夏祭浪花鉴》就结束了，留下许多思索。不知道它在久已稔熟故事的日本观众和日本的语境中，产生了怎样的感想和反应；在我，一个第一次观赏日本古典戏剧并在中国文化语境中活到了老年的人，所想到的却是那个简直是飞扬跋扈、令人难以忍受的老丈人，"官逼民反"，使得老实的女婿终于忍无可忍又是糊糊涂涂地把他杀掉了。这是"逼上梁山"，是"正义"在"非正义"的高压威逼下起而反抗的结果。所以剧作家、日本古人和现代日本人以至日本文化语境，都容许那个可怜的杀人者，混在人群之中溜掉，而没有揭露他。你瞧他竟完全地通过了"花道"，所有的在场人无不认得他，知道他藏身何处，但是，却都放过了他。

休息了。人们纷纷起立，从两旁和后面的门走出去，少数人仍旧坐在座位上。人们有的到外面去吸烟、买吃食，有的在散步、购物，而一些人则买了热的饭食、咖啡面包在座位上进晚餐。大原女士告诉我，演出开始得比较早，又结束得较晚，有些观众来不及吃晚饭，所以这时一边休息一边进餐。而剧场在这方面也有很好的设备，有餐厅和食品店，可供享用。我展眼观察分散活动的观众，有老年夫妇、青年男女，有穿着整洁西装的，也有身着漂亮和服的，各个年龄段、各个阶层、各种职业的人都有。他们在共同欣赏自己民族的古典艺术，接受民族传统文化的熏陶。这是现代人的一种享受，它不是把人带到古代去，而是把古代引到现代生活中来，让人们在喧嚣的工业文明之外，在快节奏的生活迫人心神之后，来到这宁静的"文化后院"，这泛着古代文化氛围的精神家园，得到一种文化的休息和休息的文化。我仿佛理解了他们为什么来这里度过一个下午和一个晚上。

大原女士说，这里的票并不好买，尤其是贵的票更要预订。我看了我们的座位，是"一阶二列17番/一等席"，票价是1.4万日元。这可不是一个小数目。除了感谢主人的热情之外，我更感到一种在现代条件下，在后现代文化的语境中，这种民族的、传统的、艺术的生存条件，源源不断的观众和并不很低的票价，至少反映了社会管理部门所做出的支持和扶助的努力，与广大观众所表现的爱好和热情。他们并没有在喧嚣的现代城市文明冲击下沉醉昏迷，而"离乡背井"、忘怀于文化故土之外。

当大幕再次拉开，演出重新开始时，舞台上出现和献演的是题名为《红叶狩》的另一种日本古代人的生活。呈现在观众面前的是一派秋色迷人的郊外幽美景象，红叶，山峦，树木，远方的天，天上的云，甚是迷人。将军来到这里的有一处歌舞伎馆舍，一群美丽的女歌舞伎簇拥着一位绝代佳人式的女歌舞伎出场。她的舞蹈超群，倾倒将军和众人；然而，鬼女出现，破坏、捣乱，最后失败。依然是正义战胜邪恶，人杰战胜鬼魅。这是一个人生体认框架，除了它自身的含义之外，还可以去详察"意外"的许多知、情、意。这且不去说它了吧。

最为引我注目并产生浓厚兴趣的是那群歌舞伎的出场了。一溜日本古代美女，被那描金绣花的美丽古装裹着，一律微弓着身躯、微弓着膝盖，急速地迈着细碎的脚步，雁行地，似乎一条流线地从右侧花门中穿出来，逶迤地整体地移到了舞台中右方，斜插在那里。当她们像一条美丽的线似的移动时，看着那急急的碎步，使我想起了京剧旦角的台步。它们类似，但又不同。京剧旦角的碎步是在软绸的而且比较宽松的裙裾遮拦下行走的，似还自由一些，而歌舞伎则受那裹得很紧的长长的而且质料厚实的长裙的束缚，不仅必须屈膝而且只能迈出很细碎的步子才能前进。这真如鲁迅所形容的，是"戴着镣铐的跳舞"了。然而，这里却是反原意而用之，不是讲拘囿，而是以规矩而成全的意思：正因为裹缚很紧，所以在适应、顺从、克服之中，达到一种制胜客观创造美的形体和舞姿的美，这正如诗歌的严格韵律造成了诗之美一样，而鲁迅的"戴着镣铐的跳舞"式的杂文，不也是因此而产生了讽刺、幽默、曲折、凄冷、悲壮等美的素质吗？不过，日本古代的歌舞伎如果是如实地反映在这个舞蹈之中了，那么，她们的劬劳、辛酸、凄楚和被禁囿，也就含蕴其中了。然而这却又产生了美：悲为美，忧愁总是比欢快更令人产生美感。这又是人类生活的不幸和审美的特质了。总之，我在这歌舞伎的出场中看见了日本古代的美，也体认到一种普泛性的人间美。

然后，她们，那些日本古代美女，齐齐地坐下了。一律地，又是整体地微斜着面孔，面对着居于她们的对角线位置上，傲然独坐的将军，当然，同时也就是面对着台下的观众。这时，就可仔细打量她们的面貌了，而这是惊人的、奇异的美：她们全都涂成雪白的面孔，有点像京剧中曹操的脸谱，但却是洁白的、光亮的，而眉毛则画得、也被粉白的脸陪衬得很黑很黑，至于那嘴唇，则是血一般红，小巧玲珑。这整个地构成一个黑白红三色强烈对比，且是在泛白之中一线眉黛、一双红唇点缀其间的美。这使人想起鲁迅所描述的那个要到人间来寻找替代以得超生的女性吊死鬼——女吊的形象，她就是"石灰一样白的圆脸，漆黑的浓眉，乌黑的眼眶，猩红的嘴唇"的。不过，她是披着蓬松的长发，是一种凄艳然而恐怖的厉鬼形象，而歌舞伎的白脸则更洁白，也没有黑眼眶，更没有披蓬松的长发，而是梳着很复杂、有许多花饰的、高耸的发髻，所以是凄艳然而温柔而严谨的，非常美丽。并且，一整排的歌舞伎，一字儿斜排开，又都是一色儿的装扮和扮相，还构成一种整体的美。于是我想起了日本的受世人喜爱的浮世绘，想起了浮世绘画家中以画人物取胜的大画师喜多川歌磨。浮世绘所描绘的不就是日本的具有民间浓郁气味的歌舞伎么？于是我感到好像面前摆着的是一幅立体的、抽象的、更具有生人气的浮世绘。尤其好在歌舞伎不重动作，在相当一段时间里，将军同她们之中的一个代表尽在那里对话，全体美女则坐着纹丝儿不动。我欣赏着一种比欣赏浮世绘人物画还要令人愉悦的美。啊，这群日本古代的迷人的美女！她们展现了一种古典的女性美，而且体现出一种文静、庄重、温存、凄婉的女性内在的美。我于是也想到戏剧以至其他艺术，则可以创造一种"离题"的、"抽象"的、"额外"的美的，这就是接受美学中的"未定点""空白""空框结构"。

更令我感到惊异的是，这些歌舞伎，每一个人的脸上，都是无表情的，不是喜、不是愁、不是苦、不是伤心，也不是抑郁，只是一个无表情的表情；而且，眼睛都是盯向一处，定定地不左顾右盼，脱尽了人间气，更丝毫没有现代气，就像出土的古代雕像一群，幽静肃穆，为时间淘尽了人间千愁百结、红尘忧乐。这真是一幅惊人的古代画幅。但令人感到惊异的，感到困难的，因而也就感到美的是，这一切，都是现代人装扮出来、表演出来的。她们不是古画中人，也不是古代俳优，而是现代化国家日本的现代化特大城市东京都的现代歌舞伎演员。这种超然于世俗之外、超越于时间之上的古典美的创造，不仅是一种美的艺术创造，而且是在现代浮躁、焦虑、喧嚣、紧张的生活秩序中，创造了和提供了一种文静肃穆的古典美，使人们在这"文化的后花园"里，暂息不安的现代魂灵。这是演员的功绩，这也许是为什么现代人众中，仍有这么多人来欣赏这古剧的原因吧？至少，我是在刚到异国尚未安顿妥当自己的身心之时，便在这异国新颖的古典美中，获得暂息的美的享受而心灵平息了。

尤其令人赞叹的，你想是什么？是这一切古典女性美，都是由男演员表现出来的！这是很需要一种深厚的生活体察、历史感悟和艺术素养的，否则"现代男人"——"古典美女"及其古典美，这距离和反差，是难以克服的。而这种克服、这种美的创造本身，也成为一种美。

我在静观默思中，感受到一种日本人审美世界中的几重构成和谐美的特征："雅"（高雅）、"物之哀"（自然伤感）、"佗"（幽静）和"寂"（雅静）。这一切，美之为美，映衬着现代人快节奏、高活动频率、竞争严峻的紧张的现代生存环境，是多么具有文化养生性质的心灵平抚、精神慰藉、情绪宣泄和生命再生的美的营养啊。

精彩的是美女更科姬的出场和舞蹈了。出场不同凡响，而舞蹈则是全剧的艺术表演的巅峰了。她是在前面所述的美丽而紧束的服饰的捆绑中，来伸展身姿，适应拘束又克服拘束表现美的。她碎步，趋前，跳跃，翻身，旋转，都在拘束中求得美，不像其他舞蹈那样，可以在自由中创造。但舞态和情绪却是热烈的、奔放的、情绪饱满的，而且有一种有意的显示、炫耀、展现的意态。在看了许多只是莫名其妙地在蹦跳而姿态又不美的现代歌星歌唱时周围的那些伴舞者的舞蹈之余，在欣赏了动作幅度极大、热烈粗犷凶猛的美国霹雳舞和德国现代青年舞的现代美之后，再来欣赏一次这日本的、东方的古典舞蹈之美，令人感到清爽、优雅、平顺、和畅。现代人，永难忘怀也不该忘怀审美的文化故乡故土，历史的浪漫可慰现代的愁肠。

我不欲再诉说那正义战胜邪恶、美女击败鬼女的故事及其意义了。那些理性的释义和解读，且留作另外的唠叨去吧。

总之，散场了，结束了，一次日本的古代人生故事的扮演和一次日本的现代剧场人生的领略。我怀着审美愉悦的心情，随着衣着整洁讲究仪态文明礼貌和秩序井然的人流，走出了歌舞伎座。外面是足可与最现代的纽约曼哈顿比美比繁华的东京银座的霓虹交辉、灯光相映、人潮奔涌的现代繁华景象，一下子从古代回到"最现代"。大原女士问我的意见，是漫步一段还是叫辆出租车，我毫不犹豫地说："走一走。"我们信步缓行在充满现代气息的宽敞街道上。周末的银座，演出日本传统文化的代表之一的古典艺术，而且它能够生存，能够满座，这似乎具有一种象征意味。象征着在日本，现代化了，并没有抛弃传统，抛弃民族文化，抛弃"古代""古典"；当然，又不是固守着它，而是将它楔入现代生活，楔入现代民族心灵，也创造一种适应现代模式的自身的生存模式。

在银座与新宿区的交接处，大原女士指给我返回旅馆的路后，我们就告别了。路不远，我又愿意独自走一走，便婉谢了大原女士的坚持送到"家"的意见，独自悠闲地踱向新罕了。行人依然如织，修路的工程车闪着红光，照着"作业中"的字样。东京，深夜也是繁忙的。我在想，这是一个愉快的具有收获的夜晚。我对歌舞伎的解读和诠释，可能，甚至肯定是不大符合该剧的含义，主要都是我自己的感受、体认和诠释。但不管如何，我感受到一种启示，这启示是真实的；现代人不能没有在现代"纸醉金迷"生活中的"文化后院"，不能没有在现代文化-后现代文化语境中的古典-传统文化的平衡、清醒和"冲凉"。想想我们现在时兴的广场喇叭蹦跳嚎叫的流行歌星演唱大会、幽暗灯光照射下的舞厅沙龙里的贴面舞、目迷五色的卡拉OK厅里的演唱，以及"吃女招待"的一个宰人一个愿意挨宰的"食文化"中的餐厅歌舞，是怎样使本来的心气浮躁、心性肤浅、灵魂粗糙，变得更浮躁、更浅肤、更粗糙。我们，真需要一种现代民族的文化感悟，需要对文化故土的保存、保护和保养，对"文化后院"的建设，以及对公民文化心灵-文化性格的重新塑造。

生活在向我们呼唤。

民族的精灵在向我们呼唤。

当我登上Sanround饭店的现代化高楼的现代化住室时，翘首故国，海天远隔，然而心里却极亲近地思索着故土、后院、古典、传统等文化的承传、改造和转化等亟待解决的课题。

（原载《芒种》1994年第7期）

贺　卡

新年前后，收到大批的贺年卡。一份贺卡一份情谊。

这来自远方的老朋友们的情谊，带着一种淡淡的温馨，沁人心脾。因为时下种种事情引发的寂寞和惆怅，在这种自然质朴然而真诚的旧友新谊的冲刷之下，悄然隐去，想起了"人间仍有真情在"这句老话。商潮金浪，毕竟淘不尽千古文化积淀。

然而，最有意味，最令我把玩欣赏，并撩起深远情思的，是那一份份来自东瀛的贺年卡。它们越过重山越过大洋，带着别有韵味的情辞，像殷勤探看的青鸟，飞落在我新居幽静的书房里，在朝阳和晚霞中，鸣啼出优雅的问讯和友谊的散曲，散发着文化的芳馨。

最早收到的是石田智子女士的别致的贺卡，一个用薄薄的硬纸片剪成的日本小姑娘，梳着儿童发式，穿着漂亮和服。她的带着稚气笑靥的面孔，每天在书桌上对着我，好像代表智子问候："先生你好吗?"她形象地寄托了这位要我收她做"日本学生"的国际问题研究生，对于她称为"中国老师"的我的问讯与探看。

神田信夫和松村润两位东京大学资深教授和东洋文库高级研究员、历史学教授，用很有功底而漂亮的汉字在贺卡上写下了老学者的淳朴实在的祝福，勾起我对于今年仲秋在东洋文库做学术演讲时他们的盛情款待的追忆，心里洋溢着一种文化-学术领域里，学人之心交流默契的情感之波。但令我欣赏备至的是一幅浮世绘《御新车》，构图和艺术风格，有中国民间年画韵致，但车饰和人物衣装则是典型的日本风格，着色淡雅，印制精良，是一帧很好的小巧的艺术品。松村先生所选，则是颇有现代风格的富士山画幅，蓝天红霞，青山乌坡，庄重辽阔，意境深沉。我从两幅画中，得到两种不同的艺术享受。

伊藤虎丸先生，这位享誉国际学术界的鲁迅学家、汉学家、东京女子大学教授，用像他为人一样活泼幽默的行书，用中国传统书信格式，在贺卡上写了一封短简，云："彭定安先生足下/久仰大名，去秋拜晤，十分高兴。/但，时间太匆忙，不能畅谈，真遗憾！/盼在沈阳有聚会之机会。值新春祈念先生健康！"他选的贺卡画幅，也是富士山，但这是中岛清之的作品《富士》，蓝天白云耸立画中央，前面是错落的树木。这是一幅现代派作品，气度不凡。

丸上升先生在日本已属老一辈鲁迅学家，去秋在东京大学我同他有过一次畅快的学术晤谈，有承他在教授俱乐部以西餐款待我，至今想起犹心头温热。他的贺卡是一张现代艺术博物馆的照片，在现代建筑的背景陪衬下，立着一座题名为《海》的雕塑，它用一个裸体少女弯腰仰身昂首眺望的姿态体现了它的主题，使人想象出在她的面前出现了辽阔的海域。先生也在贺卡里写了一封短简，字体流利秀雅，内称："1. 能第一次见您面，过了愉快的下午。2. 拙作的汉译刊登在《鲁迅研究月刊》11期上。如您能抽空读一读，不客气地批评，我将非常高兴。丸上升敬上。"

度边襄先生是仙台市所属的宫城县日中友好协会事务局局长，对鲁迅研究做出贡献的《鲁迅在仙台的记录》一书调查撰写的主要发动者与主持者之一，他的贺年卡上印着古埃及历史画的一角，一个持棒人手牵一猴（上）两狗（下），大概意在切"狗年"之题，上面却是自印的两句鲁迅诗："愿乞画家新意匠，只研朱墨作春山"，表现了他对鲁迅一贯的崇仰心情，并以此来沟通我们彼此间的心意。

东京大学丸尾幸善教授，同前面提到的几位先生相比是最年轻的学者了，他的贺卡最富情趣，是一张古贺章的现代派美术作品《飞翔F》，我不想解读这种不欲人们解读的艺术品，只想说，对于其中两只相背而飞的展翅鹭鸟，"心有灵犀一点通"，感应一种辽阔悠远的遐思。画卡之外还有一封"谨贺新年"的信，对折两页，日汉对照，用流畅的汉字写了如下的话："敬祝新年愉快，万事如意！/去年初次拜见，非常高兴。恳请继续指教。"不过令人动容的是，这段话之前印着一首散文诗。题目是《汉城的秋天（年初诗1994甲戌）》。全文用质朴简洁、没有丝毫雕饰的语言叙述了在汉城一个山峡延伸着的住宅区，同韩国的 L 先生、留学日本的韩国学生 Y 女士、中国北大的日本留学生 S 君、中国的 Q 先生和 W 先生等三国学者聚首汉城（现改为首尔）的事情。最后写到 "Y 女士的母校"："远近几座山，山脚边覆盖着汽车废气造成的淡黄色的薄霞，但仰看而去却是深蓝色的汉城的秋季天空。"文章就这么平淡地记事，平淡地结束了。我初读之下，匆匆过眼，竟不觉有什么意味。尔后又几次浏览细品之下，发现了其中甘露。它像日本的许多散文，包括川端康成、东山魁夷等大家的散文一样，常常是清淡的，像中国的写意山水，体现着日本艺术旨趣的"雅"（高雅）、"物之哀"（自然伤感）、"佗"（幽静）和"寂"（雅静）的意味。在简洁质朴的叙事中，蕴含着东亚之国学人聚首汉城的文化意义，没有点出却足可让人体验，而结句则是典型的日本俳句风韵，意深言浅，在表象中含着意象，在意象中有多重意旨可供体认。在这里，汽车废气造成的"薄霞"和深蓝色的汉城"秋季的天空"，两组表象和意象，同存共在，它们是构成统一的"世界"的两组因素，然而是对立的，此消彼长的，这种矛盾的事物所构成的意象，又具有象征意蕴，你可解读为现代文化与传统文化的冲突、工业文化与农业文化的对抗、要消逝而不能尽消灭而来到又不该全接受的两种事物之间的对立：一个现代化母题与难题。诗人用"但仰看……却是"这种句型，表示了解题的意向和归宿。

我几次三番轮读这些贺年卡。来自东瀛沾着海天水露的贺卡呀，岂止是一份贺年的情呢，还含着更深的艺术的趣味、文化的意味，传达了文化信息和学人的深意。这自身就是一种文化交流、文化传统和文化行为。

遗憾的是，我遍寻可取的具有更幽雅、更多文化含量的贺年卡以回赠，而甚感困难，满街粗劣的艺术品，满篇是感情苍白的祝福话，充塞着恭喜发财的拜金谶语！由此我更珍惜这些来自东瀛的贺年卡和它的种种具有个性的文化与艺术的负载。

（原载《辽宁日报》1994年4月5日）

悼念唐弢先生

夜寂寂，独处病室，翻阅报纸。打开1月8日的《文汇报》，赫然而见一行大字："唐弢同志在京逝世。"我不禁震悚，怔怔地陷入哀思与沉痛之中。

1991年9月在京开会，在病院看了马良春同志和唐弢先生两位病人，不意均成永诀。

马良春同志，时任中国社会科学院文学所副所长，为人谦和热诚，正当盛年，便罹患绝症，但当我在医院见到他时，面泛红光，精神颇佳，只说近日感冒，觉得不适。我以为，短时间内是不会有问题的。我们走时，他笑眯眯地送我们出来，同我们告别。怎晓得这就是诀别，不久他便远行了。

唐弢先生当时却是已经躺卧病榻很久，口不能言了。当我来到他的病床前时，问他："还认得我吗？"他注视我的眼光，使我感到他认得的。医生问他："你知道是谁来看你吗？"他在枕上，微微地点头。医生很热情，在他那有切口的喉管上安上了一个小小的发声器具，护士又给他饮了一勺水，敦促他说话，他也很配合，用大力气讲，但是，仍然只能发出"唔——唔——"的含糊不清的声音。这是无人能够懂得的语言。我感到无比的悲哀和惆怅。在疾病面前，人类还不是很有能力，更不是彻底的胜利者。一位聪慧多智的学者，在病魔的掌击下，只落得如此情状！他的知识、智慧、思想、学问，都永久地埋葬在他的头脑里了。他躺在协和医院的干部病房里，条件是优厚的，然而仍然只能静静地在这里等待那最后时刻的到来。临别，我在迈出病房前，还回头向他招招手，轻轻地说了声"再见"。他放在被子上的手，轻微地动弹了一下，算是他的回答，他心里仍然是明白的。这使我心里更为难过，也更为他难过。这就是我们的永诀！

我回沈以后不久，就得到唐弢先生逝世的噩耗。这是意料中事。许多记忆中事涌上心头。我常常想起的是唐弢先生书赠我的一幅字，它一直挂在我的书房里。这幅字，常常牵引我的意绪，容我寄托一点情怀。这是一首唐先生的自作：

> 平生不羡黄金屋，灯下窗前常自足。
> 购得清河一卷书，古人与我话衷曲。

> 八一年偶作八三年书应定安同志之嘱
> 唐　弢

这里不是寄寓着一种人生的意义世界和一种人格与人生价值的追求么？

诗的第三句"清河一卷书"中的"清河"，出自何典？我遍查资料而未获其解，后在一次通信中，顺便问及，先生回信说："那倒是写实。"他说，当时社会科学院文学研究所刚从河北清河县购得一批古籍，故有此句。

我至今时常面对唐弢先生赠我的墨宝，所思邈远。至于唐弢先生，我想，他亦算高寿，且著述丰厚，成就颇高。他那临别时的，在被子上把手轻轻地一动弹，应是自足地向人世告别的吧。

（写于1992年）

依依春风忆师情

——敬贺季羡林先生85岁寿诞

我一直以无缘为季羡林先生的及门弟子为憾，也以没有机缘更多地聆教于季先生为憾；我只是在偶然的少数几次直接的接触中，亲炙先生之风范，在少数的通信中，既得先生之提携帮助，又承接一种师长的关怀，再有就是从先生散见于报刊的文字中领略文章风采了。然而我却一向私心以先生为师，景之仰之，自诩为"私淑弟子"，故欣然而且颇感荣幸地，应邀为先生85岁华诞撰写纪念文章。

在我的心目中，先生是当代中国有数的几位学界泰斗中，我所最尊重敬爱的一位。在学术上，他博古通今、学贯中西，既有深厚的中国文化和东方文化的根基，又具精到的欧洲文化素养，特别是在梵文、巴利文、吐火罗文等几种"世上几人能识"的文字上的权威地位，确如有学坛先辈所称道的乃属国宝级人物。不过，有大学问的学者固然难得少有，但有大学问而具有高尚品德和人格魅力的大师，却是不多，先生最可贵处正是二者兼具。

这里，我先说同先生的几次接触。然而，一说起这些，我便顿生自责、愧疚和抱憾的感情。我知道先生之名，自然是很早的，但认识先生却迟迟到1985年。那时，上海外国语学院几位先生筹办《中国比较文学》杂志，邀请有关人士座谈。会议规模很小，只有七八个人，季先生和贾植芳先生是主要嘉宾，我忝列其中，与会学习。那时，我们同住在上海外国语学院外国专家招待所，每天吃住在一栋楼里。会议之余，我有许多机会向先生请益求教，然而我却放过了这个机会，而且连去先生住室拜望请安的起码礼数也未尽到。这就是我每一想起就甚感失礼而又抱憾的。更令我至今还感愧疚的是，主人组织大家参观，乘的是面包车，几经谦让，先生才先上车了，却坐在了第二排；我上车后，又被他

"强令"坐在了一排首席，这足见先生的谦和与长者之风，但我竟傲然坐在了长我十几岁的师长前面，这是何等的无礼无知啊。我已忘记当时是何想法，但至今仍是一想起来就顿觉汗颜，"小子何其无礼乃尔"！

第二次和先生接触，是同年或次年在深圳举行的中国比较文学学会成立大会上。那时，与会者都住在一只大海轮即所谓的"海上之家"上。我是晚上到的。第二天清晨，人们都到甲板上观海，呼吸新鲜空气，我也来到了二层甲板上。当时，学人云集，名流济济，我看见季先生在甲板上散步，周围有不少人。我怯于热闹场上的交际，竟怠慢了趋前问候先生之礼，佯作未见，独自个儿在下面散步。不意忽听上面有人喊："那是彭先生吧，季先生请你上来。"这位是季先生的助手，我这才赶上去见季先生。当时，我甚失悔自己的矜持，也甚感先生的大度，不以"年轻人"的无礼为忤。人之相交，总是互相照见了对方。在我是令自己懊悔的无礼举止，但另一面，却反衬了先生的发自内心、具有深层文化道德修养的朴实谦和。

这一印象，在上海第一次见到先生后，我就深刻难忘。那时，先生穿一套已经洗得有些发白了的深灰色的确良中山装，着布鞋，脸上含着平和的浅笑，平易近人极了。一切都深蕴不露，然而又不是故意的，更非胸有城府，而是实实在在、朴素自然的，是融会于、包容在深层文化、高度修养、自在人格中的一种"天然自成"的形象。记得就是在那次我踞坐首席的面包车上，当车到参观地宋庆龄陵园时，先生从后面拍拍我的肩膀说："这真是千古一女性啊！"我立即觉得这是对宋庆龄的最恰当也最高尚的赞语，我深知它的分量。在这个即时而发的赞语中，不是也照见了季先生自己么：他对高洁的宋庆龄的敬重和主要人格特征的评价，正表现了他的价值标准。以后在宋庆龄坐像前，有人提议摄影。当季先生被请到塑像前时，便有人立即站到了他的身旁，我不愿落下攀附之嫌，也觉得应充分尊重季先生的意见和尊严，所以站在远处笑着欣赏他们合影，然而这时季先生忽然向我招手，喊道："喂，来呀来呀，既来之则照之嘛！"我应声高兴地跑过去，因为这是季先生叫我去的。于是我恭谨地在季先生身旁照了一张合影。至今这是我最珍贵的照片之一。我每次看照片，便见到季先生穿着朴素的中山装的朴素的身影。

以后，我们又去上海一座著名的寺庙参观，游禅堂、观大殿，并且见了住持长老，一位想是颇有地位的老僧。午间，更吃了一顿闻名沪上

的高级素餐。我想，在如此一连串与佛家有关联的活动中，对佛学、对印度文化素有精深研究的学者和翻译家的季先生，可发宏论高见，可即兴连类而及地道掌故、说逸闻之处真是太多也太方便了，特别是同老僧会见、盘道论经，更可进行高层次对话，于此等处是很可以显学识、露经纶，表现学问高深、知识广博的，况且，斯时斯地斯人，自然而然，人们也不大会产生什么想法，而且也常见一些通人学者在类似情况下高谈阔论、指手画脚，显出学问家的样子。然而季先生决不如此，他不是没有话可说，但他也不是故意不说，只是在内心里自然地以一个普通人自许，是一个与普通人毫无二致的，如海德格尔所说的"此在"。这是达到哲学高度的自在的谦和。这种不见学问的学问，才是真学问，我想。

就在我们共同参加的这次会上，季先生作为比较文学界的先辈和长者，所能说的定是很多的，然而我记得他讲得不多，所讲的主要是作为杂志主编的有关编务的务实的意见，如此足够矣，这同样表现了先生的那种哲学高度的自在的谦和。倒是浅薄如我者在会上夸夸其谈了一番，记得我发言后，贾植芳先生还夸赞了几句，那也是表现了他的谦和和对后辈的鼓励。而我却在以后每有机会参加类似会议，想起自己这次的孟浪，常感汗颜而告诫自己别犯旧病。

在我前面说到的深圳的那次会上，季先生是学会的"最高领导"，是比较文学界的首席学术带头人，他本该是台上台下、会前会后、讲话发言、报告总结，大大风光一番的，然而也没有，他很少出头露面，也很少讲话。记得会议期间，有一次晚间在"海上之家"的甲板上开了一次少数人的讨论会务的会。会上，活跃的乐黛云先生很有条理而干练地提出讨论和决定了几件事，季先生和杨周翰先生则都是支持的，也发表了一些意见，但都是平实朴素、谦和而热情的。我在这里又一次见到季先生的学人风范。在那个夏季的海上轮船甲板上，笼着朦胧的月色，迎着凉爽的海风，轻松、愉快而和谐地开会。这美好的一个短暂聚会的海上之夜，至今是我少数美好的回忆之一。

那次聚会，可以说是一次国际性的盛会。国内外学者济济一堂，俊英云集、人文荟萃，颇有一些大人物、大学者，风流倜傥、领袖群伦之气概溢于言表，睥睨众生之气扑面而来，还有一些年轻气盛的新进才子也是英气与傲气齐飞，学问与浅识同显，那气势也是使人觉得"近不得也"的。然而，真正居其首者的季先生却绝对没有一点点这种逼人之气，在此种氛围中，以他的学识地位，与众相相比相衬，更突出地显示了他的发自内在世界的、自然而然的、惊人的朴实谦和。

季先生留德十年，精通数国文字，出访过几十个国家，且掌握几种古老的死亡文字，而对印度文化与佛学又有深入研究，真正是学贯中西古今，然而先生身上从穿戴到神情，竟然没有一点外在的洋味，却深深地体现了一种中国传统学者文人的文章、道德、风骨三者统一融会而形成的儒者气度。这正是立足于中国文化深厚装备，又吸取了外域古代和现代文化的深厚营养而形成的气质与风格。

中国向来讲尊师之道，其实在中国的传统中还有一个爱生之道，两者是相辅相成的。自古以来，尊师和爱生的感人故事都不少。我已说过，我不是季先生的学生，但季先生对我却体现了深沉的爱生之道。这除了他的崇高风范给我的影响之外，还有几件具体的事情，给我以教育、帮助与提携。记得我的一本书《突破与超越——论鲁迅和他的同时代人》曾奉呈先生。他收到后，立即复我一封短简，其中有言："研究鲁迅者多矣，尚未见如你书中所做者。"这种对我的研究视角和领域的肯定，是一种很恳切的鼓励。还记得有一次我在给先生的信中说到我爱读先生的散文，我老伴——一个老新闻工作者也爱读，只要报刊上见到，我们就要拿来"共习之"。信去不久，先生即寄赠一册《季羡林散文集》，使我能领略先生几十年来的散文佳品，由此也更多更深地理解了先生的情感世界、理性世界和文章风格。有一次，大约是80年代中期，我申请一项科研资助，按规定要有几位学者推荐。我斗胆请了季先生和王元化先生。他们很快就给写来了言辞恳切而评价甚高的推荐信。90年代初，有一外国研究机构有意邀我去从事较长时期研究，也是要几位先生的推荐。我又烦扰季先生，他也是很快就写来了同样言辞恳切评价甚高的推荐信，并附了一封短简，说：

> 遵嘱，写好了一封推荐信，今寄上，请查收，转寄。我预祝你的愿望能够实现。到国外去住一段时间，做点研究工作，也颇为理想。

信中那种对后辈学子的关怀支持与提携之情，令我内心十分感动和感激。先生每给我信，均称"兄"；或提及我去信所求之事，则称"示悉"；而题赠著作则竟称"先生"。这在我是都不敢当而甚感惶恐不安的，而在先生那面，却是自然体现一种爱生助人而又谦抑和蔼的风度。这使我不免想起鲁迅当年与学生通信，也是这种做法，从而感受到中国学者大儒一种富有民族传统的大器雅量的气度，是这样代代相传。

关于季先生的学问之事，我无能述说，可以勉强约略说些感想和心得的，唯有两点，一是关于他近年发表的关于比较文学和中国文化的篇什，二是关于他的散文。季先生除了比较文学的学术论文之外，还有散见于报刊的关于这一学科和中国比较文学学科与学派建设问题的讲话、文章，前者功底厚实、中西沟通，是比较文学的典范之作，自不待说；后者，则都是根据中国实情、学界状况、学科性质和理论规范等，提出了真知灼见。先生近年就中国文化和中西文化发展问题，发表了不少重要意见，我也都"私心甚以为确"而每篇必读，学而习之的。

记得有一次同一位朋友谈起刚刚共同读到的一篇季先生的散文，这位也很崇敬先生的教授说："季先生真正是散文家呀，一点不假。"我立即欣然同意这个平实无华的赞语。其实，正如巴赫金所说，语言具有对话性，这句评语的潜在背景就是，时下满天散文满地散文家，确有不少假冒伪劣。正是这一点，方显出这平实赞语的价值和分量。现在还有一种"学者散文"的说法，我不知其准确的界定，但我以为季先生的散文足可当之。先生的散文，从年轻时写的早期之作，到现今已属耄耋之年所写的文字，都贯穿着一种文如其人的平实朴素的风格韵味，有真挚之情，而且丰厚深沉、委婉细腻，却又深蕴浅露、平实朴素地表达出来，有对中外风情、人事世势、师生友朋、学术艺文等的观察、记述、感应和评议，但也都平实素朴而底蕴深沉。其情之发也，是风物人情自然之感触反应，其理之阐释也，是高屋建瓴识见独具，然亦以明白晓畅之形式出之，有真情实感在、有事理在，然而无丝毫做作、无些微卖弄，是真的情感、真的学问，像自然、像事物、像真理本身那样素朴。季先生在新近出版的散文集《赋得永久的悔》的序言中也以"真"与"美"为散文之圭臬，他引了杜甫的诗句："清新庾开府，俊逸鲍参军"，我们正可以提出"清新俊逸"四字来标示季先生散文的风格。而文能至此，却非仅仅文字之功所可得，而是思想、情感既真且深，即有"内秀"才可。先生之文，无论是情感、思理、感怀、言志、述事、评人，还是状物、写景、玄想，都是本色天然，又经过惨淡经营，但又不露痕迹。

此外，我还想补充一点。先生散文的叙述话语和范型，都是口语化的、中国传统精神的，像日常言谈那样平易，然而思想情感与评议又是融会中西思想文化的，语言是经过加工锤炼的，而且时来抒情之笔，逸兴飞思，走笔龙蛇，所以，总体上畅顺而有韵致、淡而有内秀，整个叙述，跌宕起伏、逶迤婉转，像中国的淡墨画，像中国的古琴笙箫奏出的高山流水春江花月夜。还有一点，先生的散文，总是透着一种深沉不露的幽默感，这是文章的吸引力源泉之一，这是他对人间体事、人情世态以至学术艺文参透彻悟后，产生的一种思想情意的曲折而自然的表露和抒发。

文章在叙事记人，写的是他者，但在这些散文中，同时也就"说"出了作者自己，如海德格尔所说，不是我在说话，而是话在说我。先生散文中，几乎篇篇之中都潜隐着一位他自己：他的身影，他的思想情感、价值标准、行为准则、道德信条、人生态度、审美理想等。这些，显现于他的叙事状物写人之中，也见之于他时常"借题发挥"或"岔开去"所发表的那些感想、议论、评断之中。这也是先生文章可读之处和学问所在。

今逢季先生85岁寿辰之年，我在衷心祝他健康长寿之时，还记下这些细事杂想，以表我对先生崇敬和感谢之情。

［注：本文收入《人格的魅力——名人学者谈季羡林》（1996年7月，延边大学出版社）一书中。］

他的艺术生命永在

——悼念刘相如兼及安洁同志

我与刘相如同志相识于20世纪50年代初，然而以后即两地相隔，从无联系，各自历经变幻的政治风云、走着自己的人生道路；直到21世纪初，才在一次有意义的聚会上重逢。因此我们既是旧雨又是新知。但是，认识的时期虽很早，友谊的交往却很少，以这样一种友谊身份，来撰写悼念文字，似觉交谊疏淡难为文。不过，我主要想谈一点对一位老革命文艺战士、一位老艺术家的认识和理解。我感到这具有一定的现实意义。

认识刘相如同志，是缘于一次采访。那是20世纪50年代初，在沈阳，集中几家著名的来自延安和老解放区的艺术团体，组建了东北人民艺术剧院。院长是著名诗人、戏剧家塞克，副院长是著名音乐家安波，成员中拥有一批享誉国内的著名剧作家、表演艺术家和音乐家，为东北地区艺术界、文化界一时之盛。当时，这个剧院上演了两个话剧，一个是苏联名剧《曙光照耀着莫斯科》（以下简称《曙光》），一个则是东北艺人自己创作的《在新事物面前》。这两个话剧的上演取得了巨大的成功，轰动一时，社会影响和艺术、文化影响都很大。当代著名表演艺术家李默然就是在饰演《曙光》一剧中的党委书记谢列平而一举成名，奠定了他一生艺术事业的坚实基础。而《在新事物面前》的创作和演出的成功，则表现了文艺为现实服务的突出成绩。在这部话剧的创作和演出中，刘相如同志都倾注了他的心血，显示了他的艺术才华。他既参与剧本的创作，又在剧中饰演主角，做出了可贵的贡献。正是由于这个原因，当时作为《东北日报》文艺记者的我，奉命采访了刘相如同志。

当时，我先后访问过塞克和安波，还有其他演员。为什么采访刘相如同志，具体任务已无记忆，所谈内容也忘记了。只记得，在当时，

"在新事物面前"是一个重大的政治命题。当时的东北人民政府主席高岗在一次干部会议上的重要报告，就严重地提出了这个问题，并以干部尤其是领导干部在这个问题面前的态度如何，而区分优劣高下。据我的记忆，这个"在新事物面前"的提法以至这个词语本身，就是新事物，很新鲜，对人很有启发意义。尤其在当时，战争时期刚刚过去（在东北地区是如此，全国范围内，战争尚未完全结束），建设时期开始到来，大批干部从部队转业到大工厂，特别是现代钢铁和机器工业部门，许多干部从农村进入现代城市。"新事物"层出不穷，扑面而来。真正是许多熟悉的事情已经闲起来了，而许多不熟悉的事情，强迫人们去熟悉。这样，"在新事物面前"，就不仅是政治命题而是政治考验，同时也是社会课题和思想与哲学命题了。所以当时的文艺工作者能够抓住这个主题，予以艺术表现，是一种具有政治责任感和艺术敏锐力的表现。

刘相如同志在这个留下了历史与艺术痕迹的戏剧创作中，倾注了自己的心血，做出了有益的贡献，对于东北戏剧事业的发展，可说是有一份功劳；而对他自己来说，则是艺术人生中一件值得欣慰和纪念的业绩。后来我才知道，刘相如同志当时本是路过沈阳，临时留下来帮忙的，却因投入《在新事物面前》创作而被"扣留"在沈阳了。这种"艺术佳话"，更加增添了生活情趣，而且更表现了刘相如同志的艺术奉献精神。

我与刘相如同志的第二次相会竟然是半个多世纪后的2005年。那时，欣逢他参与创办并担任领导的白山艺校举行校友聚会，我很幸运得到躬逢其盛的机会。聚会在大连大学举行。开始时，刘相如同志做了长篇发言。他有备而来，手头有一份书写发言稿，但他多数时候是"离稿发挥"。对他的发言，我有几点深刻印象。一是他声音高亢，热情澎湃，情绪激越，依旧显现一位艺术家的激情气质，虽然他已过耄耋之年了。二是他在发言中，不时引用古典诗词，这既说明他对于古典文学的修养，更显示他只有用那种情感激越而幽深的中国古典诗词，才能抒发自己内心的情愫，只见他说到动情处，竟潸然泪下。这种对于革命年代的往事陈迹的热情回首与"慷慨悲歌"，表明他革命激情不减当年。对此，我作为一个听众，不禁为之动容，而且内心充满敬意。彼时彼地，面对淡忘历史、属意实利的社会现状，这位艺术老人的内心世界是很可尊敬的。三是他的发言实际上是具有社会背景和针对性的，虽然我不了解实际情况，但我在"理论上"，可以作这样的判断。按照巴赫金的对话理论，人们的讲话甚至内心独白，都是具有对话性的。这是因为，他为什么说这些和为什么这么说，都是社会背景所触动和引发的，与社会生活有联系。刘相如同志所言以及其情绪之激越与昂进，应该都是和他对"时势"的感触有关。我感到这表现了他的家国之忧和黍离之悲的情怀。

在第二天的座谈会上，他的夫人安洁同志有一个学术性的发言，主要是讲她离休后的艺术活动和目前的艺术创作计划。她之所述，也是超乎一位古稀之年的老人的负担能力的，体现了依旧钟情话剧艺术的精神。而且，她还谈及她的话剧艺术的改革设想。虽然我不是很同意她的那种改革的艺术设计（主要是一种带有意象化的舞台艺术表演的改革，我觉得与充分的现实主义艺术形态的话剧艺术的品性不适合），但她的精神，她的艺术情怀，也同样是令人感动而产生敬意的。

这以后，我拜读了刘相如同志的回忆录，了解了更多诞生于解放战争年代的白山艺校的战斗经历和业绩，以及它培养的学生们的多方面的成就和对国家文化事业的贡献，由此对白山艺校的领导人之一刘相如同志，更生敬意。同时，也进一步和具体地了解到这对"艺术夫妇"，在哈尔滨艺术文化领导岗位和话剧艺术领域，所做出的筚路蓝缕的努力和卓著的贡献。这些，不仅是对于哈尔滨这个北国名城的文化发展的贡献，增添了寒冷冰城的艺术热气，而且，也丰富了他们自己的艺术人生。

然而，一二年间，竟先后闻知他们离去的消息。虽说是如曹操所祝福的，"人耄耋，皆得以寿终"，但究竟是接踵谢世，不免令人感伤。不过，他们结缡于战火中，成长并奉献艺术生命于伟大时代，历经欢乐和痛苦，艰难与共，白头偕老，且夫唱妇随共同从事艺术事业，又在可谓艺术之城的哈尔滨，在艺术创造和艺术倡导方面，做出了杰出的贡献。应该说，他们的人生是美满的、有价值、有意义的，因而是幸福的，值得人们欣羡。

血染春华永不凋

——致彭达烈士感言

前记：

　　1952年6月21日，东北工学院建筑系学生彭达，在与持枪抢劫的暴徒搏斗中牺牲，年仅24岁。当时，我作为《东北日报》的年轻记者采写了彭达烈士的事迹。时光荏苒，世事倥偬，不意在42年之后，竟以垂老之身，来到东北大学工作，我发现校园里，有一尊素朴的彭达塑像……

　　一个春日下午，我漫步校园，竟意外地与你相遇。面对你严峻而深思的塑像，42年前的往事冲破记忆的闸门，奔腾而出。当年你我青春"相识"，死生异途。而今重逢，白发红颜，老少悬隔。

　　犹记当年，你走出老师的家门，路遇持枪歹徒正在抢劫一个女会计的公款，你奋不顾身，勇敢搏斗，不幸倒在了罪恶的子弹之下，为祖国、为同志献出了自己年轻的生命。我作为与你同岁的记者，走进东工，走进你的人生，采写了《人民的好儿子彭达》这篇稚拙然而真诚的报道。此后，岁月悠悠，你凝固在死亡的"年轻"中，青春永在；我浮沉于政治与人生的风浪中，日渐老去，一事无成。当记忆透过时光之雾和生死之隔，在冥冥中进行一场生者与逝者的对话时，我仿佛听见你在询问：你认为我的牺牲值得吗？我则在内心向你探问：在你面前，我的生活有意义吗？

　　我不知道你将如何作答。但在我的生命价值的天平上，我读出了这样的答案：你用鲜血染红的青春之华永不凋谢！

　　生命必须延续和繁殖，这是它的本质。然而人的生命不同于别的生命物质，它被赋予了社会品质，它的自我实现和自我满足，不具有终极价值意义。人只有把这一"自我"的生命，同"他者""群体"——以至"民族""人类"的整体实现和发展联系起来，才有意义。如果能为此而做出贡献，便更有意义。这应是人的终极关怀。单纯的个体的自我实现和自我满足，对"他者"和"群体"没有任何意义，他的"自我"的意义也就消失，其值为"0"。而你，为祖国和人民付出了生命，这种自我实现，就具有了永恒的价值。我喜爱中国的一个人生哲学命题：片时千古。你在为国为民倒在血泊中而最终实现了自己的生命价值的那个"片时"中，获得了"千古"。但有人即使成了"千古"，却只等于"片时"，而且其值为"0"。

不过，对于智者、哲人、通人来说，连这"千古"，连永恒，都是并不重要的。因为这一切对于他自身，对于死亡来说，是无意义的。"意义"只在活着的时候和作为存活的方式，是怀着终极关怀、追求终极价值的。也就是说，他的生存模式的最真实的内涵就是"为他者、为群体"的。他的"自我"在"他者"之中获得意义。

你用你的行动，实现了这个哲学命题。所以你是永生人。血染的青春之华永不凋谢。

我在你的塑像前，解读你的人生，得到启示。我不懊悔我几十年的坎坷，我只惆怅岁月的虚度。虚度不是意味着自我获得的过少以至虚无，而在不曾在"他者"和"群体"中求得自我的价值。我想，应该从你获得的终极意义中去理解和追寻现实中的、每天生活中的、植根于"为他者"中的终极意义。

你的塑像立在校园，不仅是一个"立功"的丰碑，而且是一个"立德"和"立言"的启示录。

我愿常有人在你的塑像周围徜徉，愿常有人来追思和悼念你，来解读你那无言的启示。

（原载《沈阳日报》1996年4月29日）

落叶飘零——旧文三篇

——1992年秋，作于德国科隆

题记：

近日，为了寻找一份资料，遍翻箱箧，竟意外发现一小批纸色发黄、字迹横斜的陈旧文稿。其中有一沓用德国特有的绿色钢笔水书写的文稿，用已经锈蚀的曲别针夹在一起，题目为《莱茵秋色》。翻开浏览，还有两篇，分别题为《墓园的美丽》和《永远的微笑》。顿时思绪翻滚，情意沉郁，往事故人都来心头，久已逝去的往昔时光回返，心中充溢无限的忧伤与感叹、思念与惆怅。

这都是1992年，在德国科隆附近的海因里希·伯尔乡村别墅园——朗根布依西旅居3个月时所写，距今已经20多年。时光流逝，物是人非，那时相亲相处的人，有的已经永远离去，而往昔美好的时光则永不复还，只留下甜蜜而又酸楚的记忆，追思无极，欲忆还休。今选两篇投《辽海散文》。其中，除《莱茵秋色》改为《莱茵秋思》外，题、文均按旧貌打录，以存真。

——2014年2月27日

一、莱茵秋思

（2014年3月7日，13：46）

在秋日灿烂的阳光下，庭园沐浴在明亮新鲜之中。绿色草坪厚厚，如厚厚的碧绿毡毯，有几株树错落其中，枝上挂着绿色的梨和红色的苹果。矮树墙拐弯的地方，包围着一大簇玫瑰，仍然开着粉红色的花，偶有鸟雀啁啾。寂静，笼罩这一方绿岛。

一把藤椅一杯茶，依树傍花独坐草坪中。精神和思维在寂静里走进热闹纷繁的情感与智慧荟萃的书的世界。阅读活动是一种接受、创获的双向互动过程。在德国的土地上阅读德国的著作家们的著述与创作，这一过程更加活跃而富有意味。歌德、席勒、海涅、康德、黑格尔、尼采、里尔克、马克思、梅尼克、海德格尔、海尔德曼，哲学-历史-文学-艺术，古代-近代-现代-当代，过去-现在-未来，都融会在"主体-客体、书籍-阅读、输送-接受"的双向流程之中。从来未曾有过的寂静，寂静得甜蜜；从来没有过的安宁，没有一丝俗务挂念；从来没有过的充实，充实于思想与情意的汲取；从来没有过的思绪的活跃，活跃于人的精神世界，尤其活跃于"人的精神世界，对'物质-精神世界'"的认知与诠释。——这个人类永世的谜，永远在猜，永远猜不尽、猜不透，但总有哲人和诗人，用智慧和心灵做出自己的特有的解析和感应、诠释和推断。沉迷于这人类睿智的海里，是一种享受，一种福泽。这是我所喜爱的人生！

一片秋叶来访，悄悄地停留在书页上。"落叶不识字，好意来窥书。"感谢你亲切的眷顾，丝丝落叶情，勾起我一缕思绪。我人生的年轮，秋已尽，生命进入秋去冬来的季节。回顾平生，不堪回首：少年时光付了贫穷与苦难，青春年华遗留创痕累累，哀乐中年塞外边陲弃置身。多少美好时光，人生最佳岁月，都付劳役，披挂着批判、斗争、鄙视的精神枷锁度日月，只有那"抢"来的、"偷"得的、"挤"出的，以及喘息的短暂时光，属于我和我的书；但却要避人、隐蔽、"偷袭"，唯此等时刻，思绪得以舒展，由古今圣哲大师贤人，引导心灵走向寥廓深远的境界，"忘乎所以"，而得到暂时的抚慰，窥见希冀的微光，领略生命的意义。

抬头展望草坪之外，长着茂草的荒园，起伏的田野，远处是森林。再远，就是高速公路，时见闪过疾驰的汽车。再远是城市，是丢伦、科隆还是波恩？汽车疾驰之声，隐隐可闻，头顶时而听到隐隐的高飞的飞机轰鸣。思绪却越过空间的远距，回到自己的、鲁迅所命题的"中国的人生"中的"自己的人生"。

时光之流，流到了深秋初冬岁月，才得到了这样的人生，而这样的人生，却已是黄叶飘零时。而落叶在飘坠的途中，享受这短暂的、"幸福的"人生，且露一番迟滞的潇洒，并凭借风力，延长飘坠，享受飘洒时光。瞬时太短暂，然而片时千古，向来同在。"千古"由一个个"片时"组成，"片时"累积起来成为"千古"。在永恒的岁月中，片时、千古只有极小的量差。重要的，是眼前这"片时"，抓住了片时才会有千古，只想着千古而失去片时，便二者皆失。"清泉就在脚下！"

诗人们总爱秋之日，爱写秋之诗。济慈的《秋颂》耽于忧郁，魏尔仑的《秋之歌》流于悲叹，还是里尔克的《秋日》："夏日已太长"，"让秋风在草地上吹扬，令最后的果实都成熟，再给予两天南方的温煦的时光，迫使它们更加完美饱满，且猎取那浓郁美酒的终极芬芳"。美的是阳光温煦，好的是果实成熟饱满，雄心在于要猎取最终的芬芳。

尼采的身影在秋阳中踏着草坪，踽踽独行而来。这位宣称"上帝死了"，呼唤"超人"临世的哲人、诗人，其实内心却是谦抑的。他在《秋天》这首诗中，以"翠菊"自许而向世人诉说："我并不美丽"，"可我喜爱世人"，"我安慰世人"，他要世人"向我弯下身子，唉！将我摘下"。他说："那时，他们的眼中就闪出，回忆的光辉，回忆起比我更美者。"而后，他说："我看出，我看出，——我就这样死去。"这是一首献身者的自白。但，诗人的不幸啊，他的象征的言说、倾诉，竟曾为"强权政治"所利用。望着谦抑而奉献者的幻影，我在秋的草坪中，既有惋惜的哀叹，又萌春日的振奋。

鹧鸪黄鹫它的鸣唱，只一声两声就逝去无消息。因为这里不是杏花雨春江南，没有蓑衣斗笠老农，没有牧童横牛背无腔短笛信口吹，也没有村姑鲜花插头婀娜过田塍？这里只是小小一方"绿岛"，一个"装出"的乡村荒野，远处工厂的烟柱冉冉升起，高速公路上奔驰的汽车传来隐隐的鸣声，头顶有掠过高空飞翔的民航飞机，轰轰然惊天动地的战斗机有时掠过长空，直升机也曾低空飞行扫过头顶。都在提醒这只是现代化包围着的一方绿岛。但它不是孤岛，更不是鲁滨孙之岛。现代人在科技机械声响包围中，在快节奏高频率的生活漩涡中，感受到失去家园的"精神上无家可归"的痛苦。于是，制造一些空间，制造一个心理独室，来求得休闲。董桥说："精神文明要在机械文明的冲击下，延传下去，要靠'忙中求闲'。"他甚至说："文学艺术的社会功能是清闲；'闲'自有使命。……没有'闲情'的文学家艺术家是最苦命的文学家艺术家。"（《乡愁的理念》）忙中偷闲，在空间和心理的"绿岛"上，才好跳出红尘，反思、反省、反观，仰望头上的星象，内视心灵的奥秘，于是所得更多；而且，使灵魂的结构更充实、内在的精神生活更丰富，免去抵御声色犬马、功名利禄的诱惑与亵渎。"一生心事只求闲，求得闲来鬓已斑。更欲破除闲耳目，要听流水要看山。"闲中抛却了闲耳目去听红尘杂音嚣声，闲中又听流水又看山，山情即我情，水情即我情，才洗尽尘嚣的不洁。

看落叶飘坠，欣赏它的潇洒地飘落而后安卧草坪，结束一生的执著，安息。捡起它放入书中，保留着永在的秋光和生命的终结。我获得了落叶的丰收。何必忧郁，何须悲叹，且享受这异邦秋日的阳光温煦，秋风在草地上的吹拂，果实成熟得饱满完美，并要去猎取终极的芬芳。仿佛摆脱了自我，站在"非己"的地位，省思"自己"。时光已经流失，被剥夺、虚掷、空抛，空悲伤。只有此刻之瞬间是现实的、可用的，有用而充实。先前"空度""虚掷"与"空白"，对于"一己"是"无有"，对于"廓大"与"永恒"，更是"非存在"。

在秋日秋园秋阳中读尼采。他为自己的"浮生的中午"——"第二个青春时代"而充满"不安的幸福感"，他说，"中午已远去"，"我不再犹豫"，"像被风从树上吹落的果实那样"。他不幸而狂逝于他的"浮生的中午"。在此读尼采者，有幸度过了苦难的"浮生的中午"，于今，中午早已经远去，连下午也已经早逝，只留下黄昏和暮色在日渐逝去，像落叶飘洒。然而，仍可努力、发力，以期得到"潇洒于飘落中"的欣慰。

一声鹧鸪，警醒如自梦中。"日暮正愁余，山村闻鹧鸪。"已几十年未曾听到这江南春雨绵绵中的忧郁的天籁，而今，却在异国土地上闻听这久违的鸟歌。"异国闻鹧鸪，动我故园情。"每个人都有自己的家园。然而，人生的家园、精神的家园，更宝贵而重要。心安就是故园，卑微是最好的隐身。隐身于平凡的卑微中，心安于落叶飘坠途中的潇洒，找到了心的家园。

斩不断红尘却可暂断红尘。"隔断红尘三十里，白云红叶两悠悠"，仰看这德意志天空上的白云和"绿岛"上的红叶，它亦悠悠，我亦悠悠。纵没有尼采在"生命的中午"的"不安的幸福"，却也有落叶飘坠时犹能潇洒、翠菊凋谢时仍向人献心力的感情与心愿在心头。

二、永远的微笑

（1992 年 11 月 18 日）

总记得那些难忘的微笑，那些天真无邪的孩子们脸上的微笑，给人温馨、欣慰和希望那样的微笑！

在异国他乡的土地上，在这经历过两次世界大战、有几千万人丧生于战乱中，而沦为战败国在屈辱与废墟中复苏而又发展并走向繁荣、走在世界经济的前列去了的国土上，如今到处是繁荣、富足、安闲和文明的显现。许多往事闪现心头：世界的、历史的、欧洲的、亚洲的、民族的、家园的，以及自身的；许多辛酸、许多痛苦、许多悲伤、许多哀怨，然而同时，许多快慰、许多欢乐、许多谢意、许多希望，还有许多构想、许多计划、许多想象，许多"许多"。心头总分不清是抑郁还是欢慰，是愁绪还是甜蜜。

行走在这样的土地上，有着这样一种心绪。

总是在这样的时候，每每碰到他们，那些可爱的异邦孩子们，黄头发、黑头发，棕色的、褐色的，蓝眼睛和黑眼珠，男孩和女孩。从背着书包上学堂的，到坐在妈妈骑的自行车后座上的牙牙学语的幼儿。每当迎面碰上，他们就先是微笑着，而后，轻言细语，一声问候："Gooden Tay（你好）！"那么自然，那么亲切，那么友好，而且真诚。

微笑着，并注视你，那是在 Staelen，一个德荷交界的小城，无比的安静。有一个名为欧洲翻译家之家的机构设在此处，我得到一个机会在此暂居半月。我喜欢每天都去教堂门口那小小的静谧的场地散步。一次，两个男孩、一个女孩，在一起玩耍。男孩们低头互相摆弄一个什么东西，聚精会神，目不旁视；女孩则站在旁边观看。我走过他们身边。女孩忙转过头来，微笑着，真挚地细语一声："Gooden Tay！"她大约六七岁吧。我心里感到一阵温暖，感到人间温情犹存。

在大街的人行道上，在商店门口，在幽静的小巷中，都遇到这样的孩子，这样的微笑。他们从不忘记或忽略微笑与问好，不仅仅是出于礼貌。那是在另一个城市，一个年轻的妈妈，骑车驰过我们身边，后座上的小女孩，一直看着我们，"老外！"——我想：她在这样想。忽而，微笑了，而且在车已经远去时，飘过来她那稚嫩的声音："Gooden Tay！"

人间有温情！

有一个女学者来我们住处拜访，由一名男士陪同，他怀里抱着一个可爱的小娃娃，娃娃的手里握着、口里衔着一个奶嘴。男士向我们自我介绍："我们来自伊拉克，我是巴格达大学的教授。现在住在美国。"我也向他们做了自我介绍。他怀里的孩子微笑着，看着我们。我说："Good baby（好孩子）！"那孩子竟伸过小手来，我便正规地同他握手。突然，他取下了奶嘴，伸过头来，翘起小嘴，向我扑来，我赶忙偏头把脸伸向他，他在我脸上认真地、响响地亲了一下；然后，又转过身去，同他眼里的"外国奶奶"同样亲热地一吻。

无比的温馨。

虽然那些孩子们，路遇和邂逅，心中都不会有更多的思绪、情感的内蕴，但他们发自内心地有一种友好的情、信任的心、爱的情怀，他们自然地、潜意识地感到人是这样的、人们之间是这样的、人间是这样的。

人间本该就是这样！

难忘那些异国他乡的天真、真挚的微笑，那开在无邪的脸上的异国孩子脸上的微笑。

永远的微笑！

三、墓园里的美丽
（1992 年 11 月 19 日）

当我走过墓园，我总要不断地瞟视甚至驻足观看，甚至流连，在比墓园高许多的公路上，一步步、一处处，俯瞰那沉睡着永远沉睡着的人们的永恒的家园，而且遐想非非。

墓园透出宁静的美丽。这里，分外的宁静，却没有令人森森然的岑寂。每一块墓地，都有一番设计。一方薄土，只高出地面几寸，或者用水泥覆盖，前面竖立一块墓碑，不是高高矗立，而是横卧墓坟前，黑色大理石闪着亮光，漂亮的花体字，记载着安眠者的姓名和生卒年月。有各种小巧美丽的耶稣雕像立于其上，半身或者全身，肃穆宁静、亲切安详，是在此安眠者的守护神和陪伴者。墓碑前有一方泥土，种着各种花草，就在这秋尽冬至之月，仍在开放，红的、紫的、白的，好像长眠者的灵魂的活的显现，也是生存者和亲人们的爱心和思念抚慰的象征，以及无线情愫的寄托。而在小小花圃、草坪和墓碑之间，都有一盏小小的烛灯，玻璃罩里亮着红色的烛光。整个墓园，都是这样的设计，但每一座坟茔、每一块碑石、每一尊雕像、每一块花畦，都不相同，都有自己的特点和性格。这是生者和死者的共同的心性的表现。

墓园里种植着一些树木，错落有致，点缀其间，有风韵而无阴森。四周则是松柏之类的常青树，环绕着这个死的—活的"家园"。

在这里竟感受到一种美丽：外在和内在、生和死的美丽！宁静的美，安详的美，洁净的美，艺术的美。活人给死者以宁静安详的"安息"之所，死者给活人以安宁温馨的"哀祭"之地。

尼采说："挑一小块地皮：更好是——天堂的门前！"这都是一方方天堂门前的石阶。

因此，我每经过一个城镇，总是注意发现它的墓园。都有墓园。都这样美丽温馨。我更想起巴黎拉雪兹神父公墓，那里的墓更多、伟人名士的墓多，雕塑也更多更美，精品连连，美不胜收。

我也想起故乡的墓园，以及许多中国的墓园。那里叫坟地。枯草凄凄，树木凌乱。硕大的土堆，高耸的墓碑，没有设计，没有装饰，更没有雕塑，看不出哀思与寄托，更没有温馨，只有荒凉、凄切，以至恐怖。整个坟场，阴森森，凄惨惨，烧纸的"鬼火"，翻飞的纸灰，时而凄厉的哀哭。让死者在凄苦荒芜中"生活"，叫活人恐惧死亡，死即使并不可怕，长眠此地，究竟孤苦凄凉。

让死亡体现为一种无可奈何的不幸下场，让死者的灵魂永远不安，要在地狱里经受磨难，且寂寞凄凉受罪与枯草坟茔。这是另一种对死亡的认知和态度，也是另一种生的态度。

或者，让死人成为活人在世上扮演闹剧的道具。高碑隆坟，楼台亭阁，占地宏阔，多样杂凑，没有美感，不是寄托哀思的优雅境地，却成为活人的阔绰的显摆和做给别人看的"孝心"。

不知生，焉知死；不知死，焉知生！

眺望家园

题记：

曾有出版一本文集之议，拟书名《眺望家园》，后因故作罢。此文为拟出之文集的序言。

眺望家园。

"日暮乡关何处是？烟波江上使人愁。"

人类历史还远远没有面临"日暮"。但离开"家园"已过于遥远。心灵孤寂，无所依凭。

几年前回到久别的故乡，只见青山秀水荡然无存。现代化的车轮，把青山碾秃了，用无序的建筑，用嘈杂和喧嚣，挤走了山野的寂静和鲜花、青草、鸟雀；绿水已经变色，湖光不复潋滟，点点渔舟已经消失。田野里，湖港旁，不见了野鸭鸿雁的栖息，也听不到蛙声呱呱虫声唧唧。昔日故乡的丰姿受损了。"自然"，在"人为"中凋敝。而且，我寻觅日居家园而不得，它消失在宽阔的公路中，仅存一口老井，寂寞地"眼"望狭窄的天空，诉说昔日的风韵。

故乡失去。家园失去。

一种象征。

人类整体地在失去故乡家园。"失乐园"——人们，尤其经济、科技、福利高度发达的国家、民族的人们，普遍被这种"现代感受"困扰。这正在失去的是文化的故乡、文化的家园，是传统的故乡、传统的家园，是心灵的故乡、心灵的家园。

现代技术成为专制的力量，并控制人类文化。物欲、感官享乐，戕害人类的生命；个人主义、"自我膨胀"毒化了人际情感世界；金钱追逐使人甘当"钱之奴"。人文精神式微，人类意义世界塌陷。……

"现代性是不是出了问题？"

"对传统的破坏是不是过多、过甚、过于彻底？"

"人类正在寻找丢失的草帽。"

"人类正在走向回家的路。"

——要使科技具有人性和人性地使用科技；

——要强化科技的人文性和人文关怀；

——重新重视婚恋、家庭、亲情；

——全面性适度回归传统；

——"把眼光转向东方"；

——"在古老智慧中寻找现代灵感"；

——"在古老的信仰习俗中发掘科学的内核"；

——自然返魅；

——科学返魅；

…………

这些，是人类回返故乡—家园的思索、结论、心态、声音和举措。

眺望家园。不是个人情怀，但因"个人情怀"而更具体、真切、"感同身受"。

眺望家园。更加是社会性、时代性、民族性以至人类性的感受，是一种文化心灵的感应。

在书斋里，通过书籍——哲人学士思想家艺术家等的"观世渠道""认知锁钥"和"评判体系"，来眺望；也在街头巷尾、公众生活、社交场合中，感受、眺望；也在社会性的交往、活动和工作中，体察、眺望：两者结合互动、相辅相成。后者给人以实际，以日常事物、社会生活与人间时势的了解；前者予人以认知、思索、启迪与评判的能量。

这是外在与内在、前台与后台、闹与静、物质与精神的结合汇融，是本雅明所说的在"室内"对"外在世界"的"张望"。

所有眺望所得和"思之果"，皆记录在读书札记，关于"阅读"的体验，关于经济、社会发展与文化的血缘关系和互动作用，关于文化与文化发展的世界性民族性的思索，关于文学艺术的评论之中，等等。

这就是关于本书所要说的了。

总之，家园里向世界、时代、民族、社会、文学艺术的眺望，和眺望家园里的世界性、时代性、民族性、社会性的经济、社会、文化、文学艺术的发展。一种社会历程的感受与心灵历程的反映的结合。

将杜甫的诗句改而用之："'秃笔何曾干气象'，白头吟望苦低垂"。

（写于2000年8月14日）

亲睹飞天在酒泉

这是一个无比庄重的"现在进行时"，也是一个将郑重载入史册的"过去进行时"，一个恒久的令人激动无比的时刻：2003年10月15日上午9时。有幸在此时置身现场，也是个人历史上的恒久的激动与幸运！

我有幸站在酒泉卫星发射中心的除了指挥大厅之外，就属最近观察地点的第一参观点。广阔无垠的戈壁滩上，辽阔的额济纳草原展开在万里无云的蓝天下，高耸的发射架上的火箭和宇宙飞船，昂然挺立在蓝天下荒原上，目力所及、环视四周，天际与荒原相接，无有他物，只有这火箭飞船耸立。万籁俱寂。等候一个伟大的历史时刻的到来。

9时，喇叭里传来了"点火"的有力的命令声。随着便是一阵深黄色浓烟从火箭底部四周向地面喷吐，而巨大的火箭也迅即升起。大家几乎是屏息等待并睁目注视，火箭迅疾地上升，而后才是轰然巨响，震天动地。是的，不是像素常见到的描写："一声巨响，火箭腾空而起"，而是先升后响，两者相距有几秒钟。大家欢喜雀跃，高呼"成功了！成功了！"那巨响比雷声大、比炮声响，并具有巨大的震荡力。我感到心脏的压力与震撼。我赶紧大张开嘴，深呼吸，并用手卫护心脏区。想背转身去，但眼睛却离不开正在飞向高天的飞船，怕失去观察这千载一瞬的机会。幸好，火箭继续升空，而响声逐渐减弱。

就是这火箭运载飞船升天的一瞬间，中国人飞天的理想延续、等待了几千年。嫦娥奔月，扶摇而升，神话幻想忽略了运载工具的考虑；敦煌的飞天图，则充分表现了古人的想象力：一袭羽衣，一缕飘带，就飞天翱翔，自由来去。这比俄罗斯神话坐飞毯升天，不仅透着更多的灵气，而且表现了幻想的美丽。那飞天美女的优美身姿，羽衣飘带摇曳，伸臂屈膝腰肢婀娜，是蓝天上一幅多么美丽的画图。但这却表现了我们的先祖，擅长艺术的想象而稍逊科学的精神的一面。我们自己首先发明了火箭，却没有拿它同自身的飞天联系起来，"组装运载"。难怪我在美国华盛顿宇航博物馆参观，高兴地发现第一张展图就是中国古人发明的火箭，很显示了中国人在这个领域早早地、远远地走在前头的荣光；但是，在此图之后，关于飞天的理想实现，就再不见中国人的身影了。现在，此刻，中国人美好理想在一瞬间，实现了，瞧，那火箭运载着宇宙飞船，载着中国第一位宇航员，正在飞向蓝天的高处！我们终于将科学的精神与智能，高超的技术与技能，同浪漫的美丽幻想结合起来，并实现了伟大而久远的理想。

火箭依旧垂直钻天，钻向高天，只有仰头远眺，才能望见。忽见第一节火箭壳脱落（"一子级分离，抛整流罩"），在高高的蓝天上，留下一条白色的巨大长龙，"头部"向左屈，"尾部"向右摆，如庄子《逍遥游》所形容的鲲鹏之翼：飘曳"若垂天之云"。它好像是在向远去的飞船告别，为它祝福——久久在蓝天上伫立、摇曳。而后是第二次的脱落（"二子级点火，船箭分离"）。火箭改变了垂直的姿势，横过来，径直地向前疾飞了：它进入了轨道。飞天梦想最终实现了，飞船载着宇航员杨利伟沿着地球轨道实现它的环绕地球之旅。

飞船终于消失于天际，逸出人们的视线。大家兴奋地议论着，回到基地。从这里，联向北京，联向全国许多地方，有千千万万的人们，为了今天的这一瞬间，贡献了全部的智慧与力量。这里是一片全凭人工开辟出的沙漠中的绿洲。"走马西来欲到天""平沙万里绝人烟"。戈壁滩大沙漠，用黄沙席卷了几百公里广阔的地面，除了少数有水源的地方生长胡杨和红柳，极目所见，只有黄沙。四十多年来，多少官兵在这里与严寒和风沙搏斗，战胜种种艰难困苦，建设了这个一次次将火箭送上蓝天的基地。这里的人们有一句动人的话："献了青春献终身，献了终身献子孙。"的确，在陵园里，埋着最早率官兵来此开辟基地的第一任司令员、老红军孙继先的忠骨；而他的子女和第三代，仍有留在这里工作的。人们告诉我，为我们服务的接待科长，一位能干的女军官，就是

"基地的孩子"，出生、成长于基地。我来到陵园瞻仰，首先映入眼帘的是赫然而显的聂荣臻元帅的骨灰冢——按元帅的嘱咐，他的部分骨灰埋在这里。这是元帅领导我国发展导弹、航天事业的心愿与情结的最后的完成。拱卫着元帅骨灰冢的是五百多在基地工作、战斗过的官兵的陵墓。他们的在天之灵，得知今天这一瞬间的"理想的完成"，飞天千年梦的实现，应是含笑九泉的。

归途，过酒泉，宿嘉峪关，访敦煌，眼见并感受了中国大西北的广袤、粗犷与荒凉。遥想当年，嘉峪关外，玉门逶西，丝绸路上，驼铃叮当，马队往来，何等热闹繁华；更有敦煌鸣沙山侧，洞窟连绵，佛像、壁画展示高超的历代宗教—艺术杰作。那是繁荣昌盛的大西北。历史几经巨大的转折，由繁华到荒凉，大西北把历史的荣光与丰厚无比的文化遗存，沉埋在地下。但是，如今嘉峪关里，市区繁华，交通便利，一片欣欣向荣景象；酒泉钢厂用现代繁华装扮了昔时的酒泉。归来特意找出当年风行的著名记者范长江的《中国的西北角》，展读之下，今日之"中国西北角"，比之19世纪30年代的张掖、武威、酒泉、敦煌的残败、凋敝、萧索、荒凉，已经是天地悬隔、地覆天翻，今非昔比了。而蓝天一闪，飞船作航天之旅，又翻开了历史的新的一页，它象征并预示新的中国的西北角历史荣光的恢复和发展，并且它的再度繁荣将带起整个国家民族的伟大复兴。

（原载《沈阳日报》2003年11月10日）

呼伦贝尔：我心中的梦

每当走近呼伦贝尔，梦的回旋就在心中升起。

美丽的大草原，绿达天际，高邈的蓝天，白云稀疏地漂移，地上的羊群缓缓地蠕动，草原上展现丘陵、高山、森林、湿地、湖泊与河川，还有洁白的蒙古包。高渺天空苍鹰盘旋，空气清新且渗着微微的甜味……多元繁华丰富，自然的赋予，又沉浸于自然怀抱中。这一切，都是现实的，但梦境冉冉升起。

蓝天碧野，构成四周直达天际无涯般广阔的空间，没有喧嚣、没有市尘、没有汽车流、没有水泥包围、没有逼命的节奏、没有紧张如战场的精神厮杀、没有孤独感……没有一切"现代"症候。自然与人的会融，梦一样美丽！

远去而未曾消逝的历史，也梦一般在脑际回荡。啊，室韦，一个地名就能勾起多少历史的记忆。东胡、匈奴、鲜卑、室韦、回纥、突厥、黠夏斯、女真、蒙古，都曾活跃在呼伦贝尔草原上，秣马厉兵、杀伐征战，从这儿出发，入主中原，从拓跋鲜卑的北魏王朝到赫赫成吉思汗的大元帝国，以及一代天骄的征服欧亚。如今这草原上仍然居住着39个民族！哦，陈巴尔虎旗——巴尔虎人，美丽如梦的白天鹅的后裔；成吉思汗又是你的后裔。多少历史与传说的记忆！而美丽如画的巴尔虎人与地的风光，又是多么诱人！这里有众多的神话故事、民间传说、历史演义和英雄业绩，有缕缕民族记忆、口头与非物质文化遗产。那不仅是历史遗梦，也是现实的心灵滋润。历史与现实的梦的交汇，会从古老智慧中萌发现代灵感与生命体验。

"父亲的草原母亲的河"，唱的不仅是民族的深情，而且是人类集体无意识的象征。人类远祖正是在森林里栖息，学会直立行走；而后，从事狩猎、走出森林、走进草原，游牧，在草原与黑土边缘务农，在文明的路上一步步前进。森林、草原、河流是人类心灵的父母，灵魂的故土。遥远的记忆和温馨的远梦永在人类的心中，每一次与它们亲近，就获得身心的愉快和心灵的安宁。

然而，一缕情结，萦绕心头，搅扰着美丽的梦。这里拥有极丰富的自然和人文资源。茂密的大兴安岭森林，呼伦、贝尔等四大湖与众多湖泊，三千多条河川，地下极丰富的煤与稀有金属宝藏；还有那些民族的、历史的、文学艺术的遗产和现有财富；还有那鸡鸣三国（中国、俄罗斯和蒙古国）的优越地理位置。开发草原、森林、矿藏、旅游。北方民族的摇篮、中国历史的后院，呼伦贝尔热闹起来，财富从地下和人群中滚滚而来。然而那"症候"随至，那自然的梦毁灭。"不发展就是发展""不发展比发展还好"。不，难道我们永远贫困？让资源沉睡，让草原停滞?

有一个现实的梦,解除那困扰。在保护的前提下开发,开发的破损同步弥补修复,摈除一切污染。发展文化旅游、提倡旅游文化。这是现实的梦。但有一个美好的实例,"'伊敏'的传奇":全部在封闭的管道中运作,煤矿,没有一点粉尘。这是一个现实的美丽的梦的启迪与象征。

(原载《呼伦贝尔日报》2004年9月8日)

马克思故居今无恙

我怀着非常激动的心情,驱车三四个小时,专程访谒马克思故居。马克思的故乡在特里尔市。这是一座在德国西南部靠近比利时的古老而又幽静雅致的小城。汽车一直在深密的暴风急雨中行进。高速公路上车辆不多,骤雨一阵又一阵,雨点打在车篷上,像是连射的机枪声,而车轮又碾压着急湍的路面流水疾驰,发出巨大的唰唰声。我望着车窗上如注的流水,心潮起伏。一面感到这情景很有点象征意蕴,象征着马克思主义一百多年来的暴风骤雨式的发展和坎坷不平的风雨路程。同时,也在心中默语:"何以我有远行就必有风雨!"这似乎也成为我"风雨兼程"的一生的一个"原型意象"了。但是我同时又感到欣慰与欢快。回想起来,弱冠之年,学生时代开始接触马克思主义,读《共产党宣言》,啃《反杜林论》,理论和信仰上与马、恩相近相亲,然而在时空上却与他们相距遥远。如今却有幸来到马克思的故乡和故居了。

我有时也展视车外不断向后逝去的风光。除了很小的城市在远处的雨雾中像是海市蜃楼,眼前则是连绵不断的山峦和森林。山峦都被绿草和灌木所包裹,不见一寸荒土。森林浓密,在绿色中更夹着黄叶和红叶,三色间杂。汽车闪过,色彩斑斓,比一片绿色更显得美丽动人。

中午时分，我们在暴雨中到达特里尔。街道整洁，建筑美好，有罗马时代的古城门，有古罗马教堂，有美丽的街市，有特里尔大学。我们或参观，或眺望，或只赋予一瞥，都是急匆匆、忙不迭，因为心中只想着马克思故居。

在一条大街旁岔出的小街口，找到了"马克思故居"的指示牌，向前只走几十米，就见一座古老而不破旧的典型巴洛克式三层楼房，门口挂了故居的牌子。一按门铃，门轻轻自动启开。我们走了进去，里面出奇的整洁，也出奇的幽静。走进第一层，我们买了一份《卡尔·马克思故居纪念馆简介》。据介绍，故居的历史也是风雨坎坷的。它始建于1727年，至今已有二百多年的历史了。1818年4月1日，马克思的父亲亨利希·马克思租下这栋楼做他的律师事务所；仅过了一个月零四天，马克思就在这里诞生了。而第二年的10月，他家又搬到另一条街上新买的房子里去住。马克思在这栋楼里一直住到高中毕业。1904年，特里尔一位社会民主党人确认原来那栋楼，即现在的布吕肯大街10号是马克思的出生地。1928年，德国社会民主党花了10万马克的巨款，买下了这栋楼和其他地产；1930和1931年，德国社会民主党又花巨款将它改建为马克思、恩格斯纪念馆。但是，不久希特勒上台。1933年，这里被纳粹占领和没收，特里尔的法西斯党部就设在这里。这是这座古宅蒙受的最大耻辱和对马克思的最大亵渎了。

"二战"之后，德国社会民主党收回主权并同"重建马克思、恩格斯纪念馆国际委员会"一同完成了重建工作。1955年5月5日，即马克思生日这一天，纪念馆开幕。1968年，弗里德里希·艾伯特基金会又在纪念馆之外，建立了图书馆和研究所。截至1982年，这里已经接待20多万来自世界各国的参观者。1983年，在纪念马克思逝世一百周年时，纪念馆规模扩大，又以更新的面貌接受世人的拜谒。这番历程，从一个侧面反映了德国以至世界的历史风云。

虽然是风雨凄迷的深秋，参观的人不算多，却也络绎不绝。他们来自世界各国，每个人的神情都颇肃然，有时彼此轻声交谈，有的人在某个实物或图片面前，久久地站立，好像在追忆和沉思。我们迅速地越过了第一层，因为这里是接待室、问讯处、纪念品出售部和录像放映室等。我们匆匆登上第二层，这里一共有七个展室，第十一展室便是马克思诞生的房间。屋里的陈设都很古色古香，但不是原物，而是后来从特里尔中产市民家中收购来的。说明词实际而朴素，没有夸张阿谀之辞。第十二、十三两室把马克思和恩格斯的友谊、共同的革命活动和科学研究工作一同加以介绍，这是既合理又公平的。从第十四室到十七室，先后介绍了社会主义的先驱们（从托马斯·莫尔到马、恩及其同时代人都有）、从手工业者组织到共产主义者同盟和工人政党的创立与第一国际的建立。第十七室主要是介绍19世纪棉纺工业生产的情况，是对以上革命运动与政党的发动与发展，提供一个广阔的社会背景。

沿着铺有地毯的窄窄的古老楼梯，我们登上三楼。我慢慢地踱步，所思邈远。想当年，马克思从事上述那些活动时，第一步就是对这个富裕殷实的欧洲中产家庭的背叛了，从这个物质与文化圈中出走；而恩格斯，更是从资产阶级家庭中"杀"出来的。马克思说，他不得不每天工作十几个小时，来为工人阶级的"八小时工作制"而奋斗；他在儿子死了都无钱安葬、写书买不起稿纸的极贫状态中，为消灭人间贫穷而写作《资本论》。他们不是凭着一种普通的激情，更不是为了自身的荣华富贵，而从事那种困苦的斗争的；而是以科学的态度，深究人类社会发展的规律，寻找和设想人类创造最佳生活方式的途径。他们从不曾陷入乌托邦之境。他们的学说和态度，不仅是革命的，而且是科学的。马克思主义精神与方法论，这一点应是最重要的。

整个第三层，从第二十一室到二十三室，都是对马克思、恩格斯著作的介绍，有许多罕见而珍贵的文物，有原始文献、书信、手稿、照片原版等。弥足珍贵的是这里展出了马克思赠给他父亲的诗集的手抄本和马克思为燕妮收集的一本民歌。作为一个中国参观者，我欣喜地发现，这里有许德珩的《共产党宣言》的最早中译本，有延安解放社出版的由理论家、翻译家吴黎平翻译的《法兰西内战》。这都是很粗糙的草纸印本。然而在满眼欧洲文字的译本中，它的方块汉字和东方古拙装帧，倒是很引人注目。

在两小时左右中，我在外面风声雨声的伴奏下，走完了三层各展室，浏览了马克思的一生、世界工人运动发展的早期历史。后续的历史篇章则是由后人来写的，这里没有反映。历史的灯影在心头明灭，现实的风云在眼前翻滚。人类走着非常艰困的路。怀着一种夙愿得偿的欣慰和历史沉思勾起的惆怅混合着寻求未来发展轨迹的思索，我走入被四面的三层高楼所包围而形成了一方小天井的庭院，院中的枫树在雨中不时飘落一两片黄叶，还有一株不识其名的白色花朵在秋风中轻轻摇曳于枝头。细雨飘洒而下，淋湿衣襟，却使手脸感受一种凉意的舒畅。我绕着树漫步，既快慰又惆怅，思索着一种没有思索的思索，弘阔而又空幻。但好像进入人世的后院，享受孤独和寂寞的沁甜。

归来的路上，依旧是风雨交加。我一直在想，在属于原来联邦德国的地方，一个以推翻资产阶级统治、建立共产主义社会为终身职志并创建了工人阶级的"圣经"的导师和领袖，他的故居依然保存得这么好，还可以开纪念馆，宣传他的生平事业与学说，还有关于他的研究中心，作为从事科学研究和国际交流的中心。我的德国朋友不辞辛劳开车送我来到这里，这都表现了德国人尊重别人的感情和意志的一种文化精神。看着风雨中德国秋天的风光，我陷入久久的沉思……

（原载《友报》1993年8月20日）

无奈异域是乡愁

细雨蒙蒙，轻风拂拂，有几只燕子轻身掠过草坪，钻向低矮的云空。立时思念起"微风细雨燕子斜""细雨梦回鸡塞远，小楼吹彻玉笙寒"；更忽听几声鹧鸪啼鸣，便闪出辛词"江晚正愁余，山深闻鹧鸪"，还有那"青山遮不住，毕竟东流去"的赣江水、那滔滔洪波涌动的彭蠡波、那故居旁边微波涟漪的东湖。然而，有细雨，亦有微风，也见燕子斜飞细雨吹洒，却不见青山隐隐水悠悠；也没有塞外、荒原，也不闻鸡鸣，更哪得小楼玉笙；放眼是美丽秀雅、连片绕屋、绿毯似的茵茵草坪，然而是人工制造却非天然。黄昏勾起惆怅，更因在鹧鸪声声里；然而不见江流，不见山峦，更哪有"夕阳明灭乱山中"的情景，何求绿荫房舍、袅袅炊烟！所见惟洋楼、汽车、水泥路，行人无迹，只有那风丝雨片"空区"布寂寥。深深乡愁，郁郁胸怀！"这次第，怎一个愁字了得?"思念那诗词里的故国旧园，故国旧园里的诗词，还有那山林毓秀、秋水长天、芳草天涯，还有那"失落"的审美意境和铺垫成这美的意境的周遭环境。我由此体会到外国人至少西方人，不可能完全彻底理解中国古典诗词的美，也确信"翻译就是背叛"这说法的道理。审美主体-审美对象-审美环境必须融合一统，才能产生完整深层的审美效应。心底的乡愁，岂止是泛泛的思乡！

电话铃声响了。是通知讲课、开会还是会友？是要求参加学术研讨会、理论讨论会还是学术论证、研究生答辩？或者是记者要来采访、电视台要拍片，抑或有旧友新朋预约晤谈？约稿、问询、知会某日出发去某地考察、活动？……不是，都不是。一样也没有。这里是异国他乡！心中不禁若有所失。然而，不是为了"躲避"，不是为了"清闲一阵"，为了"彻底休整"，以改善术后的虚弱，恢复元气，才去国离乡的吗？但是，真的脱离了那一切，没有了那一切，又似乎失去了一切，心灵虚空、情意郁郁。于是，想起了那些人、那些事、那些会议以至种种俗务，想起了那些奔波和劳累、赶稿和会见、会议和讨论。于是勾起深深的乡愁。乡愁，不是，不仅仅是对于故国旧乡地域的思念。旧国故园的山山水水，固然令人难以忘怀，就是那些俗务人事、会议活动，也使人难以完全脱离。乡愁，也是对于工作、"事业"、他人以至"存在意义的实现"的思念。

十田智子——我1993年访学日本时的全程陪同翻译，也是我"认下"的异国研究生——来信，说收到我自中国寄去的我的6卷本文集，表示感谢和述说感想，以及她自己在做什么研究和工作。扶桑飞鸿引遐思。东京、京都、大阪、奈良、仙台，那既现代化又保留了具有浓重中国唐宋风韵的传统城市风貌，引发我对祖国现代化进程的思索；东京大学、京都大学、东京女子大学、东北大学（仙台），那美丽优雅幽静的校园；东京大学与丸上升教授的学术会见，在他宽大的客厅里就鲁迅研究问题的交流，在他引领下，对朱舜水遗迹的凭吊，对夏目漱石就读东京帝国大学时的足迹的寻访，以至在西餐厅享用的清淡的日式西餐；在仙台东北大学，对鲁迅当年留学仙台医学院时的旧住处的探访（它竟然在现代化铲车下，仍然保留下来，依然伫立在神赖川畔，幻想着鲁迅寄居此院的情景）；在刻意保留下来的当年仙台医学院旧教室里，在鲁迅的座位上坐定、思索；在东北大学（仙台）校园里的鲁迅塑像前，与陪同我的日本东北大学的教授合影；等等。这一切都幻化于眼前，勾起遐思与怀念。怀念那人情、问学、交流，怀想那逝去的历史；那不是地域的思念，而是人事世情的怀想，构成一种意念的乡愁——对自己过往人生印迹、生命蛞蝓行程的心灵意蕴的乡愁。

廊桥忆

　　廊桥，难忘在美国对它的"惊鸿一瞥"。

　　看电影和读小说的《廊桥遗梦》，对廊桥，留下了难忘的美好印象。它古老、陈旧、破落，蜷缩在荒僻乡野；却留着历史的遗存与记忆，又赋予了现实美丽动人的爱的缱绻。它永远只是我审美过程中的想象与象征吧，我想。

　　然而竟在美利坚亲见了，那廊桥！

　　1998 年，20 世纪末尾，在离芝加哥不太远的乡镇，举行"百年小镇纪念周"活动。小镇"封闭"了，缕缕行行而来的汽车，一律停在镇外，人们步行进镇。短短的小街上，行走着马车，人们欢欢喜喜在马车上体验往昔的缓慢与悠闲；老两口开设的夫妻点心店里，人们以古老的交钱付货方式"做买卖"，还闲聊几句，体验传统生活的韵味；小草坪树阴下，一个老婆婆，摇着博物馆里才有的摇车纺纱；另一片草坪上，在演奏 40 年代的爵士乐；"林肯"穿着古老的燕尾礼服在街上闲逛，要合个影吗？好的，咱们站好。又一片小草坪，响着咚咚鼓声，穿着华彩独特服装的印第安人，在跳古老的民间舞蹈，有兴趣吗，请过来和我们一起翩翩起舞……

　　恢复古老小镇的风貌、古老的生活风韵、古老的人际关系和交往方式……让人们体验一下老旧的生活、失去的岁月、逝去的历史，来松弛现代疲劳、体味传统悠闲、解除城市紧张、消解科技迫压，回眸逝水、汲取甘露。这是积极的后现代……

我体验了这些，买了点心、欣赏了摇车纺纱、听了爵士乐、和"林肯"合过影，甚至与据说是中国人祖先，万年前从还是陆桥的白令海峡走到北美大陆去的印第安人，一起跳舞。而后，徜徉在狭长的街道。走完了一条街，到了街头，到了镇外。面前是一条小溪流，浅浅溪水流过石头和细沙，两岸是荒芜的草地、灌木丛和几株乔木，一座小木桥横过溪流。一切景象都原始、荒凉、陈旧，荒僻乡野，毫无人工痕迹和现代气息。

我站在小木桥上，孤独，却心绪舒畅，欣赏而思索。忽然，我发现在桥下土坡小路上，蜿蜒曲折排着一溜小汽车。汽车的前面，赫然而呈现一座古老的廊桥！

它古老、陈旧、破落，但显现历经岁月风霜的苍劲和幽深。它横跨一条旧便道，蜷缩在两条重要高速公路之间。啊，廊桥，果然古老而透着传统的幽雅、陈旧而蕴涵历史的温馨、破落而残存往昔的记忆。当然，这不是小说和电影中的那座廊桥，它在美国西部荒僻处所。但这里的也是廊桥，是廊桥家族的成员。它引起我许多联想。

我忽然发现，一辆汽车，缓缓从廊桥穿过。车主怕快速行车会损坏古旧廊桥。当它穿过廊桥，对面一辆轿车便缓缓开过来，开过廊桥，然后，这边又一辆小车缓缓开过去。人们耐心地、有序地、缓慢地，一辆一辆轮流着对流穿过廊桥。没有警察，没有交通指挥，人们也没有着急。但当汽车穿过廊桥，到了高速公路上，就疾驰飞奔而去了。

在靠汽车而取得速度、效率与成功的美国，能够这样接受减速、忍受缓慢、牺牲时间，为了什么？就为了保存那座已经没有实用价值而且碍事的廊桥！因为廊桥代表传统、蕴涵历史、留存记忆；而这种"没有价值的价值"，足以令现代人回眸昨天、体味历史、思考今天，消解现代焦虑、松弛紧张神经，得到片刻的喘息。

我们的百年以至千年的遗存知多少？古迹、遗址、古建筑……然而命运如何？

龙门石窟的怅惘

去南方开会，北归途经郑州，作短暂停留，有一天的游览空闲。在开封古城、少林名寺和龙门石窟三者可选其一时，我毫不犹豫地决定访艺龙门。在龙门之游中，"偷得浮生半日闲"的条件下，在白居易墓、白马寺和石窟艺术三者只可选其一时，我又毫不犹豫地决定只看石窟艺术。

火车汽车，风尘仆仆，数小时奔波，终于到达目的地。遥望一条河，两旁是岸边的通道，通道旁是山崖，山崖之上，就是那千百年前留下的艺术瑰宝，我们民族文化珍品之一，可以说是又一处中国独有、世界罕见的艺术殿堂。我走近了它，龙门石窟。我登上石阶，凭栏远眺，好大的气魄，好壮观的景象，一溜长廊，高低、外凸、内凹，洞窟接着洞窟、佛像挤挨着佛像，视线断在山崖转弯处，仍未到尽头。令人不禁想起鲁迅之句：遥想古人，"何等恢宏，何等豪放"。这不仅是一种艺术气质，更是一种文化胸怀、民族精神。

我们走进第一窟，巨大的佛像很有气魄，一下子引人入胜，但可惜，崖上的众多小佛像，均被破坏。以后，所见三尊大佛像尚算完好（但归来阅读资料，知其中之一是后来修复的）；而其他崖上雕像，率皆被毁。以后所见，十万佛像，竟无完好者，大有满目疮痍之感。少数佛像是整个被剜去了，只留下一个窟窿，而绝大多数是面部被敲破，"面目全非"了。想一想，如果举世闻名的维纳斯，断残的不是双臂而是面孔，还有这稀世艺术珍品的存在吗？龙门艺术已经不复存在了，我感到一阵惘怅。我没有心情和勇气看下去，愤然而返。

这使我再次想起德国历史主义学派大师梅尼克关于每一个民族都有"长于文化的心灵"和"反文化的心灵"两种对抗的文化心灵存在的论述。这里，龙门石窟，原本是中华民族"长于文化的心灵"的大展现；

现在，则成为民族心灵中"反文化的心灵"的一次大展示了。

归来，寻找有关资料，得知大破坏起于近现代。既有少数人盗剜佛像出卖，也有"非经济目的"的大破坏。破坏者简直是带着对于艺术、对于文化的刻骨仇恨，带着极残酷的心来大肆破坏的。这的确需要有很大的决心，很彻底的破坏意识，因为当破坏行进时，要爬高、要攀援、要敲打，是很费时间和气力的。

伫立龙门，心绪浩茫。

问题不仅是龙门已遭彻底破坏，更令人忧虑的是多多少少、大大小小、地上地下的"龙门"，仍在遭破坏和摧残，而且常常是以"最充足理由"和"建设的需要"来施行破坏的；而且，有时是当事者陷于"现代化盲目性"中来行事的。看来需要拯救的不仅是那些已破坏、在破坏、待破坏的种种"龙门"，更需要珍爱的是那种素为中华民族之所长的"长于文化的心灵"！

关于"随笔"的随笔

随笔，一个非常得体、非常合适而且优雅的文学体裁的名称。随"笔"之所至，随心之所想，又随意地写下来，笔到意至，意到笔停。

随意地读优美随笔，也是惬意的，舒缓而隽永，如饮山泉，如品清茶。

然而这美妙的文学形态的命名，是谁的创作？

据我的推断，是宋人洪迈。他著有《容斋随笔》一书。他在这本书的开篇中说："予老去习懒，读书不多，意之所之，随即记录。因其后先，无复诠次，故目之曰随笔。"由此可见，他不是取用别人的创造，也不是袭用已有的定名，而是他自己的命名。《容斋随笔》之取材、叙事、行文，的确随意而行，随意而书，长短由之，事毕、意到、笔停，不铺陈、无敷衍、去闲言，内容含逸闻趣事、历史掌故、人物品藻、训诂考证，文笔潇洒自如，清顺畅达而有余味。读来增长知识、获悉掌故，温历史之故，知世事之新，启迪知人论世的识见。洪迈以作品为实证，给随笔文确立了主要艺术特征：内容富知识、学问、趣味，文笔具潇洒隽永之韵味。

中国现代随笔则比较重思想，于历史之记叙、知识之传输、趣味之赏玩中，注入思想，故议论甚多。这是洪迈随笔的变异与发展。中国现代随笔中，鲁迅杂文集中的随笔文字，思想与文采齐飞，行云流水，臻于佳境，如《病后杂谈》《病后杂谈之余》等。

外国文学中似乎向来无"随笔"之称谓，"Essay"译为"随笔"如《蒙田随笔》《伊利亚随笔》都是翻译的"中文归化"，其实它和散文是一字二译。

说到《蒙田随笔》《伊利亚随笔》，虽与《容斋随笔》同一称谓，其实是大异其趣的。《蒙田随笔》，启西方随笔散文之滥觞，为欧洲随笔奠基，洋洋大观，思路开阔、议论宏富、见解新颖、文笔挥洒开豁。他标榜"我写我自己"，但内容完全不是"自述自我"，其实是写"我的"思想、见解、理论，议论风生，恣肆汪洋。《蒙田随笔》以议论胜，以思辨为上，诸如论忧伤、论撒谎、论预言、论坚毅、论节制、论年龄等。查尔斯·兰姆的《伊利亚随笔》是英国散文随笔的典范。"那些亲友印象、往事回忆、伦敦见闻、世事观感，都是'近取诸身'，无需远求，烂熟于胸，左右逢源"（《伊利亚随笔·译序》）而其文笔，"任直感，重个性，师造化"，去古典主义旧框，立浪漫主义情怀，"跌宕多姿，妙趣横生"（同上）。他叙事、讲故事、抒情、议论，挥洒自如，展现了英国散文的雍容华彩。兰姆的《伊利亚随笔》叙事抒性情，记人记物，长于叙事、优于抒情，文笔清泉淙淙，异趣横生。我常想，中文译兰姆随笔，一如外文译唐诗，内容大意达矣，然语言的意韵多失，无可传神。

此外有许多我们编译为随笔的欧洲大家的作品，或是议论文章、或是抒情散文、或者就是诗，实未达"体式"规范，如此算作随笔，是有些"混乱"的。倒是有些日本作家的随笔，颇有中国随笔神韵，又具日本文章之清醇散淡、韵味淡雅的传统，却具有现代文字意境之美，而又不同于《容斋随笔》的中国古典美。比如德富芦花、东山魁夷的随笔，便是其中佳品。

中国当代随笔，可以考虑继承洪迈之传统，发扬现代随笔的"现代性"，吸收欧美随笔的思辨议论之长，也借取日本随笔的清新，来改革文字的精魂。

（原载《辽宁日报》2008年3月3日）

知友难求

　　我怀着一种很激动的心情来抒写我与王建中同志之间的深厚友谊。这种激动，有两个相对立的内容。一方面是为与建中的长期而深厚的友谊而激动，另一方面则是为与之对比、相衬托而显示出的另一种人和事的出现而激动。一切都是相比较而存在、相比较而更显其本质的。我每想起与建中的友谊，就不能不勾起对于另一些人事的联想。

　　比如，建中之由辽宁大学转到辽宁社会科学院（以下简称社科院）工作，是由我推荐和办理的。这事他多次提起，写入文章，多怀谢意；这并且是我们维持长期友谊的重要基础，至少是一种契机。但是，与之相对比的则是，许多人——的确是许多，是经我的手调入社科院的，有的还是费了很大力，克服许多主客观方面的阻力才办成的。但是，他们不仅早已经把这件事，如《红楼梦》中人物所说，"丢到爪哇国去了"，而且，在适当的时机，或者他们有某种需要时，竟会"施以拳脚"，下绊子、捅拳头、踢脚踝；更有甚者，虽然调入社科院、全家转户口（这在一个时期中是件十分困难和麻烦的事）、评职称等都得我之力解决，但竟可以在没有任何事情有损于他或者得罪了他的情况下，攻击不遗余力，毁损不顾手段，甚至假不知就地、只听一面之词、把造谣污蔑当事实的知名作家之笔，进行攻击诋毁，可谓在心上扎刀，必欲置之死地而后快。当然，对于我来说，不能希求别人因为你为之办了一件事，人家就记一辈子；但是，反目为仇，或者为了一点私利——比如只是为了讨好新领导、或者讨好身边人，就着意伤害，这确实令人迷惑不解而感触良多。我甚至由此想及我国国民性质问题。正是因为存在这种切近而强烈的对比，所以，我珍视与建中的长期的友谊，因想起这种友谊而激动。

我已经不记得是怎样和建中相识的。我想应该是在文学学会的会议上相识的吧。我自1978年回归沈阳，就转入辽宁社会科学院文学研究所工作，起始即筹建了一批文学学科方面的学会，因此认识了许多大专院校的文科教师。我与建中应该就是这样认识的。但我们单独的来往几乎没有，所谓私交也就不存在。后来有一次我们在参加一个共同的活动之后，离去时他说想到社科院工作。我当时也没有细问他"离去"的原因和"欲人"的理由，只觉得院里文学所需要人，他又是辽宁大学中文系老教师，条件合适，就满口答应了。以后就向党组负责任地推荐、考核、商调等。不久，建中就到社科院上班，并担任了文学研究所所长。那时期，这种事情就这么简单、纯正。以后，我们就一直共事，直到两人先后离退。但我们的友谊却一直保持着。

在社科院工作期间，我们合作得很好，易沟通、很默契、彼此尊重，工作关系之外还有友情。我那时是所谓"分工管文学所"的人，而当时我在院里的工作遇到阻力，处境有些困难，文学所则是当时院里人数比较多的所，内部矛盾也就呈"多发"形势；而且这种状态还与院里的某些领导的意旨勾连。这样，关系复杂、矛盾错综、处事不易，工作推行和学术研究都受到影响。其时，有些人真的乘势兴风、蓄意作浪，以从中渔利。但是，建中作为一所之长，却是既秉公办事、坚持原则，又作风正派，无私欲、不耍滑，能团结同志，再加上他科研方面也能起学术带头人的作用；所以，使所里的工作得以比较顺利地进行，科研也能上得去。文学所在当时的社科院是一个比较"兴旺发达"的所，这与建中的工作和为人是分不开的。这在客观上，就是对于我的最大的支持和帮助。而且，建中从工作出发也出于真挚的友谊，对于我的工作不仅是支持，还能真诚地为我消解矛盾、排除困难，能够谈心、交流、商议，遇到不合理、不公正、不正派的人和事，他会替我化解或担当。这是我当时很感谢，现在想起也仍然很欣慰的。

这也是我们在各自先后离退休以后，仍然保持友谊，继续交往的原因和友情基础。说起离开工作岗位以后我们之间的交往，有一件事是我永志不忘的。这就是他为我主编了一部纪念文集。我至今很是后悔在

1998年举行了一个纪念我的所谓学术生涯40周年的活动。现在想来，真是重一点说是"不知天高地厚"，轻说也是无自知之明。这是后话，后悔无及。但当时，是当作一件重要的事情来办的。而客观地说，不管够不够，它总算一件严肃的事情，在我的平凡人生中是件破天荒的大事和有意义的事。为了配合这个活动，我决定出版一本友人们撰写的纪念文集。对于我请他主编这本书的提议，建中欣然接受，毫无犹豫。他担任这本书的主编，真是不二人选。因为他曾是辽宁社会科学院文学研究所所长，我们长期合作，而几乎所有撰稿人，他都熟悉，也是他的朋友或同行，对于撰稿人和内容他都熟悉而能驾轻就熟地把握，当然，他的责任心强和我们之间的友谊与互相理解，更是很好的条件。纪念文集做起来后，约稿、集稿、编审，他都认真负责、热情有加；特别是最后还撰写了一篇感情充沛、情文并茂的前记。这本书灌注了建中对我的一片真情，也显示了他为人的忠诚、重友谊和负责任的可贵品格。

2007年，我出版了长篇小说《离离原上草》。对于这部作品，建中也是关怀备至，倾爱有加。此书在出版前，我给几位作家和评论家朋友审读，建中是第·位审读的评论家。一百多万字的小说稿，他认真阅读了，而且在书后信笔写下了读后感，其态度热情有加，其心意情谊深重，其评价不管是否含有夸赞的成分，但对于作品的基本精神和思想意蕴的把握，是准确的（后来诸多评论家的见解与他相同，即是证明）。我愿意借此机会，把它"公布"，原文如下：

　　我好久没有读长篇小说了。阅读本书是一种享受——一种美的享受。它堪称一部文化发展史和知识分子心灵史。对于"文革"十年的描写，可以与从维熙的《走向混沌》和冯骥才的《100个人的10年》相媲美，而且远远超过它们，因为这是全方位、多角度反映当代史的百多万字的巨著。

　　就我个人来说，从中也受到一次深刻的教育，即人在逆境中如何奋进。我的一生，虽有少许逆境，但与书中主人公比，的确算不了什么。自然，对本书的作者来说，能从"不幸"中获得"大幸"，是十分可贵的。如果没有种种"不幸"，也就不会写出如此生动感人的巨著。当然，这还与作者本人理论素养、文化素养等诸多方面的优势有关。此书如出版，定能受到理论界、文化界的欢迎。

建中

于2005年11月

我读到这文短情长的读后感，深受感动；不是说"说我好"我就高兴了，而是以老友知我心意，理解我的创作初衷和旨意，而有"幸遇知音"之感奋。一个作家或学者，还有什么比获得文学知音、学术知音更高兴的呢？

以后的事情，更使我深深体验到建中这种文化知音的友谊之难能可贵。小说出版后，得到不少相知甚深和不够深的评论家、师长和朋友的鼓励与支持，包括举行作品研讨会、发表评论等。他们一致肯定这部小说，指出是"一部中国现代知识分子心灵史"，在艺术上也有一定的水平。但是，有的朋友，还有的虽说不上是知友，但也相识几十年了，而我们之间从来没有任何过节，我也从来没有得罪过他们，这些人却使用种种一般的和厉害的手段，来压制、诋毁、打击，其心可用一个"狠"字。我至今也没有搞清楚他们为什么要这样做，所为何来？这种情况，使我常常想起建中及其他许多朋友的真情。建中在这种"文事风雨"中，一直是支持、鼓励、帮助的态度，其情可感、其意真挚。这是我在多难人生中，又一次体验知友的温情与支持。

但我与建中，真可谓君子之交淡如水。我们共事、相交几十年，从一般认识到泛泛之交，到深交，来往虽然很多，但从来没有世俗的"礼尚往来"，更没有物质的授受，虽然互相有所求的事情，所在多有，但都不带任何利益色彩。在社会科学院岗位上，他配合、支持我的工作，我也支持他的工作，互相理解、彼此配合，遇到问题和麻烦的人、事，我们总是见解一致、处理意见与方式一致，对人对事的看法与态度一致。后来，我们都从岗位上退下来了，但我们都仍然搞科研和写作，参加学术活动和社会活动，彼此的互助、关心、帮助，仍然很多。

建中退休以后不仅依然坚持学术研究和文学评论，而且，活动范围和研究领域扩大了，研究成果不断，其数量甚至超过在职时期，而且质量——作品的思想、学术、文化水平，与以前相比，更胜一筹。这是很可喜而可敬的。他这样做，完全没有功利的目的，完全是一种文化情怀、一种文化追求的表现。而且，他这时期，与辽沈地区的作家交往甚多，帮助他们处理文稿方面的事情，对他们的文学创作和文学生涯进行研究和评论，如对刘文玉、里扬等，都是如此。而且不仅于此，他还以文会友，在学术会议或学术交流中，结识了外省的学界同人或高校教师，与他们建立了友谊，互相研究评论有关的学术著作，如黑龙江、湖南等地，都有这样的文友。这是他退休以后，在事业上、在学术上、在科研上的发展。所以他可以说是，不仅退而不休，而且在多方面都有新的进展。这不仅是难能可贵的，而且，表现了他的乐观精神、文化情怀和对文学研究的热诚。所有这些方面，都是值得尊敬，值得学习的。

作为一个耄耋老人，应该是"经事"甚多的，而我更是风雨载途、坎坷蹀躞。几十年来，曾在底层生活并被打入另册，属于底层之外和之下的"贱民"，所以恢复正常生活以后，心理上，对于友谊，尤其那种真诚而持久的友谊，是超乎一般地珍视和尊重的，那好似夏日的熏风、秋夜的朗月、冬天的暖炉，足可温人心田、慰人精神、鼓舞情志，使人对于人、对于世界产生信心和希望。而我，从建中那里所得到的正是这种珍贵的友谊。他是我为数不多的挚友知友之一。

书房：我的世界我的视窗

如今，已是"躲进书房""隔断红尘三十里"。书房便是我的世界，我的视窗。

这世界容得下挤满的图书，也就承载着蕴含于文学、艺术、科学、哲学、经济学、社会学及其他众多学科中的种种思想-文化精华。古今中外，皆蓄其中；社会、历史、文化，均所涉及；人生之意义、生命之体验、存在之究竟，悉数蕴蓄。广袤而深邃，扩大而邈远。启迪引发，思接万里，心系苍穹。这是习的世界、思的世界、静而动动而静的世界。

它也是我的视窗。透过它眺望世界，"窥视"人世，体察人生。现代科技，传统心性，朝夕网游，既可回望历史又能展望寰宇。朝发夕知，即发即知。扰攘的人间世、不安的地球村，冷眼热心，思索寻觅弥隙补罅之道途。守望"窗外"，一个普通人僭妄的普世情。

书房为寂寞和空旷所包围，但透过这视窗，可见"世外"的自然，可听"大音稀声"的天籁，可避市声的喧嚣。体味海德格尔的"去蔽"，亲近庄子的"坐忘"，试图探寻一介俗夫对达人真人的向往与追求。

鲁迅说，当被伤害，便钻进深林，像匹受伤的狼，自己舐舐创口来疗救；卡夫卡说他喜穴居，以避世俗的伤害。余则避居书房，行他们之所为。书房，我的"鲁迅的'深林'、卡夫卡的'穴'"——我避伤疗疾的隐室。

它还是一个清净的养生处、静修地。透过它"眺望头上的星空"，审视"心中的道德律"；既体验康德生命哲学的意蕴，又含吮佛家的心斋滋养。它是我心灵的栖息场，我的"禅房"。

（原载《沈阳日报》2012年8月24日）

图书馆：我的精神驿站

江南细雨，给世界蒙上一层雾纱，故乡鄱阳东湖在迷蒙中更加美丽。点点渔舟，在雨雾中漂移，湖边山水房屋树木，都笼罩在雨雾中，像梦中的景物般迷离恍惚。我沿着湖畔小路，独自行走，享受着美景和寂静。不久，就来到桥前，它伸向湖心，在那里有一座古庙，现在是县民众教育馆。我踏上桥向古庙走去，要在图书馆里，度过一个中学生课余的小半个下午。雨天的缘故吧，阅览室里只有我一个读者，在寂静中阅读。在一个角落里，坐着年轻的女管理员，她是我的小学音乐教员。

我至今记得她的模样，她叫戴梦琴，一个很美丽的名字。我读的是一本上海出版的画报，我爱看照片，也喜欢读它的说明文字的英译，英汉对照，同时学习英语。其他都已经付给记忆的逝水流去，但还记得当时的这些情景。读过和记得什么，都不重要，重要的是在那个环境中的那种读书感受。它至今是我心中美好的记忆和心理积淀，是我芜杂心中的美好粒子。

中学生活，留下的最美好的记忆，就是这种在图书馆中读书的温馨和心灵进展。这可以往前延伸到初中二、三年级的时期。那是20世纪40年代初期，抗日战争最艰苦的年代，重庆的报刊读不到，但可以读到第三战区的上饶最有名的报纸《前线日报》，著名的进步报人宦乡（他后来是著名的学者、外交家，曾任中国社会科学院副院长）在那里主笔政，我最爱读他的《编余漫笔》，文里总能透露重要消息、传达进步思想，而且文笔锋利优雅。我受其影响，以至十年后，我当编辑，也学着写"编余漫笔"。我爱读的还有《战时中学生》杂志。现在还记得，在那上面看到一幅丰子恺的漫画《努力爱春华》：一个花盆里长着一株鲜花，一个女孩捧着洒水壶在浇花。那颜色的艳丽，女孩和花朵的美丽，整个画面充满的青春气息，给一个青年的感受，是鼓舞和振奋。我对美丽故乡的回忆，都同时与旧时在图书馆里读书的记忆相连。我最早的读书兴趣，最早的思想幼苗，我的对于文学、绘画的爱好，以至我早期的审美启迪和教育，都是在这个简陋的图书馆里萌发生长。永在的温情和怀念，那在时间和空间上都是遥远的故乡图书馆——我心中的精神家园！

青春易逝，哀乐中年，我都在《东北日报》《辽宁日报》度过。在《东北日报》时期是我的学习期，而拥有丰富藏书的报社图书室，则是我最好的"知识后勤部"。这里，在既有的丰富藏书基础上，又日新月异地及时购进新版图书。我在这里，读到了包括译文在内的第一部20卷红皮本《鲁迅全集》，读到了冯雪峰主持选编的中国现代文学名家选集，读到了苏联文学名著以及欧美各国古典和现代的名著，还读到众多革命家、作家艺术家的传记。我被教育部特批应试我国第一次也是最后一次招考副博士（即硕士），准备写论文，这里成为我最佳资料库。虽然后来因故未能如愿参考，但那段图书室的备考生活，却为我打下日后学术研究的基础。这段图书室的阅读经历，引导了我一生思想与生活的步武，支撑了我的编辑生涯，增长了我的知识，充实了我的精神生活，慰藉了我心灵。比如，那些传记作品中的加拿大作家写的白求恩传《剑与解剖刀》和苏联作者写的《契诃夫传》，它们思想的深沉、视野的开阔、结构的严谨活泼、文笔的灵动优雅，都为我所十分喜爱，而影响到我日后撰写《鲁迅评传》。我的在《辽宁日报》连载半月的第一篇鲁迅研究长文，也是我所写的第一篇鲁迅传记，即《鲁迅的一生》，就是在辽宁日报社的图书室里完成的。虽然，我在日后的几次大的政治运动中，都几遭灭顶之灾，虽然，在这里留下许多痛苦的记忆，虽然如此，但我对在《辽宁日报》度过的岁月，依然留存着美好的记忆和感情。其中，就有"留在图书室的记忆"，和"记忆中的图书室"。梦似的失去的年华，青春奋发、中年岁月这些人生美好的时光，我都在苦难中蹇踬跌宕，却仍然留下了图书室这个精神家园里的温馨记忆。

内蒙古敖汉，塞外边陲，生活同原野一样荒凉。我全家在这里插队，度过了十年艰难岁月。1969年离开沈阳时，全家四口，卡车一辆，别无长物，奔向迷茫的前程。书籍，在这第三次"书灾"中，悉数消散。除马恩选集、毛泽东著作外，唯有一部《鲁迅全集》，是我荒漠心田中永远的绿洲。然而，1972年被改行分配到旗农业局工作后，却发现了旗文化馆图书室这个精神家园。我在借书过程中，认识了图书室的管理员——"阿庆嫂"。至于人们为什么叫她"阿庆嫂"，也许是因为她不仅扮演过《沙家浜》中的阿庆嫂，而且为人热情又聪明伶俐吧。在熟识后，她秘密特许我这个"犯错误"被流放的异乡落难者，进入布帘遮住的封存图书的里间，随意挑选。每当我捧着一大堆"封资修黑货"走出来时，她总是以理解的目光一闪，然后低头工作，默许我离去，也不问我借了什么书、何时归还。我每次抱着书走出图书室时，都感到生活充实、精神振奋。这使我精神和心理上，超拔于精神危机和意志灰颓，而怀着理想，葆有沉静，面向未来。我至今怀想敖汉"阿庆嫂"当年的恩泽。

正是在这里，我借读了《资本论》。正是这本"工人阶级的圣经"，使我认识到"四人帮"的极"左"行径的错误。时过40多年，我仍然清楚记得因为人称"鸡窝"的房舍狭小逼仄，放不下桌椅，我只好站着读书写笔记的情景。这笔记，现在还留存着，而且有时还从中汲取思想理论的启迪和灵感。我当时"只问耕耘，不问收获"，草写《鲁迅诗注释》和《鲁迅杂文选读（题解、注释和白话翻译）》，其资料来源，就只有这"阿庆嫂"特许我利用的秘密"领地"了。这个曾经是物质与文化的荒原上的，一方小小的家园，我至今怀念它，对它怀着美好的感情和不灭的记忆。让清风捎去我的怀想和问候、感谢和祝福吧，我的精神家园！

20世纪70年代末，由于我几经坚持，终于来到辽宁社会科学院专门从事学术研究。辽宁社会科学院的图书馆，就成为最近20多年来，我的图书资料的主要来源，我的新的精神家园。这里有丰富的古今藏书，建院过程中，又陆续购入新的图书，既有古籍旧书，又有港台新著。它成为一所学术研究的专业性图书馆，我的著述工作的资讯，主要依靠它供应。我愿在这里表达对它的深深的谢意。

图书馆，我的精神家园。在人生之旅中，在艰难困苦中，在学术研究的跋涉中，总是伫立着一家又一家图书馆，像精神的驿站，给我以知识的装备、思想的粮草、创造的灵感、灵魂震颤时的平衡、生的乐趣和理想的晨曦。

图书馆，我的精神家园！

我的图书馆情结

我在少年时期，就结下了深深的图书馆情结。家乡图书馆是我课外读书的最佳园地。我在那里度过了许多美好的阅读时光，在记忆中，留下了温馨和甜美。以后，无论阅读还是写作，或是学术研究，都依赖所在单位的图书馆。因此，在我的生活中，颇有一些和图书馆的情缘。

我无论在国内还是在海外讲学、访问、参加会议或游历，总是尽量安排拜访图书馆。这是我"图书馆情结"的表现和释放。记得20世纪80年代中期，第一次到深圳访问，便参观新建的市图书馆，宏大、宽敞、现代、美观，感受到一种新的城市建设的思路，甚感幸喜。近年，参观新建的辽宁省图书馆，更是环境开阔，建筑宽宏硕大、设计科学周全、设施齐备、种类多样，具有现代图书馆的气派和神韵。

在国外，享誉世界的美国国会图书馆、哈佛大学图书馆以及纽约哥伦比亚大学、伯克利加州大学、伊利诺大学的图书馆和日本东京大学图书馆、东洋文库图书馆等，我都在讲学或访问时去参观过，并且留下了难忘的记忆，对图书馆的建设、功能、设置、运作、服务形态等都有了进一步的了解和体验。参观图书馆是我的行踪中的愉快时光和感受。

1984年，我第一次出访美国。在访问纽约哥伦比亚大学时，见到他们对"文革"时期的"红卫兵小报"收集的齐全、对中国县志收集的齐全，令我惊讶感叹，感受到作为国际中国学研究重镇的哥大图书馆的文化气魄。学校图书馆还慷慨赠送我大批图书。图书馆馆长当着我的面，让工作人员一捆捆打包。我挑出一本香港版《瞿秋白传》，其余由主人托运。不过很遗憾，这次著名的大学图书馆给我的赠书，除了那本我带着在飞机上阅读的《瞿秋白传》之外，那大批托运的赠书，都"石沉大海"了。1990年，我到美国哈佛大学讲学，接待方领我参观学校图书馆。说来惊人，哈佛大学全校大大小小拥有100座图书馆。其总馆，宏大巍峨，进去要领一份说明书，以便按图索骥，去到要去的场所，或者找到出口。我还访问了其中一个东方语文图书馆，即著名的哈佛大学燕京学院图书馆。馆藏东方语文图书70万册，其中中文图书40万册。当我来到图书馆门口时，接待人员便递给我一份材料，说："这是我馆收藏的您的著作名单。"我惊喜地接过来一看，"位居榜首"的竟然是我1954年出版的《这不是私人的事情》这本书，我自己都已经失藏，甚至不记得它了，居然被哈佛的图书馆收藏。而这个名单上列载的竟是所有我当时已经出版的著述。这使我欣喜、欣慰，深感荣幸；同时也深感燕京学院图书馆收藏图书之宽广，"无远弗及"，眼界开阔，表现出一种阔达的文化胸襟。在参观过程中，接待人员还让我在我的著作上签名，并说："我们收藏的书籍，有作者的签名，是很荣幸的。"我说："这是我的荣幸！"其时，我还发现精装本的《鲁迅评传》，我即说明我所著《鲁迅评传》，只有平装本，接待人员说："是我们为你精装的。"闻听之下，我不禁欣喜感叹，所思良多。这是我和图书馆的另一种缘分，而且是一种异国情缘，我的图书馆情结的另一种反映。而我写的书，能够在图书馆里收藏，则是它们最好的存身和归宿了。

我的图书馆情结，还有另一种表现、另一种情缘，那就是向图书馆赠书。

当我家的藏书已经使我不胜负担时，我想起了图书馆。

1978年秋，我插队十年后，从农村回到城市，进入科研单位，在藏书这一点来说，真是白手起家。但是，十年之后，我家中书籍便多得"汗牛充栋"了，书房、卧室、走廊到处堆的是书籍，家人戏称"书报成灾"。许多书籍无处堆放，只好满满地塞进床底下。一旦要查找，费力费时，还往往找不到。而且常常是要找的书找不到，找别的书时，却出现在面前。有感于此，我决定增加住房面积，"为书迁居"。那是2001年，我在搬出旧居、新住宅尚未完全交付时，先把藏书搬出，居然装满了新居的整个车库。搬入新居后，还是到处是书架，连车库在内，又有一点书满为患的险象。我便下决心赠书。当然首先想到我所属单位辽宁社会科学院图书馆。于是挑选出藏书的二分之一左右，赠给院图书馆。虽然并没有什么古版珍本，但好几车书籍中还是有一些文史哲经方面的好书的。越数年，书籍又增长起来，又出现书满为患的迹象。于是我再次赠书。那时，我受聘为内蒙古呼伦贝尔市政府顾问并兼任呼伦贝尔学院名誉院长。所以我决定赠书给呼伦贝尔学院。于是又挑选现有藏书的一半，赠送他们。我自费雇了一辆大卡车，远途运往海拉尔区。呼伦贝尔学院对此做了报道，还设立我的赠书专架。

近些年，我的藏书还是不断增长，于是我便分批向辽宁省图书馆赠书。不过现在是"零敲碎打"，每次几十本而已。他们很认真，每次都亲自来取，并登记造册，颁发美观正规的赠书证书。

这，算是我对助我精神成长的图书馆的"知恩回报"吧。虽说借书的图书馆和赠书的图书馆，"此馆非彼馆"，但在我心中，"天下图书馆是一家"，回报的不是哪家图书馆，而是"图书馆"。

我的图书馆情结，在这里得到另一种"释放"和宽解。

当新闻进入年鉴……

——《辽沈晚报·地方新闻年鉴》刊首语

当新闻进入年鉴，便成为一种当代社会生活的集中的、有序的写照，一种提供给人们了解当代生活场景、社会风习、道德风范、物质世界与精神世界的鲜活表现的读物。它的新闻价值、社会意义和启示作用，都是很明显的。人们可以从中了解到年鉴所涉及的期限内，社会生活中所发生的种种人和事、日常"市井生活"中所发生的感人的事实，也可以从中以一个具体的视角，窥见社会大格局、大事件的侧面，等等。

当新闻进入年鉴，便成为集中的当代史的叙事。记得茅盾在20世纪30年代，曾经主编过《中国的一日》，那便是当时的"当代叙事"。但它的叙事在地域上涉及全国、在时间上集中于一天。而《辽沈晚报·地方新闻年鉴》则限于辽沈地区，但时间则延长为一年，并且，所有叙事都是当时新闻的深度发掘和创新描述，因此，它的即时性、广度（社会面的）和深度，都会超过《中国的一日》。

当新闻进入年鉴，便成为历史——事实上，从广义上和现代时间感出发，新闻所报道的事情，过去了，就成为历史，"今天新闻，明日黄花"，可谓"稍纵即逝——稍纵即史"。一旦新闻成为历史，新闻的及时性、即时性、即逝性和鲜活性，便都变色、变质、变性，而成为历时性、历史性、凝固性和停滞性的了。因此，将新闻编撰成为年鉴，使我首先想起两个方面的事实及其意义。第一，新闻进入年鉴，就成为历史，于是而使"当时的社会纪事"，成为"过往的历史档案"，它便从"即时的可读性纪事"，变成为"历时的回顾性历史"，它的作用和意义，便是回忆的资料、总结的史料、反思的对象和撰史的史料；第二，将新闻盘点，加以筛选、整理、分类、排比、集中、编撰，便使"新闻丛集"，成为一部"历史著作"了。

从以上几个方面看，可以想见《辽沈晚报·地方新闻年鉴》之编撰的设想，是既有新闻眼光，又具历史观念的。因此这是一个好主意、好设计，完全可以预期这种《地方新闻年鉴》，会成为颇具现实意义和历史价值的新闻体、群体性的新闻-历史著述。而其体例、纪实、叙事，又不完全与历史雷同，很有鲜活性和可读性。同时，因其纪事的思想意义和社会价值，部分内容不仅会成为地方史的好史料，而且可以成为国史的可取史料。

说到"年鉴"，我便自然地联想起有"史学的革命风暴"之称而被国际学术界看重的法国年鉴学派的历史观念与史学理论，其中，有些对于我们编纂年鉴也具有参考意义。首先，年鉴学派主张综合历史观、整体历史观，这打破了向来的历史著述基本上是帝王将相、王公贵族、文臣武将的事迹记录的格局，也改变了一般都侧重政治史、军事史和社会史的历史记载。这种综合的、整体的历史观对照和书写的历史，更全面、更丰富、更多彩。《辽沈晚报·地方新闻年鉴》正体现了这种综合的、整体的历史观。它"盘点"了一年来，在辽沈地区发生、出现的方方面面、各行各业、城市农村的动人的、感人的、引发连锁反应、引起种种关联的人和事，这里，现时性地、及时地、"现在进行时"地反映了我们当下的生活，反映了人们的思想、感情、行为，以及价值观、道德风貌。总之，当下中国人的生活和他们的理性世界与感性世界，都通过具体的事件、行为、人物故事，反映出来了。当将之整合编撰成新闻年鉴时，它便成为一部纪实的、综合的和整体的历史叙事。而以此，它的新闻和历史的价值，它的社会意义和文献意义，就都存乎其中了。

年鉴学派还主张历史要反映人们的心态史，尤其是普通大众的心态。那是历史长河的深流、潜流，许多历史的大事件不过是这种深流-潜流的外在表现。《辽沈晚报·地方新闻年鉴》正具有这个特点，它更多的是反映在日常生活中，普通人中发生的不普通的人和事，平常生活中不平凡的人和事。其中，正蕴涵着当代中国人新的精神面貌，反映了中国人新的文化心理性格，反映了他们从传统人向现代人的转换-蜕变的心灵历程。这种新闻纪实-历史存照，不仅是现实的有益记录，而且具有值得重视的历史价值。

史料，一般分为有意史料和无意史料。自然产生的文件、报告、书信等是无意史料，而后人的记载、叙事、撰写，则是有意史料。可以推想，《辽沈晚报·地方新闻年鉴》首先是属于有意史料，但其中，也会夹杂着、顺便记录下的"原始记录和元件"，从而提供了无意史料。但无论是有意还是无意，其史料价值都是值得重视的。

在历史哲学中，有一个有趣的命题：大事件的小原因。的确，林林总总的现实生活中的大事件，许许多多的历史大事件，往往发端于、起因于、暴发于一两个小事件。还有，往往一两个小人物的小事件，预示着、透露了、表现了或者象征着大事件的"预演"或到来。所谓"一叶落而知天下秋"，所谓"春天的第一只燕子"，所谓"冬天来了春天还会远吗"，等等，都是描述这种现实生活和历史长河中的小事的"预示"与"预警"的价值和意义的。《辽沈晚报·地方新闻年鉴》中记录的这种小人物、小事件或小故事，所在所有，其中就存在这种寓有"预示""预警"意义的纪事。

当然，还可以有与上述相反的"逆命题"，即"小事件的大意义"，它则从另一方面反映了上述"俗谚、名句、警句"的社会-历史含义。比如《辽家晚报·地方新闻年鉴》中的许多日常生活中的感人故事，"市井小民"的崇高风尚，或者一些义举、好事、表现了新世纪道德风尚的人和事，往往体现出、象征着"中国社会和中国人从传统向现代转换"的伟大进程；或者表现了人们理性与感性世界中的现代性，或者显示了这种"现代蜕变"的愉快与痛苦的经历。这样两个方面，我以为都是很有现实意义和历史价值的。它们作为社会记录、历史档案、公众叙事，会成为以后的文学创作的素材、历史写作的史料、人们温故知新的教材。

年鉴学派关于历史叙事还有一种有趣的描述，大意是：历史是活着的人为了活着的人，使死去的人再活一次。这一点，对于《辽沈晚报·地方新闻年鉴》来说，在"现时"的意义上说，它是活着的人为了活着的人使活着的人，在叙事中活起来；而在以后来说，则是使现实生活中活着的人，在纸上叙事中活起来，而在更往后来说，当人们已经离世的时候，它就是使已逝的人再活一次了。这里，现实的价值和历史的意义，也都是很明显的。

陆游有言："史书弄笔后来事。"但我们现在却是"弄笔写现实"，是在写现实中写了历史。这就要求我们写的时候，要具有史识史德，具

有历史感和正确的历史观。我曾经写过一篇文章，主张"记者学者化"，其中提到记者也是史家。记者写当时之事，如果具有史识，就能不仅及时地纪实，而且发掘出其中的历史深因、未来的发展趋势，而成为具有历史价值的文献。比如范长江的《中国的西北角》。记得建国初期，我在北京读新闻专业时，参观中国报刊史展览，特意考查过五四运动时的报纸报道，发现报纸虽然大肆报道，但是并没有放在头题，也未曾轰轰烈烈；真如有位历史学家说的，起初不过看作少数大学生在天安门闹事而已。但对于一二·九运动的报道，就比较突出了。这与整体的社会、思想形势有关，也与记者们的见识、水平分不开。我希望《辽沈晚报·地方新闻年鉴》的文字，能够体现一种现实情怀和历史识见的结合，不仅具有现实价值，而且含有历史意义，成为长久的读物、历史的文献。这不是不可以做到的。

最后，还希望和建议，除了以报纸的形式刊出《辽沈晚报·地方新闻年鉴》之外，在发行以后，经过听取各方面的意见、读者的反映，经过推敲和思考，加以修订，以书本的形式出版，就像社会科学院每年出版一本《经济社会发展形势报告》（"蓝皮书"）一样，由新闻单位出版一本《辽沈晚报·地方新闻年鉴》，那就是社会科学研究报告和新闻年鉴，双峰媲美，各有千秋，共同提供反映地方社会发展和历史进程的忠实记录。这将会是地区发展的一道可观的文化风景线。

金钱的浪漫曲和悲剧

一

我们曾经风行过"只算政治账，不算经济账"的生产和生活的原则，其结果，世人皆知：经济面临崩溃的边缘。

我们纠正了这个原则。

但是，事情总有两个方面。而且，中国人有好走极端的毛病，这是民族性中的老问题：孔老夫子提倡中庸，就因为我们的先人们很不讲中庸。在我们现在要讨论的范围内，好走极端的例子就是：现在又一切只算经济账，而不算其他账，不仅仅是不算政治账。其社会表现形式就是拜金主义泛滥。"世上只有金钱好"，这好像已经成为相当普遍的被奉行的生活准则和人生信条了。人们说，有钱什么都办得了，没钱什么也办不了。这种情形的产生，大概可以说是"现实教会人们以致迫使人们看重钱、去弄钱"。钱即使在非经济领域中也如此神通，导引人们在思想中产生钱的闪光形象。现代生活中，享乐的对象越来越多、越来越高级，它们具有强大的吸引力：佳肴、美女、外烟、洋酒、时装、旅游、出国、洋楼别墅、高级装修、奔驰汽车、高尔夫球等，不一而足。这一切，都成为人们生活的内容和猎取的对象。而一切的"享有权"，都以金钱为前提。"为了享乐，必须弄钱。"这又成为一种追逐金钱的动力。现代社会还有一种特殊消费形式：炫耀性消费，消费者的目的完全不在消费本身，真正是"醉翁之意不在酒"，而在"饮酒给别人看"，使人惊讶、欣羡，以示阔绰，满足虚荣心的需要。这种消费者和消费方式，也成为一种社会刺激，激起一些人的消费欲，也就是金钱欲。

当然，这是就客观原因说的。在主观上，则是人们价值观念的改变。金钱，在许多人的价值观念体系中，居于核心地位。立足于金钱，追逐于金钱，挣钱、积钱、花钱，这就是生活的重心和目的。金钱，成为这些人的终极追求。朝于斯，暮于斯，生于斯，死于斯。

二

金钱就这样在人们的生活中闪光显圣、作威作福。

金钱的社会作用和人生意义，是无须多说的。千古以来，多少人的生活实践，多少著作的评述，多少大师的箴言以至各种宗教的说教，都使我们足可从中略取其意而在理性上认识它的本质。但重要的是，在现时的、实践上的生活体验和人生品味，它胜过众多的教诲和戒律。以前的且不说了，只谈现时代的中国人的体验和品味，这确实是大不同于以前了。在这方面，好像也有点空前性。前面所说的现象，骨子里都可以说是当今社会人们对于金钱的一种实际上的、实践着的人生体验与品味。它既是来自客观社会生活的（客观见之于主观），又是在客观社会生活中发生作用的（主观见之于客观），而且，主客体混合、交叉、互渗、互动，而促成社会上扮演一出出金钱的悲喜剧。

一方面是金钱的浪漫曲：佳肴、华屋、时装、轿车、美女、吃喝、玩乐、游山玩水、安富尊荣，显不尽的荣华富贵，显不尽的趾高气扬，颐指气使、前呼后拥，异性环绕身边，保镖尽忠四周，一掷千金为乐，一呼百应作威，如此等等。有不少青少年，也不乏中年人，更有些老者，人生路上以此为目标，生活意趣以其为圭臬。"大丈夫生当如斯也！"当年项羽看到出巡的秦始皇凛凛成仪、皇家气象所发生的感叹和心愿，如今也成为许多人在大款、大腕、大人物、大能人等面前，从内心深处所发出的最强音了。这里，正是一种金钱的社会导向作用的突出表现。

三

但是，金钱的罪恶的本性和它所能引起的悲剧，也是千古有之而今为烈的。不过，人们却常常不愿去了解它。或者视而不见，或者取"今朝有酒今朝醉，哪管明日事如何"的态度。

我不想在这里片面地来诅咒金钱。只想说，我们必须科学地、理性地来对待金钱。不要陷于盲目性。在金钱的两重性上，人们往往忽视以至不愿意看到它的消极作用。我愿为之一说。不过我这里只能也只愿从现实说起。现时流传一句话："男人有钱就变坏，女人变坏就有钱。"我还听见一位评论家对这句话的评注，他说："现在的男人有了钱不变坏，就是烈士，女人变坏了还没有钱就是贞女。"我还从一位未婚的女性口中听到这样的感叹："那些发了财的男人百分之百的生活不严肃。"她用的是一种比较温和的和适度文雅的判语，不过意思很明白。这些，都表明了对于钱的消极作用的谴责。

我倒是不同意"凡是钱就变坏"的说法，但生活中"有了钱就变坏"和"变坏了的有钱人"确实是很多。不能说他们原先就品质不好，其中不少人"出身贫寒"或"出身名门"或出身书香之家，向来不错，确实是腰包里钱多了之后，就变坏了。钱在这里确实起了"催其腐化"的作用。

然而钱作为一种通货，作为一种普遍的等价物，它是中性的，甚至可以说是无性的，它本身并不具有道德品性。问题不在钱具有什么性质，而在于手里掌握着钱的人如何来对待钱。是当钱的奴隶，还是当钱的主人？那种一掷千金糜费无度者，看似"他在花钱"，实则是"钱在花他"，其为奴也而非主人。不过，有钱人如何对待钱，又不完全决定于他自身，环境还会影响和塑造他。你有了钱，就有人来奉承你、讨好你，女人向你献媚以至献身，小人向你献腐化堕落之策，狐朋狗友引你走上邪恶之路，环境成为一个染缸，使你变色。人在钱这个圈子里，用钱和挣钱，就必然和必须适应这种释放着铜臭的、纸醉金迷的生活环境。围绕着钱，这里形成了一个循环圈，一个恶性循环圈。

"没有钱不行，钱多了也不好"，这是一种最普遍的对钱的认识论和价值论了。

其实，一般地、抽象地说"钱多了也不好"，也是不对的。问题在于我们现在普遍存在的情况是，钱多了就把钱不当钱地乱花。寻找不到或者根本没想去找正当的、合理的、有益的用途。而只是想尽办法只图自己花、自己消耗、自己痛快。所以，一旦富有，一盖屋、二修坟、三买车、四换妻（或纳妾）、五赌博、六胡花，根本不想找一个正当用途。这倒有一点"中国人的心态特色"。西方发达国家，有更多的巨富，有更为多的富有者，纵然不能说他们个个如此，但至少是相当多的人一是老老实实地纳税；二是投入文化事业，创办各种基金会、资助各

种科学、教育、文化事业；三是创办大学或其他教育机构；四是投入社会福利事业、慈善事业，渠道种种，百流归一。将钱投入社会、文化、教育事业，成为一种使他人、使社会、使文化得以受益享用的共同拥有物，而自己也从中得到一种快乐。这是一种高级享乐，一种非自私的高层次的享乐，这比那种只是个人感观享乐、肉体享乐更有意义、更悠久、更具文化意义，也没有不良后果，更无恶果。

四

我们在现实生活中，的确经常见到或听到"钱"所导致的恶果与邪恶的事件。每天从报纸、电视上都能见到这类报道，无一不是金钱所造成的悲剧。概括起来可以说是"男人有钱就变坏"的悲剧和"女人为了钱而变坏"的悲剧。其实现在已经出现了"女人有钱也变坏"的悲剧：抛弃丈夫、丢弃儿女以至玩弄男性等。现在已经不总是"陈世美"绝情"秦香莲"，经济上发迹的"秦香莲"也在绝情"陈世美"。

马克思在他的早期著作《1844年经济学—哲学手稿》中，曾经深刻地论述了货币也就是钱的力量和作用。他首先在理论上指出货币（即钱）能"购买一切东西、占有一切对象"。因此，他引用莎士比亚在《雅典的泰门》中对黄金所发出的既是赞誉又是诅咒的话，说明货币的能量："这东西，只这一点点儿/就可以使黑的变成白的，丑的变成美的，/老人变成少年，/懦夫变成勇士"，"它可以使鸡皮黄脸的寡妇重做新娘，/即使她的尊容会使那身染恶俗的人呕吐，/有了这东西也会恢复三春的娇艳。"这里，自然会有许多生活的浪漫曲，比如"老人变成了少年"或"鸡皮黄脸的寡妇重做新娘"之类，但是这同时就是，或者会导引出同样多的人间悲剧，这也是肯定的。

这里，马克思借莎士比亚之口，道出了金钱是一种强效能的黏合剂，如把老人像少年似的同一个少女粘连起来，将丑寡妇同红唇白齿的少年粘连起来，等等。但是，马克思接着又用莎氏之言，说明金钱同时又是最强的分离器，连帝王都逃不过它的掌握。"把亲生的父子离间！你灿烂的奸夫，淫污了纯洁的婚床。"因此，马克思总结性地在理论上进行阐述，他指出，"我是丑的，但我能给我买到最美的女人"，"我……是一个跛子，可是货币使我获得二十四只脚"，"我是没有头脑的，但货币是万物的实际的头脑";总而言之,"我凭借货币得到人心所渴望的一切东西"。这一切,当然都会使货币在人们的生活中,买来无数的人生浪漫曲;但是,正因为是买来的,所以又潜存着悲剧因素,爱情、婚姻、家庭、荣华、富贵、亲情、友谊等全是假的,"假作真时真亦假"。所以,马克思最后又说,金钱不仅是"社会化合力","是一切纽带的纽带",而且,它"能够解开……任何纽带",它是"普遍的离间手段"。"解开纽带"和"离间",就会造成无数的人间悲剧,一切人间情感和人伦纽带都可以被金钱解开,一切都可以为金钱所离间。"真做假时假亦真",人间悲剧,不一而足。

五

我一直记得列宁写的一篇文章。题目就很有趣味:《论黄金在目前和在社会主义完全胜利后的作用》。这里所说的"社会主义完全胜利",就是全世界进入共产主义社会了。列宁在文章中说,到那个时候,应该在全世界几个最大城市的大道口上,用黄金打造几个厕所,以昭告天下。人类就是为了这个"黄金",在1914—1918年,即第一次世界大战中,使1000万人死于非命、3000万人变成了残废。列宁还说,同样"为了金子的缘故",有可能在1925年前后或1928年前后,还会使2000万人死于非命,6000万人变成残废。列宁这是预言第二次世界性大屠杀,他幸而言中。不过时间推迟到1941—1945年,即第二次世界大战。这就是黄金极端地发生其消极作用,引起了两次世界性人类的互相残杀。用黄金厕所以昭示天下、警告世人,是很有必要的。

不过,记得我是在20世纪50年代初期读到列宁这篇文章的,对于列宁所说用黄金打厕所的说法,虽然觉得很有趣。但没有一点痛切感和生活实感。这不仅因为年仅20出头的我毫无人生经历,也还因为在那个革命激情和奉献精神笼罩着的社会氛围中,对"黄金害""黄金梦""黄金泪",也没有社会感受。我最近找出这篇文章重读,当年在很多段落中画了红杠,而"用黄金打厕所"的话下面却没有画。这说明当时的注意重心是列宁提出新经济政策的思想,即"要由已经占领的阵地上退下来",学会做买卖,"当革命的商人",恢复商品、货币,坚持等价交换,等等。这对于当时的中国是很有理论指导意义的。然而,现在却是另一种情形了，理论上的期待视野和接受屏幕自然也就发生了变化。我们现在已经远远越过了列宁那个时代和理论领域，正在建立市场经济体制。重商、重金钱、重等价交换，已经不再是人们思想观念上的障碍。相反，现在是黄金的闪光晃乱了许多人的视线、思想和人生态度。在这中间，便发生了——自然地和合理地发生了随着市场经济的发展而发生的种种问题，也发生了本应避免也本可避免的，并非必然产生的、不应有的种种问题。拜金主义思潮、金钱万能思想、为富不仁、追求享受，"男人有钱就变坏""女人变坏就有钱"等，便是属于后一种的问题。这时，面对这种种现象，我不禁想起列宁的文章，但不再是40多年前注目的问题，而是当年觉得有趣，而今觉得沉重而惊心的问题——要在大道口用黄金打的厕所来昭告警示世人：黄金杀人！

虽然我们现在不必也不可能用黄金打厕所放在大街口，但是列宁的比喻性的论证和激越的设想，却启发我们，也不妨设想一下，用一个"黄金代用品"或象征物，来昭示我们自己：就是这个黄金，使许多人扮演了人生悲剧、人生惨剧的主角，黄金梦碎，人生路断，黄泉路上放悲声。

不过，我在这里并不是想要唱一曲"黄金悲歌"，而是想要通过这些从理论到实际的追溯和探讨中，试图提出一个人们主观上应该如何认识、理解和对待金钱的态度。真正在哲学的高度上和文化的层面上既不当金钱的奴隶，又能做金钱的主宰。在金钱问题上能够豁达大度，放得开收得拢。我想到的是一种层垒式的三段流程：①挣钱、得钱、发财致富，要取之有道，其道即合法合理合情；②挣了钱、发了财，对金钱要用之有度。这个度，就是个人、家庭生活正当合理需求之度，不太超越社会平均最高水平之度，不饕餮天物之度，不坑人害己之度，不靡费资材也耗尽生命之度；③对于多余的钱财，能够处之有方，即除了投入于扩大再生产，既为社会增加财富、个人也资产增值之外，拿出一少部分钱财来投入社会科学、教育、文化事业，投入社会公益事业、慈善事业及一切自己愿意的、助人救人实亦助己，使自己获得社会美德和自我实现的事业。老子所说的"天之道，损有余以补不足，人之道则不然，损不足以奉有余"，我们弃"人之道"而用"天之道"。

这样，可以使个人的发展是平衡的、全面的，而社会也可以获益，而且得到一种人的—文化的整合而获得平衡的、全面的发展。

青年是"美好的早餐"

尼采曾经使用"人生的中午"这一很足以表示中年时光的地位和性质的词语。香港著名作家董桥写了《中年是下午茶》这篇散文，抒写了他对人生中年的认识，意味隽永、文笔流利。国学大师王国维则用"衣带渐宽终不悔，为伊消得人憔悴。"来形容人生三境界的第二境界，即应属中年阶段事。

根据这种人生意境的文化标举，我们当可把青年定性为"早晨"或"早餐"，而用王国维的人生第一境界的描述语："独上高楼，望尽天涯路"作一种文化标举。

"望尽天涯路"，可供选择的路很多，这是好事；但又有不知如何选择的问题，这是难事。

选择确是一门大学问。如何选择和选择如何，终极结局是塑造了一个怎么样的"自我"。此中经纬，说来话长，我想另有机会再谈。这里只谈谈在"望尽天涯路"的境界中，应取何种态度？

还是拿饮食作比。记得在农村时，有老农告以一日三餐的吃法。他的概括是："早吃饱，午吃好，晚吃少。"他申述其理由说，早上起来，肚子空，上午活计重，故宜吃饱，以应付大半日的劳动消耗，即使量过之也无妨，因为重劳动可以消而化之；午餐则吃好，以补体力之消耗、生命之耗费；晚间少吃，利于休息养生。"马不吃夜草不肥"，人不要肥胖，正好晚餐不要多吃。这是很有道理的。

这道理可以从生理养生，移用于文化养生。中年是下午茶，青年则是早餐。早吃饱，多多地选择、多多地摘取、多多地充实、多多地锻炼。青年时光是摘取、选取、夺取的阶段。古今中外，多少有成就的大家，没有不是在青年时代登上人生的高楼，在"望尽天涯路"时，择定一个方向，以多多益善之心态、刻苦奋发之精神、海绵吸水之接受势能，吸取各种知识、各种智能因素、各种信息资料。它们不仅仅是一个文化的、智能的"自我"塑造的综合资材，而且是今后成就类别不同的事业的基础积淀。时逢际会，在一定的机遇来到时，它们作为自身的能量、客观的表现、主体的素质、事业的助手，即可显露风光、创造业绩。此之谓时势造英雄，但也是一种英雄"遇"时势。时势+才能=成功。

"早吃好"也还可以将"吃"解释为占有、享有、霸有。趁此好时光，占尽人间福。歌德早在一百多年前就谈现在享受的对象越来越多，那还是在刚有铁路的时代，当今之世享受的对象真可说是不一而足了，大千世界，一天24小时都可以有耗费资财、时间、精力以至生命的处所。不过，这种"占有"同时又是一种付出。最终是付出青春、付出一生。四大皆空，还一个赤裸裸、空荡荡的臭皮囊。

但好像许多人在还远没有到这"最后"岁数和年头，就消逝了。

青年是早餐。早吃"饱"，这"饱"主要还不是酒囊饭袋式的"醉饱"，而是知识、才能、智慧的"饱"。

但这"饱"却也并不排除衣食男女等方面的获得和满足。不过两者应有主次、高低、先后之别，应掌握分寸和摆正位置。愿年轻人都在青春美好时期，注意摄进美好的文化的早餐。

（原载《青年时报》1994年11月29日）

雷锋：志愿者行动的杰出先驱

学雷锋活动自 1963 年开始，迄今已持续 45 年。一个群众性的活动能够延续不断，至今不衰，自有其深刻的社会成因和社会需要。人们每每在需要他人帮助而得不到时，便会慨叹："雷锋不在了！""现在没有雷锋！"这表现了对雷锋的怀念；也反映了雷锋和雷锋式行为，是社会需要，是为人们所期盼的。

一、雷锋的价值何在？

我以为，从历史的发展和现实的状况看，雷锋最可贵的是，他参与了中国人当代精神世界的建设，他在现代中国人的核心价值观体系的建造中，做出了自己独特的贡献。他把"为人民服务"具体化、日常化了；他随时随地帮助他人、关爱他人，用自己不懈的努力和奉献，形成了一个富有他个人色彩的行为准则和思想境界，这就是：助人为乐。这个"为人民服务"的雷锋式的具体化和行为诠释，凝聚了雷锋精神的思想精华。它，已经进入国人的精神世界，成为一个社会良知的因素了。

二、雷锋为什么会有这样的表现？他的精神与思想源泉是什么？

记得我在 1962 年底采写雷锋事迹通讯《永生的战士》时，在掌握了他的身世经历，梳理了全部材料后，形成了一个系统性的认识：雷锋在旧社会遭受了超乎常人的苦难，对旧社会有超乎常人的恨，因此对新社会有超乎常人的爱，在这爱的基础上，他做出了一系列超乎常人的好事。他内心充满了对社会和人的炽热的爱。这是他的思想与精神的不竭的源泉。因此他随时奉献出"像春风一样温暖"的爱，和及时雨一样的对他人的援助。他实际上成为一位活跃在社会群体中的社会性、"无任所"的志愿者。那时我们还没有"志愿者"这个活动和义举，也没有这个称谓，但雷锋已经做出了榜样。他是志愿者的杰出先驱。

马克思说，人在其现实性上，是"社会关系的总和"。人离不开社会；人与人之间需要彼此的关爱和帮助。法国哲学家列维纳斯说："每个人都应该为他者而存在。"他的思想的核心是无限地关爱他人。雷锋作为一位普通战士，在思想的道路上，与哲人的思想相通。只是他是一位普通的战士，没有深邃系统的哲思。不过，他的思想的涓滴，融进了哲人大师的思想大海。也许可以说，哲人大师从人类处境和哲理，从高层阐述了人类本质关系和"他者"的意义；而普通人、实践者，则从基层、从社会现实和日常生活中，用高尚的行为实现了、实行了他们的思想，使高尚而深邃的"思"，化为具体而实际的"行"。雷锋正是在这个意义上，成为志愿者的杰出先驱。

我们现在正需要雷锋似的对社会的爱和必要时的诚挚的援助，需要雷锋式的志愿者。市场经济的发展，使人们的社会关系越来越广泛、深刻、细密，即本质上的密切。但利益的私有化、利润和金钱的追逐，又使人们精神上、感情上疏离化。散居的农户来往亲密，互相帮助；集居的大杂院，具有某种大家庭的意味和互助的情缘。但是，高层公寓的毗邻，却常常是数年不见、形同路人。生活实际需要打破这种社会疏离，需要志愿者的精神上的突破和行动上的援助与救助。志愿者行动实际上是使个体化的雷锋式"做好事"与"助人为乐"群体化、组织化、社会化、规范化了，也就是提高了、超越了。

但雷锋的精神作用和先驱者的意义仍然是巨大的、永恒的。

让我们循着雷锋的足迹前进！

（原载《辽宁日报》2008年3月5日）

老年的回声：写给老人们的抒情

这是一些对于年老的人们的抒情与寄意；然而，年轻人每天都在向老年迈近，甚至少年也遥望这个目标一天天走去。因此，也许此处之所记所写，对于他们也或可一阅，至少可据此理解年老的人们。但本文之作，更主要的是向着老年人。

一、克林顿总统的座右铭

克林顿在他的总统办公室的桌面玻璃板下，压着一篇激励鞭策自己的座右铭。它开首第一句便是："青春，不是人生的一个时期，而是一种心态。"

座右铭接着写道："青春的内涵，是战胜怯懦的勇气，是敢于冒险的精神，而不是好逸恶劳。"在列举"勇气"和"冒险精神"这两大内涵之后，铭文指出："许多60岁的人，反比20岁的人更具上述品质。"接着说："年岁虽增，但并不催老；衰老的成因，是放弃了对理想的追求！"

对理想的追求，胜过年岁的增长，更能使人保持心灵的青春；衰老不因年岁增长而来到，却因放弃理想而形成。拥抱理想，追求理想吧！

铭文又说，"岁月褶皱肌肤，暮气却能褶皱灵魂。"是的，可怕的不是肌肤上的褶皱，而是灵魂的褶皱。暮气比岁月更加催人老！

铭文又说，每个人的心中，都有"一部无线电台"，只要这部电台能从"他人"和"造物主"（中国人所说的"天"）那里接收到"美好、希望、欢畅、勇敢和力量的信息"，"我们便拥有青春"！

宝贵的"无线电台"，它就是心灵，它就是头脑。

最后，铭文说："一旦天线垮塌，精神便会遭到愤世和悲欢的冰霜的镇压。此时，即便20岁的人，也会觉得老了；然而，只要高竖天线，不断接收乐观向上的电波，那么，即使你年过80岁时，也仍觉得年轻。"

记住，竖起天线，接收乐观向上的电波！并且要不断地接收！

二、日本人的"人生的第三个阶段"

日本人中，65岁以上的人将占人口总数的14%。按照联合国卫生组织的新指标，人到65岁之后才算真正进入老年，因是"刚刚进入老年期"，所以可称为"年轻老年人"。这个年岁的人，在日本称为"人生的第3个阶段"。第1个阶段是就业以前的时期，就业后到退休前是第二阶段。按照日本人的社会规范和国民性格，这第二阶段是"公司人"，全身心地投入"公司"的业务之中了。因此，到退休了的第三个阶段，生活的主旋律就成为"回归家庭""回归社会""回归自我"。

在日本，"公司人"是下班就回家的人，常被视为不敬业、人际关系不好、不上进的人，所以现在到了老年，可以回归家庭了。所谓"回归社会"的意思，则是以主体身份，个体性地，而不是以"公司人""上班族"的身份，进入社会，为社会干自己愿干、能干的事情；而所谓"回归自我"，也不是"只顾我自己生活"，而是"做自己愿做的事情"。实际上这句话的背后，潜藏着做公共的事、公益的事，而不是说纯粹个人的事情，所以它同"回归社会"是相联系的。在《日本人的一生（连载），人生的第三个阶段》中，有这样一段：

"回归家庭也罢，回归社会也罢，其实，从根本上说是回归自我。越来越多的日本人认为，人到60岁以后，应该为自己活着，做自己想做的事情。"（载《日本展望》1994年第11期）

这种"做自己想做的事情"就是"做自己想做的公益事情"。比如，神户市垂水区的加藤进先生，原是日本一家著名的毛织公司的领导，63岁退休了，先上老人大学学习4年，又入一个老年培训班学习2年，然后在1987年创办了"创生会"，从事帮助弱智者的活动。还有一位藤喜志福先生，58岁时就主动结束了照相印刷公司的工作，将事业交给儿子，干自己愿干的事情去，全身心地投入支援中国留日学生的工作。成立组织，为留学生提供法律、健康和日常生活的咨询，还送给他们生活用品。他所支援、帮助的中国留学生，有的现在已经是一流大学的教授了。1993年，藤喜志福先生受中国官方邀请访问中国，当年受惠于他的中国留日学生们向他赠送了勋章。

这样的日本老年人，是从"为别人卖命献力"到"做自己所愿做的事情"，这种回归自己，是在为别人服务的活动中，实现自己的愿望，体现自身的价值，获得自我实现的愉悦，这不是自私的，而是利他的，不是为己的，而是为社会的，不是浅薄的、低层次的、无意义的自我实现，而是深刻的、高层次的、有意义的社会责任，自我实现一体化的幸福。

我因这种人生第三个阶段的日本老年人的生活方式、生活目的和生命实现，而常常想起我们的一些老年：有的困顿于一己过往的追忆的愁苦中；有的牢骚太盛于自己昔日的荣光和今日的人家"不把我当回事"；更有甚者，耗生命于长时间的"麻雀战"中以致"战死沙场"；更低等者，还有的老年人因嫖娼卖淫而锒铛入狱。可悲也夫，可叹也夫。

一个民族精神的衰敝之象，也表现于它的老年人身上。反过来说也可以：老年人精神状态的昂扬向上抑或委顿下滑，也组成了一个民族的时代气质。

三、惠特曼的"冬天的声音"

惠特曼（1819—1892），美国伟大的民主诗人。1888年得病，骤然进入老年状态。1891年，他写了《冬天的声音》一诗，像他所有的诗一样，依旧热情，依旧自信，依旧风貌潇洒：

> 又是冬天的声音，
> 阳光普照的群山——一声声来自远处的旋律，
> 来自轻快的火车——来自近处的田野、谷仓和村舍，
> 大气窃窃私语——还有沉默的庄稼、堆积的苹果和玉米，
> 孩子和妇女们的谈话声——一声声农夫的旋律，链枷的旋律，
> 夹杂着老人的絮语："别说咱们不成，
> 咱们虽已白发苍苍，也要唱支轻快的歌曲。"（见《惠特曼诗选》，
> 北岳文艺出版社）

白发已经"苍苍"，然而心犹壮气亦昂，咱们不是"不成"了，还要唱出轻快的歌，是生活的、事业的、人生的、生命的，轻快的歌，它不仅是从我们的生命中发出的，它还将为社会、世界所接纳，它不给人们增加悲伤和负担，而给他们添加欢快和力量！啊，白发苍苍！

四、"时间不能夺去我对爱的渴望"

又是一位美国人，不知其姓名，但知她是养老院里一员。又是一首诗，但不是年轻时力争时光，以免老来悲伤，而是已届老年，却依旧存留对爱的渴望。

> 请你理解我并非苍老，
> 因为我的思想如同春天一样年轻，
> 虽然每一天带给我的是孤单和凄凉，
> 但时间不能夺去我对爱的渴望。

思想如同春天，盖过了白发苍苍，虽然每一个新的日子来临，都带来孤单和凄凉，但心犹年轻，具有力量。时间能夺去年岁，但夺不去对爱的渴望：爱他人、爱世界、爱人民、爱事业、爱奉献，以及被人所爱！亲人的、友朋的、世人的，来自人间的爱。

爱和对爱的渴望，使人的思想如同春天一样年轻。

五、"召回已经逝去的年华"

冯至，"五四"时期的、被鲁迅称为"杰出的抒情诗人"，以后又成为德国文学专家、翻译家、著名学者，活了80多岁，直到去世前，还写了多篇美丽的散文，文采依旧，笔力气韵不减。他在1990年写了一首给老朋友、著名诗人卞之琳的诗《给之琳》。诗中说：

> 我常漫不经心地说，
> 歌德、雨果都享有高龄，
> 说得那高龄竟像是
> 难以攀登的崇山峻岭，

不料他们的年龄我如今已经超过，
回头看走过的只是些矮小的丘陵。

今天我要抗拒无情的岁月，
想召回已经逝去的年华，
无奈逝去的年华不听召唤，
只给我一些新的启发。

高龄已经超过歌德、雨果，攀登到了"崇山峻岭"，已达到的岁数仍不过是些"丘陵"；要抗拒岁月的无情，虽然逝去的年华不听召唤，但心的年轻能使我得到新的启发：这就是心的年轻、脑的清冷、思的明敏，就是新的生命。

六、冰心说"生命从80岁开始"

冰心老人已经90多岁，她对访问者谈养生时说："十几年前，我80岁时说过生命从80岁开始，现在我仍然这么说。"

访问者说："坦坦荡荡的胸怀和良好的情绪，是一门超级养生术。"

冰心说："我觉得你说得很有道理。一个人就怕心病，心病了，就不好治了。"

访问者说："您的乐观和气魄，常常使我们晚辈愧色。一个充满爱心的人能够长寿，您就是范例。您的文章，您的为人，都充满爱心，所以您就成了寿星！"

爱心→寿星。

寿星→将爱心普施人间。

七、我不是"有求于新旅程之始的幻想者"

加拿大作家梅维斯·迦兰说，年轻人是"旅途之始的人"，而老年人则是"旅途之末"的人。然而，她说她自己既不是"倦于人生之旅的幻灭者"，又不是"有求于新的旅程的'旅程之始'的幻想者"。老年人虽已到"旅途之末"，但不要作"倦于人生之旅的幻灭者"，然而又不要做好像仍处于人生新的旅程的"旅程之始的幻想者",莫要还想"从零开始",只是在继续和最后完成人生之旅时,做可以做的于社会于他人和于自己都有益的事情。

热情要高。头脑要冷静。

八、我们"属于将来的午昼"

印度当代精神哲学大师宝利阿罗频多说:"我们不属于过去的黄昏,却属于将来的午昼。"

虽然已是黄昏岁月或是已近黄昏,但我们的精神不属于过去的黄昏,却属于未来,未来那日丽中天的午昼。

(原载《友报》1995年9月15日)

望故乡兮吟哦

——《〈故乡吟〉文前絮语》

故乡，已经离我那么遥远又悠久，在地理上和心理上，在空间上和时间上，那么遥远、那么悠久、那么无可回还！耄耋而回顾少小、北国而遥望江南，中间隔着半个世纪以上的寒暑，还有那"八千里路云和月"，更充溢着无数的时代风云、社会变异、文化转换和人事变幻，蕴含着童年的欢乐和忧伤、亲情的温馨与抚育、死别的哀痛与追怀，每忆起，怎能不浓浓的情意侵袭而又温润心间，是追忆、是思念，是惆怅，又有一丝苦涩的沁甜，终究是回味、体察、感受和思索，那历史的、人文的、亲情的深层意蕴，而心思浩茫。

宋人徐铉有句："表襟空皓首，往事似前生。"然而，由于那些难忘记忆和文化孕育的存在，不是前生，而是此生。故乡，离我又是那么亲近，在距离上和精神上，仿佛就在眼前，仿佛就是昨天。多少记忆犹新、几许终生难忘，难数那点点滴滴，却能回映种种刻痕。那山和水、那人和事、那欢乐和哀伤、那成长和进展，一生一世难以忘怀，且都刻印在心性与人格之中，蕴藏于心理情结中——就在当下，就在海德格尔所言"'存在'的'此在'"中。

我已经无法历数细说故乡的种种，难于"回放"往昔的岁月履痕，但我能够记起并且常常回顾、重温、"反刍"，在少年时代，在故乡鄱阳，留下的那些影响终身的足迹、人间温情和文化传承。

我心内欣幸，《鄱阳湖文艺》的主编约我为他们写稿，给我一次机缘，容我在皓首年岁，来倾诉潜存于我心底的对于故乡的深情！容我历述往昔鄱阳少小时代，那些难忘的记忆；却不是个人的倾诉，而是"滴水映日""片时千古"，通过个体的生平遭际，回映历史的痕迹、社会的变迁和文化的记忆。《荒原》的作者艾略特说过，在迈向未来时，继续在精神上与自己的童年及民族的童年保持着联系。在这种"前逻辑的心态"中，在这种"潜意识"中，蕴藏着"我们过去，尤其是我们童年和婴儿期，已经封闭起来的残念"。既然我的个体人生和生命，已经跨越世纪，那遥远的记忆中，便自潜存着民族的记忆、时代的划痕及文化的遗存和"残念"。哦，我的故乡！我该如何来向你倾诉？

我且拣拾起记忆碎片，虽然零落飘忽、恍惚迷离，但是真切亲近；我且打开潜意识的遗存，搜索往昔的吉光片羽、追寻已逝岁月的逝影流光，更寻觅其中的文化意蕴和现实的价值。

每一位作家，都心怀意念中的故乡，那是他梦中的诱惑和憩园、创作的基地和起点。鲁迅有他的"鲁镇"、茅盾有他的"乌镇"、托尔斯泰有他的"雅斯纳亚·波良多"、卡夫卡有他的"老布拉格"、马尔克斯有他的"马贡多"、福格纳有他的被他称为"邮票那么大小的故乡""约克纳帕塔法县"，还有大江健三郎的"北方四国森林"、萧红的"呼兰河"、杜拉斯的"湄公河岸"。那些"美丽难忘"的地方，亲爱的故乡，都成为他们作品中的"幻影"，那里活动着作家用叙述使他们"重新活一回"的死去的幽灵和仍然活着的年华老去的翁婆。我岂敢攀附他们，但从创作心理的渊源和养成上，我有与他们"同理"的因素。我有幸在自己的长篇小说《离离原上草》中，把大湖畔、高山下的故乡鄱阳写进去，并尽自己之力，依据童年的记忆、心中的"残念"，描绘它美丽的倩影。虽然笨拙而减去了多少魅力，但北方的朋友们看了这稀松平常的记述，依然赞叹说："你的故乡多么美呀！"哦，故乡！我为自己的拙笔愧赧，却为你骄傲。

如今，我借此机缘，来追忆故旧、寻觅"逝水"、搜求意念中的人与事、山与水、树与花，更有那图书和绘画。这就是我在这组散文的首篇所要书写的了。那些陈年旧事，不仅在我心中依然带着鲜亮的色彩，而且，呈现出它们当下的意义，因为其中蕴藏着历史的记忆、地域以至民族的，封闭起来或者惜乎其已消逝、在消逝、将消逝的，遥远文化的"残念"，还有那青山秀水隐去了的自然的美丽和魅力。我拟以下面三篇文字的篇幅，来作一故乡的吟哦。

第一篇《鄱阳，我的故乡》，是我对件件故乡往事和由此引发和酝酿成的，自己的文化意念和意象的书写和抒泄，它们孕育了我的人生追求、生活理想和审美情怀，塑造了我的文化-心理性格。这里有自然美景的心灵培育、乡土文化的潜移默化、书香门庭的家学渊源，也有温馨亲情的心性涵养，还有学校师长的知识传授。我就是在这些自然与人文的养育下一步步成长。

第二篇《荒野里的一株蒲公英》①，寄寓的主要"意象"就是蒲公英。它不仅是我喜爱的极普通的花，更是我钟情的形象和心理情结，正如文中所写："我常望着荒原上的蒲公英，而思索，而同情，而礼赞！蒲公英！我的人生，我的命运，我所应该具有的性格与品格的象征！我的心灵的、心理的、生存意义追求的启迪与勉励！让我像你一样生存！让我同你一样度过自己的可怜而追求意义的人生！我这样亲近而注目而思索蒲公英，在真正的荒原上，有整整十个年头。蒲公英，我怎能忘记在塞外荒原上的你的倩影、你的英姿！"而"蒲公英"的形象和最初的意念，正是得自故乡，是在故乡、在少年时代，播下了这颗伴我终身的形象和"意象"的种子。"朝发轫于苍梧兮，夕余至乎县圃"，它作为心理情结、思绪中的"意象"，导引和鼓舞我在"路漫漫其修远兮"的情境中，上下求索，"虽九死而犹未悔"。它在我的情感世界里，以至理性世界里，都和故乡鄱阳，还有早已离我而去的我挚爱的姐姐，紧密相连。因此，我把这篇像蒲公英一样平凡的文字，纳入《故乡吟》之二，以纪念"朝发轫"时的最初的邂逅与钟情。

第三篇是讲故事，它们都曾经，而且一直温润着我的思想和生活，启迪我思索社会、人生与生命的内蕴和真谛。它们更启迪了一个求知少年的最初的审美情趣和审美理想，以及对于文学和美术的浓郁的兴趣。而它们，都是我在少年时代和青春的早年岁月里，在课本上、在中外文课外读物上，接触到，学习了，而且进入记忆的深层，引发我思索良多。因此，我将它题名为《润我心田的往昔故事》。现在，重述这些故事，使已经在当今的文化文本中消逝了的"往昔故事"，重新活跃一次，并以此纪念并感谢故乡鄱阳和它的文化的氤氲，曾经怎样默默地、潜隐地孕育了一个生活贫困却渴求知识、寻觅美好人生的少年的心性与人格。

这些，便是我怀着挚情和谢忱，对故乡的吟咏。它们是回忆录，是思乡曲，是对"童年的残念"的反思与"反刍"，还是对潜存着乡土与

199

望故乡兮吟哦

---

① 《荒野里的一株蒲公英》原是《社会与文化转型论》的代序，现已纳入本文集第十四卷《社会与文化转型论》中，此卷不载，以避重复。

民族记忆、传统与地域文化的怀恋的抒情。

目渺渺兮匡庐，思绵绵兮彭蠡，路途遥远兮眺望，望故乡兮吟哦！

（原载《鄱阳湖文艺》2014年第3期）

鄱阳，我的故乡

——《故乡吟》之一

鄱阳，我的故乡！它是我的眷恋、我的梦园、我的永在的思念！"年去年来一滴思乡的泪"，少年时代刻印于记忆中的闻一多这诗句，一直留在时有萌动的意念中，常常和刘半农的"微风吹动了我的头发，教我如何不想他"的诗句，联袂出现；而且，日渐附丽越来越多的内蕴和情愫，增加越来越多的历史与现实、文化与情意的追忆和意蕴。哦，鄱阳，我的故乡！

有两位智者对于诞生地和童年的论述，使我更深地也更具有文化意蕴地感受到故乡对于我一生的影响及其深远而温馨的意义。一位是革命家、德共创始人、工人出身的无产阶级革命领袖台尔曼。他在他的《台尔曼狱中遗书》中曾经写道："德国历史，童年时代的磨炼，对人们生活过程的观察，唯有这些才是我的导师。"另一位是美国历史学大师、九十岁完成巨著《从黎明到衰落》的雅克·巴尔赞。他在这部产生了世界影响的巨著——《作者的话》中写道："机缘也是助我成书的一个因素：家庭背景、生活时代和出生地塑造指引了我的写作。""童年生活"、"家庭背景"、"生活时代"和"出生地塑造"，这些，就是这些，影响、"注定"了一个人生活的道路、思想的背景、写作的性情以至情趣。这种影响，是一种艰辛人生道途上，起跑线上的，最初的却是预示的"定谳"和滥觞。一个人的人生路径、事业学问及写作生涯，都在这个时期、这个地方奠定基础和确立走向。我自己便常常想：鄱阳，我的故乡，它是我的出生地；正是在这里，我度过了我那艰困、寂寞却"坐拥书城"且不乏亲情温馨的童年，在青山秀水、知识和艺术的熏陶下成长；也经历了不几年间，家庭从焰火炽盛的荣华中，因民族战争和意外灾祸而跌入贫困的"童年的磨难"；也是在这里，我初识"中国的历史"、中国的社会和"人们生活的过程"（我更多体察的是世态炎凉），更经历了抗日战争和解放战争的血与火的时代洗礼。在这里，巴尔赞所列的种种"必备项"，我都具备了，特别是他所说的"出生地的塑造"。它们都融入了，并且影响以至决定着我此后数十年的革命经历、人生选择、求学与写作的方向和道路。我的心性、文化、心理性格、情趣和创作底蕴，都与故乡有着千丝万缕的精神的血肉联系。

鄱阳，我怎能不怀念你、思索你、追寻自己与你的割舍不断的精神的丝缕！

土井巷，我的出生地；七条巷，我童年时代的乐园。它们虽然都已经消逝，成为我梦中的诱惑，但却永存于我的记忆和怀念中。上下岭、高门、十八坊、胭脂桥、管驿前、磨刀石、古县渡、田畈街……这都是我忆中的甜美，每一念及便觉温馨，因为其中蕴藏着几许人事、几许故事。当然，东湖和芝山，那是我永在的纪念、永远的甜美，多少美好的生活和美丽的意念与它们相连。它们都非一般地名，而是具有人文地理的内蕴。仅仅土井一巷，就与两代革命志士相连。一位是曾经奔走在孙中山身边的辛亥元老李守诚。少小时候，我每走过土井巷，途中便见李宅大院，我必频频回首，想起他的革命故事，比如传说他奔走革命时，浪迹天涯，曾经以报纸为被来御寒。一位是一二·九运动主要领导人彭涛（彭定乾）。有关他的革命故事，传遍鄱阳城，更是我耳熟能详的"家庭传说"，深入我的心田，导引我少小年华便向往红色革命。尤其荐福寺、陶侃墓，在故乡人文地理中，是我的记忆的亮点。荐福寺是士行中学的临时校舍。我就读该校，初中时代就熟知"时来风送滕王阁，运去雷轰荐福碑"的"文化故事"。我还曾默守在残存的寺庙碑阁的栅栏外，静观老僧用墨拓碑，那该是颜真卿、黄庭坚的真迹墨宝了。但我那时并不懂其中的珍贵，只是对这种"文化劳动"，感觉兴趣，却说不明白意义。陶侃墓日日路过、天天面对，我仰慕并私心学习他的励志行为：日日屋里屋外搬砖以消除悠闲而锻炼意志；还有他的"大禹惜寸阴，众人当惜分阴"的教诲，都在记忆中，并且发酵、酶化，成为一种文化动力。

鄱阳传统文化也是地域文化、乡土文化，历史与人物，远追秦汉魏晋，秦有吴芮晋陶侃；而后盛于唐宋明清；仅论有宋一代，那些文化大师名流，范仲淹、彭汝砺、黄庭坚、洪皓洪迈父子、姜白石、江万里等，都与鄱阳文脉相连、积淀传承、历代延续，皆是传统文化的珍贵积淀、鄱阳的文化光彩，后辈成长中潜移默化的人文汁液。

故乡的自然风光，锦山秀水，永远是我记忆中的心灵憩园。游览自然景观，也是一种"阅读"，是读自然这本大书，也是读人文地理，其中充满民族记忆、文化积淀和民俗事象，它们是生于斯长于斯的人的"自然课本"。鄱阳山水，峻朗优雅，清秀明丽，东湖的水波潋滟，芝山的风光旖旎，还有名寺、古塔，还有历史遗存和文物胜迹。它们的展现，不仅是供留恋欣赏的自然景观，更加是传承益智、养育人们心灵的文化乳汁。东湖，其开阔秀丽，湖光山色，本质不让杭州西湖、扬州瘦西湖。青少年时代，我总爱在湖边悠游散步，还曾经捧着书本，绕湖而行，边走边读，从七条巷走到位于荐福寺的士行中学。路上时而停步，看湖上凌波、赏鸥鸟翱翔、望远山隐隐，那是一种多么赏心悦目的行走和"阅读"。我感到这是一种安详温文的审美心理的培育，既是一种对自然景色的赏玩，更是一种文化心灵的塑造。东湖，它以"月明湖"的异名，进入了我的长篇小说《离离原上草》，但我不知是否写出了它的美丽姣好于万一？"杖藜携酒看芝山"，《千家诗》里的诗句，引导我们莘莘学子常常郊游，登芝山远眺，遥望庐山、意向彭蠡，三五游伴，颇有点恰同学少年，风华正茂，意气风发意味，正处抗日战争和解放战争时期，丹纳所说的"时代精神气候"，充满我们心间，或同仇敌忾、痛斥日寇，或冀望自由、批蒋盼解放。永福寺古塔，是我心中故乡的象征。我十五岁就读景德镇抗日临时中学时，便曾写过一篇短文《塔》，来怀念故乡，发表在镇上的《长江日报》上，成为我真正的"处女作"。杨梅桥，距城五里之遥，我家曾经短暂旅居这里，它的美丽和优雅，也是我系念之地。总记得，夏季里，屋檐上的燕窝里，燕子飞进飞出，喂食黄口稚燕，那种乡间人与自然的浑融，令人感受温馨又所思良多。这情景也异名进入我的小说中了。

我家就在东湖边！这句普通的陈述句，对于我有着非凡的意义。那是怎样的风光，那是怎样的心性的自然养育，那是怎样的不可忘怀！如今它已经消失，但它曾经存在。我家二层中西合璧的小楼，坐落在七条巷头，居于小小山坡上，后园外是山坡，山坡下是菜园，菜园外就是美丽可爱的东湖。我的环屋皆书的书房，面对湖山，和风丽日、风朝雨夕，清晨的清爽、黄昏的迷蒙都是我留恋处。尤其眺望湖上，或晴天朗日，湖上风光明媚，遥望可见点点渔舟，能听得见打鱼人敲打船帮的"梆——梆——"声，隐约望见他们举镳弯腰在水里划半圆形的，镳鱼的身影；鸥鸟则在水面上翻飞，美姿绰约。最是湖上烟雨时，雨雾笼罩，迷蒙一片，水上涟漪浩广、对岸青山隐隐、近处绿草茵茵，在楼上有时会看到披着蓑衣骑在牛背上的牧童，在雨中放牧，可以想象他横骑牛背"短笛无腔信口吹"情景。此时，咏《诗经》《离骚》、背唐诗宋词、读唐宋八大家，那是多么惬意、温馨而充满诗意，这风光书影，孕育着一个求知少年的审美心性、启迪他最初的艺术觉醒、培育他创作心理的滥觞；或一曲洞箫，"风雨楼头尺八箫"，此情此景此心境，是审美佳境，也是心性陶冶的熏风化雨。

我最爱在楼廊，一张藤椅一摞书——都是大哥、姐夫留下的中学国文教科书，商务的、中华的、中正的，最好是开明书局的，翻阅和细读、欣赏和品味，《兰亭序》《陋室铭》《岳阳楼记》《滕王阁序》，篇篇古文精品；从鲁迅到曹禺、从徐志摩到丰子恺、从朱自清到闻一多，中国现代文学大家的作品，一一展现，给予思想的、文学的以至励志和修养的、人生哲理和理想情操的养育塑造，精神的成长，思想的灌输，人格的修为，人生觉醒，都在阅读中启蒙。

绘画启迪了少年爱美和描摹的艺术心性。徐悲鸿、丰子恺是心中的"画神"，法国乡村画派的米勒，则是西画的启蒙师。我临摹过徐悲鸿的《吹箫女》，临摹过米勒的《初步》。说来令人思绪纷繁：1988年我访法期间，在从枫丹白露回巴黎的路上休息，忽见村边一个路牌，写着"Barbizong"（巴比松）字样，我问翻译，这难道是当年巴比松乡村画派的所在地吗？翻译点头，我惊讶而欣喜，信步走进村子，看见一间旧屋，看标牌，正是当年米勒住处。青发皓首，国内国外，"忽忆儿时心力异"，感叹不已！犹记少年时，酷暑炎夏，家人都在后院乘凉，我却汗流浃背，闷在书房，临摹丰子恺漫画，几经时日，竟然临摹了整整一本《丰子恺漫画集》。

有四幅画，我至今清晰地记得它们的画面和内容。一幅画题为《卧薪尝胆》，画在教室的一面墙壁上，应该算是现在的壁画了。那是在坐落文庙旁的芝阳师范附属小学的教室里，是一位老师的作品。画面上显示一间破屋，地上铺着枯草，越王勾践斜身坐在地上，一只手托着悬挂着的胆，他在卧薪、尝胆，用吃苦来励志，要报仇雪耻，复兴越国。小学生的我，常常注目画幅，想象连篇，形成一个联想、演进、报仇、兴国的故事。那正是抗日战争时期，在幼小的心灵里，也许潜存着时代的印记，一滴爱国情意的清泉，可能就渗进他的心田。另一幅是《了海和尚》，还有一幅题为《鸽子医生》，它们都是在小学教科书上的课文插图，也都是在小学时代接触和欣赏的。关于它们的故事，我在后面的《润我心田的往昔故事》中，有详细的记述。它们的内容，涉及艰苦卓绝、历尽艰辛、为公众服劳役的奉献精神，和不惜牺牲自身生命而为他人谋幸福的献身情怀。我曾经感动于他们，敬重他们，他们的事迹和人格魅力，启迪了少年的心扉，参与了他的精神世界的建设，是他日后的情感世界和理性世界的片瓦碎石。

我至今未曾忘记，初中时期，为了躲避敌机轰炸，学校晚上上课。在士行中学坐落荐福寺园子里的竹屋茅舍教室里，每人座位上一盏自带的煤油灯，昏暗中，听老师讲课。然而竟然至今记得一些老师的传授。姓乔的地理老师教给我们有趣的记忆法，他说："美国的大河叫'密西西比河'。你就记'密斯失笔'河——女士丢了笔的河。"果然，记住了，至今未忘。还记得胖胖的音乐老师教乐理课，讲了识谱，使我现在还能拿起一首简谱歌曲，就能准确唱出。更主要的是国文课，留下不少诗文的记忆。这些知识的传授，附加了获取知识的趣味、认知的提升、世情的体察及人格的塑造。世界的辽阔、抗日歌曲激起的爱国情愫，"山不在高，有仙则灵""先天下之忧而忧，后天下之乐而乐"，还有岳飞《满江红》的从"怒发冲冠凭栏处"到"壮士渴饮匈奴血"的壮怀激烈，都是文化积淀，为少年精神发展引路导航。

我爱听采茶戏，喜欢渔鼓，欣赏饶河调，那高亢的音调、激越或沉郁的唱腔，那充满民间艺术特有蕴涵的唱词，那里所沉淀的民俗文化和民族记忆，使我忘情，令我沉醉，这种延续长长的历史和文化内蕴的音乐，给予的不仅是艺术的审美愉悦，而且是小传统的文化传承。按照国学大师钱穆的论说，这就是民族文化培育"中国人"的实践和"实现"。日后则钟情赣剧，欣赏"水花子"的优美唱腔。以致对中央电视台戏曲频道之瞩目越剧黄梅戏，而怠慢美秀娇甜的赣剧甚感遗憾……

啊，应该终篇了。我怀着追忆和乡愁，写下这些不成体统、不成篇章的记忆中的故乡和自己的陈年往事，琐琐碎碎却情思绵绵，思接浩茫。

在高科技武装起来的现代化之"铲"的运行下，人类的自然家园，遭到严重的破坏；传统家园和文化家园，也一样受到戕害。"失故乡"，是现代人尤其现代城市人普遍的无奈和惆怅。这是一种"现代症候"。当城市化实现，城市人口将成为主体，"失故乡"的人更成为绝大多数。于是，"乡愁"普遍地困惑和侵扰人们的意识。

现代人的乡愁，已经不仅仅是简单的"思乡"，单纯地对于故乡地理环境和历史人事的怀念，而是在现代生活中，在物质主义的冲击下，在科技依赖、生活迫力大、亲情疏离、人际关系紧张，因而缺乏甚至失去认同感、意义感、安全感，幸福感也缩水的状态下，对于被过多过深破坏和抛弃的"传统"故土的思念，对文化传承的依恋，对往昔人与事的怀旧。"人类在寻找丢失的草帽"，"人类正在走向回家的路"，人类"在路上"——走在从"过度现代化、过分抛弃传统、忽视精神需求和文化濡养"的路上，回到适度、回归自然、回归传统、回归文化的路上；这是传统现代化反思基础上的"'后现代'现代化"，也是建设生态文明与建设人类文明互动两利的现代化。现代哲学就是"怀着'乡愁'的寻找精神家园"。

这是现代乡愁的理念。

在这种"乡愁理念"下，我深深怀念青少年时代曾经生活过、在乡土文化养育下成长起来的"往日的岁月"和故土的山山水水。因此，我心香一瓣，奉呈一组"思乡曲""故乡吟"，以表我对故乡鄱阳的深深思念和衷心祝福。

祝福故乡，在新的现代化理念，也是科学发展观的导引下，走向自然和社会、物质和精神、城市和乡村，协调、均衡、和谐、可持续地发展，给今世和后人一个美丽的新鄱阳！

（原载《鄱阳湖文艺》2014年第3期）

鄱阳赋

前记：

故乡鄱阳，在县城风景区芝山建鄱阳楼。县有关领导不辞远道而来沈阳，邀我为斯楼撰写《鄱阳赋》。我虽不善此道，然故乡深情、热诚相邀，却之不恭，只好勉力为文，略述古县鄱邑雄奇山川、历史人文，歌以咏志。乡邑胜迹、人文荟萃，拙笔无能，难表其盛，愧对乡亲。

古县鄱邑，史越两千载；府治饶州，富庶甲东南。濒彭蠡之浩瀚，湖以县名，鄱湖明珠，彰物华天宝之繁盛；傍匡庐之巍峨，县凭山著，五老峰下，播云蒸霞蔚之熏风。楚头吴尾，秉古韵之丰神；赣皖通衢，获大道之昌隆。得湿地之奉献，享芝山之毓秀，大块赐我以地灵；襟昌江之流畅，拥东湖之秀雅，自然馈之以丰盈。物产富庶，鱼米之乡，银鱼藜蒿春不佬，鄱阳独有；鱼钩瓷器脱胎漆，誉满国中。

悠悠文脉，古风灵动，礼乐诗书，千年垂统。武将文臣，人杰绵延，阙功伟业，光彪汗青。吴芮立汉有功，《汉书》立传；雷义廉直义重，元剧传颂；颜真卿张濛范仲淹，历代名士主政，文化积淀化育后人；谢灵运李白白居易，众多诗圣吟诵，传世名篇熠熠留存。乡邑翘楚，千古留名。陶侃搬砖惜寸阴，精神永在；洪浩羁金志不屈，气节传承；江氏满门投止水，浩气长存；文武状元彭（汝砺）与张（鸿翥），前后辉映；佳构传文苑，《容斋随笔》；遗韵照艺坛，白石道情；王献之欧阳询，鄱阳帖荐福碑，名篇法书，百世流英。辛亥先驱、革命志士，代有英豪；青春彭涛，风云际会一二·九，功垂史册，光披乡邑；院士石屏，匠心独运翱蓝天，奉献家国，故园声崇。文化教育，誉满赣鄱。

鄱阳中学，弦歌百年，七县学子，英才辈出。赣剧饶河调，美秀娇甜，余音绕梁；渔鼓声声，激昂沉郁，响穷彭蠡。

欣逢盛世，蓄势沸腾，又沐春风，百业俱兴。经济发展，文化进益，凭湖山而改观旧貌，启文运而水起风生。改革开放，更上层楼，万千气象，再舞神龙。工业园区拔地而起，高速公路八方之城。农业新模式，工业创新高，芝山添锦绣，东湖闻鸥鸣。古鄱阳，新湖城，科学发展，强工兴城，和谐社会，人和政通。继传统以发扬，推陈出新；奔现代而创业，蒸蒸日升。小康社会，美丽鄱阳，全民戮力，康庄展前程。

润我心灵的往昔故事

——《故乡吟》之三

这些故事，都是我在青少年时代、在故乡鄱阳求学期间读到的，它们是在教科书上学习的，或者在中外文课外读物上读到。而一经接触，故事的内容，就进入我的记忆库，而且，在我的心中，逐渐添加、渗透进我风雨载途的生活的"原料"，经过思想的、意念的酝酿、发酵、升华，而产生了思想意识的理念、信仰和操守。感谢当年事，心怀故园情。

我仍然清晰地记得，第一和第二个故事，即《了海和尚》和《鸽子医生》，是在小学教科书上学习的。我仍然记得当年少小之岁，却十分欣赏那两个故事的插图：了海和尚瘦骨伶仃、孤灯人影，在黑洞中挖掘；鸽子医生骑自行车在乡道上奔波和鸽子倒地气绝身亡的图景。可以说，当时是心灵震撼，以后则回味无穷而所思深沉。

现在，我"还原"这些"古老"的往昔故事，固然它们已不再为人们言道，甚至不再进入接受美学所说的人们的"期待视野"和"接受屏幕"了。但我仍是喜爱它们、系念它们、思索它们。我谨奉献于人们面前，期望有同好者能够接受它们，也思索它们，同现今的阅读期待和审美情趣，加以比照，是否能有所思、有所得？

岁月早早流逝，跟我遥遥远离，但是那些往昔的故事，却刻在我的心里，从小小年纪起，到现在为止，从儿童少年时代到古稀耄耋之年，半个世纪、六七十年已经过去，我还是常常追忆、温习、感受和思索！我不明确它们曾经，以及现在仍然如何影响了我，影响了我什么，但它们确实总是活在我心里。而且我感受到它们对于我的心灵的沁润，曾经甚至仍在助我心中真与善与美的微粒生长，而且时常来慰我的寂寞、安我的性灵、抚慰我的伤感和苦痛。

故事早已经离去，没有人再去说起，我虽多次努力，但仍然记不起、也找不到它们的出处。我今天却想讲给你，希望你愿意听。也许你会有兴趣，也许你会把头偏过去。无论怎么样都没有关系，我还是想要讲。不过我坦率地说，每当我想起这些故事，我的心中就充溢惆怅和忧郁，但觉得美丽。沈从文曾经说过："美丽总是愁人的。"

黑格尔说，一句格言或警句，在少年和老年那里，内蕴和意义是不完全相同的。我现在重数这些往昔的故事，同我在青年、中年以至老年（我现已步入暮年）时温习它们的内蕴和意义，是非常的不同了。那是非同小可的不同！但我现在不想细诉这些区别，那太繁杂，裹挟着我一生的哀伤和痛苦、欢乐和喜悦、思索和追寻，我只还原当初的记忆和感受。

这些故事并不是谁讲给我听的。鲁迅曾经听祖母和保姆长妈妈讲故事，留在他的心底了，有些化作他作品的内容；马尔克斯听外祖母讲故事，让死人和活人在一起"生活"，这成为他的杰作《百年孤独》的叙事方式的"原型"，也有的化为他的故事的原料。但我没有那么幸运，更没有那么出息，没有那种创作的神通。我都是从书上、从教科书和中外文课外读物中读到的，应该是我的"阅读经验"和"心灵体验"。读到这些故事的时代是20世纪40年代初，我在读初中一二年级的时候。但读最后一个故事，应该是在高中时期了。总体上是在我的少年时代和青年时代的早期。

哦，很久很久以前，有一位"了海和尚"，他所在寺庙所在的山，堵住了两边村庄人们的来往。于是他发下宏愿，要凿通山体，开出一个隧道，方便人们行走。为了实现这个宏愿，他每天白昼和黑夜，一个蒲团、一把钢钎、一把锤，还有豆灯一盏，弯腰伸臂，凿下一块块、一滴滴泥土和石块，日进数尺，日积月累。他不辞辛苦、不怕艰难，他坚持不懈、坚忍不拔，而且是孤苦伶仃、孤军奋战，还要受他人的怀疑和嘲笑。但他仍坚持不懈、坚忍不拔。多少岁月过去了，多少辛劳付出了，他终于凿通了隧道，让人们直接穿过山体，方便地行走。最感动我的是书上的一幅插图。黑色铺满画面，只见孤灯人影、灯亮如豆、人瘦如柴，了海和尚他面对黑暗，却向光明前进。在他的锤凿和臂力的催动下，黑暗步步退去，光明逐渐来临。就是这幅画，引起了孤苦求知中贫困少年的无限遐思与想象。他在头脑中演绎着故事的进展，也是和尚事业的成就：山体中一个洞正在一步步地向里伸进，人瘦洞深，隧道在形成着。终于，在一个深夜，万籁俱寂，了海看见了前面透过来的一粒光点。光点随着凿的进展而扩大，针头大、酒盅大、碗口大、哗——洞开！这应该是特写镜头了！哦，通了！……少年分担着那劳苦和坚韧，分享着那日益进展的成就的欣慰和最后成功的喜悦。这几乎成为他尔后的头脑中想象的"电影故事"，每次的想象中的映演，都使他经历一番艰苦、奋斗、胜利与成功的人生经验与心理体验，以及审美的愉悦。我准确地记得，这是教科书上的故事。

《鸽子医生》，第二个故事，主角是一只鸽子了。它是一位乡村医生的信鸽。这位医生，备有自行车，这在当时是很先进的了。他每天骑着自行车，带着鸽笼，走村串乡。一旦医生为病人开了药方，就绑在信鸽腿上，放飞回去，然后，信鸽从医生家中，再把药"飞送"回来。它和它的主人，就这样共同碌碌道途，治病救人。然而有一天，当信鸽携带药方飞回去的路上，竟不幸被一个顽皮的孩童用弹弓打伤了。但它流着鲜血、带着伤痛飞了回去，又携着药品，坚持飞行，终于到达了病人家，把药送到了。但是，当它倒在地上时，却再也没有起来。它为了拯救别人的生命，而付出了自己的生命。这是怎样的令人感动啊！书上有两幅插图，一幅画着乡村医生骑着自行车，带着鸽子，仆仆风尘，奔走田野间，那是很美而带有"现代气味"（在那时）的美丽画幅。而另一幅却是牺牲的鸽子倒在地上的情景，那使人悲伤而惆怅。这两幅图画，曾经引发和启发了求知少年的无限的悬想和想象：医生与鸽子如何快乐地在乡道上奔波，如何给人治病；鸽子如何流血、奋飞、坚持，终于到达目的地，而后，猝然而倒，奉献了自己的生命……这牺牲的鸽子的形象，深深地刻印在他幼小的心灵中，好像一粒善良与美丽的种子播撒在

湿润的土地上。

一群南飞的燕子，引发了一连串的悲剧，这是第三个故事的内蕴。它似乎是一篇欧美短篇小说，但我记不清是在什么课外读物上读到的了。那是在一个小城里，在城中心有一座大钟，每天以它的报时，为全城的人服务，人们都依据它所提示的时间，来安排自己的工作和生活。某一天，有一群倦飞的南归燕，飞临钟上，休憩以备远行。竟有一只调皮的燕子，钻进了内囊，因此影响了时针的运行，也迟缓了它的报时。大约缓行了一个钟点。于是，悲剧发生了：一个小职员，因为迟到而被解职了；一个新郎因为耽误婚礼的时间而遭误解，离散了⋯⋯这故事使人感到命运之神，是这样作弄人，无意的坑害、无奈的惩罚、无诉的哀怨、无情的打击！故事的演进，同样激起少年的悬想，它的情景已更繁复、更多重、涉及的人事也多得多了，能构成一部电影。

"too dear for the whistle"（得不偿失），是第四个故事的主题词。这是美国著名的科学家、发明家、学者弗郎克林的故事。说的是，弗朗克林有一个小侄子，每天到他的书房来玩闹，很是影响他的工作和研究。他想用什么办法把孩子引开。他想到了口哨，便买了一个给孩子。孩子非常喜欢，的确不再来烦扰了。但是，他整天在屋里屋外、进进出出地吹着口哨，哨音不断，到处响着。结果比他到书房来还要更闹人了。弗朗克林懊恼地叹息说："too dear for the whistle!"这是为了解决一个问题而付出，反倒引起更大的麻烦。这样的事情，在生活中，确实常常发生。我觉得，在我坎坷而又极平凡的人生征途中，颇多这样的尴尬和悲情！

"life is suffer"（生命就是受苦），是第五个故事的主题词，是具有最深沉含义的了。它这样讲述。从前，有一位国王，忽发豪兴，要读书，但觉得天下书何其多，哪读得过来呢，便下令学者们为他选择，其数量为七匹马能够驮得下。博学的学者，花数年之功，经集体研讨、慎重选剔，用七匹马驮了书海精华来。国王看了摇头，觉得太多了，便命令说，减少到用一匹马驮来。学者们依旧花数年光阴，努力剔选，然后用一匹马驮来见国王，他还是皱眉，说多了，"这样吧，"他说，"精选为一本书，拿来我读。"学者们遵命，又是花去数年时光，依旧精选提炼，集中为一本书，敬呈御览。可是，很是不幸，国王病危，连一本书也来不及读了。他叹息着，摇着头，说："我读不了啦，你们，用一句话告诉我吧。"学者们紧急商讨，提炼精华之精华，由一位最有学问的长者向国王奏报。他说："国王，这句话是：'life is suffer'。"它的"叙事方式"：一步一步，步步进逼，一层一层，层层深入，逐渐进向终极，最后，"图穷匕见"，道出真谛。而其深沉意蕴，却是往后逐渐地领会——"渐悟"了。

这些中外故事，竟是这样地打动了我，过目留心，深深印刻在心灵中，永久存留在记忆的深处。而且，时常闪现思想的启迪、审美的愉悦和人生体验的反刍。了海孤苦伶仃的形象、鸽子牺牲的"挚情壮怀"，都让我亲近而敬佩；南飞燕子无心的作恶和人们无辜的受害，以及"偶然"对人的命运的掌控和命运通过"偶然"来实现，令人慨叹唏嘘而无奈，我时常感到自己生命历程中，某些与之契合的怅惘；"too dear for whistle,"——在坎坷缱绻的生活中，无论大事还是小情，常常岂止是"得不偿失"，真正是"太昂贵了，为了那个口哨！"由此我一直觉得，那句"警策语"，倒不如像上面那样直译的好，它把那种付出超倍，而所得却相反的无奈与无诉的尴尬，又有苦说不出的况味，尽数道出。至于"生命是受苦"的体验与感受，那是悲天悯人的大慈悲襟怀与超越世俗、超越自我的"天地境界"，唯真悟者所能达到，余其心向往之而已矣。

（原载《鄱阳湖文艺》2014年第3期）

乡音的怀念

夏夜，正在后院纳凉，轻风送来袅袅乐音，越过八条巷、七条巷旁边空旷的阔地。那儿野台子戏正在上演。传来笛声悠扬，婉转，激越；传来锣鼓声阵阵，紧急，缓慢；传来演唱声，高亢，悠长，余音袅袅。所有的，种种的，多元繁复的乐音，时断时续、时高时低、似有若无，细微地、悠扬地、随风飘荡地传来……

少年的我，从这优美的乐声中，感受到一种音乐美，一种审美的愉悦，一种"审美感受"。这是赣剧在故乡土地上的搬演，是赣剧给予一个求知少年最初的音乐美的启迪。就像鄱阳山水给予他自然美的启迪，还有文学给予他的审美启迪：它们共同给予了他最初的可贵的难忘的基础性的审美教育与审美理想！

难忘乡音！怀念乡音！

少小离家老未回。在北国工作与生活半个多世纪，看不到赣剧。1963年回乡探亲，春节期间，到芝山一游，适逢县赣剧团派出的演员到养老院慰问演出，三两个演员，随意的装扮，不经意的表演，折子戏的段落，非正规的即席表演，随意但是亲切。我得以近距离观看、欣赏和亲近赣剧，聆听乡音。那场景、那风情、那腔调和旋律，隐隐间，犹在耳边更在心里。

20世纪60年代第一年，家兄定乾（彭涛）出席中央讨论工业问题的庐山会议，得间回故乡探亲，观县赣剧团演出，甚喜，乃安排登庐山，为中央领导献演。一曲《牡丹亭》，词、曲、技艺俱佳，获誉匡庐。毛泽东主席以"美秀娇甜"赠之，诚殊荣，亦堪当其誉。我闻听之下，为故乡的戏曲艺术而骄傲。

20世纪80年代后期，我以列席身份参加华东五省市社会科学院协作会议。会后回鄱阳，有幸由著名赣剧演员胡瑞华陪同看了一场完整的赣剧；是平生第一次观看、欣赏，可惜演出曲目不是《牡丹亭》。也是这一次，承胡瑞华同志美意，赠我她的唱腔专辑磁带，使我能够携乡音归来。归后不时聆听，以慰多愁。

我觉得赣剧有自己独特的剧目，反映了独特的社会生活，其曲调优美动听，高亢、激越、低回、柔媚兼而有之；唱词则典雅幽深，颇有诗意。故我很为喜爱。

我时常注意中央电视台戏曲台的节目，那里时常有地方戏曲的演出和介绍。我总是在期盼赣剧在这里出现。我以为它是应该和可以介绍给国人的。

哦，乡音的怀念！

（原载《上饶晚报》2005年10月3日）

欧美访学忆语

近年，我曾数度应邀赴欧美数国访问、考察、讲学或参加人文科学国际学术会议。越洋跨海，走进另一个世界，进入另一种文化语境，所见所闻所感，引起一些思索。当年邹韬奋出洋考察，曾写《萍踪寄语》《萍踪忆语》，今仿其意，写下一些当时当地的见闻和感想。因均属过后的追忆，时过境迁，今之所言，已成忆语，故以此题揽总。

人的记忆追索，往往由近及远。现在，我也从最近的一次出访说起。

去年夏秋，应邀到哈佛大学访问讲学。主人给我的讲题是：《鲁迅与胡适比较研究》。到哈佛后，又有友人邀我访问斯坦福大学并去伯克莱加州大学讲学。这样，我便又由美国东北部飞往西部。地区变了，但讲题仍不出中国文化这一大范围：《中国当代社会变迁与文化演变》。这可见美国以至西方对于中国文化的兴趣之浓厚。当代西方中国学的一大变化，就是从注意研究中国古代传统文化转到关注中国现代与当代文化。

至于我的讲题，在哈佛的，涉及中国现代文化的两位大师。其中，胡适早年留学美国，"二战"时期当过国民党政府驻美大使。新中国成立后，曾"流落"美国，在纽约哥伦比亚大学图书馆当个闲差。因此，美国人是很熟悉的。至于鲁迅，许多学界人士不熟悉，但是，也有不少中国现代文学的研究者、教授、学者，却对鲁迅兴趣浓厚，研究很多，专著不少、专家也不少，有些论著在中国评价很高，颇富新意。不过，拿这两位文化大师来作比较研究，却是比较新的题目。我在1983年所出版的《突破与超越——论鲁迅和他的同时代人》一书中，已经写过一篇《中国现代思想文化的两极——论鲁迅与胡适》，对他们做了初步的比较研究。但距离现在已经五六年了，论点不免有些粗略不详，且有许多问题未曾涉及。现在我则要进行一番新的比较。为此，我做了准备工作。最后确定的总题为：《鲁迅与胡适：不同的文化性格与不同性格的文化》。在这个总题下，我从许多方面，对这两位文化大师进行了比较，说明他们从小就有不同的文化性格，以及后来他们在中国现代文化建设方面有截然不同的作用和贡献，创建了不同性格的文化。我列举了许多例证，并且都是具有鲜明对比意味的。

比如鲁迅和胡适从小都学习过《纲鉴易知录》，看过《玉历宝钞》。对前者，鲁迅只是从中得到一点较系统的历史知识，影响不大；而胡适却由读《纲鉴易知录》进而读《资治通鉴》，接着，小小年纪就编了一份《历代帝王年代歌诀》，他自己说，这"可算是我'整理国故'的破土工作"。至于看《玉历宝钞》，胡适因而引起对地狱鬼神的恐怖，心灵震颤，直到后来读了范缜的《神灭论》，才精神放松，解除顾虑。然而鲁迅读过《玉历宝钞》，却结合民间艺术、民间戏曲，构筑了一个鬼神世界，直到成为作家，还写活无常、画无常像。

鲁迅和胡适在青年求学时代，都有一个引起人生转折的事件。鲁迅留学日本，先想"学医救国"，后来因为看了一部日本幻灯片，见到中国人被杀，而引起思想转变，决定弃医习文，认为最重要的是改变国人的灵魂。这就是有名的"幻灯事件"。胡适留美期间，先想实业救国，学习农业。有一次上实习课，老师给几十个苹果分类，美国学生很快分定，而胡适却因中国当时还无苹果，分了半天才分出一半，并且类别分错，于是他就决定弃农从文。但他的结论却是：一个人的选择要完全根据自己的兴趣，不要考虑什么国家社会的需要。

鲁迅和胡适都有一个不如意的包办婚姻。鲁迅反抗，胡适顺从。鲁迅因此赋诗说："灵台无计逃神矢，风雨如磐暗故园。寄意寒星荃不察，我以我血荐轩辕。"（《自题小像》）由家室之哀而至乖离之悲，由己及国。而胡适则写诗说："岂不爱自由，此意无人晓；情愿不自由，也就自由了。"（《病中得冬秀书》）冬秀即江冬秀，胡适的夫人。因知不自由，主观上便放弃自由的追求，"情愿"不要自由了，也就真正自由了。这就是胡适的人生哲学。

这些，反映了两人多么不同的文化性格啊！

我在讲演开始时，便历数了这些实际事例，然后才展开分析，深入探讨。听者对此感到很有兴味。在结束讲演后，在哈佛大学做研究工作的访问学者捷克籍学者、加拿大多伦多大学教授米列娜、新加坡南洋大学的胡妙安女士等都前来探讨问题。米列娜并且约我一同到哈佛教授俱乐部去饮咖啡，并进一步交谈。她谈了对鲁迅和胡适的看法，以为胡适的学术论著方面很广，但他的文章都不免有浅的缺陷，而鲁迅的文字总是很深刻的。我同意她的看法。

在伯莱克加州大学，我就讲题所列内容，稍稍展开来讨论，其中谈到目前中国社会的十几种社会流动的表现，如工人下乡、农民进城、南人北上、北人南下、皖女进京、川"军"入黔、高级人才东南流、初中级人才走西口等，这些社会流动都带来文化的交流、变动，产生新的文化的生力军，是中国文化由传统向现代转化的社会基因。对于这些介绍中国当代社会-文化现象的材料，与会者都颇感兴趣，纷纷进行记录，有不清楚的则提出问题，要我说明。

这里，我还要补叙两件事情，也与中国文化有关。

在哈佛大学时，我去哈佛-燕京图书馆参观访问。事先得到通知的接待人员，见面就拿出一叠卡片交给我，并说："这是哈佛-燕京图书馆收藏的您的著作。"我高兴地接过来一看，连我在20世纪50年代为北京出版社编选的、其中还有我的几篇作品的小品文集《这不是私人的事情》，也在其中。这真使我惊讶不已而感触良多。这本书，连我自己手里也没有了，而且我在自己的论著目录中从未收入过。我已经早忘了它。然而，在大洋彼岸的美国著名的高级学府却将它作为藏书保留着。而五十年代，中美尚处隔绝之中，他们又是怎么购调图书的呢？这样一本小册子，他们也不曾放过，这说明其收藏资料之广、之细、之周密，这是惊人的；这反映了一种研究思维与方法：重视掌握、实证材料。

这还使我想起，1984年访美，在国会图书馆，在华盛顿大学等学府的图书馆，都在电脑中储存有我的论著目录，且注录事项全备。这反映的是同一样精神。

另一件事情是：在美国的华文报纸上，刊登着大幅鲁迅著作的广告，多是杂文集的单行本。我在芝加哥超级市场里的书店中，也看见了这种鲁迅文集的单行本，印制精美。在那里，没有市场的买卖、赔钱的生意是没有人会去做的。既登书刊广告又陈列书本，便说明鲁迅的著作，是有人买有人读的，是有销路的。这使我想起国内，出版的大幅图书广告有的是，然而从未见过有关鲁迅著作的；在书店也是买不到鲁迅著作的单行本。这说明是出版界的问题，是书刊发行渠道的问题，还是读书界的问题？

现在，大洋彼岸对于我们的一代文化大师推崇备至，读他、研究他，而国内有人却在冷落他！

中国的现代文学、现代文化，能够没有鲁迅吗？中国文化在实现现代化的过程中能够忘掉鲁迅吗？

这是值得我们深思的。

当去年秋季，在美国看到那图书广告我乐而剪下辑存时，东望神州心系故国，提起这些问题，不禁思绪起伏。

1991年7月14日

（原载《侨园》【中文版】1991年9月1日）

采自华盛顿的一片枫叶

——访美掠影

华盛顿的初冬，居然还没有脱却绿装，到处可见的草地，街道两旁的树木和错落于各处的树林，都依旧是深绿与嫩绿相间，令人在视觉上仿佛还是在夏季或秋季。只有那一片片飘洒而下的枫叶，告诉人们时令和气候的变化。我爱那不断飘落的枫叶，采了一片，夹进正在阅读的书中，带回国来。

华盛顿给人突出的印象是整洁、幽静。它只有70多万人口，除了为数不多的造纸和印刷厂，没有其他的工业，小汽车连成长龙在街道和高速公路上奔驰，但不闻一声喇叭。而那到处飘洒的枫叶，静静地落下，无声地停憩在地上，使人在意象上感受到仿佛在林间，在乡村、在田野，于是更觉幽静。

当我们漫步在街头时，不仅不时会有枫叶静静地落在脚跟身旁，而且，还有那活泼可爱的小松鼠，就在街旁的树干、树枝上，在地上的落叶中，在行人的脚旁以至在汽车的周围，穿行、嬉戏。闹市区的鸟雀，时时可见的街心小广场上的鸽群，水池边的鸥鸟，也都是这样在人群车队中安详地飞翔、漫步、啄食，或在水中游弋。它们在人们面前，发出细微的鸣叫声，表示它们的欢悦、同人们的亲昵之情。可以想见，它们长期以来就是这样与人和平相处的，它们从来没有遭到过捕捉袭击，它们心中没有畏惧，充满信任。禽鸟与松鼠的穿插和嬉游，同枫叶的飘洒糅合在一起，更增加了气氛的幽静与安详。

华盛顿的高速公路和立交桥，建筑宏伟，汽车成龙，颇有现代化城市的风貌。然而，整个城市，却没有一座高层建筑，更没有作为现代化城市的突出标志的摩天大楼。这是因为，当年华盛顿纪念塔建成后，立法规定，以后的建筑物不许超过这座纪念塔的高度（168米多）。这条立法和对于它的信守不渝，确实保护了华盛顿，使它没有被"现代症"侵扰，而保持着它的清静、幽雅、优美的风貌。

有一次，在乔治·华盛顿大学麦克格莱斯教授家里做客，他向我提出这样的问题："你们到华盛顿已经好几天了，你们对美国的印象如何？"

我想了想说："礼节，节奏和效率。"接着我又补充说："讲礼节，快节奏，高效率，我以为这是美国现代文化的特点。而这些，是值得我们学习的。"

礼节是文明的重要标志之一。我们走在大街上，尤其是清晨或行人稀少的地方，美国人，无论男女老少，常常微笑着点头招呼，或者还主动问一声好。在商店买东西，收款付货，买卖双方总是互相道谢。在机场、在票房前、在邮局，如果排队办手续、交款、填表，紧接在后面的那个人，便同前面正在办理各项事宜的人，保持一定的距离，而不紧挨对方，更不去窥视你写的是什么。打电话、让路、上下车相遇，也总是道谢，点头致意。

我们从纽约乘长途汽车赴华盛顿，检票、办行李托运、车上乘务及开车，全是由一名司机办理。到了华盛顿，司机开门下车向站上的工作人员交代一句便扬长而去，其他的事情又有人办理了。我们从华盛顿返回纽约，有意乘坐火车以了解铁路状况。在车站，一位黑人搬运工，一辆手推车将四个人的一大堆行李独自拉光了，我们轻松地进站，走上月

台，那搬运工已站在车厢门口，告诉我们："行李已全部放好，我去给纽约车站打电话，到那儿有人会接你们。"我们上车，见行李已端端正正地摆放在车厢门口。车厢非常整洁漂亮，一律大沙发座，座有虚席，内无喧哗。我们一到纽约站，一位年轻的搬运工已经站在车厢门口，来接站搬行李了。

时间观念强，节奏紧张，工作效率高，这是现代社会所需要的人类活动的节律与效益。

现代科学技术的发达，和它在日常生活与工作中的运用，不仅推动了而且也保证了这种节律与效益的实现。每到一处，光控的大门，当你离它不远便自动地打开了，你走过去，它自己又关上了，还有声控的灯光（进房的走动声，隔屋大声说话都会使灯光自动亮起来，声音小了，灯光也灭了）；气控的报警器，时时在警戒着。超级市场品种极多而又可由顾客自选的商品，各种蔬菜都洗好，包装好，多种多样的食品，包装美，营养高，食用方便。电炉像电灯一样开关方便，并可调整温度。一切都是这样方便，周到，给人以节省时间，提高效率的条件。

我每看到夹在书中的那一片枫叶，便回忆起那宁静的华盛顿，和那一切都在快节奏地进行的美国。

（原载《辽宁日报》1985年3月13日）

"京梦"梦惊思几许

——《耄耋回首往事前尘》之一

题记：

> "……围绕着它，和它有关的都是从往事里抓出来的片段回忆，在随想里留下来的思绪点滴。"（赫尔岑《往事与随想》）

我曾经有过多次调京工作的机遇，都功败垂成，说起来，令人唏嘘，也引发深思。如今耄耋已逾，回首前路，有"京梦"累累皆惊梦之感，祸兮福兮，均无依凭，唯感叹"命运"之臂强劲，人谁能违？

所谓微尘滴水映大千。我现在回顾的这些往事，虽然在个人来说是平生命运、事业大局；但在社会层面上，不过是飘风吹轻尘，微微不足道哉。不过，我所经历的，倒也反映了一些时代的印迹、文坛的风情、世态的演变，算是一点"历史的细节"吧，或可供消遣一顾。

那是1978年10月仲秋季节，我在全家插队昭乌达盟敖汉旗10年之后，在隐姓埋名20多年之后，重返沈城。本来半年前调令即已下达，重回报社。虽然我学的是新闻专业，新闻工作又是老本行，但回顾近20年的从业经历，除了一篇报告文学《永生的战士》，引发全国学雷锋活动，算是一点成绩，所剩就是两度遭难的沉重记忆了。而且自己向来属意学术研究和理论思维，所以怀揣调令，坚持半年不肯报到，终于获准离开热爱的新闻工作岗位，转行到新组建的辽宁社会科学院工作。翌年初，右派改正之后，即负责文学研究所的工作。其时，原先主要负责所务的，是新闻和文艺界的宿将戈扬。但不久，她就奉调回京全力主抓《新观察》的复刊工作，并且拟调我去京给她当助手。这是我人生历程上，第一次遇到"调京工作"的机遇。但是，此事传到院长陈放那里，他说："哦，那可不行。"还说"她自己走了，还带走一个？"此事我以

后才听说，当时一无所知，因此也没有去争取。

转年1979年初，辽宁省文学学会成立，我是拟任的学会副秘书长，负责会务，其中一项主要任务就是接待应邀专程来沈作学术报告、时任中国社会科学院文学研究所副所长陈荒煤。会议期间为他服务，不免与他多所接触，使他对我有所了解。大会结束后的晚宴上，他忽然对坐在对面的我说："彭定安同志，到我们那里去工作吧！"这意外的喜讯，使我一时不知如何应对，只兴奋地说了一句："那好哇！"我看一眼陈放，他没有动静。我心以为：这回定了。但是，忽然"半路上杀出个程咬金"，坐在陈放对面的方冰同志（那时任省文化厅副厅长）对对面的陈放说："唉唉，陈放，他挖你的墙脚！"这时陈放好似如梦初醒，赶忙说："哎呀，荒煤同志，这可不行哪。我们刚建院，需要人哪！"陈荒煤没有再作声。我作为晚辈，在多位老同志、老领导面前，不便也不敢多说什么，只好默然接受这喜事的"忽起忽落"。

不久，却又出现一缕喜光。那是冬未去、春将来的季节。一天晚上，范敬宜忽然给我来电话，说人民日报社国际部副主任陈泉璧同志来沈阳了，现住华侨旅行社，约见我们俩。夜晚，我们冒着寒冷，骑车分别从三经街和南湖，赶往那时还是涉外高级宾馆的华侨旅行社（现已拆除）。陈泉璧同志见面稍许寒暄后，便说，现在我们同美国方面协议互派多名驻外记者，拟调你们作为第一批驻美记者去人民日报社工作，你们的意见怎样？我和范敬宜自然是喜出望外，满口答应。此事就如此定下了。辞别出来，我和范敬宜一同骑车回家。路上，我说："啊，真想不到哇，昔日的右派'彭范联盟'，现在竟然要'联袂赴美'了！"又说："可是我的英语水平'呀呀乎'，你是圣约翰出身，英语呱呱叫哇。"我们一路说笑，"春风得意"。《人民日报》要调人，似是"铁板钉钉"，没有阻力，只等调令下来了。但是，过不久，即传来"计划改变，前议作罢"的消息。事后，我还趁出差机会，路过北京时，去人民日报社看望国际部的陈勃伟同志。他曾任驻日记者，是我在东北日报社的老同事。我向他打听，既然去不了美国，仍然来人民日报社工作，如何？他说，来也可以，不过你不是搞国际宣传的，来了，也就是编《国际副刊》，这你得考虑。回来后，我思考陈勃伟的意见，觉得好容易来到科研机构了，又回新闻界？算了吧。一缕喜光，就这样消失了。

又不久，著名学者、历史学家黎澍同志奉命创办《中国社会科学》

杂志，正"招兵买马"，物色编辑人员。友人向他推荐了我，并且引领我去他家中晋见。黎澍同志快人快语，简单说了一下办杂志的事情，就说"来吧！"事情就这么定下来了。我心好喜悦。这是中国社会科学界最高等级的刊物啊！黎澍刚才说了："乔木说，这个杂志要办成，在这里发表一篇文章的，就是状元。"当时，我在偏僻旗县的深山沟里呆了十年后，才"钻出来"几个月，得此进京工作的良好机缘，是何等快慰欢欣！不久我回到沈阳；又不久奉黎澍命来商调我的刊物编辑部文化组负责人即来到沈阳，约见了我，又向领导机关提出了商调的意见。一切办妥。我送他登上火车的时候，他愉快地同我握手，说："我回去就发调令，我们很快就会在一起工作了。"可是，以后就再没有下文。"空山寂寞"，未闻"足音"！后来听说，商调事被上级"卡"住了。我生平的一件大事幸事，再次功败垂成。

1980年8月，在我"从地下钻出来"不到一年半的时间，在我毫无所闻、事前一点信息也没有的情况下，忽然接获上级组织通知，任命我为辽宁社会科学院副院长兼秘书长，主管科研和行政事务。于是我陡然忙碌起来，本职工作之外，还有自己的科研和学术著作要撰写，同时还具体组织建立多个辽宁文科研究会，先后成立了中国现代和当代文学、鲁迅研究、美学、比较文学和红楼梦研究等学会。正当我工作得有点儿"风生水起"的时候，却又一次调京的波澜起。

事情是这样的。1981年，为纪念鲁迅诞生100周年，全国举行盛大纪念活动和学术研讨会。中国社会科学院文学研究所负责全国性学术研讨会的工作。我被借调任驻会专职负责学术研讨会组织工作的副秘书长，包括审定全国各处提交的学术论文和确定代表人选，以及所有会务安排。夏季赴京、秋季回沈。在离京前夕，文学所鲁迅研究室主任林非同志约我谈话。他说，现在决定成立鲁迅研究所，把"东鲁"（指中国社科院文学所鲁研室，在北京东城区）、"西鲁"（指鲁迅博物馆，在西城区）和"中鲁"（指人民文学出版社鲁迅著作编辑室，在朝内大街，居城中）合并组建；副院长周扬同志兼任所长，鲁迅的学生和老一辈鲁研专家李何林、李霁野、黄源、唐弢、萧军、戈宝权、王瑶、王士菁等先生任副所长，但他们只是挂名，而由你，他指着我说："担任副所长，坐班主持工作。"然后询问："让你屈居末尾啦，你同意吗？"这是我意想不到的好工作，也不是什么屈就，我当即表示欣然同意。他说，你接受，那回去就可以向省里汇报了。

我回省后立即去省委宣传部汇报，先是主管文化的副部长文菲同志接待，他听了汇报说："这可得向异云同志报告。"于是我们来到刘异云部长办公室。我刚汇报完，异云同志倏地从座椅上站起来，几步跨到我的面前，指着我，神情有些严厉地说："我知道，他们早晚要把你弄走！"空气陡然有些紧张。文菲便婉言说："这不还没有定嘛！"异云同志也就回到座位上，缓声说："到时候再说吧！"我听口气，没有说死，心中暗喜。

可是这个计划，因为未获胡乔木院长批准，作罢了。我的"进京梦"，再一次功败垂成。

此后，还有一次，是"议而未决"，就作罢了。大约在1982年，一天，我到广播电视厅吴少琦处，那时他担任厅长，过去是我在《东北日报》《辽宁日报》工作时的老同志，还是老"右派朋友"。我们正聊着，忽然来电话了，只听他接听后便说："啊，他就在我这里呢。——哦，……他呀，呃，他现在当社科院副院长啦……嘿嘿……，对，算了吧！……"他放下电话对我说："是顾雷。"顾雷是我们在东北日报社时的老同事，后来调到人民日报社，是一位活跃的大记者，这时担任什么职务，我不清楚。吴少琦又说："他说人民日报社准备在各大区设立记者总站，想调你去当东北地区记者站的站长。我说'你当官了'，他就说，'啊，那就算了'。"吴少琦生性活泼，好开玩笑，他说完又调侃我说："你小子去呀？去，我这就给顾雷打电话！"说着还假意拎起话筒，我说："你打吧！"两人哈哈一笑。

两次去人民日报社工作的机会，两次重回新闻工作岗位的机缘，我都错过了。回顾过往，我终于没有重返新闻界，而"终生不渝"地定在社会科学研究岗位上了。而范敬宜，虽然那次我们没有一同当成驻美记者，但后来他却一次调京工作，就顺利成行，并步步晋升，以后更成为主政人民日报社的老总，成为新时期新闻界的闻人大家，为人敬仰。我们相比，就不是个人命运的浮沉变异，而是由于学识、能力的差异而至成就的悬殊了。

前所谓"微尘滴水映大千"。我回顾这些琐细往事，就是映出一星半点儿当时的时代气氛、文化生态和"景观"，以至干部任用的情景。这些，现在，类似的事情都不再存在，也不再会发生了。

老领导刘异云同志在一篇关于我的文章中，曾述及我调京未成的事情，他这样写道：

> 记得粉碎"四人帮"后，全国一片欢腾，万事待整顿，百废待兴，正是迫切需要人才之时。当时中央有关部门要调定安，我认为辽宁是"文革"的重灾区更需要人才，申明理由没有放他走。所谓"辽宁不放"，就是我的主意。以后，北京有关部门又来调另外一位同志，我还是申明理由来个"辽宁不放"，后来那位同志还是调去了，现在担负着很重要的工作。为此，我觉得对定安有点抱歉，如果当时放他走，他定能在更重要的岗位上施展才华，做出更大的贡献。不过我看定安只要做学问有所创造，对地位如何他是不怎么注意的。我以为这是他研究学问有所成就很重要的一个原因。

（《超越忧患的求索——彭定安学术生涯40周年纪念文集·一点感想》）

虽然异云同志这么述说，但我内心却毫无芥蒂，没有心存惋惜、"悔未成行"。每每忆及这些事情，我倒是常常想起于光远同志的一番话。那是20世纪80年代晚期，有一次他来辽宁视察和讲学，我陪同接待。一次，我们谈起我省一位比较负责的干部，欲去北京工作未成，现在还想争取，并希望光远同志给予助力。光远同志听后却说了一番话，他说："不去也好吧。不是有一句话嘛，'地方一条龙，北京一只虫'。……"意思很明显，就是说在地方干得好、工作出色、才华显现，到北京，人才荟萃、精英汇集，也许就变成平凡失去光彩了。这倒是实有其人其事的。不过，事实是两个方面的情况都有吧：比如范敬宜就是"地方一条龙，中央更大龙"；而我想，自己也许就是"京梦"实现，结果却是"地方本非龙，北京更成虫"。回首往事，这不过是"既无依据又无意义"的悬拟，不值得思索。而我每常所思、在胸中蕴蓄者，则是范仲淹在《岳阳楼记》中所说的："不以物喜，不以己悲。"

（写于2016年8月31日）

（原载《鸭绿江》2016年第11期）

我帮舒群过录、整理、补充《中国话本书目》

——兼及晚年舒群琐忆（《耄耋回首往事前尘》之二）

题记：

"……围绕着它，和它有关的都是从往事里抓出来的片段回忆，在随想里留下来的思绪点滴。"（赫尔岑《往事与随想》）

前记：

近日在网上读到一篇回忆舒群的文章，题目是：《我记忆中的著名作家舒群》，其中有几处提到我与舒群"合作"，整理他的《中国话本书目》这件事。文章这样写道：

问：您的《中国话本书目》一书是否写完？

答：哪里写得完呢？连个房子也没有（那时舒群在北京寄居旅馆之中）。多亏那些年，在农村我没有事情做，而且有书，这两个条件使我写了这个东西。

问：那您这本书到底打算怎么办呢？

答：我是准备与人合作了；不然，我死后就不会有人完成它了！在北京，我和霄平、二平（霄明小名）说，"你们都没有能力，如果我把它留给你们，你们谁也不会把它完成，我只好和别人合作了……"。

最近，我在省里见到一位，我准备与他合作，这个人叫彭定安，是省社科院文学研究所的。这个人我过去没见过。前几年组织上曾让他和另外两个同志给我当助手，但我没见过他。这次见到了他。过去，石光等同志都说这个人很好，我的印象也不错，我准备与他合作。

读罢这几段文字，勾起我无限的回忆和感叹，也勾起我追忆起与舒群晚年的一段"亲密交往"。借此机缘，写一写有关的片段回忆。

我与晚年舒群，有一段可算是亲密交往的经历，而且有一段"学术合作"的可贵的友谊。如今，斯人已逝，往事如烟，追忆起来如梦如幻，许多生活陈迹都已经追随岁月的逝水流去，如孔子云："逝者如斯夫，不舍昼夜。"但是，岁月磨砺，却磨不去那些记忆深处的刻痕。

而我觉得其中有些记忆碎片，蕴含着一点"文坛掌故"和"名人轶事"或说"名人趣事"，也许在细枝末节处，反映了一些历史和文化的发展轨迹，或可供人们窥见某些"历史细节"，而赏玩之、思索之。对于我自己来说，却也是一段重要且美好的记忆，应属有一点文化印迹的生活刻痕，也想加以记述，且借此附骥留存。不过时过境迁，现在有些记忆犹新，有些却印象有点模糊，难述其详了，我权且循着记忆的逶迤行迹，不计工拙，追记一些片段。

虽然起因是看到关于我为舒群整理《中国话本书目》的回忆，而撰写这篇回忆，但我且先叙"琐忆"，却把它放在末段来记叙，以为重点。

一、我们是怎样相识并亲密交往的？

我们相识，缘起《中国话本书目》。这是舒群在被迫困居本溪乡间的受难时期，潜心收集研究、集纳整理而成的一本关于中国话本的目录，不仅有"目"，而且有一些简要的考证和论证。1978年他复出后，想要寻觅一个能够与他合作的人，协助他完成这部著作。但他怎么就"觅"上我了？我们是"素昧平生"啊。

必须回到20世纪的1979—1980年。1978年，我省在原有的两个社会科学性质的研究所基础上，扩大组建了省社会科学院。来自延安，曾经在延安中央研究院工作过的党内理论家陈放任院长，也是来自延安的、曾经担任中共中央东北局文艺处长、省文化厅副厅长的石光任常务副院长。石光曾长期担任本溪市委宣传部部长，与舒群是老朋友。舒群困居本溪乡间时，他对之大概有一定的眷顾。当时，社会科学院文学研究所（起初为研究室）的负责人是新闻界、文艺界有名的女将戈扬，她也是舒群的老熟人，20世纪50年代曾与舒群在中国作协共事。我则于1978年10月由于自己的坚持，怀揣着调令半年不报到，终于获准离开新闻界而到社会科学院工作，落脚文学所。时当1978年末期，我不知究底，推测应该是石光、戈扬动议，获陈放同意，上调舒群来院工作。这对于仍然蛰居本溪的舒群本人和社会科学院都是有好处的。舒群也很愿意来。于是，我们在东北旅社（现已拆除，那时是沈阳数一数二的高级宾馆）租了一个套间，准备给舒群暂住。但是，正当我们准备就绪，要去本溪接舒群的时候，"忽然一夜传檄令"，舒群被调回北京安排工作，他获得进一步的解放。不久，戈扬也奉调回京，主持《新观察》的复刊事宜。接着我便负责文学所的工作。就在这时，石光院长有一次对我说："舒群在乡下时，搞了一部话本书目，你来帮助他整理完成吧。"我很愕然，我与舒群素不相识，也不搞古典文学研究，怎么能够承担这个任务？我便说："石光同志，我对话本小说只有一般常识，完不成这个任务呀！"石光没有勉强，只是说："你再考虑考虑吧。"谈话是在走廊里进行的，我感觉只是一个一般性的商量，不是院长下达研究课题，也就没有当回事。

　　过后不久，在鞍山召开了一个文学界的研讨会，特邀舒群参加，记得当时还蛰居鞍山的著名作家邓友梅也参加了。会上，舒群说到了他的《中国话本书目》，并宣布："现在与彭定安合作来完成。"消息传到省社科院，石光正式和我谈话，说："事已至此，你就接受了吧！"这回口气不同，而且是"事已至此"，就是说"木已成舟"了，也不能让舒群"放空炮"吧。这是常务副院长、舒群的老朋友的嘱托，我作为下级，已经不能再推迟了。我只好表示接受任务，说："我先学习一段，熟悉这方面知识。"不是课题任务的"课题任务"就这样确定了。

　　我所经历的过程，就是这样的，是"一位院长交给研究所一个研究课题也是工作任务"，是"帮助"，是"平等的合作"吧，并没有明确"充当助手"一说，更没有上下级的组织关系。我以前一直以为舒群之所以"物色"到我与他合作，是因为我那时赠给他一本我"钻出山沟"之初出版的第一本著作《鲁迅诗选释》，他误以为我对古典文学有一点根底，所以找到我。根据上述的记载，却是"组织上定的给他当助手"，但不知这里所说的"组织"是哪个"组织"。至于还有另外两位同志也给他当助手，我则一无所知，也未曾见到过类似助手的人员在他身边走动。

但是，不管是什么情况，我接受了任务，舒群接受了我，我们开始合作。而后，无论他在位于北京米市大街的北方旅馆暂住，还是迁至团结湖作家协会宿舍及到虎坊路作协更好的住宅区居住，我都是他家的常客，既是看望，更是汇报和商讨有关《中国话本书目》的问题。我们就这样相识并熟悉起来。

在数年的接触中，自然会有"你来我往"的谈话，不过我们从来很少长时间的长篇交谈，只是触机而发地谈论一些事情。我那时已经委派文学所里一位科研人员专门采访舒群，所以我也没有注意访谈——这是我至今颇为失悔的一件事情。虽然如此，但是，日常的闲聊、"闲谈末议"中，自然也会涉及一些有意义的事情。其中，存留在我的记忆中的，且"钩沉"写出，是为"琐忆"。

二、周扬设宴为重返京华的舒群接风

舒群初回北京，暂住在王府井附近的和平宾馆。这是20世纪50年代初期，在北京举行世界和平大会时修建的涉外高级宾馆，现在是不大为人注目了，但当时还是位居高端。由此可见，舒群初回北京，还是颇受礼遇的。特别是，周扬还在此举行宴会，为他的回京复出接风。这个宴会，形虽简朴格却高，主、宾总共只有四位：主人周扬，主宾舒群，作陪者两位均是文坛宿将，他们同是"解放"复出不久，暂时屈就中国社科院文学所正副所长的沙汀和陈荒煤。宴会的具体情况如何，他们都谈了什么，特别是周扬如何"致辞"、叙旧等，舒群都没有细说。这是舒群的一个突出的特点，他从不高谈阔论，回忆与叙谈也不绘声绘色，只是述说而已。我不知道他与其他人的"叙谈模式"如何，反正在我与他的接触中，他是如此表现的。我以为这是一种良好的朴素深挚的文化心态与修养。不过有一点可以肯定，就是舒群复出后的工作的初步安排，是在这个宴会上定下了：去文学所。这原因，应该是与舒群手里有一部著述《中国话本书目》的草稿待完成有关。既然你有此著述待完，文学所的领导又都是你的老朋友，彼此相熟，周扬又是社科院副院长，这不就"顺势"安排了吗？于是不久舒群就去了文学所。

舒群对这次宴会，并没有怎么在意。他给我讲述时，平平淡淡，就像讲一件普通的事体；而以后，他对在文学所的工作，也没有太在意，他究竟是搞创作、长于形象思维的大作家。他每说起去文学所"集中"（每周只有一次），总是说："唉，去所里坐坐。"他大概真的"只是坐坐"。那时，文学所博学鸿儒济济，俞平伯、钱锺书、唐弢诸多大师均在，特别是研究话本的先辈权威、编撰过《日本东京所见小说书目》的孙楷第也在所内，但我从未听舒群谈起与他们交往叙谈的事情，连孙楷第在内。足见他并没有"进入状态"，究竟是作家嘛。果然，不久他就离开，去了中国作协，与丁玲、罗峰、白朗一起，当驻会作家了。

虽然有这样一次规格隆重、意义重大的宴会，而且这样的"接风宴"，唯他所享，丁玲、萧军和罗峰、白朗及文艺界其他复出人士等，谁都未曾"享受"到；虽然，据长期担任作家协会领导工作的张僖回忆，1957年反右派时，正是周扬力主、坚持不给舒群像罗峰、白朗、戈扬那样划右派，而只定"反党"，所以他受处分略轻一等，被遣送本溪，还安排了一个合金厂的副厂长职务；虽然存在这些情况，但是舒群并未因此消除与周扬的芥蒂。记得有一次他与作家协会的什么人通话，话到激动处，点名批评周扬。文艺界那些受难的大作家们，似乎唯有他和丁玲一样，对周扬没有消释前嫌。记得戈扬曾给我说起，一次，丁玲赠她一本自己新出的作品，题签时，她写"戈杨同志"，戈扬忙说："唉唉，不对呀……"丁玲说："我知道，是提手'扬'，我就是不愿意写这个字！"

三、感人的"周氏袄"的故事

舒群无论是在和平宾馆暂住时，还是在位于米市大街的北方旅馆居住一段时间，都总是披着一件只有东北人才穿的又长又大又厚的大棉袄，那颜色已经毁了，蓝不蓝灰不灰的，这和舒群当时的身份和居住环境，尤其是涉外的和平宾馆，甚是不协调。因此我一次问他，"舒群同志，你怎么总是披这么一件老棉袄呀？"他笑笑说："哦，它可不是一件普通东西！"

于是，他给我讲了这样一个故事。1957年反右结束后，他被遣送东北，去本溪落户。临走时，他孤苦伶仃地伫立火车站，"风萧萧兮易水寒"。昔日围着转，办事呀、讨论呀、叙谈哪的朋友们，没有一个敢冒大不韪前来送行。当他正思绪万千、愁绪满怀的时候，忽然听见一声喊："舒群！"他回头一看，一位同志，手捧一件大棉袄，站在那里。他惊讶而又幸喜地说："哎呀，你怎么来了！"那人说："我来给你送行哪！"说着，把那件大棉袄递给舒群，说："东北冷哪，这棉袄拿去好御寒。"舒群感动不已，接过了棉袄。

这位患难见人心的人氏是谁？

他就是著名老作家周而复。

我由此更加尊敬这位老作家，在他含冤被错误开除党籍（后来恢复）时，也丝毫不减敬意。

我对舒群说，这样说来，此袄可称"周氏袄"。舒群问，此话怎讲？我说，当年，抗日战争时期，郭沫若在重庆与苏联驻华使馆文化参赞费德林友善，费赠郭一支上好钢笔，郭珍爱之，命名"费氏笔"，以为纪念。本此，这棉袄可称"周氏袄"。舒群点头认可。

四、他在文艺界外的两位挚友

他告诉我，他有两位文艺界之外的挚友，他们是朱光和黄树则。这两位，也非等闲之辈。新中国成立初，朱光曾任广州市副市长（市长是叶剑英），后任广东省副省长，60年代以后任国务院对外文化联络委员会副主任。他早年的革命经历和文艺生涯，颇带传奇性。1927年广州起义时，革命志士脖子上系着的别致的红色领带，就是时任共青团广州市委领导人之一的朱光设计的；1928年上海成立的"上海艺术剧社"，是朱光积极组织发起的；1931年中央苏区的第一张人民币是朱光亲手绘刻制版的。1937年朱光在延安领导中国文艺协会戏剧组，与廖承志合作演出话剧《碳矿夫》和《血祭上海》，受到毛泽东的赞赏，并嘱咐"这个班子不要散了"。由此动议决定成立艺术学院，次年，鲁迅艺术学院建立，朱光任秘书长。其时，舒群任鲁艺文学系教员。他们应该是这时候相熟起来的吧。他曾拿出一幅装裱好的朱光赠给他的自作山水画给我看，上面还有题跋。绘画有相当高的艺术水平，颇富韵味。原来朱光不仅是一位艺术爱好者，而且正经是这方面的行家里手，并且曾经从事过革命文艺的领导工作。这应是他和舒群结谊的工作和兴趣爱好的基础。他还告诉我，延安时期，朱光常到毛主席的窑洞里，他敢于同主席打闹和开玩笑。朱光最有名的故事是"同毛主席抢书"。

至于与黄树则的友谊有可能是延安时期，黄曾担任毛泽东的保健秘书，而舒群那时不说是毛主席窑洞里的常客，也是时常被召见或者去请示工作的。也许，他们就这样熟识直至深交成挚友吧。舒群1989年逝世，黄树则以挽联悼念："五十年深交，沥胆相知，君今去矣；半世纪文章，呕心创作，我永珍之。"于此可见他们相交之深。

五、他一直认为鲁迅在30年代批评过他

他给我说过多次，他认为鲁迅批评过他；这批评，是和鲁迅批评夏衍的《赛金花》同时的。而他，不能接受这个批评。他没有怨言，也没有不满，只是这样说。自然，内心是不愉快的。

他没有说鲁迅如何批评他，也没有说是哪篇文章批评了他的哪一篇作品。

我也研究一点鲁迅，但我没有看到过鲁迅批评舒群的文字；我也没有看到过任何鲁迅研究论著中，提到过鲁迅批评舒群的事。所以他每说及，我就说："鲁迅没有批评过你呀！"他不接受我的"说项"。但我们没有争论，因为他并不生气，只是说说而已，我也就不那么较真了。不过我隐隐觉得，他可能指的是鲁迅批评他的成名作、短篇小说《没有祖国的孩子》。而据我的查阅和"考证"，舒群可能指的是鲁迅逝世前所发表的《半夏小集》中的第二小节批评了他。这节文字不长，我且照录如下：

> 用笔和舌，将沦为异族的奴隶之苦告诉大家，自然是不错的，但要十分小心，不可使大家得着这样的结论："那么，到底还不如我们似的做自己人的奴隶好。"

这节文字的内容，大体能和《没有祖国的孩子》挂上钩。因为这篇小说写到一个朝鲜孩子受到日本人的压迫而怀念祖国，热爱自己的国旗。这就和"沦为异族的奴隶"这句话对上号了。从彼此发表的日期看，也是切合的。舒群的小说发表于1936年5月的《文学》上，9月收

入小说集《没有祖国的孩子》；鲁迅的文章则发表于同年10月的《作家》上。先作品、后批评，以《作家》对《文学》，似乎对得上号。

但是，这只是不能坐实的推测而已。究竟鲁迅批评所指是专对某个作家的某篇作品，还是泛指，无法推断。不过，我们且取"权且是吧"的态度，仍然可以看出，鲁迅此处的批评是完全不同于对夏衍的批判的。首先，他指出"将沦为异族的奴隶之苦告诉大家"这一点——我们假设"这一点"就是指《没有祖国的孩子》的话，鲁迅对其主旨也是肯定的，他下断语说："自然是不错的"；接着说，"但要十分小心"，也只不过是一句预警，警示不要造成"不如我们似的做自己人的奴隶好"的印象和认知。所以，这不是严峻的批评，而是善意的劝告和警示。

六、他和萧军、萧红及《八月的乡村》

在20世纪30年代初中期，舒群与"二萧"——萧军和萧红，可以说是在当时有"东方巴黎"之称的哈尔滨处于半地下状态的革命文艺、红色文坛的"三剑客"。他忙于革命的秘密情报工作，但却业余创作，从事文艺运动；而"二萧"则在贫穷中，献身文学，辛勤写作，颇有影响。

那时期，罗烽、白朗夫妇，也在哈从事文艺活动，他们已经有许多进步文艺作品问世。可以说，所谓"东北作家群"，就已经滥觞于此时此地了。因为，除了端木蕻良不在此列，东北作家群的主要代表作家，都已经以作品和进步文学活动，在哈尔滨登场了。所以可以说，东北现代文学、东北作家群，其源头，在哈尔滨。这是我在与舒群接触并素日交谈中，了解到一些情况后，形成的概念。在哈尔滨，而不是辽宁沈阳和吉林长春。这应该同当时哈尔滨的地理环境和政治状况，以及文化生态有很大的关系。我觉得这一点是东北现代文学和东北作家群研究，可以思考的一个问题。以后，"二萧"、舒群及罗烽、白朗，都先后来到上海，投奔鲁迅麾下，并得到他的大力扶持。尤其"二萧"，可谓"立雪鲁门"，成为鲁迅珍爱的左翼文学的年轻劲旅。而他们的作品，包括"二萧"的《八月的乡村》《生死场》、舒群的《没有祖国的孩子》和罗烽的《第七个坑》等，充满了爱国精神、民族情怀、抗敌气概，其艺术气韵刚毅遒劲、质朴豪放，成为左翼文学的生力军，显示了其出色实绩和生机勃勃的文学气势。这是当时的南方文坛所缺乏的。

唠起这方面的历史，有一天，舒群拿着80年代重印本的萧军、萧红合著的《跋涉》，翻开扉页，对我说："你看，就这么简单一句话！"我一看，上书："这部作品初版时得到过你的帮助。"的确很简单。20世纪30年代"二萧"在哈尔滨，身处贫穷，出版处女作《跋涉》是历经艰辛、不乏波折的，也是得到舒群的大力帮助才得以问世的。

那是1933年，在哈尔滨，两位才华横溢的年轻作家萧军、萧红，筹划出版作品合集《跋涉》；然而阮囊羞涩，无以为计。困顿中，是舒群伸出援助之手。当时，"二萧"之穷困，只要读一两篇《商市街》中文字，就可以触目惊心地了解，哪还有余钱出版作品集？可舒群，当时却是秘密的第三国际的情报工作者，担任重要的某个情报站的站长。他慷慨解囊，拿出自己的工资和出差费，资助了文坛战友出版处女作。以后，舒群转青岛从事革命工作，"二萧"于困顿中离开哈尔滨，又是"投奔"舒群，得以在青岛立足，并各自完成自己的处女作也是成名作《八月的乡村》和《生死场》。尔后乃得双双携作品自青岛赴上海，投奔鲁迅并获提携，终于成长。舒群是他们的益友，在关键时刻对他们给予了关键性的帮助。这事迹是可以写入现代文学史的吧。

但更可一述的是，萧军的成名作、代表作《八月的乡村》，其核心、基础素材，来自舒群向他讲述的，自己的战友傅天飞掌握的，磐石游击队血与火的艰苦英勇战斗的历程和故事。舒群只是简略地、轻描淡写地说起过这件事。我得知后，经过后来的了解和阅读，构成了这样一个值得纪念的完整的"历史—文学事件"。

傅天飞先给舒群绘声绘色讲述了一天一夜，舒群又给萧军、萧红转述，甚至应要求邀请傅天飞到"二萧"家中给他们讲述。这些，就是《八月的乡村》的素材主要来源了。萧红在她的散文《商市街·生人》中，从侧面反映了傅天飞给萧军讲述磐石游击队的斗争历史这件事。她在文中写道：

"来了一个稀奇的客人。我照样在厨房里煎着饼。……一边煎着饼，一边跑到屋里去听他们的谈话，我忘记我是在预备饭，所以晚饭桌上那些饼很不好吃，我去买面包来吃。……

"他们的谈话还没有谈完，于是家具我也不能去洗，就呆在门边不动。……

"这全是些沉痛的谈话！有时也夹着笑声，那个人是从磐石人民革命军里来的……

"我只记住他是很红的脸。"（《商市街·生人》）

这位"很红的脸"的"稀奇的客人"，"是从磐石人民革命军"中来的，这就是傅天飞应邀来谈关于磐石游击队的英勇斗争事迹了；看这里的记载，萧红因为要煎饼，而没有能够仔细谛听，只是片断地了解，但她的心很受震动，因此只能在《生死场》一笔带过地写道"革命军在磐石"，而不能像萧军那样升华为长篇小说。这篇记事虽然极为简略，但实在地佐证了舒群所说的史实。

这是一次革命史上的，也是文学史上的历史性讲述，它催生了，也帮助了一部现代文学史上的文学名著的诞生。

——据我后来从我为之写序的一部党史著作中了解到的，傅天飞当时历任共青团满洲省委委员、中共磐石中心县委常委、桓仁特支负责人、东北人民革命军团政委、中共满洲省委秘书处编辑主任。他不仅是一位优秀的地下工作者、人民革命军领导人，而且爱好文学，踌躇满志意欲创作，并以磐石游击队的事迹为基础，形成了"腹稿"。他曾以团省委巡视员的身份深入磐石、海龙巡视和指导工作。那时，中国工农红军第三十二军南满游击队正式组建为东北人民革命军独立第一师。傅天飞在掌握大量生动材料并有切身体验之后，向上级党组织撰写了两份报告：《老傅关于海伦、磐石党、团、军情形的报告》和《老傅关于磐石人民革命军、反日游击队运动情况的报告》，这应该就是他的文学"腹稿"的事实基础。他给舒群的讲述，就是他的"腹稿"的陈述。遗憾的是，傅天飞不久就牺牲在血雨腥风的斗争中，成为烈士，未能让腹稿成为作品。但是，萧军利用他提供的素材，成功地创作了《八月的乡村》。这是对傅天飞最好的回报和纪念。我读到过傅天飞的这两份报告原文，那是一份有事实、有人物、有细节、有分析的文本，非一般事实陈述的报告。党史研究者把材料中的一些细节，与《八月的乡村》中的某些章节对应比照，既揭示了两者的若干"相应性"，又反映了萧军的创造性发展。这一点儿也不影响更不抹杀萧军的艺术创造之功。倒是反映了他的作品的现实性和人民性；也体现了他使"报告"成为文学创作的创造性加工和改造、提炼和升华，完成了使纪实的"史实"创造性地"酶化"、艺术化成为虚构"文学"的变化与艺术飞跃。而且，整个故事的编排、人物设置和形象刻画等，都是作家萧军的创造性"规划"和艺术飞跃。

这里值得纪念的不仅有傅天飞烈士和萧军，而且，还有舒群！

七、他的文艺理论的卓见和复出后的创作实践与成就

20世纪80年代，中国作协机关有一个老作家党支部，丁玲、罗峰、白朗还有舒群，都在这个支部过组织生活。舒群告诉我，他们支部有一次组织大家去颐和园"赋得浮生半日闲"。在人们分散活动时，他和丁玲在昆明湖边闲坐叙谈。丁玲忽然说："舒群，我觉得我现在不会写小说啦！"舒群一愣，不知其意何在。丁玲接着解释说："我们从'五四'起，就是照着外国小说来写小说，现在觉得不行，但是怎么写？……"丁玲的意思已经呼之欲出，就是说要继承和发扬传统，具有民族风格地来创造"文学的叙事"。

舒群复出后，没有停止过创作，短篇小说，一篇篇陆续发表。在问世的几篇中，显然他在探索采用传统叙事来"讲现代故事"，也就是开辟继承传统的、有别于"五四"以来已经形成的外来的叙事模式。这是他老当益壮，烈士暮年的文学创举，虽然只是一个开头，虽然只是部分地实现。我指的主要是他改造、吸收宋元话本的叙事语言和某些叙事范型的元素。应该说，他取得了相当的成功，可惜未曾引起评论界的注意。有一次，我向他表示赞赏他的叙事语言和范型。我说，你的叙事是话本式的，但有的地方又长句型、"流水落花"般舒畅而又恣肆汪洋。我还说，只看到《人民日报》文艺副刊上有一篇可能是刘绍棠的千字文，在说别的事情时，"顺便"赞扬了你的叙事语言。他很高兴，有遇知音之感。我体会到，他不是一时的兴之所至，取用新话语"玩玩"，而是有意识的探索。他的这一文学探索，是很有意义的，对于中国文学创作的发展、改进，对于继承传统，创造中国叙事范型是一种创举，可惜，他没能继续下去，"天不假年"，这一有意义的探索与他的生命的终止同时终结了。后继无人！

这里有着他的文学创作理论的内蕴——继承传统、创造民族形式的小说叙事范型。他的作品是他的文学理论的实践。

他还有一个文学理论方面的灼见。他多次跟我说："'文学是人学'不够准确，应该是'文学是人的关系学'。"不过他没有做任何发挥。我很同意他的观点。"人学"——写人，太抽象了，"人是社会关系的总和"，这是马克思的定义，写人就是要写人的社会关系，不写社会关系就无从写人。他一再督促我写出论文来加以阐述。我也愿意一试，因为我很同意他的这一论点，其中蕴含着广阔的理论空间。但我一直忙于其他，终于未曾动笔。不过我曾经在一篇论文的结尾，"顺便"把舒群的灼见以舒群的名义极为简略地发表了，同时"许愿"以后详论。然而至今未能还此夙愿。

在他发表了4篇短篇小说时，我自发，也可以说是有所感而发地写了一篇评论《内容充实，艺术新颖——评舒群近年的短篇小说创作》，发表在1982年9月29日的《人民日报》上。这四篇小说都发表于1979—1981的两年时间里。它们是：《题未定的故事》《思忆》《别》和《少年chen女》。它们的内容和主旨，都及时反映了现实生活，揭示了社会情状和思潮；取材都来自作家自身的生活，思想意蕴，也都是出自他对生活的体察和思索。全都体现了他的"文学是'人的关系学'"的文学理念。

第一篇小说，写一位中年厂长，"三反"运动中被错整，但他对运动领导人的党委书记，却能不计前嫌，在他身处逆境时，暗中给予帮助。而当这位领导在打倒"四人帮"后官复原职，向他致谢时，他回答说："李书记，想过去，看将来吧。"这个结语，出现在大批冤假错案获得平反和正在平反的1979年，其政治和思想意义以至人生体验，都是很明显也很启人思的。《思忆》则写了周恩来总理关怀使用一个曾因罪被判死刑的人，使他重新做人，发挥一技之长，报效祖国的故事。"设法使这种人为革命而有所用"，"而不是割舍和丢弃"，这一思想，同样于1979年问世，其社会意义和现实价值，也是显而易见的。这两则故事，都含有舒群自身的生活经历。《别》的故事和思想意蕴，则是居住和平宾馆时的观察和体验。他写了一个在中国定居多年的美国战俘，在这里娶妻生子，1979年，国门初开，他决定回美国，但妻儿留中国，只有待业的女儿随他离国去美。但提出要求：保留中国国籍。然而最后她拒绝随父赴美，因为不愿舍弃祖国故乡，远走他乡异国。在初开国门，人们欣羡西方生活，许多人挖空心思去国离乡的1979年，这种爱国主义思想的表现，其针砭时弊，"逆潮"而思的创作意识也很突出。关于这篇作品，舒群还流露了这样的意思：有意挽回《没有祖国的孩子》的被误解，而凸显爱国情怀。

关于《少年chen女》的创作，他告诉我，直接来自他在团结湖宿舍的亲身体验。那时，刚刚兴起上班族雇用家庭小时工，打扫卫生。他家就雇了一个外地女孩。他们的接触和交谈，展开了城里人和打工族之间的社会关系和人生差异。舒群由此提出了一个即时的现实的社会问题。

对于能够及时在《人民日报》上发表对他的近作评论，他是高兴的。

搬到虎坊路后，他仍然在创作小说。一次，我去他家，见书桌上正摊开一张稿纸，刚写了一行字："有一处高质楼……"，我说"应该是'高知楼'，就是高级知识分子等级的楼"——这是当时流行的一种说法。他说："哦，原来这样，不是高质量的楼。"

不知道后来创作了怎样一篇小说？

八、他邀我为他整理《中国话本书目》始末

关于与舒群合作整理他的专著《中国话本书目》的缘起，已如前述。在接受任务之后，记得大约是1979年的春季，我专程去到本溪，住在本钢招待所，与暂回本溪、也住在招待所的舒群第一次见面，他把一摞小学生用的算草本，也就是他的《中国话本书目》的草稿本，交给我，并就合作事宜，作了初步商议。不久我就"烟花三月下扬州"，去那里参加中国社科院鲁迅研究室为纪念鲁迅100周年诞辰学术研讨会举办的撰稿会议。扬州的古旧书业是闻名全国的，我乘机到扬州古书坊搜购了一批有关话本的新旧著述。有关的古籍《醉翁谈录》《繁胜录》《梦粱录》《武林旧事》《青琐高议》《都城记胜》《东京梦华录》及《青平山堂话本》《也是园书目》《大宋宣和遗事》等；还有新出的后人研究著述和资料集《日本所见小说书目》《中国话本概论》《说书小史》《三言二拍资料》《敦煌变文集》等，均收罗齐全。以后即开始阅读、学习，等于重新研习一门新学科。再以后的情况，我偶然发现我的一份注有"重要文件"字样的私人档案。其封面上有一段文字，简述此事大致原委，

我就偷懒引用如下：

> 整理旧书桌中杂物，竟意外获得此卷宗，中有舒群同志致我及景云函三封，视之不免追忆往事重重。
>
> 上世纪80年代，被舒群同志"强迫"性邀约为他整理其旧著《中国话本书目》。我于自身工作、科研及写作之百事缠身中，挤出时间，为其整理、抄录、补充。为此，曾购置大批关于中国话本之著作及相关书籍，常常于晚上自己工作、写作告一段落后，整理《中国话本书目》。景云则利用大量时间为之抄录。我并转请当时在中宣部工作的一位年轻女同志有报酬地代为抄录已整理好之书稿。最后成书达40多万字，稿纸摞起来一尺多高。记得送达舒群面前时，我往地上一放，他倏地站起来惊呼："这么多呀！"，尔后则详谈此书出版之署名问题。他坚持要用我与他合作的名分，并坚持要加上景云的名字，均为我所婉拒。仅同意我曾增补的名义。……以后，他在报上发表片段时，在文后注明"曾得彭定安之帮助"。

这里有必要补充一下：舒群的原稿是写在小学生用的算草本上，蝇头小楷，规规整整。每条书目均注明出处及有关事项；有些还有颇富见地的考订。其中辑录的关于梁山泊故事的连续性话本，约略构成了《水浒传》的雏形，对于认识《水浒传》的形成过程很有帮助。其考证中，如考出《水浒传》中的"石头孙立"应该是"石投孙立"，即石秀投奔孙立而不是孙立绰号"石头"。考证精详细致，颇有说服力，足见其学术力作之功力与风貌。我做的工作是：先将原文过录在稿纸上，然后根据我新掌握的资料加以补充：书目部分我只补充了"越时限"性的唐、五代目；主要的补充则是注释和考评，在每一书目之后，都增加了"集注"与"考评"两栏，注明条目的出处、内容要义和有关古籍著录、前人考订，以及本书作者的评论等内容。所以我把书名改为《〈中国话本书目〉集注·考评》，署名则为"舒群著，彭定安过录、增补"。

书稿完成后，我建议交中华书局出版，因为他们曾经出版过多种这方面的书籍。舒群同意。而且，有一个有利条件，当时中华书局的总编李侃是我和舒群的老熟人。这样，某日，我和舒群携书稿一同往访李侃。我们进入当时的中华书局大楼，舒群就悄悄对我说："这就是原来的文联大楼，我就是在这里挨批判的。"我听了心头一惊，倏然而生无限感叹。当我去找李侃时，舒群就在一间房子的门口，蹲下了，他告诉我，他患体位性高血压，站起就头晕。他那时仍然是一套旧干部服，地上一蹲，纯然一老农形象。我真怕有人来看见，会以为是什么不三不四的人来寻事，因而发生不愉快的事情。幸好，静悄悄没有一个人出现。我心中更加伤感，谁能知道这位像老农似的蹲在地上的人，就是曾经的赫赫有名、历任文界高官、文坛宿将，曾经是这座大楼里的领导人之一的舒群！我找了一气，结果扑空，李侃外出了。

以后我与李侃书信联系，寄去书稿，他对舒群很尊重，回复我说，你们两人的事，我认真处理，即将书稿交编辑室主任审读。

在书稿寄给李侃之后，舒群曾给我一信，如下：

定安同志：

七月四日信，今日收到。

陈放同志逝世，令人悲悼。您的工作重担，亦将随之日益加重，虽年轻些，也应注意身体。

前有信由您转景云同志，不知是否收见。

不久之前，我二子去中华书局买书，曾见过李侃同志。《话本》付排前，免不了您再一次呕心沥血的劳作。

我未见刘绍棠同志文，已要二子找《读书》一阅。

感谢您的支持与鼓舞，或于明年编一新集。

问景云同志好　全家好。

敬礼

舒群

七月六日

我的新作《合欢篇》（《萍水相逢情》）即将完稿

信中所说陈放，就是前述辽宁社会科学院院长；景云即曾景云，我的老伴。她原是《辽宁日报》编辑，故舒群要她代为查找老《东北日报》里的资料。所说刘绍棠文，可能就是我向他说起的赞誉他的"话本式叙事话语"的文章。信中说："《话本》付排前，免不了您再一次呕心沥血的劳作。"这表达了他对我此前工作的充分肯定和高度赞扬，令我感动。

舒群致曾景云信，亦不长，也姑录如下：

> 景云同志：
>
> 感谢您为《书目》的辛苦劳累。
>
> 今再劳您代我翻阅一九四六年《东北日报》，其上曾刊有若干拙文；除《归来人》一篇已复制外，至少尚有一篇《妈妈底爱》，请予复制，费用照付。拜托拜托，谢谢谢谢。
>
> 问定安同志好。
>
> 敬礼
>
> 舒群
> 六月二十日

这两封信均未注明年份。但据陈放同志逝世于1984年，故可推定是这一年写的。

很遗憾，虽然李侃支持，但《中国话本书目》以后竟未被采用，此中的人事机缘与纠结，不便细说；不说也罢。

由以上情况可知，我交给舒群的是一份完整的《中国话本书目》书稿，这才能交中华书局出版。至此，我们的合作可谓"完满结束"。但前引回忆文中说："与彭定安的合作难以为继"，不知何所指？应该是已经完成了嘛。

这以后，舒群告诉我，《书目》稿将由他女儿小莉接手处理，经中国作协组织批准，她正式担任自己的助手了。并说，小莉将来沈阳与我见面、商谈。但是，以后小莉女士一直未与我联系。

再后，我在报纸上见到发表了舒群的《中国话本书目》中的一小节，文末在括弧中附一短注文："（曾得彭定安帮助）"。语焉不详。

在舒群发表一节书稿文字后，因注明我的参与，被浙江人民出版社编辑铁流同志的一位同行看见，他对书稿很感兴趣。铁流曾是我的《鲁迅思想论稿》一书的责编，所以那位有见识的编辑就通过铁流与我联系，希望书稿交他们出版。我很高兴有了出版机会，便与舒群联系，建议交去。但他拒绝了。我至今不理解他为何不同意交浙江古籍出版社出版，放弃这次出版的机会。

至此，我帮助他整理《中国话本书目》这件事，就此完全终结。

以后，他再未与我联系；我也没有主动联系他。我们的合作和友谊也就此终结。

再后，我听说书已经出版了，但我未能见到，也不知"集注"和"考评"部分是否保留了？

现在，我所补充的唐、五代的话本书目及其"集注""考评"的打印件，仍留我手中。我且选录一短篇，以为例，一窥《〈中国话本书目〉集注·考评》的学术面目。

"……师师慢语话

【集注】诸话本小说研究著作均未著录。仅《话本小说概论》列为唐代话本。……《敦煌变文集》收入，题作"【不知名变文】"。……

【考评】此变文仅一页，前缺，文后注明"原文至此完"。在韵文前有句："以下说明明阳人语话，更说师师慢语话。"可见为说话人底本。本篇宣传老子思想："故老子曰：'吾有大患，为吾有身，及其无身，患何有'。身是病本，生是死源，若乃无病，死何有。'"

《中国话本书目》，我以为是一部集大成、有填补空白意义的学术力作，可惜由于作者是一位著名作家，竟掩盖了他的学术成就，未曾引起学界注意。

悠悠往事，倏忽三十余年。回忆逝水年华，恍如隔世。如今舒群离世多年，李侃也早归道山，景云亦先我而去。呜呼，只剩下我独自在这里回溯过往旧事，夫复何言！

在这数年漫长的过程中，我借机研习了一门新学科：中国话本；并形成了一个认识，中国的话本小说，堪称古代世界短篇小说的高峰，那时期的世界文坛，未有可以与之媲美者。因此，我打算撰写一到二部全面论述中国话本小说的专著，并先后拟就详细提纲和目录数份。但是因为我一直为行政工作和社会活动牵扯，又有不断的其他学术著作急于撰写，就把它放下，一再推迟，未曾执笔。以后，"时过情迁"，资料散失，已经难乎为继了。现在，我且把那些提纲、目录，作为这篇回忆文字的附录发表，既作我为舒群过录、整理、补充《中国话本书目》的纪念和实证——证实我确实是在经过钻研、掌握资料、悉心为之地为舒群过录、整理并补充其著作《中国话本书目》的，是经过辛勤劳作，完整结束了"合作事宜"的；同时，也给自己留下一点过往的学研遗痕，而其内容，也许还可以看作一种学术文本面世。

附录：

我研习中国话本的心得记录：关于话本的著作提纲
读书札记：关于中国话本

一

中国话本：生活世界与艺术世界
研究札记与论著提纲。（1988年2月12日夜）
（一）中国话本小说
1. 历史发展；
2. 话本小说家族：变文→说话→话本→拟话本→话本小说；
3. 与外国文学比较：话本—列那狐故事→莫泊桑→契诃夫；
4. 话本：中国长篇小说的滥觞与因素。
（二）"说话"种类
题材，人物，创作意识与接受意识。
（三）"说话人"
古代小说家：口头文学家——他们是在听众的"养育"下成长发展的，并在其中发展了话本艺术。"养育"也者，即用欣赏口味、呼吁，以至行动，引导甚至"强迫"说话人接受其接受意识与审美趣味。
（四）话本的渊源（题材，文学因素，艺术素质等）
史传/变文/笔记小说；
民间故事传说/市井生活/佛经故事；
汉魏六朝乐府/小说/杂赋。
（五）话本的渊源［一节内容］（1990年3月11日夜）
渊源：①题材；人物；文学因素；艺术技巧；创作意识。②史传，佛经，笔记小说，传说，民间故事，汉魏六朝乐府，文言小说，传奇，

杂赋。③四大类：传奇，小说，故事；历史；佛经故事；现实生活（市井生活）。

（六）关于话本的形容

1."世间多少无穷事，历历从头说细微"；

2.元代人的形容：

"短短罗衫淡淡妆，拂开红袖便当场。【这是写女艺人】

掩翻歌扇珠成串，吹落佳霏玉有香。

由汉魏，到隋唐，谁叫若辈管兴亡。【讲史】

百年都是逢场戏，拍板门锤未易当。"

3.《醉翁谈录》：

"春浓花艳佳人胆，月黑风寒壮士心。

讲论只凭三寸舌，秤评天下浅和深。"

（七）话本家族

傀儡戏/影戏/杂剧/崖词/诸宫调——它们都是有底本的；也都可以叫话本。讲经、说经（变文），也可以叫话本；而后，又有拟话本。如斯，全矣。

形成话本（文字）的文本有两类：1.底本（粗）；2.说话的语录，经过加工（精）。

以明中叶为线，前后分为话本与拟话本。

（八）说书人的状况、行状

进宫廷，入富室，浪迹江湖，卖艺瓦舍，甚至率众起义。五行八作、百艺人众皆有。

（九）话本小说的发展史【"中国的'文学遗传学'"】

1.从远古到唐；

2.从唐代到宋元；

3.从宋元到明清；

4.从明清到"五四"；

5.从"五四"到当代。

（十）说话人

"世间怪事皆能说，天下鸿儒有不如"

话本小说的"作家家族"：说书人/讲经和尚/书会先生/才人/"雄辩会员"/老郎

（十一）话本的演变——发展

《武王伐纣平话》→《封神演义》；

《三国志平话》→《三国演义》；

《大宋宣和遗事》→《水浒》。

（十二）记载关于话本小说的古籍：

宋·灌园耐得翁：《都城记胜》；

宋·罗烨：《醉翁谈录》；

宋·吴自牧：《梦粱录》。

（十三）著述论纲

《话本小说：历史的文学幽灵与民族文学心态》（1986年6月28日）

第一编　概论与鸟瞰

序言　一个尚未逝去的远梦——从文学到民族心态

第一章　中国话本小说：在世界古典文学末期总体格局中一枝东方艺术鲜花[一个总体文学的考察]

第二章　中国话本小说：中国文学长河中的新浪潮

第三章　从人神偷情到人际眷恋——人的发现与人性的肯定[人间爱情]（从传奇到说话）

第四章　从庙门宣经（佛经）到勾栏讲唱（从变文到说话）

第五章　从历史的镜子里照见的现实（讲史与说话）

（十四）话本小说的产生与发展条件

1. 经济的发展：商业、手工业的发展；

2. 城市的兴起与发展；

3. 市民的成长及其要求；

4. 市民文化、城市文化的发展[勾栏瓦舍]；

5. 穷苦落魄的城市贫苦知识分子、市民知识分子的产生；

6. 文学姻缘：讲唱文学；讲史；传奇；诗歌散文[诗骚与史传]。

（十五）一个关于话本小说的著作提纲：[1988年除夕]

1. 话本小说：中国白话小说的黄金时代；中国短篇小说的第一个高峰。

2. 话本小说：置于世界文学和总体文学中的观察［世界短篇小说群峰中的高峰之一；人类文学成就的组成部分］。

3. 话本家族及家族史。

4. 话本世界：宋代社会世情与人间情意。

5. 走进话本小说的艺术世界：（1）形象/结构/寓意/语言/美学特质；（2）名篇分析。

6. 比较研究：（1）话本小说/法国短篇小说/俄罗斯短篇小说；（2）话本小说圣手："说话人"，冯梦龙，凌濛初；→莫泊桑→契诃夫→鲁迅→当代。

7. 历史的接受和演变：当代小说及其今后。

8. 话本小说接受史：（1）中国人感性世界、审美观念、审美理想与价值体系的渊源；（2）中国小说与中国文学的源头水。

（十六）拟话本到明冯梦龙、凌濛初而达到高峰，结束为一种古典的、经典的形式，此后即不能再发展了。像任何事物一样，结束了自己的历史使命与艺术使命

（十七）魏晋六朝是"说话"第一个发展期、第一个发展高峰

1. 参加者的范围扩大了。士人、侍臣、宾客、侯门子弟、贵族王后（如曹植）均乐于此，说"人间细事""外间世事"，好"俳优小说"，为"浅俗委巷"语。——人才增加，生活面宽。

2. 取材较广泛，内容丰富，技巧提高。

（十八）话本小说发展图

起源期：

瞽蒙→俳优侏儒→稗官-小说家→汉赋→（六朝以后）：《韩朋赋》、《燕子赋》、方士；《晏子赋》《孔子项托相问》《茶酒论》唐末（天宝）：刘朝霞、文人赋《枚乘〈七发〉》、曹植《七启》《驾幸温泉赋》、徐黄《樊哙入鸿门赋》、周繇……

二

拟写的一本关于话本的著作提纲：

《话本小说：世俗世界与艺术世界》

绪论：一个尚未完全逝去的远梦：从文学到民族心态（社会观念、价值体系、作风、语言、文学气质、审美观念与审美理想）

中国话本小说（1）：在世界古典文学末期总体格局中的一朵东方文学鲜花。

中国话本小说（2）：中国文学长河中的排空大浪；中国白话文学的黄金时代；中国短篇小说的第一个高峰。

第一章　话本小说：家族史与个体史【作品的与说书人的】

——"世间多少无穷事，历历从头说细微。"

一、人类的文学选择与创造：短篇小说——从欧洲到东方

二、从人神偷情到人际恋情（从传奇到"说话"）

三、从"写与看"到"读与写"（文学形态的变迁）

四、从庙门宣经到勾栏讲唱（从变文到"说话"）

五、从历史镜子里照见的现实生活（从讲史到"说话"）

六、话本小说里的"中国的人生"

第二章　话本小说：作家家族

一、瞽蒙

二、说书者（宫廷）

三、讲经和尚（和尚：艺人—天国—人世）

四、说话人

五、书会先生

六、才人

七、雄辩社及其社员

第三章　话本：世俗世界

时间无穷事，书中人生情

中国人：情感世界与道德世界

忠，孝，节，义

性观念与婚姻家庭

所"爱"与所轻

嫌贫爱富与嫌富爱贫

重农轻商

重士轻农、轻商

"万般皆有命，半点不由人"

善恶到头终有报

第四章　故事结构

一、话本小说：美学构成（人物与诗歌）

情节

寓意

语言

形象

二、话本小说：美学特征

情节曲折

爱情

劝善惩恶

女性

奇，异，曲，巧

小道具，大用场

女性与鬼神

第五章　话本小说接受史

中国小说与中国文学艺术世界的继承、发展与源头

第六章　置于世界文学史背景下的观察：

世界短篇小说艺术高峰中的一枝独秀；

人类总体文学世界的优秀部分

第七章　比较研究

歌德"世界文学的时代到来了"的慨叹

话本小说与欧洲短篇小说："三言"与《十日谈》

冯梦龙、凌濛初与莫泊桑、契诃夫

第八章　话本小说：历史的文学幽灵与现实的文学心态（文学遗传学）

远古→唐→宋元

明→清→现代

第九章　结语与展望

世界文学目光的东移：惊奇一瞥→接受→吸收……

当代文学的冷淡：陌生→轻忽→投向→继承→发扬

三

随想：话本的艺术世界

（1990年3月17日7:30）

（一）分几头来写话本史

1. 说话；

2. 说话人。

（二）话本的滥觞

唐变文：《秋胡变文》《董永变文》《王昭君变文》《舜子变》

（三）在勾栏瓦舍中，说话人兴风唤雨，翻山倒海，制造了一个世俗的与审美的世界，塑造着当时（以至后来的）中国人的魂灵。——中国人的情感世界与审美天地

(1990. 3. 13)

（四）宋话本——话本的黄金时代、第一个高峰产生的原因（笔记第35）

（五）纳入世界范围（文学）来观察，在西方，法，同样产生了通俗文学、短篇小说，反映世俗生活（查资料，勾画一个轮廓）

（六）陈汝衡：《说书史话》：最早的说书记载，该书第9页可用

1. 刘向《列女传》（瞽诵诗，道正事）（第7页）。

2. 荀子《成相篇》（见第7、8页）。

（可以引用，说明它的意义，推测：民歌填词，对于以后的说话、讲唱以及弹词有影响，是滥觞也。）

3. 最重要的是：隋侯白《启颜录》（见《太平广记》卷二四八引）记载（"说一个好话"）。

4. 敦煌变文写本。

（1）历史故事：《昭君变》《伍子胥变》。

（2）民间及时事故事：《秋胡小说》《张义潮变文》。

（七）说话源流

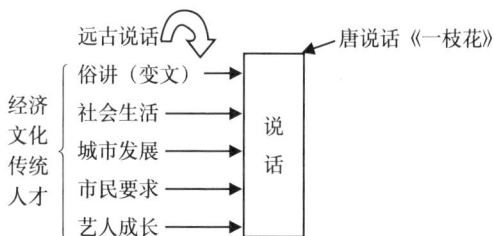

(1990. 3. 22)

图1

（八）平话藏于日本者五种（见《史话》第36页）

（九）图式（据陈汝衡《说书史话》）

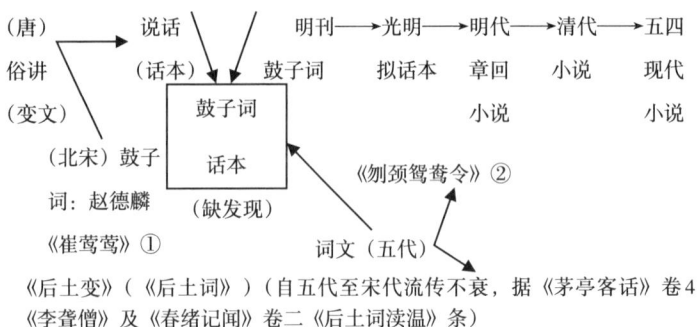

图2

其中：①《崔莺莺传》，全称为《元微之崔莺莺商调蝶恋花鼓子词》；②《刎颈鸳鸯令》，流传于北宋，写完在南宋；有明人改篡。（据《话本小说概论》）

（十）当年杭州状况

《梦粱录》，见陈著《说书史话》第43-44页

注意用《繁胜录·瓦舍》第44页

（十一）关于古书中有关小说的记载，可查用陈著《说书史话》第42—48页

计有：

1. 吴自牧《梦粱录》十九《塌房》《瓦舍》；

2.《南宋市肆事记》；

3. 周密《武林旧事》：《瓦子勾栏》；

4. 西湖老人：《繁胜录》《瓦舍》；

5. 灌园耐得翁：《都城纪胜》；

6. 宋无名氏：《应用碎金》。

（十二）四家之说，陈汝衡主张为

1. 银字（烟粉、灵怪、传奇）；

2. 说公案（朴刀杠棒、发迹变泰之事、士马金鼓之事）；

3. 说经/说参请/说诨经（演讲佛事）/参禅悟道之事；

4. 讲史书，讲说前代书史文传、兴废战争之事。

（十三）鲁迅对明拟话本的评价，见《中国小说史略》第97页

（十四）陈汝衡对话本的全面评价，可用，见《史话》第52页

（十五）

1. 小说类：

（1）《醉翁谈录》197种；

（2）《京本通俗小说》8种；

（3）《也是园书目》12种（词话）；

（4）《青平山堂话本》27种；

（5）阿英发现残本，2种；

（6）《宝文堂分类书目》53种（？）。

（据《史话》第60—61页）

2. 讲史类：

（1）元刊《全相三国志平话》；

（2）元刊《新编五代史平话》；

（3）黄氏《士礼居丛书》所收《梁公九谏》（可能应为《梁公九谏词文》）；

（4）《大宋宣和遗事》；

（5）《中兴名将传》（名目）；

（6）《大宋中兴、通俗演义附会纂宋岳鄂武穆王精忠录后集》（传世）。

3. 说经、说参请类：

《西游记梦斩泾河龙》（《永乐大典》第一三一三九卷）。

（十六）郭湜《高力士外传》

太上皇移仗西内安置。每日上皇与高公亲看扫除庭院，芟薙草木；或讲经、论议、转变、说话，虽不近文律，终冀悦圣情。

此时是上元元年（公元760年），此时即已有讲经、说话、转变；且，此三样已分开。（程毅中著《宋元话本》第2页）

（十七）敦煌写本中的错别字、替代字，例证："全舜涛（掏）井"（《孝子传》）、"大陈（阵）七十二"（《汉将王陵变》）"博（拨）乱中原"（同上）、"拜午礼中（终）"（同上）

（原载《鸭绿江》2017年第1期）

补记:

在收集整理自己的著述,以为多卷本《文集》使用的过程中,竟意外地发现了一份材料:即当我将过录、整理、增补的舒群原著《中国话本书目》的、一尺多高的完整书稿放到地上时,舒群倏地站起来,低声惊呼:"哎呀,这么多!"然后,他坐下来,侃侃而谈,述说他的意见。我事先无准备,就随手扯过一张台历,匆匆记录他的谈话。现在,30多年后,这张旧台历,出现在我面前,我也不禁惊诧而感怀。现在,我且作为补充,将谈话的记录原样录下,以存历史原貌。

舒群同志的那次谈话,还涉及小说创作问题,见解新鲜卓著,我也一并录下,这是很有意义的。谈话从关于著作署名问题谈起;因为他主张用"舒群、彭定安合著"的名义出版,而我则坚持用"舒群著、彭定安过录、增补"的名义,于是他就此款款而谈,让我把他的谈话内容,写进序言里。

舒群谈话记录:

"一、是我们两人合作的。我在病中也向家人申明过,是我们两人的东西。你写信说过(你的意见),这是你的谦虚精神。

"二、关于你夫人的话,说少了,'献出的巨大劳动,如此著不朽的话,她的名字也不朽了。'意思是这样的话。

"三、1. 是在前辈涉猎、致力于话本而有所贡献者——鲁迅、胡适、罗振玉、孙楷第、郑振铎、马廉、赵景深、王古鲁诸氏的基础上完成的。2. 新贡献:(1)新书目的发掘,扩展到千目以上;(2)划清了"话本"与"底本"的区别;(3)校正了前人注释话本的若干误笔(同时也有待专家的指正);(4)用马克思主义观点评论话本的优缺。

"四、最近有位著名老作家说,我们的小说创作,从"五四"以来,就走的路有错。错在没有充分学习、继承、发展、创新民族传统的优良风格、特色。从1917年到2010年,至现在,有个占统治地位的观点,无论理论家、作家都同样地说,小说是写人。我就问过,这话是从哪里来的?他们说是从高尔基来的。我说,高尔基也好,短尔基也好,这话不完全,太不完全,而且这句话受到的损失极大。用马克思学说来说,应该说,'小说创作是写人与社会发展的逻辑',这是根本的问题。可以用这句话去写世界名著,包括中国古典名著。有了逻辑性,才有真实性。翻来覆去地争论写真实，这不行。应该说，有了逻辑性才有真实性。这样，假变真，否则真变假。

"中国小说最大的问题是缺乏逻辑性，凭主观臆造，有逻辑性的小说最难写，它是被规定的，所以有必然性，不是偶然性。《三国演义》《红楼梦》逻辑性可强，《水浒传》差一些。（这样认识）这才有助于创作实际。

"什么东西是中国的东西与洋化的根本区别？最显著的，带根本性的是对心理的描写与表现。这是根本区别。洋人的是对心理正面解剖，如《战争与和平》，拿破仑进莫斯科之前，托尔斯泰解剖，其心理状态，是如最高医生的解剖。这有其好处，容易懂。而中国的办法，是难懂。而且艺术的造诣要高得多。比如，贾宝玉路过林黛玉的门前，听她吟诗，推门进去，说'我听到你吟诗，你很懂得音韵哪！'林回答——这很厉害：'知音世上有几人！'这一转，力量有多大。

"《三国演义》最后，司马懿与孙浩的对话妙极。中、洋之别，显著在于表现心理。中国人的表现心理，艺术之高，无上好，压倒洋人。而洋人的技巧，中国缺乏的是'在于表现行动'。正面解剖，懂得生活就行。正面表现行动很难。梅里美的《卡尔曼》行动的描写了不得，真正典型化了。（我至今记得，他举了梅里美小说中一段精彩描写是：一对恋人在外野餐；有苍蝇在旁边嗡嗡叫，男的拿起一盒罐头，远远地甩出去，女士奇怪地问为什么，他答道：'别让它们来搅扰我们！'）"

这段"现场记录"，真实地说明了当时舒群对如何处理《中国话本书目》的意见。现作为"历史存照"录存如上，以补我在前面的回忆文中的不足。

（写于2018年11月30日）

文运蹇滞惹梦思

——回忆我的四部电影文学剧本的失败命运（《耄耋回首往事前尘》之三）

题记：

"……围绕着它，和它有关的都是从往事里抓出来的片段回忆，在随想里留下来的思绪点滴。"（赫尔岑《往事与随想》）

我曾经写过四个电影文学剧本：一个属少年习作；两个是与人合作；一个则孜孜矻矻花去10年之久的业余时光。但它们都以失败告终。不过，其中一个"少作"自当"生即是死"，无可说处，但其他则都是客观原因使之"不正常死亡"，"播下的是龙种，收获的却是跳蚤"。——少年习作，练笔游戏而已，流水落花瞬间逝去，不留遗痕罢了。有的却是临近拍摄了，却功亏一篑；有的则"胎死腹中"；有的还因此遭到严峻的批判斗争。这些，本属"个人命运"之不顺，"不足为外人道"哉，但滴水微波之中，却映照了一种丹纳在《艺术哲学》中所说的"时代气候"，以及个人境遇中的"文化命运"，故此并不全是"事关一己"。秉此，我且诉诸回忆，再现一点点"昔年旧事"的境况，以作"时代印记"的些微刻痕。

一、《秋水伊人》：逝水流波筌蹄引

电影文学剧本《秋水伊人》，这真正是一个"少年习作"不说，而且简直就是一个"文学笑话"。那时，20世纪的1947年，我年方19岁，就读于故乡江西省鄱阳县的私立正风中学，读高三，已经在景德镇和南昌的颇有一点社会影响的报纸上发表过一些散文及木刻作品（那时，我参加著名木刻家郑野夫、李桦、杨可扬等在上海创办的木刻函授班学习，所发作品均是班上的作业），勉强算是一个"文学青年"吧。虽然在秦代即设县的古城故乡鄱阳，传统文化积淀富厚，陶侃、范仲淹、颜真卿、洪浩、洪迈、姜白石、彭汝砺等这些历代文化名流，都与鄱阳有关，或是出身鄱阳或是遭贬流落斯处，故向来文风颇盛、文学气氛浓郁，莘莘学子都好舞文弄墨。然而，新兴的电影却是难以"寓目"。我从来没有看过电影，更不知何为"电影文学剧本"，怎么能够写此类作品呢，岂不是一个笑话么？不过，兴之所至，还真用那时的中学生常常使用的"毛边纸"写了出来，还自己用针线装订起来，在几个要好的同学和朋友中，传看过。这当然只是自娱自乐罢了。本着"悔少作"的应有精神，此"作品"今天本不该提及了，但是，世事难料，怎知60多年后，在我耄耋之年时，它竟然引发了"秋风落叶风情在""逝水流波箜篌引"的景象，其情景之奇异诡谲与真挚深沉而又无以言状、无可解析，却令我难以忘怀，禁不住一述衷肠。

20世纪40年代中期，我的二哥在临近上海的浙江嘉兴读书。他能看到电影，有时还能去上海看首轮新片。他每看一部影片，就会把影院散发的印制考究、附有影片镜头的说明书或海报寄给我。这就是我关于电影的"学习和写作资源"了。一次，他寄来一个名为《古塔奇案》的影片说明书和海报，内容现在完全不记得了。但当时很喜欢，而且据此编撰了一个幼稚的所谓电影剧本，只写爱情故事。影片的那首插曲，尤其为我所喜爱和咏唱，歌名是《秋水伊人》；是"奇案"发生后，女主角所唱的思夫哀曲。它成为当时的流行歌曲，为大中学生们所爱唱。我的所谓"剧本"也就以插曲《秋水伊人》命名了。

1948年，我离开故乡鄱阳，"流落"南昌，准备高考。这时，一个非常偶然的机缘，我认识了就读中正大学（现为江西师范大学）外语系的女生。她是中共地下党员。因为我在南昌进步报纸上发表了一些表现思想进步的文章，如《读〈萧红小传〉（骆宾基著）》《评影片〈万家灯火〉》等，引起她所属的地下党组织负责人的注意，认为是可以引上革命道路的争取对象，故让她有意接近，进行教育。我们在交往中，她寄给我看小说《飘》和《简·爱》，但也看地下刊物《文萃》和《钢铁是怎样炼成的》；同时，还教给我不少大学校园里秘密流传的解放区歌曲，如《你是灯塔》《兄妹开荒》《团结就是力量》，等等。同时，她也很喜爱《秋水伊人》这首抒情歌曲。我们常常在赣江边散步时，一同哼唱。这位女大学生、地下党员，就是我后来的妻子曾景云。

庄子曰："年不可举"。岁月不居，逝水年华，"不舍昼夜"，我们此后的生活，告别激情岁月，却是风雨载途。十年困顿、十载流徙，二十多年风雨载途。自然，我们从来不再有琴心意趣，吟唱那久已逝去的《秋水伊人》。可是，非常奇异的是……

几十年后，在我们认识并共同生活了半个多世纪之后，她不幸患小脑萎缩症。在生命的最后三四年，她完全失去记忆，世事不知、往事皆忘，连儿孙都不认识了。从美国两次赶回来探亲和探视她的次子，她视为外人，漠然对之；长子英年早逝，她无动于衷，不闻不问；她，唯一认识的只有我了。而在她居于精神上已经离开这个世界的最后几个月里，她在病床上，或坐轮椅由我推着行走时，却忽然高声唱起了那《秋水伊人》，而且，句句真切，不落一字、无损一句，旋律准确、音调合辙！

当我推着轮椅上的她，在病房的长长的走廊里行走时，她高声地，而且喜盈盈地唱道：

> 望断秋水，不见伊人的倩影；更残漏尽，孤雁两三声，往日的恩情，只留下眼前的凄清。梦魂无所依，空有泪满襟。几时你归来呀，伊人哪……

歌词凄切忧伤、哀怨惆怅，而她却是喜悦地、欢欣地歌唱。她不断左右摇摆着头，媚笑盈盈，轮流看着站在各自病房门口、"观赏"谛听她歌唱的陪护或病人们。她转动着头，望着两边的人，微笑着、歌唱着。每天如此、每次如此。

我感到无比的怪异，而又感动与伤怀，却无法做科学的推断与解析。她怎么什么都失忆了，连自己挚爱的儿子在内，但却记忆清晰准确地唱出了几十年前的老歌？她在思念什么，她在追忆什么，她的思绪在何处，她沉浸在什么境况里？……

尔后，每当我忆及这段医院里最终的情景，便不免想起法国诗人拉马丁《沉思集》中《回忆》和《祈求》的诗句：

"不，你并没有离开我的眼睛；
当我寂寞的目光
停止从尘世将你凝望，
我忽然从天国中发现你的踪影。"（《回忆》）

"假如你……完成你生命的旅程，……
假如你展翅飞翔，假如，远离我们的目光，……
那就请在天堂里别把我遗忘。"（《祈求》）

而同时，也禁不住内心吟咏起曹植的《箜篌引》，以抒襟怀：

"惊风飘白日，光景驰西流。
盛时不再来，百年忽我道。
生存华屋处，零落归山丘。
先民谁不死，知命复何忧。"

逝水流波箜篌引，当她即将离去时，当她已经遗忘一切（连儿孙在内）时，却依然记得这首凄婉哀伤的歌曲，并且能够准确地唱出来，然而却不是悲伤凄切，而是欢悦欣喜。歌词是悲怆的，她的情绪却是欢快的，她是在"笑着离开人世"吗？还是沉浸在自己的旧梦中？她不会清醒地知道"知命复何忧"，但她又是糊涂地、却也是"清醒"地吟唱着"丧曲"。

一曲《秋水伊人》，绵延逶迤于我俩六十多年的坎坷人生旅程中。

二、电影文学剧本《雷锋》：临场毙命运命寒

1963年1月8日，《辽宁日报》以三整版篇幅，发表了我写的报告文学《永生的战士》。这是首次全面系统、以"拟传记"形式，报道不久前牺牲的雷锋的生平事迹的作品，并且概括和提炼了雷锋精神为以热爱共产党、热爱毛主席、热爱新社会为思想基础，以"助人为乐"的共产主义风格为特征的精神。这篇报道立即在全国引起广泛、热烈的反响，并且得到毛泽东主席的题词："向雷锋同志学习"，于是兴起了全国

的学雷锋活动。辽宁作为这次大规模宣传雷锋的首创之地，更是展开了广泛、深入的宣传。文艺工作者热情地创作了许多诗歌、歌曲及其他形式的作品。如著名诗人、音乐家安波和著名作曲家李劫夫，便先后创作了长诗《雷锋之歌》、歌曲《唱支山歌给党听》《歌唱雷锋》等。在这种形势的鼓舞下，我的朋友李宏林热情邀约我和他一起合作，创作歌颂雷锋的电影文学剧本。他当时和我一样，是被控制使用的人，但他境况还不如我，没有回到编辑部，而是在行政科打杂。记得他当时一件主要工作就是卖食堂饭票。但他的作家习气未改，仍然业余创作。这时，他就想起与我合作了。我很同意。因为我熟悉雷锋的事迹，他长于剧本创作。我们采取各写一段的方式，我写雷锋前半生，他写雷锋后半生。各自写完后，交我"统稿"。我做了一些修订，最后又由他修饰定稿。我们很快写出了剧本。我仿佛记得没到一个月的时间就完稿了。他马上投寄给长春电影制片厂。很快，就得到回复："接受作品，准备立即开拍。"这应该是真正的第一部写雷锋的电影剧本，拍摄出来，就是首部表现雷锋的影片了。

但是，按当时的硬性规定，采用作品，对作者必须经过政审。长影自然必须执行。他们把电话打到辽宁省剧协——大概他们以为这两个作者自然是"剧作家"，是归省剧协管辖的成员。省剧协的回答很干脆、很有力，他们说："这两个作者都是'摘帽'右派，用他们的作品，关系到'什么人占领舞台'的问题。所以这个剧本不能采用。"在这样的严厉回答面前，长影领导自然只有委然退缩，取消拍摄计划。我们的"第一个歌颂雷锋的电影"也就胎死腹中了。我至今大体记得这个剧本的内容和"风貌"：富有时代氛围、青春气息和鲜活感。如果当时拍摄成影片，倒也是一份"历史的记录"，电影史上的一个微小的刻痕。

关于这次合作，李宏林有一段深情的回忆，他这样写道：

第一次合作是不幸的：

1963年3月5日毛泽东题词"向雷锋同志学习"，立即在全国掀起学雷锋的高潮。我出自一片政治热情，写出了一部反映雷锋事迹的多幕话剧剧本《雷锋》。话剧演出后，长春电影制片厂已把拍摄这部影片列入计划。这无疑是振奋人心的好消息！这时我想起了老彭，所以我提出由我和老彭共同编剧。长影同意了，老彭也愿意同我合作。这样，我和老彭就埋头开始写剧本。剧本刚交出，第二天编辑就给我打来长途电话，高兴地告诉我，全体编辑人员一节一节地轮流看，看完以后对剧本给以好评。听了这报喜的信息，我十分高兴。

正如老子所言："祸兮福所倚，福兮祸所伏。"正在我们临近福地的时候，祸魔却敲响了房门：辽宁日报编辑部得知老彭同我合作写电影剧本之后，在文艺部内对他的"名利"思想开了批评会。老彭把这信息偷偷告诉我。这样一种严峻气候和政治干涉令我吃惊！同时我内心极度不安，因为是我把老彭拉上"贼船"，是我使他在较为平稳的日子里受到挫折。这样几种滋味一齐涌上心头，所以在我听了他传给我的信息后，只是无奈地点点头，随后眼里便聚起泪水。（《超越忧患的求索——彭定安学术生涯40周年纪念文集——情意绵绵四十年》）

老友宏林这段深情的回忆，还补充了我记忆的不足，而且有重要的"前提"：他是在他的话剧剧本《雷锋》由沈阳话剧团演出后，先与长影联系了，得到同意，而后约我合作创作电影文学剧本《雷锋》的。既然话剧剧本已经演出过了，同一作者创作的电影文学剧本为何不能拍摄呢？不过，长影是"照章行事"，并非多此一举。可能他们也没有估计到，审查结果会是那样。这就是我的"文运蹇滞"，无可说处了。

作为历史现象，我在这里回顾往事，还不妨说一点令人玩味、思索的后续历史现象。那位严词禁止长影使用我们的电影文学剧本的同志，后来倒成为过我座上的"合作者"和朋友。1978年以后，我在辽宁社会科学院工作，曾担任辽宁省文学学会理事长。辽宁文艺界和多所高校的作家、教授及文艺行政工作者都经常参加学术活动。那位剧协的女同志就在其中，而且是活跃分子。她工作积极热情，对我的工作很予支持。当然，我们彼此心照不宣，都"不提当年事"，让往事随风飘去。唉！她不幸英年早逝，已经离开我们很多年了。

三、《忠王传》：十年心血付沉迟

1951年，为了纪念太平天国金田起义100周年，《人民日报》特别发表社论，论述、评价太平天国的历史意义和价值。社论指出："太平天国是旧式的农民战争——没有先进阶级领导下的农民战争所发展到的最高峰。""太平天国在他们的政权与军队中建立了比较完整的制度，而与地主统治阶级的国家制度与军队制度在一个相当长时期间相对峙着，这也是空前未有的事情。"这样两点论断，使人耳目一新。我通读社论，又接着读了一些太平天国的历史资料，对它有了三点重要的理解。第一，它是中国数千年来众多农民起义、农民战争的最高峰。第二，他建立了比较完整系统的政治、军事和农业制度，其中包括前所未有的《天朝田亩制度》这样完整的"耕者有其田"的制度理想。第三，它发生在帝国主义已经深入侵略中国，有了租界和治外法权的时代，因此，有了与帝国主义侵略者军事力量作战的抗敌战争；并且建立了自己的洋枪队，使用了"洋将"和当时先进的枪械。而其横扫江南半个中国的业绩，更是亘古未有。其中发生的西王韦昌辉的政变与被诛，而后翼王石达开愤而出走、拥兵自立、离京（天京即江宁）西去，以及忠王李秀成的独立撑持太平天国却又遭"天父天皇"洪秀全的深深猜忌，等等，都具有历史的深刻性，也极富戏剧性。写起来是很生动也很感人的。于是我立意写太平天国的电影文学剧本。最后选中的是写忠王李秀成。

当时的纪律是："业余写作"，就是"不安心本职工作""成名成家思想"，进则为"个人主义兼'一本书主义'"，直至"白专道路"。因此，我的创作计划是保密的，是地下秘密写作。所有工作都在晨起和夜晚进行。我称之为"第二工作时间"。

我购买了大批有关太平天国的书籍，神州国光社出版的《太平天国史料》、简又文的太平天国历史著作，以及专治太平天国史的罗尔纲的所有关于太平天国的著作，等等，均购备齐全。此外，还购置了旧版《曾国藩全集》，以研究敌方的状况并写好曾国藩这个第一反面人物。还有外国学者所著关于太平天国的著作，如呤唎的《太平天国革命亲历记》等，以及外国人士关于那个历史时期的上海和江南的著述，也都购置齐全。这些著作我一一"夜读"，并且做笔记。我还设计了一个历史年表，分年代（公元和清代纪年）、大事记、人物等项目。记得这个自己刻制的年表，被范敬宜看见了。他嫌我刻得不好，就自己制表、刻蜡版，油印后给我用。他的标准的正楷小字，非常漂亮。我所作完整的太平天国大事记，尤其关于李秀成的更是详尽。可惜"文革"时抄家，这些资料均失去了。

1960—1961年，我开始了电影文学剧本《忠王传》创作。朝朝暮暮、年去年来、孜孜矻矻、乐此不疲。至1962年，完成了誊清稿。曾经三易其稿，稿子摞起来好高。

我首先寄呈时任中央宣传部副部长张磐石同志。他是我大哥彭涛（原名彭定乾，一二·九运动主要领导人之一，我国化学工业部首任部长，1961年逝世。关于他，我在另篇回忆中会做详细叙述）的老战友。1949年我从部队转北京上学，就是他亲自安排的。所以，我寄呈他审阅。不久他即亲笔给我回信。他说，大体翻过一下，又让秘书看看，觉得"还不错"。又说，他拟交周扬同志，请他过目。这很自然，周扬同志是主管文艺的领导，又是文艺理论大家。信的末尾，他还就我信中说到的"1957年犯了错误"的事，加了几句："你可在报社安心工作，不要有何顾虑。"不久，他又在给我的信中说："周扬同志意见，作品可先交文学刊物作为电影文学剧本发表。"这样，我就将剧本寄给陈白尘同志请求审阅。他当时任《人民文学》副主编，曾经写过太平天国的剧本《天国春秋》。所以我寄给他。我告知他，是遵照张磐石和周扬两位领导的意见奉寄剧本的。陈白尘同志很认真、很负责，也很热情。他审读剧本后，给我写了一封长长的复信和"意见书"。

在信中，他首先说："我最近去了一趟广西，是打算重操旧业，改写太平天国的历史（舞台）剧……可能写李秀成殉国的一段历史……但只写舞台剧，这是肯定的。……南京费克同志听说也写了一个剧本，尚未见及，大概是写李秀成踏破江南、江北大营那一战役的。"然后说，"因为将去南京，不能和您面谈了，只好把对大作的意见，写成一份书面材料寄奉，仅供参考，并乞指正。"

信写得热情诚恳而谦逊，并且将自己和他人创作有关太平天国历史剧的情况告诉我，以使掌握同类题材作品创作的信息，从而思考自己作品的创作选材与角度。亲切关怀，一点架子没有，显示了一种大家风范。信函之外，是一份工工整整用秀雅行楷书写的《对〈忠王传〉的几点意见》，用的是现在B5打印纸那么大小的、中国作协的信纸，字体还小，竟写了8页之多。意见认真细致、大小兼顾，理论与实际结合，非常中肯。《意见》开篇说："读完剧本，第一感觉是：这是一个历史剧。作者写这个剧本，对太平天国的历史是做过仔细而刻苦的研究工作的。

不仅对太平天国本身，对它的敌人——曾国藩、曾国荃、胜保、和春、华尔、何伯以及慈禧、咸丰等人物，都做过一番研究。对忠王的历史，更是处处做了考证，处处符合历史情况。这样严肃不苟的态度，是值得肯定的。第二，这也是一个电影剧本。作者在全剧中力图从视感上来感染读者，而不像一般新手那样，主观叙述多于客观的描写。在故事的连接处，也都是力图使用电影手法，而不是一般文学手法。"

他在对历史研究和考证，以及使用视感和电影手法等方面，作了肯定之后，即以此为基点，提出批评指正意见。他的"意见书"，我觉得并不只是对批评我的剧本有益、具有很深的指导意义；而且可以视作一种戏剧—电影创作论，具有理论意义和电影审美意蕴。即使今天读来，仍不落后，仍然保留着现实的意义。因此，我不厌其烦、愿意占用一些篇幅，来较详细地摘引，以飨读者。

他首先指出："但这些优点，同时也成为缺点。"他指出："历史剧不仅仅在于忠实于历史，而且要构成'剧'。'剧'并不是单止（指）戏剧结构，它先是一种文学形式，先得是诗。历史的真实得与诗的真实统一。""……文学来反映历史，电影、戏剧来叙述历史，总不能使历史还原。事无巨细，一律写出，并不能突出历史的真实，也难达到主题的突出。'历史图解'这样说法虽近苛刻，但作者对每一细节都不肯割爱，确是实情。"言及此，他谦逊地作自我批评说："这种情况当然不仅作者为然，笔者写的《宋景诗》与《鲁迅》也有此弊。"并指出："这不仅是一个结构问题，也是作者对历史的认识问题，对主题的掌握问题。"

接着，他就电影与小说的异同，作了比较研究的论说。他指出："电影剧本是一切文学中最富于表现力的形式，但它也一样具有局限性，并不是什么都可以表现的。它也有不如小说的地方：比如小说可以同时并列地写许多不同的场景，读者也可以分清头绪。电影就不能这样平列地写。"接着他举出了我的剧本中，这种平列地写的场面，以为例证。

下面他在说明"总的印象"之后，又一一指出我的剧本中的具体问题。"1. 人物描写上。对李秀成的刻画是着力不少的，也有许多成功之笔，但综观全剧，除了几次大的事件外，李秀成作为一个艺术形象来要求，还嫌单薄，还不能看出他性格的鲜明性。""2. 事件取舍上，必须大大压缩才行。……一切以对于描写忠王有无直接或间接帮助为准，而不能以历史事实为准。否则，是处处难以下手的。这要作者下狠心。"

"3. 情节处理上。还有许多不恰当之处。"接着，他用比较长的篇幅，举例为证，具体指出剧本中情节处理的不当。这说明他认真审读了我的剧本，连许多细节在内。这里我且不一一列举，且只举最后他指出的为例证："最后，忠王坐骑失足，本可以显示被捕了。又接了一段曾国藩兄弟审问一场，似是画蛇添足。这一场，既不能写出忠王的忠义，而且让观众联想到'供状'问题，反而显出假来了。""4. 文字细节上。"以下他举出四五处不符合历史的用语。

最后，他还提出一些"零星意见"，如指出"洪宣娇这个人物，大概都是虚构的"，但太平天国女军到"天京"以后就撤销了。使用的民歌，据江苏省文联同志说，有些不是真品，而是土改中有人伪造的。最后他特别建议，说：作者花费许多精力，占有如许资料，压缩成电影，要删去一半材料，很可惜；故"以现有基础，适当加工，可作文艺作品发表，是较为更切合实际的办法"。字里行间，对作者关怀备至，眷眷之心溢于言表。

我读后，很是感动，信心倍增，并且有了修改的路径。我在精心修改之后，先是给著名电影导演郑君里写信，奉告我写有这样一个电影文学剧本，拟呈他审阅，并询问有无拍摄的可能。我之所以这样做，是因为曾经看到过报道，说郑君里计划拍摄从鸦片战争到新中国成立前这一中国近代史重要历史阶段的系列影片，包括太平天国、义和团、戊戌变法、辛亥革命等。信寄出后不久，就得到他的回复。他说自己因患高血压症，正在休养，无力阅读剧本，更难考虑拍摄影片。但他建议我将剧本寄上海海燕电影制片厂文学部主任石方禹同志一试。于是我便按他的意见，将剧本奉寄石方禹同志。1963年初，我请假回故乡省亲，路过上海时特赴海燕电影制片厂访问石方禹。他对剧本没有说什么看法，未作评价，只说无法考虑拍摄这样的影片。我的认识是：当时仍然处于经济困难时期，经济形势虽然已经好转，但难于拍摄这样大投资、大制作的影片，即使剧本可以采用的话。

当我在故乡度过春节，回到沈阳时，我一上班，就在办公桌上赫然而见《忠王传》剧本原稿。原来，石方禹在我离去后，就将剧本退回来了。于是，我的"地下写作"秘密暴露无余。我心头猛然一惊。写作雷锋报道《永生的战士》的"成功"和喜悦，一扫而光。果然，我刚回来，就遭到文艺部内部的小整风——批判我的"地下写作"、成名成家思想和白专道路。创作《忠王传》的失败还在深深刺痛我的心，而批判的风潮就席卷而来。我不得不承受双重的心理压力。

但接着，更大的风浪又扑面而来。1963 年 8 月，戚本禹在《历史研究》上刊发了一篇题为《评李秀成自述》的文章，石破天惊地把太平天国忠王李秀成说成是"投降变节"的"叛徒"。

戚文发表后，引起巨大震动。我更是直接的受震者。这时候，我自然又想起张磐石同志。我便给他写信，述说了读戚文的看法和感受，当然联系到自身写《忠王传》的问题。张磐石同志仍然不改旧情，很委婉而亲切地亲笔回信，大意说，你不必紧张，戚文"在科学上站不住脚，政治上于我不利"，将会发表文章澄清。你可注意《人民日报》。（据我后来所知，戚文发表后，舆论一片哗然，周扬在中宣部召开的会上，对《历史研究》贸然发表戚文提出严厉批评，著名历史学家范文澜、翦伯赞一边倒地批评戚本禹）。这使我心安，虽然批判仍在进行，但"大问题"不会有了。可是，不久却传来消息，据说某领导肯定戚本禹的文章，认为"白纸黑字，铁证如山；忠王不忠，不足为训"。接着戚本禹又发表《为革命而研究历史》等文章，一时洛阳纸贵。面对如此大局，我甚至来不及为"十年心血付东流"而沮丧，只是心慌慌、意乱乱，不知"心归何处"了。

果然，几年后"文革"开始，我成为《辽宁日报》第一个被揪出的"牛鬼蛇神"而打翻在地，罪名除编辑报纸副刊《星期天》"炮制大量毒草"，成为"辽宁的《燕山夜话》"之外，还有一个"为叛徒树碑立传"问题。"文革"初期，我在报社是第一个被抄家的，《忠王传》自然被视为"黑货"而同其他文字材料被抄走。

1969 年末，我全家四口被遣送内蒙古昭乌达盟敖汉旗插队落户。一去边陲整十年。1979 年获平反。抄家诸物还有一些"退回原主"。很幸运，《忠王传》竟未被焚毁，和其他一些文字材料，重新回到我的手中。我既视为纪念物，又内心判它只能如马克思所说，"让耗子去批判"了。于是将它沉埋箱底，为我所窃于一睹之物。

1998 年，辽宁社会科学院为我举行"从事学术活动 40 周年纪念"，并出版《彭定安文集》（4 卷）①。我本无意于《忠王传》，因为它是未

---

① 此处为 1998 年辽宁人民出版社出版的《彭定安文集》（4 卷）。

曾发表过的作品。但是，长子彭延却拿了去，费时费力默默地在那时刚刚使用的个人电脑上打字，使之成为电子文本。其情可感，我乃决定说明缘由，收入《彭定安文集》第4卷，使之问世。这是文集中唯一未曾发表过的作品，它只具有纪念意义而已。

四、《鲁迅和日本朋友》：功亏一篑"祖师"言

1982年7月，我的《鲁迅评传》问世。这是我从1978年平反回城四年后，所出版的第三部学术著作。老朋友们都知道这部书，是我青年时代夙愿的实现，不禁为之庆贺和赞誉。范敬宜特赠诗一首，云：

> "三十二年磨一剑，精诚真使石金开。
> 辽阳夜月寒浸骨，漠北狂沙惊入怀。
> 落笔行行都带血，剖心寸寸应无埃。
> 鲁翁今日当添笑，新彦如林多异才。
> 定安同志百折不回，终成《鲁迅评传》一书，读之感奋不已，爰赋一律，以表贺忱。"

范敬宜将他的诗作用他那优雅美丽的楷书书写赠我；而李宏林则邀我再次与他合作，创作以鲁迅为题材的电影剧本。他这时已经调回《辽宁日报》工作，并连续发表具有震撼性大报道而成为著名记者了。我欣然同意，相信这次合作定能成功。关于这次愉快的合作，李宏林曾有《情意绵绵四十年》一文，作愉快的记述，我且先引用他的文字，来回叙这次既成功又失败的合作：

> 不久，他出任社会科学院副院长，他对鲁迅研究了半辈子，……他要完成青年时期未能完成的夙愿，就是写一本《鲁迅评传》。我得知这消息，立即把他接到抚顺，我陪他住在食宿条件比较好的龙凤矿招待所里，他写论著我写小说。……他写一部分就让我看一部分。……我边读边赞叹，已经预见到这部力作的成功。……在这同时，我俩运筹第二次合作。这就是我和彭定安、胡海珠同志联合创作的电影剧本《鲁迅和日本朋友》。
>
> 胡海珠同志在北京电影制片厂当编导室主任。她一直关心我的

创作情况，她也动手写电影剧本。这样，我就当了友情使者，把我和老彭、海珠聚到一起，共同筹划写一部反映鲁迅和日本朋友的文学剧本。这个选题是老彭的长项，口头的、资料的，他提供了大量史实和动人细节，为这部剧本提供了坚实基础。海珠是组织创作电影剧本的专家，她从电影厂的生产角度对剧本提出种种要求，我综合了大家的意见后进行具体操作。在那些日子里，我们三人时而相聚在北京，时而会面在沈阳，又时而畅游在抚顺大伙房水库的湖面上。真是品味到友情的温馨，体味到探讨文学创作的快慰。初稿完成后，又几经修改，我们把取名为《鲁迅和日本朋友》拿了出去，当即引起刚同日本拍完《没有下完的一盘棋》的北影段导演的重视，他拟定把这部剧本作为与日方合作的第二部影片，部分场景去日本拍摄。但正当老彭在北影招待所最后修改剧本已临近完成时，又因某些原因而放弃了计划。幸好春风文艺出版社的大型刊物《春风》将它发表在1983年第3期的《春风》杂志上，我同老彭在文学创作上的合作友谊由此公开披露出来。这部作品尽管没有拍成电影，但它终于作为成果献给社会，圆了我和老彭早有的文学合作梦。(《超越忧患的求索——彭定安学术生涯40周年纪念文集·情意绵绵四十年》)

　　宏林关于这次合作的回忆，已经记叙得比较清楚了。我再接着补充一些他未曾述及的情况，特别要说明他文中所谓"某些原因"而至这部影片的拍摄计划"放弃"，究竟是怎么回事。

　　合作从我向他们讲述鲁迅和他的日本朋友的故事开始，我从鲁迅的先生藤野到他的堪称"入室弟子"的增田涉，从山上正义到山本初枝夫人，从内山完造到他的弟弟内山嘉吉，从日本无产阶级作家鹿地亘到古代文学研究学者辛岛骁，从在患难中偶遇交往仅仅几个月而心气相投的长尾景和到为鲁迅日常服务的内山书店店员镰田寿、镰田诚一兄弟，等等，都依据史料一一细述，尽量提供一些细节，以便创作之用。他们（主要是宏林）听了，抓住主要的人和事"抠细节"，我补充，然后他们自己阅读资料。在此基础上，我们讨论创作提纲，由我和宏林分工撰写，宏林负责更多的部分。海珠则从电影艺术的角度，提出要求或对已写出的部分提出修改意见。全稿写出后，由宏林统稿、修饰。最后，完成阶段，便由海珠安排我在北影招待所居住，集中精力做最后的史实修订和文学修饰。

在这期间，由海珠安排，我和中方导演段吉顺有了直接接触。他了解了剧本内容和一些具有戏剧性的场景，对导演此剧具有了兴趣和信心。他设想与同他合作导演获奖影片《一盘没有下完的棋》（前引李宏林文中的影片名有误）日本导演佐藤纯弥再度合作，共同导演《鲁迅和日本朋友》，并拟延请日本演员参演并赴日本拍摄有些场景。段吉顺信心满满，情绪高涨。记得我还应邀赴他的家宴，聚谈甚欢。他的夫人是一位儿童片导演，曾经和法国合拍过一部影片。席间她还讲述了她拍摄过程中，与西方女性接触中的有趣故事。特别重要的是，海珠已经就此事向厂领导汪洋汇报，得到认可了，由段吉顺再度与日方导演合作执导、聘请日方演员以及去日本拍摄这些大事体，也都批准了。

这是一次多么好的影片制作啊，主题好、剧本好、导演好，演员也好，成功系数应该是很大的吧。我们那时真是心潮澎湃、意态欢腾、跃跃欲试，只等着与日本导演佐藤纯弥见面会商了。

恰好，佐藤纯弥不日即来北京参加颁奖典礼，与段吉顺共同领奖。啊，万事俱备，只欠东风了。

我那时在北影招待所改稿，真是顺心顺手，又心境愉快。紧接着《鲁迅评传》出版并获得好评，又是表现鲁迅的电影开拍，一扫前两部电影文学剧本创作本成功、终竟遭厄运的心头之痛。就在我改稿竣工之日，佐藤纯弥乘飞机来到北京。

北影厂厂长偕导演段吉顺等前往机场迎接。

在迎接之前，北影厂厂长前去看望一位有崇高威望的老领导，他准备接见一下日本导演佐藤纯弥。这位国外导演，既是第一次与之合作的日方导演，又是获奖者。以这位领导之尊，接见一下是很有意义的。汪洋厂长在拜见该领导时，高兴地汇报了准备拍一部有关鲁迅的电影，再次与日本导演合作的想法。不料，这位有"中国电影界'祖师爷'"之称的领导，以"30年代的问题，还没有结论呢"为由，否定了拍鲁迅的电影的提议。北影厂领导回厂后即下令："《鲁迅与日本朋友》拍摄计划取消！"

四部电影剧本——应该说是三部吧，一部是有可能争取作为电影文学剧本发表的，但遇到李秀成"遭诬"案，除了遭批判，自然没有别的出路。两部是已经决定拍摄了，但都以"不正常死亡"终结。这里直接反映了作者的文运塞滞，但也蕴含着历史的气运、文化的生态和历史与人事的纠葛。也许，这在侧面上有一点"滴水映大千"的意味吧。

［原载《鸭绿江》（上半月）2019 年第 1 期］

雷锋与我的人生起跌浮沉

——《耄耋回首往事前尘》之四

"雷锋与我的人生起跌浮沉"——当我为这篇回忆文章写下这样一个题目时，立刻想到，看到这样的题目，人们一定会产生疑惑：你的生平、经历和职业，好像与雷锋关系不大，怎么会与你的"人生起跌浮沉"有牵连？难道你与雷锋还有什么纠结处？莫非你曾经是学雷锋的先进人物后来落后甚至"落魄"了？或者你曾对雷锋有过什么不敬而遭到应有的批评？如此等等。——但都不是。

世人有所不知，原来我是 1963 年普及全国、影响至今的雷锋报道与学雷锋活动兴起的"第一线"直接当事人。关于这件事的来龙去脉，现在有点儿众说纷纭，或略去真实的情况不说，或语焉不详，或张冠李戴；甚至在正式的"历史文件"性的报道中，也不免有失误之处。早些年，《辽沈晚报》刊登过于铁同志写的一篇简略却是"还历史本来面目"的文章，略述过历史的真实。还有哈尔滨《新晚报》2009 年 3 月 4 日记者李玥的报道《33 岁记者笔下雷锋这样走来》，其中写道："彭定安，这个普通的新闻工作者，通过一篇《永生的战士》的报告文学，第一次把雷锋带入国人的精神家园。由此，雷锋这名普通的战士，成为全国人民的学习榜样。"但它们的内容既简略，影响也很有限。以后的一些报道，人们或者是未能看到，或者竟是"未予采信"，所以"依然故我"。我在几处雷锋纪念馆参观时，解说员一开始介绍雷锋和学雷锋活动的渊源，也都是语焉不详，不明来龙去脉。我总是站在她们面前，耐心地谛听她们"不明究底"的介绍，含笑不语。我知道，在这种场合，要是我站出来试图"真人说明真相"，人家反倒一定不相信，甚至会以为来了一个骗子，或者视我为疯老头子胡吹。

以后，我在中共党史学会主办、以"揭示历史真相，展现世纪风云"为宗旨的权威历史性刊物《百年潮》上，发表了《学雷锋活动是怎样兴起的》一文，才算是正面和稍微详细地述说了原委。但由于刊物的性质，公众面上知道的仍然很少，社会影响也很有限。为了还历史以真实面貌，为了澄清误传，也为了"立此存照"，我愿"连细节的真实"都尽量保留地来"钩沉"史实，纠正误传。我这样做还有一个意念，就是要帮当年（1963年）所有为雷锋报道和"学雷锋活动兴起"做出了贡献的有关人士留名。他们都已经作古了，自己不能说了，只有我还存活，能够为他们"说话"。这不是为他们"争功"，而是"还历史以真实面目"。这是历史唯物主义的应有态度。这些人士是：辽宁省委原常委、抚顺市委原书记沈越，辽宁省委原常委、《辽宁日报》原总编辑殷参，《辽宁日报》原副总编辑邢真，《辽宁日报》原政教部副主任霍庆双和政教部军事报道组编辑赵徐。这里暂且只提他们的姓名，以示珍重；他们在其中所起的作用和所做的工作，容后叙述到有关事宜时再具体介绍，于此可以显示历史的真实细节。

在详尽而真实地揭示历史真相之前，我觉得有必要把我对雷锋事迹和学雷锋活动的思想文化意义陈述一下。记得2003年，为了纪念毛主席题词"向雷锋同志学习"发表40周年，辽宁电视台摄制专题片。记者为此采访我，我就这一问题做了回答。我说："雷锋精神和学雷锋活动最深刻的意义，就在于雷锋参与了当代中国人精神世界的建设。"不是吗？雷锋精神和学雷锋活动，已经进入社会学所说的"小传统"，即深入到亿万群众的生活和思想之中。它们已经成为深入中国民众思想生活中的文化符号，成为中国当代道德建设的内涵之一；而且活动普及全国，遍布社会各个角落。后继者千千万万，"活雷锋"群出，还有学雷锋团队，思想和行动都在雷锋精神的感召下，适应时代需要和符合时代精神，又有所发展、有所建树。这是一桩历史实践的继续和发扬光大，是"历史"与"现代"的契合。因此，追根溯源，1963年《辽宁日报》关于雷锋的扩大宣传和由此获得毛泽东主席题词，以及继而引发的学雷锋活动，就成为一次影响及于现代的历史现象、一个历史事件的节点。这样，对它产生的来龙去脉和因缘际会，就需要明了。

秉此，我愿陈述当事人的见证，从头细说。

时间回到1962年，那年我33岁。我从1948年离开家乡，15年未回过故土。已近中年了，为了了却乡愁，为了探望老母，我请了半个月探亲假，定在12月下旬举家回故乡鄱阳（当时易名"波阳"，现已恢复原名）。火车票已经买好，只等到时候启程了。就在登车前夕的晚上，突然接到分管政教报道的副总编辑邢真的电话，召我立即去报社编辑部，接受重要的紧急任务。我赶到报社邢真的办公室，他匆匆对我说："先进战士雷锋牺牲了。报社决定大报道，分三个组：写长篇通讯的，写社论和言论的，整理选发雷锋日记和笔记的。"交代完毕，他接着说："现在，决定长篇通讯由你来写。给你一周时间，你是快手，要按期完成。具体事宜，霍庆双会给你布置安排。"他又说："我知道你要回乡探亲。你把车票退掉，完成任务再走。"邢真从部队转业不久，还保留着军队作风，行事果决痛快。但说完这些，他又唠嗑式地说一下："这次让你采写，是殷参同志点将。"这一点，我从他交代任务时，在"起用"我这个"隐形人"上不是期期艾艾，而是果决的神态中，已经感觉到了。因为，此前他为了让我乘飞机突击采访，受到过批评。那是一年多前，锦县农村发生集体食物中毒事件，附近的海军某医院及时全力抢救，效果很好，事迹感人。沈阳部队空军领导机关，决定派运输机急送物资和药品去当地，并邀请《辽宁日报》派人采访。邢真闻讯，也是在下班后电话召我授命。他急令我马上出发，跟随部队同志，乘运输机去采访，并赶写大通讯。他布置完任务后，出去了。过一会儿回来，对我说："让你坐飞机采访，遵佗同志批评我了。"——那时，"记者坐飞机采访"是破天荒的事件，怎么能够让一个"摘帽右派"享受？王遵佗的批评是有理的。她是当时《辽宁日报》副总编辑、总编辑殷参的夫人，延安来的老报人。我听了，连忙说："那我就不去了。"邢真却说："已经定了。遵佗同志问我，'你跟他说了吗？'我说，已经布置了。她说：'那就算了吧，下不为例！'"邢真接着又说："你可是要好好完成任务啊！"言外之意是：你要是没干好，我就更不好交代了。所以，这次如果不是殷参的决定，邢真是不敢造次"破例"的。

在这个细节上，现在就出现了一个误传。在一篇正式的关于《辽宁日报》的雷锋报道的文章中，就写成是殷参接受沈越的建议后，打电话给总编室的范敬宜，要他打电话给我布置任务（《〈辽宁日报〉是如何宣传雷锋的》，见《辽宁日报》2013年3月5日）。这就完全是子虚乌有的误传了。事实上，当时范敬宜不但不在《辽宁日报》总编室，而且不在《辽宁日报》，而是在它属下的《辽宁农民报》工作，怎么会出现上述那种事情呢？而且，即使他在总编室，按工作程序，也不会是总编辑给一个一般人员让其给另一个一般人员打电话布置重大任务，更不要说，那时彭、范二人都是"摘帽右派"，绝不可能发生这样不可思议的怪事。这种误传，虽然把范敬宜同雷锋报道及学雷锋活动联系起来了，但对于他一点意义也没有，也许还有负面的影响。故在此对一个误传的历史细节，加以订正。

这里还需要补充一下这次大规模雷锋事迹宣传的原委了。原来，雷锋在驻抚顺的工程部队中牺牲后，在省委委员、抚顺市委书记沈越的指示下，在抚顺就展开了大宣传。在《抚顺日报》上，连载雷锋事迹报道，并开展了热烈的社会性学雷锋活动。同时，他还建议同是省委委员的《辽宁日报》总编辑殷参，在《辽宁日报》上展开全省的宣传。殷参接受了他的建议，并作为重大报道来亲自抓。这样，就有了上面所说的邢真向我布置紧急采写任务的事。

我从邢真处出来，就按他所说，去找霍庆双同志。他是这次重大报道的一线指挥，所有采访活动均由他安排，所有稿件也先交他初审过关，然后呈邢真审阅定稿付排。我见到霍庆双，他先交给我一份油印稿，他说："这是雷锋生前所在团的俱乐部主任写的，关于雷锋的详细材料，你可以参考。"又说："已经联系好你去雷锋部队采访，现在，你先去工人文化宫参观雷锋事迹展览。这也联系好了，他们会为你特意开馆。"我拿了那份油印材料，便直奔工人文化宫。果然为我一个人在中午休息时开馆。我于是得以独自个儿，在寂静中，注意地、仔细地、慢慢地巡阅、观看、细读雷锋日记和笔记，并选要摘录以备用。我在这寂静的展览馆里，默默地观看、认识、理解雷锋，并酝酿初步的腹稿。当我走出展览馆时，心中闪过两个意念——"雷锋不死，能当将军"和"雷锋永生"。这后一个意念，后来化作了雷锋报道的题目。应该说，这两个意念，并没有错；至于霍庆双给我油印材料作参考，更是新闻工作中常规、常见的事情。

我在结束采访之后，觉得材料已经很丰满了，只是未见其人、未见其事，缺乏现场感和直观的感受。于是我想起了那位俱乐部主任，他是雷锋生前战友，能够提供这方面的鲜活的见闻。于是我约见他。我至今仍然清晰地记得，我们在《辽宁日报》编辑部二楼我的办公室里会见，他还带了一位年轻的女友同来。我们交谈了一个多小时。他提供了一些有关雷锋生前音容笑貌的材料，有助于我想象活着的雷锋的形象。我们欢快地握手言别。这对于我"写活"雷锋有一定帮助。但是，这次约见，我又为自己埋下了更大的祸根。

在结束采访之后，我进入写作阶段。此前，关于活着的雷锋的报道，陆陆续续累积已经很多了，他已经拥有了"红色战士""毛主席的好战士"的光荣称号。不过，那些报道，大都只是一个时期的事迹、一个阶段的表现或者一个事件的出现等的报道。综合的大报道也有过，但一是仍然不够详尽，二是影响有局限。而现在，雷锋牺牲了，再进行一次大规模的报道，就要求更为全面详尽的抒写了。因此，我确定以"拟传记"的形式、规模和歌颂性的笔调，来全面、系统、综合、总结性地报道雷锋生前事迹；特别是提炼、概括出"雷锋精神"的精髓是当时提倡的"人人为我，我为人人"的共产主义风格的具体实现，这就是"助人为乐"——处处、事事、时时，主动热情地帮助人、做好事，而且隐姓埋名。于是我决定以"传略"体式来写，即按苦难童年→解放、参加工作、参军→一系列事迹表现→不幸牺牲，这样一个叠进式进程来写。基于这种"创作设计"，我拟定了这样连缀性、系统性的，循序渐进表现发展进程的小标题：血泪九年→新生→启蒙→斗争→熏陶→苦学→功业→入党→向前进→谦逊→永生。

通过采访，通过参观展览和阅读雷锋大量的日记、笔记，在丰富的鲜活材料基础上，在了解了活着的雷锋的种种感人事迹的基础上，我产生了对"传主"的热烈而深厚的感情，也产生了对雷锋思想、精神的理解和诠释的理性概括。我理解，雷锋由于在旧社会遭受了种种苦难，对它具有超乎常人的恨；因此，对新社会，对共产党、毛主席，就具有超乎常人的爱。这种发自内心深处的爱，化为日常行动，就是在工作和生活中，那些超乎常人的先进行动和事迹。他工作上无论何时何地，总是热情、积极、主动地完成任务；在社会上，就是总想为他人做点什么，奉献热诚、尽力帮助，而不留姓名。而此时，正是大力宣传"我为人人，人人为我"的共产主义风格的时期，这更增加了雷锋做好事、帮助人的理性和自觉性。他的这种精神和行为，凝聚成通俗而容易为广大群众所接受的话语，就是"助人为乐"。

这样，我怀着对雷锋的这种理解和理性概括，带着对雷锋的热爱之情，怀着激动的心情，开始撰写通讯。我有意摆脱一般新闻通讯的格局和笔调．而尽量使用文学笔法，语言形象，"笔锋含情"地书写。进展很顺利，语意流畅、叙事畅快，逻辑和情感一致，流泻而下。一天多时间，就完成了8000多字的长篇通讯。而由于它的行文具有一定的文学性，叙事方式、整体结构和段落间的顺畅衔接，实际上成为一份报告文学的篇章。给我一周完成任务的时间，我五天完成了。

行文至此，我觉得需要也应该暂断叙事，而对这段"历史事件"或称"新闻史"做一点"史的解读和诠释"，并"同步"批驳现在一些对于雷锋和学雷锋活动的造谣、污蔑。从以上事实可以看出，雷锋之所以成为先进典型、英雄人物，是一步一步走过来的，是他长时期的具体行动累积起来的。他当工人是积极奉献的劳动模范；参军之后，在部队里，他各方面都有超越他人的积极表现；同时，在社会上，又隐姓埋名做了许多好事。这样，他的模范事迹，先后在军内报纸和地方报纸上都有及时的、分别的报道，日积月累，他获得了"红色战士""毛主席的好战士"的光荣称号。这可以说是积少成多、"集腋成裘"、实至名归。他因公牺牲后，首先是他部队驻地的抚顺市，在市委书记沈越的关注和指示下，展开了大规模宣传，并在市内开展了群众性的轰轰烈烈的学雷锋活动。而后，在沈越的建议下，殷参又在《辽宁日报》上展开了更大规模、影响更大的宣传。事情就是这样一步步发展、提高、升格的。这里，丝毫没有谁在事先定下一个什么"政治目的"，然后制造事实，弄出一个"人造模"来。事实证明，现在的所谓"翻案"，绝对是一种向壁虚构、造谣污蔑。至于所谓"为什么他隐姓埋名做好事，却又有那么多事情被人知道、被宣传报道了？"这也很好解释和理解。雷锋做好事、帮助人之后，往往在被询问姓名时，回答说："我叫解放军！"虽然如此，不过人们往往事后会去部队表示感谢，这就露出了真名。就像现在有的护士在路上抢救了急症病人而后悄然离去，但事后人们还是追查并找到她一样。事实上，雷锋做过的好事还很多，报道了的、为人所知的应属少数，更多的是不为人知的。

现在接续中断的叙述。

我写完通讯稿之后，按照参观展览时"雷锋永生"的感受，写下了题目"永生的战士"，同时署上了那位提供油印材料的俱乐部主任的名字。我拿去交给一线指挥霍庆双。我记得很清楚，我在走廊里碰见他，把稿子交给他。他接过去一看，就说："你写的稿子，怎么署了他的名字，却没有你自己的呢？"他说完，我们对视了一下，立即彼此明白：我是"隐形人"，可以写新闻、通讯、评论、社论，以至为省委主要领导起草文稿，但不署名。他于是说："那——，署个笔名吧。"我因为马上要回故乡波阳（现恢复原名鄱阳），急切间就回说："好，那就署个'波阳'吧。"他便在第一署名后面写上了"波阳"。关于这件事，霍庆双曾经在一篇文章中详细记叙过，他写道：

> 老彭的一生是历尽坎坷的。……让他写文章，但不让他的名字见报。而他毫不计较名利，叫干什么就干什么，而且干得极其认真，总是很出色地完成任务。……雷锋的宣传便是一例。
>
> 1963年我在政教部负责政法摊的工作，殷参同志交代了雷锋宣传的任务后，社论由我起草，通讯由谁来写呢？这时就又想起了老彭，于是把他抽出来搞通讯的采访写作。他二话没说接受了任务，开始进行采访。……沈阳军区搞宣传的……提供了一份宣传材料，老彭便参考这份材料，吸收采访中得到的材料，带着深厚的感情写出了长篇的深刻、生动、感人的报告文学《永生的战士》。在发稿时他没署自己的名字，我问他："你写的为什么不署名？"他说："不用署名。"我说："不用真名，那就用个笔名吧。"这样，《永生的战士》就用波阳的笔名发表了。（《超越忧患的求索·说说老友彭定安》，辽宁人民出版社，1998年）

霍庆双接过稿子后一边往办公室走，一边对我说："我正赶写配发的社论，赵徐正在整理、挑选雷锋日记、笔记，准备发表。就等你的通讯了。"他的话表明，"长篇通讯"是这次报道的主体部分。我也了解到，还有其他同志在为这次报道用功出力。

稿子经霍庆双初审后交副总编辑邢真审定发稿，又经总编辑殷参终审，一路未做任何修改，全文照发。文稿小样出来后，我寄了一份给那位非合作者的"合作者"征求意见。他阅后给我打电话，说："文章写得很好哇，我提不出什么意见；可是我没有写，还署了我的名字，很感谢!"——（附带说一下，我在发稿稿签上注明：稿费一半寄合作者，我的免发。稿费是送达了的。）

《永生的战士》于1963年1月8日见报，占第三版一整版。这天一早，我就接到《辽阳日报》吴非的电话。他是我在《东北日报》的老同事，后调《辽阳日报》工作。他说："《永生的战士》写得好，我一看文笔，就知道是你写的。很感人、很轰动。我们这里反响很大!"这是我听到的第一个反映。

当晚，我就偕全家登上火车，奔向南归省亲的路。在鄱阳度过春节，半个月后回到沈阳，即听说在这短短的时日里，发生了许多事情：《辽宁日报》的雷锋报道，在全国引起了热烈的反响。在军内的影响也很大。总政特别邀请《永生的战士》作者去北京作报告。我这个真正的作者自然不能去，而是由未着一字、不是我的合作者的"合作者"去了。他正好以"雷锋生前战友"的身份去给部队同志作报告。由此，他改变了退伍的命运，而继续留在部队，以后，则几乎可称为"宣传雷锋第一人"，并以此为终身职业，在这方面，他做出了可贵可赞的贡献；而职务也不断升迁，达到高层。同时，在这些时日里，新华总社、《人民日报》都来向我约稿，《人民文学》编辑部更为我申请半个月创作假，为他们撰写长篇报告文学。这些邀约，自然也都以"众所周知"的原因被婉拒了。而从此之后，我与雷锋就毫无关联了。在他人，也许就因此"一举成名天下知"了吧；但我没有，连一句褒奖的话语都未曾听到过。

但我内心还是深感欣慰的。回忆自1950年学新闻专业结业，服从分配，出关来东北，先在《东北日报》做编辑工作；1954年大区撤销，转入《辽宁日报》，继续担任文艺编辑工作。到此时，新闻从业生涯已经13个春秋了。虽然写了许多通讯、消息、书评、影评及文学评论、短论、社论，数量不少，但是至今并无可观成绩，也就数这篇产生了全国影响的报告文学，算是"突出成果"了。再有，就是1956年为纪念鲁迅逝世20周年，在《辽宁日报》上连载的《鲁迅的一生》了。已经"微近中年"了，虽然隐姓埋名工作，但能有机缘写了这么一篇报道，也算"堪慰平生"吧。

这时，还发生了一件与此相关联的事情。我的朋友、《辽宁日报》记者李宏林，因被错划右派，此时在行政科卖饭票。他约我一同写表现雷锋的电影剧本。我欣然同意。他本是有出息的剧作家，我熟悉雷锋事迹，我们的合作定有成效。那时候，在班上是绝对不允许干本职工作以外的任何事情的，我们都在晚上秘密写作。我们分工，我写前段，他写后段。我们很快就合作完成了电影文学剧本《雷锋》，并立即寄给长春电影制片厂。不久即获通知，"接受剧本，立即筹拍"。这可以说是真正的第一部反映雷锋的电影文学剧本了。我们那时都还年轻，剧本未必很成熟，但正当其时，时代感、鲜活性、蓬勃朝气还是蕴含其中的。但是，一到调查作者状况（这是当时必做的政审），事情陡变。长影的调查电话打到省剧协，得到的回答是："两个作者都是'摘帽'右派，这涉及什么人占领舞台的问题，绝不能采用他们的作品。"于是第一个写雷锋的电影，便胎死腹中，化为泡影。

在此前多年军报、地方报纸众多关于雷锋的陆续报道的基础上，《辽宁日报》这次大规模的、系统的、全面的、详尽的、总结性的报道，在全国产生了轰动性的巨大而广泛的影响。在这里，不能不说到前面提到的，那些为此付出了辛劳、做出了贡献的人们。首先，是抚顺市委书记沈越，他率先在抚顺大规模宣传雷锋并兴起学雷锋活动。而后，他又建议殷参在《辽宁日报》大力宣传。而殷参则不仅是接受建议，而且准确把握雷锋宣传的要旨，做出大规模报道的战略性决策与规划。然后，副总编辑邢真，作为战略实现的战役总指导，又是积极地、有效地具体实现战略意图。至于霍庆双，作为战役一线指挥，具体地、认真地一一落实报道要求。还有赵徐，默默地从雷锋大量日记、笔记中，选出重要的发表，这是第一次"摘要选用雷锋笔记"，它是以后各处选用的基础。所有以上诸位，都是与有功焉的，是"历史的实现者和实践者"。历史不能假设，但是我们不妨设想，如果没有沈越的触发和建议，如果没有殷参的积极、富有思想的大规模宣传构思和战略计划，以及邢真的有效执行、霍庆双的具体实践和实行，还有赵徐的默默工作，那么，当然就不存在雷锋的全国性影响，更无领袖的题词，而学雷锋活动也就不可能产生。雷锋和他的事迹，也许就湮灭在历史存档中、消逝于历史的烟尘中，而不为后人广知吧。

《辽宁日报》的雷锋报道在全国产生巨大反响之后，《中国青年报》

于1963年2月5日予以转载。转载时略微删去了一些文字，把作者名移到文末，用括弧括上。十几天后的2月16日（或17日），《中国青年》杂志编辑部思想教育组的几位编辑，在编发准备发表雷锋事迹报道的"学雷锋专号"这期刊物（1963年第5、6期合刊）时，考虑如何在其他报刊已有宣传的基础上，做到"后来居上"，就设想请毛主席为雷锋题词。于是他们给毛主席写了呈请信函。过了两三天，仍然未收到毛泽东主席的题词。因刊物出版在即，编辑部便打电话到毛主席办公室询问：毛主席是否同意题词，如果同意，是否能够在2月25日前赐予。一天，毛主席休息后起来，秘书林克提起雷锋题词事，并呈上已拟好的十几个题词稿。毛主席看了均未采用，便自己提笔写了"向雷锋同志学习"这个题词。3月4日，新华总社向全国发通稿；3月5日，全国报刊发表了毛泽东主席的这个题词。一场学雷锋活动于是在全国兴起。

这个过程，从《中国青年报》转载，到《中国青年》杂志编辑部请毛泽东主席题词，也是延续前述各节发展过程，一步步发展过来的。普及全国、轰轰烈烈的学雷锋活动也就是这样兴起，并一步步发展起来达到高潮的。这里，完全没有什么"事先确定一个政治目的，制造一个假英雄，让全国学习"这回事。

当全国掀起学雷锋热潮的时候，我的那位"合作者"自然是"当仁不让"的"宣传雷锋第一人"；而一个真正的作者，却隐姓埋名、继续以无人理睬的"隐形人"的身份，埋头工作、低头做人。

事情如果到此结束，在我也就算是幸运了。而在我内心，我做了，产生积极的社会影响了，整个报道成功了，我也就心安理得，生命潜在的意义得到了。无褒无奖、默默无闻，又有何妨？

但是，事情并不止于此。历史有时很严峻，个人命运有时很曲折。

三年之后，"文革"风起。我立即成为首先被揪出的"辽宁日报第一个牛鬼蛇神"，定性为"死不改悔的右派分子"。缘由（用当时的语言说应为"罪行"）是我"利用编辑《星期天》副刊之机，挖空心思疯狂反党反社会主义"。原来，在1961—1963年间，由于在三年困难时期，按照"物质缺乏，多提供精神食粮"的指示精神，我应领导安排，负责编辑《辽宁日报》的《星期天》副刊，其中辟有《故事新说》专栏，每次讲一则小故事，然后加以简略的意义阐述。每期一则，均是我编写的。另有《科学诗》一栏，均是我依据一些科学常识和科学趣闻，采用诗的形式加以表现。在"文革"风中，这个《故事新说》加上《科学诗》，被定性为"辽宁的《燕山夜话》"；这罪名在当时是罪加一等的。批斗中是这样揭露批判的，比如，《故事新说》中有一则源自《百喻经》的故事：一个人想要造三层楼。他对木匠说，我只要第三层，不要第一、二层，省事呀。木匠说，不造第一、二层，哪能造得第三层？"新说"则略微阐释云：人们学习、做学问也是如此，要循序渐进、一层层累积。主题意旨是很明确的。但批判者却指出："这是攻击大跃进没有基础，是空想。这是恶毒攻击'三面红旗'。"又如，有一篇科学诗说，非洲有一种大蚂蚁，能麇集把大蟒蛇吃掉。这不过是一则科学趣闻，并无深意。但揭露批判者却说："这是号召牛鬼蛇神起来把共产党吃掉！"如此等等。另外，还有我利用十年业余时间创作的电影文学剧本《忠王传》，因为戚本禹著文批判李秀成是"叛徒"，这剧本也就被定性为"为叛徒树碑立传"了。这是我第二项大罪行。

这样，我就成为报社第一个被停止工作的人，以"牛鬼蛇神"的戴罪之身在编辑部打扫厕所。

此时，虽然遭此污蔑不实之词批判，定我之所写均是毒草；但我心中却有一盏不灭的明灯：雷锋事迹报道《永生的战士》。雷锋是伟大领袖毛主席亲自树立的先进典型，谁会砍倒？谁能砍得倒？到运动后期落实政策，我为此定能得到正面的助力，而幸获宽大处理。这是我确信不疑的。一盏不灭的明灯，照亮我那黑暗的前程。

但是，这一确信，很快变成幻影。

有一天晚上，在《辽宁日报》编辑部三楼，突然出现一张上顶天花板、下达地板的大"大字报"，硕大的标题是：《彭定安的〈永生的战士〉是一株不折不扣的反毛泽东思想大毒草》。其大意是："雷锋是'毛主席的好战士'，彭定安却污蔑他是什么'永生的战士'；他还胡说什么雷锋是'积小事而成英雄'，这是彻头彻尾的贩卖刘少奇的'吃小亏占大便宜'的修正主义黑货。"最后批判说："这是疯狂反对毛主席、反对毛泽东思想。"我读完这张大字报，脑子一片空白，心里却被堵塞无隙。我欲语无言，欲哭无泪。心中那盏不灭的明灯，彻底地被掐灭了。那渺茫的求生的希望也幻灭了。我知道，申辩是无用的，而且是不被允许的，还会罪加一等。我只有等候最后的灭顶之灾的降临了。

就在这种绝望之时，又来"雪上加霜"。第二天，又出现一张同样

"顶天立地"的大"大字报",题目是《严正申明与强烈谴责》,原来是我的那位不是合作者的"合作者"言辞激烈、义愤填膺的"严正申明"。这份申明说:"彭定安在我毫不知情的情况下,狗胆包天,盗用我的名义,发表污蔑毛主席的好战士雷锋的黑文……"下文我已经无法忍耐看下去,也无须看下去了。解放军领导同志的严正申明,还会假吗?我毫无申辩之力。"彭定安用心狠毒啊!"人们震怒了。在当时当地,这严正申明有千斤之重,对于一个"牛鬼蛇神",具有泰山压顶的无穷威力和置之死地的威权。我只有、只有俯首就缚,别无他途了。

紧接着,又一张大字报宣布:"沈阳部队领导指出,《辽宁日报》走资派让右派分子彭定安去采写关于雷锋的报道,是对毛主席的好战士雷锋的极大的侮辱!"我在"罪行"之外,又受到真正的人格侮辱。

正当此时,一张简短但分量极重的大字报适时出现,云:"彭定安这样的现行反革命分子,用不着再开什么批斗会了,立即逮捕,送法院,审判、判刑。"

这样,我在"处心积虑、千方百计,炮制黑文,疯狂反党反社会主义"和"为叛徒树碑立传"的罪名之外,又罪加一等:反军、反毛泽东思想。

事情到此已成结局,无可申辩,无可救药。至此,也是"置之死地而后生"吧,我反倒无惊恐、无忧虑,也无冀盼,就干等那一天的到来,心地反而"踏实"了——心死了。

这时,还有一件事"应运而生"。《辽宁日报》造反派组织,也许是为了配合以上诸多行动,还编印了一份"白皮书",题目是:《现行反革命分子彭定安罪行录》。上述诸多"罪名"罗列齐全。这个"白皮书",不仅在报社内部人手一份,而且,在围观报社大楼周围的群众中广为散发。我就曾挤在这乌合之众里,眼看着那"白皮书"在传播,深怕有什么人突然认出我来,那就可能立时惨死在愤怒群众的拳脚下。这样的事,幸亏没有发生。

但倒是出现了另一种万难想象的事情。那时正是新年快到的时候,报社大楼要升国旗、挂彩灯,这项任务交给一位烧锅炉的临时工办理。他把在锅炉房劳动的我带上当助手。我们爬上高高的高楼顶层,在狭小的顶层平台上,把国旗悬挂在旗杆上,然后牵电线挂彩灯,很艰难、很费事。中间,我们在小平台上休息,他平躺在地上,闭目养神,享受中午阳光的温暖。我没有敢放肆躺下，只在他身旁坐着休息。半晌，他闭着眼，仿佛在自语，但话却是针对我说的。只听他用很轻的语音、缓慢地说道："我看了那个小本本……"他停下了，没有再说下去。我不知道他将说什么，那时，随机地、"一对一"单独地批斗"牛鬼蛇神"的事情，是经常发生的。他是不是也要就地单独批斗我，来显积极、立战功呢？我警惕地、担心地认真谛听下文。他停了一会儿，却接着细声说："我，决不相信，你是那样的人。"我心头立即涌上一股暖流。这是这个时期从未听到过，也不可能听到的友好的、理解的话语；但我不敢有任何表示，因为，表示同意吧，一旦传出去，就有"死不认罪，顽固不化，妄图翻案"的新罪名砸来；如果表示不同意，那就是不识好歹的混球儿。我只能沉默以对。但我感觉到他是理解我的"沉默"的。

我感觉到我们之间的一种默默的心之交流。这位随潮来去的临时工，微近中年，中等个头，平素少言寡语，我对他一点也不了解。但是，这一幕在当时是"冒天下之大不韪"的友好的理解和信任，我至今不忘，常常想起，心中备感温暖。让我衷心地为久违的他祝福！

1969年初，我以"戴罪"之身到位于盘锦的省干校，一边劳动、一边接受批判。至年末，终于获得宽大处理：定性为人民内部矛盾。于是在12月29日，在仅给三天收拾的时间内准备就绪，全家四口，"五带"（带户口、粮食、工资、党员和团员关系）离城，乘坐敞篷车，冒着风雪，翻过大青山，到内蒙古敖汉旗偏僻山村插队落户。完成了"在大雪封山前到达插队地"的"遣送"律令。我们在这个穷乡僻壤困居十个年头，于1978年回到沈阳。由于我自己的坚持，终于获准离开《辽宁日报》，到新组建的辽宁社会科学院工作。

转年初春，我省召开新时期第一届文代会，我幸获代表资格。不意，在这个会上，发生了一件意外而有趣的事情。在小组讨论时，我被分在省直组，召集人正是久违的我的那位"合作者"，但我认不出在座诸位哪个是他。我想，只要他作为召集人宣布开会，我就认出来了。果然，他宣布开始讨论。而他，就坐在我身旁！我于是对他说："我是彭定安。"他转脸看着我，半晌，轻声说："你受苦了。有什么困难吗？"久别重逢，历经风雨，我完全没有料到他会说出这样内容的话。急切间，我只是说："没有。谢谢！"以后，我们再没有交谈。而此后，也再没有任何联系。直到1984年整党期间，却又突然出现一件事情。

那是整党期间的一天上午，忽然有两位校级军官来访。我在办公室接待他们。他们说明来意：在整党期间，部队有人揭发我的那位"合作者"，在"文革"时期，因为他的"揭发"，而使我遭受严重迫害，因此，他的重新登记受到阻滞，故特来外调，求证实情。我未经思索就如实回答说："我在'文革'初期就被揪出，不是因他的《声明》而获罪；但他的《声明》确实增加了也加重了我的'罪行'。"他们赶忙说："如果你能够把这个情况写成证明材料，他就能够重新登记！"我答应了他们的要求，并当即写出了书面证言交给他们。两位军官高兴地接过证明材料，向我致礼，转身离去。

又过了几年，到了20世纪90年代。我的挚友，《辽宁日报》高级记者、著名报告文学家和剧作家李宏林同志，为了替我正名，特意在他担任主持人的辽宁新闻界举办的一个文艺演出会上，安排我和我的"合作者"共同接受他的采访，一起回答关于雷锋宣传和学雷锋活动兴起的缘由和过程。我们俩共同回答了有关问题，说明我们在1963年一起署名发表了报告文学《永生的战士》，并握手言欢。

终于，我们"笑着向历史告别"。

这些，就是我能够提供的"历史真相"的准确版了。历史事件究竟是如何在最初产生的，其起因、其发源与衍进，是怎样的情景，对现实来说本不十分重要；主要的是它形成以后的和现实的性质和作用。不过，从发生学的视角来说，事物、事件的起源，往往决定了它的基质与品性。因此，了解它的起因和渊源，对于认识其本质，是具有重要意义的。也许，这篇回忆录，在这一点上，能够提供一点"历史花絮"和供人思索的资材。而对"当事人"的我本人来说，则是难以忘怀的坎坷经历和应予重视的人生体验。

（原载《鸭绿江》2017年第12期）

关于《辽宁日报》雷锋报道的回忆

雷锋已经载入史册——载入中国现代新闻史、中国现代精神史的史册。"雷锋精神"在中国20世纪60年代以来的精神发展史中，起到了重要的作用，留下了不可磨灭的刻痕，它是"现代中国人精神构造"中的内涵之一。它已经成为当代中国精神的组成部分，成为一种"热心为公众服务、乐于牺牲自己帮助他人"的精神象征。不过，虽然如此，我们现在每年都在3月里掀起一次学雷锋热潮，但是，人们心里却存在一个问题：现在学雷锋还有什么意义吗？现在谁还学雷锋！甚至有人提出"学雷锋是不是同商品经济—市场经济原则相矛盾？"这样的问题。从20世纪80年代中期起，我就多次接受记者采访，就"雷锋精神与市场经济"这个问题进行讨论。这从舆论界反映了社会观念中的疑惑。从发生学的角度说，就某个事件——问题的性质、意义进行讨论，最好的方法就是从它"怎样产生"这一点来开始探究，即寻根探源问究竟。为此，我愿以《辽宁日报》雷锋报道参与者之一的身份，回忆当时报道的一些情况，追忆往事，提供一点新闻史资料，并借此就"雷锋精神"的理解问题，谈一点意见，做一些探讨。虽然"曾经沧海难为水"，我一直不愿回忆这段历史。

一、雷锋报道的起因

雷锋与其他一些英雄人物不同，他在牺牲前不是一个默默无闻的人，而是早就在部队和社会上颇有名气的先进战士，并且已经有了"毛主席的好战士"的光荣称号。他的那帧几乎是"雷锋形象"的代表照（头戴放下护耳的皮帽的头像），在他生前就已经在报刊上流行了，这说明他牺牲前已是一位公众人物，已经具有突出的社会形象。他牺牲后，他的部队驻地抚顺展开大宣传、大学习运动。《抚顺日报》连载雷锋所在团俱乐部主任陈某某所写的雷锋事迹长篇通讯，社会上热烈地谈论雷锋事迹，并开展学习雷锋的活动。正在这种宣传、学习高潮中，时任中共抚顺市委书记沈越，与当时《辽宁日报》总编殷参同为省委常委，比较熟悉。他向殷参提出，在《辽宁日报》宣传雷锋。殷参接受了这个建议，便在报社组织报道。时在1962年末，任务落在政教部，政教部一马当先的是军事报道组。这样，按这种"组织系统"，组建了一个临时报道班子，下分三组人员，各司其职。一是搞具体报道的，负责写通讯、消息等；二是在家选择、整理雷锋日记等材料的编辑组；三是撰写评论、专论的评论组。我记得，一组由当时政教部副主任霍庆双同志负责，二组负责人是赵徐同志，三组任务主要由雪杰同志负责。一线直接指挥的是霍庆双。在上面负责抓总体的是副总编辑邢真同志和政教部主任马明华同志。当然，整个报道的总指挥和战略决策者是殷参。

二、"临战"受命，采写通讯

我在文艺组（当时属政教部）任编辑，本与这次报道无关。据我事后听说，是殷参点将，要我负责事迹通讯写作。不过，找我谈话、布置任务的是邢真。他向我交代：任务很急，即日采访，写一篇长篇通讯，限一周交稿。同时，霍庆双交我一本16开本内部油印材料，即陈广生所写雷锋事迹。当时，我在离家14年后，正准备举家回南方探亲，领受任务之后，即先投入这件工作。按照自己习惯的"采访程序"，第一步先了解、掌握所有现成的资料，除细读陈某某的油印件外，还阅读了他发表在《抚顺日报》上的雷锋事迹长篇通讯；又借阅了资料室所有关于雷锋的报道，兼及其他沈阳军区英模人物的重要报道，如关于当时与雷锋齐名的雷凯的事迹报道等。第二步，根据已掌握的材料，列出提纲，即提纲1——采访提纲。然后，第三步，依据提纲1进行采访。其中，最重要的采访活动是参观在沈阳市工人文化宫举办的"雷锋事迹展览"。我除了一般性观看并摘记有关资料外，重点是仔细阅读了雷锋日记和读书笔记，也做了摘记。这时，雷锋的形象已经在我的心中形成。他是热情的、活泼的，好学的、深思的，心中爱憎分明。我直觉地形成了这样的"雷锋观"：他是一个热心肠的人；"雷锋不死能当将军"；"雷锋永生"。第四步是对所掌握的材料进行梳理、思索，形成概念、观点、思想。我形成了这样的逻辑序列：雷锋在旧社会遭受了超常的苦难；因此，在新社会，他有一种超常的"解放感"、幸福感，他对新社会及共产党、毛主席有一种超常的爱；这种爱，使他对整个社会感到亲切，对所有的人都感到亲切，他总想为社会做点什么，他愿意帮助所有他遇见的有困难的人们，为他们做点事情，这是他最大的愉快。他的热心肠，具有一种明显而深沉的阶级觉悟和社会感情，具有一种"我为人人"的精神。正是在这种觉悟、精神和热情的触动和支配下，雷锋做出了那么多后来被称为"助人为乐"的好事。在形成了这样的总体认识之后，就正如马克思在《资本论》中所说，材料的生命一旦观念地反映出来，呈现在我们面前的就好像是先验的结构了。我预想中的文章结构，也就这样"先验地形成了"。根据已经掌握的材料，经过整理，我起草了第二份提纲，即提纲2——写作预备提纲。按照这份提纲，我将有关材料进行了筛选、梳理、排比，并把"留用"的"精料"，分类安排、组织、镶嵌到提纲3——写作提纲的章节之中，从而形成一个叙述、描绘雷锋事迹的总体框架。这基本上是一个"传略"架构。

这时，我感到需要补充一些细节材料，特别是一些感性的、外在形象的所谓"音容笑貌"的东西。这是我每次采写这类"大通讯"时的"习惯动作"，自以为是"为文学描写捕捉现场感"。我已经不可能采访、观察活着的雷锋，于是我约见了陈某某。因为他多次采访过雷锋。谁又会想到，我这一种不能说是"多余"至少可以看作不是特别必要的"深入采访"之举，又再次为自己种下祸根。这是后话了。记得那是一个明媚的冬日的星期天，陈某某带着一位年轻女同志（我想那是他的女友），如约来到报社三楼文艺组的办公室。我们交谈了约2个小时，我得到一些"感性的东西"。于是，我决定进入写作阶段。这时，3天过去了。

三、"雷锋形象"：理解与表达

根据自己的理解，我心中形成的"雷锋形象"，概而言之就是：乐于帮助别人，平凡铸就伟大，雷锋精神不朽。详细说，他苦大仇深，热爱新社会，热爱共产党、毛主席，善于学习、勤于思考、满腔热情、乐于助人。他的突出特点是，任何时候、任何地点、任何情况，都以超常的热情投入工作和帮助别人。他不同于战争年代的英雄，炸碉堡、堵枪眼、冲锋陷阵、杀敌制胜或英勇牺牲，他们的事迹，轰轰烈烈、慷慨悲壮。雷锋却是平平常常、琐琐细细，事不惊人情感人。但他做到了常人做不到甚至想不到的事情，他是平凡时期的英雄典型，这应该成为贯穿拟写文章全篇的思想。就像雷锋用一件件实际行动实现了他的思想那样，我的文章也应该是用一件件实际事迹来体现他的思想。但我不能流水账似的罗列件件事迹，这样不仅材料堆砌、陷于平淡，而且等于陈广生材料的重复。我决定选取典型、突出重点，"以'事'写情，以'事'达'思'"，写事是"表"，写雷锋的"思想"是"实"。而且不写通讯，只写报告文学，用"文艺笔法"，取"颂歌"式，而不是"咏叹调"式的"文章调式"。当时，我想起中国文论中常说的"高屋建瓴"，也想到梁启超所说"笔锋含情"。这样，我拟出了提纲3，即写作提纲，并按设想的那样去写。我为雷锋精神和行为所感动，写作时感情比较激动，也很顺畅，有一泻而下之势。最后我写到雷锋牺牲了，但他是不朽的。于是写下了题目：永生的战士。当时我对这个题目挺满意。——但我"高兴得太早了"。人生但能料后事，几许风雨化蓝天？这又是后话了。——当时，我写完后，便在题目下写上了陈某某的名字，因为我使用了不少他的油印材料提供的事迹，虽然他未着一字，连提纲也未参加讨论；他也没有提过这样的要求。而我自己则由于"众所周知的原因"不能署名。这时"任务期"过去5天。我赶着提前两天完成任务，是为了留出修改或返工的时间，也免得耽误南归的行期。至今还清晰记得，我持稿去找霍庆双，在办公室门口遇见，便将稿交上，他边走边看，念道："陈某某？"然后说："这稿不是你写的吗？"我说："是。"他说："那也得写上你的名字。""这……"我们同时意识到那个"众所周知的原因"，他便说："随便写个笔名吧！"我因回家在即，脱口而出："就写'波阳'（这是我家乡的名字）。"这样，便署上了两人的名字。

很快就发稿了，我把清样寄给陈某某过目，他很快回电话说："稿子写得很好，同意发表。"

四、学雷锋运动的兴起

《辽宁日报》1963年1月8日，以一块版的篇幅发表了《永生的战士》。第二天就引起巨大反响，编辑部接到不少电话；我也接到在外地的老同志的电话，给予称赞并说："从文笔就看出是你写的。"紧接着，《辽宁日报》连日发表雷锋日记和读者反映，社会上很快掀起了学习雷锋的热潮。3月5日，毛泽东主席的"向雷锋同志学习"的题词发表。他是收到《中国青年》杂志几位年轻编辑呈送的雷锋报道材料和请求题词的信后，写了这个题词的。随后，刘少奇、周恩来等党和国家领导人的题词，也先后发表。这期间，辽宁和全国的文学艺术界，也闻风而动，创作了不少文艺作品，来歌颂、表现雷锋。最有名而风行全国的，大概是《唱支山歌给党听》这首歌了。这固然因为歌曲写得好，但其时代、社会背景，却是由于雷锋，并因为雷锋的导引，而对共产党产生了热爱之情。这一点，也同样反映了学习雷锋的政治思想特质。就这样，全国性的、遍及各个阶层的、轰轰烈烈的学习雷锋的热潮，在中华大地上展开，而且，是带着这样的思想，精神实质来展开的。文化、思想潮流一旦形成，群众性的自发的"社会性提炼"就会出现，并把潮流的主要精神用一句简练的话语或口号来表达。雷锋精神则被"社会提炼"为"助人为乐"。这基本上体现了雷锋精神的实质。并且，从此就以这个概括性理念，进入并参与中国当代精神世界的建设，成为当代中华性格的一种健康的、有益的思想因素。就这一点说，雷锋精神是永生的。

五、关于"雷锋精神永生"的理解

《辽宁日报》关于雷锋事迹的报道，不仅在报道的组织领导上是成功的，在报道的指导思想上也是正确的，前者，表现在由总编辑领导，由上到下层层负责，组织了一个完整的、分工明确的报道集体。后者，则突出地表现在，不仅抓住了报道对象的主要精神，而且抓住了时代精神，并把两者结合起来，予以集中地、连续地、突出地报道。"把文章作足、作透。"这是成功的原因。正是因此，"雷锋精神，助人为乐"，才在中国大地上，在亿万群众中"遍地开花"，持久不衰，使之进入现代中国人的精神世界，参与他们的精神成长与发展的历史。后人撰写中国现代精神史以至中国现代史，不能不对雷锋精神和学习雷锋写上一笔。

这已经是历史了。现在的问题是，是否"事过境迁，时过境迁"，"雷锋精神，助人为乐"也已经过时了呢？

问题是这样提出的：现在是发展商品经济，建立市场经济体制的时代，奉行的、讲究的甚至追求的是价值规律、等价交换、利润原则，"没有白吃的午餐"，"没有白干的活"。因此，雷锋是"傻子"，"'傻子'才学雷锋"，或者是"学雷锋固然好，我不反对，但我不学"。以至认为，"现在提倡学雷锋，与发展商品经济、建立市场经济体制矛盾"，如此等等。其实这种对立是一种观念上的对立，而不是事实的对立。首先，这是对于市场经济的一种误解，以为市场经济嘛，就是一切只讲经济效益，只认金钱不认人情，"坑蒙拐骗都可以，信誉情谊去它的"。事实上，市场经济是信誉经济、法制经济、知识经济、法律法规、诚信遵规、人情友谊、道德规范等，都是需要讲究的，并不是一切"唯钱是从"，为富不仁。在这个领域里，友谊、情感、互助互帮、互利双赢等，也都是存在的。这不是出于谁的主观的良心好意，而是市场秩序、正当竞争所需要的，是长期的市场经济运行所形成的大家遵守、彼此有利的规矩、原则。没有这些，不仅市场经济不规范，而且是进行不下去的。其次，还有另一种误解，那就是把市场经济领域里、商贸活动中的规矩、原则，混同于社会生活中，体现了人类文化精神的友谊、亲情、互助、互帮等行为准则，道德规范。人们在社会生活中的作为和原则，虽然受到经济体制的影响，但究竟是两个领域，不仅不可混同，而且应该明确分辨它们的原则性的不同。我们还可进一步体味，在社会的发展进程中，往往出现与主流意识相对抗的"社会补充意识"，以与主流意识相抗衡，抵制其消极作用，起到与主流社会意识的互补作用，从而推动社会前进。从这一点说，我们现在在建立市场经济的进程中，尤其是已经出现严重贪污腐败、为富不仁的现象，就更加需要雷锋精神。即使在浅层次、日常生活的层面上来说，有些不良现象，如公交车上无人让座、见难不助以至见死不救等，也使人们怀念雷锋，希望雷锋再生。总之，雷锋作为一代典型，以自己的言行，集中地、个性化地体现了一种人类美德和中国传统美德进入了中国人、中华性格的积淀，而流传下来，参与中国人的精神生活。

所以，我们应该说今天仍然需要雷锋，需要学习雷锋，雷锋精神永生。

六、雷锋报道余事

历史"合理"地走着曲折的路。在雷锋报道影响全国，在学雷锋运动兴起并持续发展的时候，我个人的命运，却是屡屡颠踬塞滞。先是雷锋通讯刊出后，新华社、《人民日报》都来约我写专题报道，《人民文学》杂志编辑部更约我撰写报告文学，并为我向报社请半个月创作假，但这些约稿均被报社领导以"众所周知的原因"婉拒了。以后，每有议及或涉及雷锋报道的事，也都与我无关，更无论荣誉奖励之类了。后我又与李宏林合作创作了电影剧本《雷锋》（主要是宏林写），寄到长影后被采用，拟即开拍。但按当时要求了解作者情况时，辽宁剧协有人提出："两个作者都是右派，这关系到'什么人占领舞台'的问题，不能用。"第一个写雷锋的电影，就这样夭折了。"文革"风暴来临时，我在《辽宁日报》社是第一个被揪出的，罪名是"死不改悔的右派分子"，但在批判高峰时，我心中仍然葆有一点亮光，这就是雷锋报道，"毛主席肯定的典型，谁能否定？谁又否定得了？"但是，真是所谓"有点高兴得太早了"。不久，就突然出现一张大字报，题为"雷锋通讯《永生的战士》是一株反毛泽东思想的大毒草"，内容大意是，"雷锋是毛主席的好战士，但彭定安却恶毒地胡说什么'永生的战士'，这是明目张胆攻击伟大领袖毛主席；通讯大讲雷锋'伟大出于平凡'，实质是大肆宣扬刘少奇的'吃小亏占大便宜'的反动哲学"，等等。同时，还有一张"彭定安盗用军区作家名义推销反动黑货"的大字报。几天后，又出现一张大字报，称"沈阳军区领导谴责《辽宁日报》走资派，竟然让右派分子采写毛主席好战士雷锋，这是对雷锋极大的侮辱！"这样，对我确实做到了"彻底否定、打翻在地"。这里追述这些往事，并非诉一己之苦，而是其中蕴含着一种值得反思的历史经验。记得当时除了对我这个作者的歪曲的批判之外，对于"雷锋精神"也有不同议论，例如说雷锋没有阶级观点——街上走着的老头、老太太，说不定是地主、地主婆，你随便就去帮助？怎么可以不问成分，对无论什么人都"像春风那样温暖"？又说雷锋缺乏阶级斗争观念，如此等等。因此，当时对雷锋确实是低调处理的。这说明，时代气质、时代精神使然，人们对事物、问题的认识会完全扭曲，陷入误区；而一旦观念改变，才能"回到历史的真面目"上来，事情的性质也就完全改变了，于历史、社会有益的东西才能发挥它的积极的作用。雷锋精神所蒙上的极"左"的政治灰尘被拂去，它的光亮才显现出来，参与历史进步的思想文化事业。而现在则是另一种认识的扭曲在发生作用，也许可以称为"经济利益，过分追求实惠的灰尘"。这是我们应该拂去的当代认知尘埃。还有，那种诬蔑不实、深文周纳、无限上纲的大批判的思想作风与文风，是切不可忘记的历史教训。

《辽宁日报》的雷锋报道，确实是一次成功的报道，产生了巨大的、现实的与历史的影响。它理应进入《辽宁日报》的报史，也应该有资格进入中国新闻史、报业史。为此，我仅从个人角度提供一些史实，以为"历史存照"。

（原载《辽宁日报·〈记者摇篮〉2002年第4期》）

乡情未随年俱老

——为《鄱阳湖文艺》作

18岁离乡，88岁归，岁月无情催人老，乡情却未随年俱老！虽然十年前曾经返乡，但是十年时光，时势变异，风光易容，曾经熟稔今不识！迷离恍惚，变幻忽忽，蒙太奇般穿越和倒错，感叹无限、感慨万千、感受深深，七十年岁月流逝，七十个春秋山水、人事兴废。无限心事，欲说还休。"不说是说"，我决定沉默。

然而，文联徐燕同志来电约稿，乡情难却，心绪难抑，于是，我且一诉衷情。

2016年4月1日正午，下飞机、乘汽车，我从南昌奔赴故乡，一路上心绪难平。进入鄱阳界，更是"鄱阳湖水无风三尺浪"，禁不住展眼，近看远眺。青山绿水，油菜花黄，田间劳作的农人，以及天空自由飞翔的小鸟、田间悠闲啃青的水牛，许多久息的记忆，触发而猛然奔袭，仿佛旧景重现，却非昔时风光。等到进入鄱阳城区，高楼林立、道路宽敞、汽车穿行、人潮涌动，一切一切都把旧日的景况抹去，像是来到陌生的地方。当车停在丝毫不亚于大城市星级宾馆的饶洲饭店门前广场时，我觉得是到访现代城市的异地他乡。但是朋友告诉我，这就是"黄家洲"。猛然一惊。漫长的岁月、逝去的记忆、故家的幻影、故乡的容貌、离去的亲友，忽地时空倒错、穿越往昔和现实，在我的脑际盘旋，而泪水模糊了我的视线。谁能察知和理解我此时的情致波涌和心境潮翻？所有那些古旧诗词歌赋咏叹游子归乡心境之句，都无法抒写我此时、此地、此景、此情中的思潮翻飞，它全息地融会了地理、历史、文化、人事、故旧、思念、追忆、惊悚、欣喜、兴奋、感叹和无以名状的深沉而复杂的情怀。

一声"Wang ga zhou"（黄家洲），慨然猛忆旧。就是此地，却是往昔，是青山横北郭、树木绕村庄、湖水映农舍、浅草卧渔舟。对面隔湖相望，七条巷吾家小楼，书房东窗，就面对这湖光山色、绿野乡景。晴天朗日、风朝雨夕，我俯首读书，抬头观景，观东湖的碧水微波、点点渔舟，赏黄家洲的乡村风光、向阳花木。这自然的美丽和魅力，启迪了一个少年学子的审美天性和亲近自然的怡然心态。自然生态养育着幼小的心灵，至今是我文化情结构造的基础。现在，这一切均已消失。我异于往昔的"处境"，却是站立黄家洲，回望故家昔时七条巷，唯见平静、清净的东湖水。

翌日，清晨，我彳亍在湖边宁静修整的小道上，思着"无思之思"；而后静坐在岸边石头上，对比着现实景况，追忆往日的风貌。然而如过往的影片，逝去无痕。忽然却看见一只精巧的黑色小水鸟，安逸地悠游水上。我感到分外的亲切和欣喜。仿佛看到一点点逝去的"往昔"。"你好，小鸟！"我心中向它问好，并设问："你是我儿时见过的小水鸟的第几代后裔呢？……"

仅仅有这一点点遗存。

我并不失望更不感伤。只是思索。

我们失去了过去和传统。

但我们获得了今天和现代。还有更美好的明天。

这就是社会现代化的进程和步骤。

于是我列出了一串意欲探访的旧地名，以寻觅"昔时旧迹"与"今日现实"易替转化的踪迹和意义：七条巷→土井巷→府背街→横街→上宦岭→东门口→十八坊→高门→荐福寺→胭脂桥→芝山→东湖→东流湖→杨梅桥→管驿前→河那边……它们曾经是我的出生地、成长处、求学所、游憩嬉戏的乐园，曾经是乡里革命前辈的诞生纪念地，曾经是故乡仁人志士、学者闻人、能工巧匠的活动场所和施展天地；它们曾经有过种种建筑，那些民宅和古迹——它们承载着古鄱阳的地理、历史、文化、乡俗等沉甸甸的积淀，不仅闪耀着历史的光辉，而且积淀了文化的业绩，还养育着无穷接续的后人晚辈。然而，它们都一一消失于现代化城市建设的进程之中了，有的"身"与"名"俱失，有的则仅留下昔日的"名"而身已变。可惜的是那些附着于、附丽于它们身上的悠悠历史、熠熠文脉、传统芳华、人事行迹以至民俗事项、街巷传闻，都落花随流水一去无遗痕。但是，逝去的很多，获得和创建的也很丰富、很辉

耀、很繁华，具有新的时代风貌，具有可喜的现代气质，显示着经济的繁荣、社会的发展、城市的风采、生活的进展，还有人们开放、欣喜、欢愉的情状，令人具体而微地体验、感受到国家民族行进在现代化进程和实现"中国梦"的美好现实。这是旧的鄱阳、传统饶州的历史变迁、前进脚步；是新的鄱阳、现代鄱阳的新颜和风貌。前者令人怀想和追念；后者促人欢欣和鼓励再创辉煌。旧地名勾起无限的追忆和回想，新变化引发满心的欣喜和美好的联想。

当我在亲友陪伴下重访母校鄱阳一中和高门鄱阳中学时，我进一步具体地感受了、体察了上述前者的内蕴和后者的彰显。一中前身私立士行中学旧址荐福寺，"运去雷轰荐福碑"有名历史故事产生地，现在除了一块残破的碑石之外，看不到任何陈迹了。我就读时的寺庙、石碑、竹屋茅舍的教室，都消失无痕迹。鄱阳中学，这所我从小亲近、热爱、寄托着诸多美好记忆的百年老校，走进校园，同样是面貌迥异，难觅昔时容、无处见旧痕。然而登上高坡，进得校门，便觉身临高处，感受历史。等到面对两处校园的宽敞校舍、现代建筑、完好的教学设备，都使人耳目一新，心中喜悦；尤其看到一中校门旁边矗立着硕大的幕墙，上面展示了学校历届毕业生考取的一连串全国知名大学的名号，在两所学校的校史室，都瞻仰了历届毕业生中那些令人仰慕尊敬的政界、学术界、科技界、文化界的成功者、做出重大贡献者的照片，一则则事迹简介读下来，不仅令我肃然起敬，而且体察到、感受到现在的学校领导、师生员工及莘莘学子，在精神上、实质上、心理结构上，继承了传统的、往昔的、既有的文化血脉、文化精神和文化心态，并且发扬光大，在新的条件下，以新的姿态、新的努力、新的创造，刷新了既得成绩，创造了新的现代业绩。我感到无限的欣慰和敬仰。

我还走访、游览、拜谒了鄱阳湖国家湿地公园、滨田农村和彭汝砺纪念馆。领略了另一种感受、联想和欣喜。传统、旧地、山水、林田、生活状貌，没有完全地消失，却以新的、美好的、带有现代气息的建设和发展，呈现在鄱阳大地上。

鄱阳湖国家湿地公园，凭彭蠡浩渺，水天一色，辽阔使人心胸开阔、意念无限；遥想其中含育多少历史文化意蕴，默念"落霞孤鹜""槛外长江"之句，心意飘摇。块块绿洲，茂草茵茵，登"香油洲"而快意超拔，联想起"关关雎鸠"千古佳句，感受审美愉悦。回忆十年前，曾有幸一游此处，天然无雕饰，美好却素朴，虽无华却细致。现在，作为新建的国家公园，道路、建筑、鹤园鸟舍，已经初具规模，还在继续建设。从"纯天然"而达于"有修饰"，"传统""天然""荒野"，已经被"被'装扮'""在'修饰'""将'美化'"所改变和取代，提供人们游览、休憩、养生、考察，回归自然、亲近天籁的乐园。中外游人都可以在这水天一色、绿波浩渺的大自然中，享受天地的抚慰和灵气，体验现代紧张生活中的回归自然与暂离喧嚣。

车行在滨田乡间弯曲蜿蜒、并不宽阔的道路上，黄色的油菜花，彼此相间地错落在水田里，偶见三两乡民在田里劳作，有一两只久已不见的水牛，或卧或行，有的人家，就在水田边，出门就见绿色田野、山水林木。但也同时可见农业机械在运作，还有私人小汽车在路上行走，或者停在农家院里。"传统"和"现代"、"农村"和"城镇"，在这里汇合浑融。我欣喜地感受到：在城市化进程迅速发展、城市化程度越来越高的现代化过程中，农村空心化的问题凸显，而另一面，保存适度的传统农业、实现新型城镇化的呼声日高，实践的层面上也已经略有操作。而在这里，正显示了两者的"结合"和"共存"。"乡村"，"犹在"却非"依旧"；"现代"已然进入，但未曾"冲毁"。故乡，如何在"传统"/"现代""城市"/"乡镇""机器耕耘"/"体力劳作"之间保持新型现代化道路和模式上，行进和展开？这是有别于西方现代化模式的中国现代化，符合人类文化发展新的大趋势的发展模式。祝福你，故乡鄱阳、故里滨田乡……

还有使我情动心悦的是聆听了赣剧的咏唱，虽是片段，已觉悦耳欣怡，勾起许多回忆，包括乾兄（家兄彭涛，本名定乾）在庐山会议时，邀约、敦请鄱阳赣剧团上山为中央领导演出，获得周恩来总理"美、秀、娇、甜"的高度赞誉，往事件件，逝水落花。欣慰与感叹同在，回忆与联想俱兴。一切均已成梦中意念，一切都是心中永在的温馨。更值得欢喜和有意义的是，在浮梁旧城这个我曾经上幼稚园、读中学的所在，在宗亲彭春生的热情安排下，滨田的乡亲专程来临，演唱了饶河调《徐策跑城》片段。更在餐间闻听了一位乡亲女士主动即席献唱的《孟姜女》，那朴素忧伤的唱词，那我所熟悉的哀婉悠扬的曲调。唱者垂泪，一个昔时幼童今日老者的聆听者也眼眶湿润。忽忆年少时，"春雨楼头尺八箫"，一曲《孟姜女》，呜咽哀戚，感受回味民间、传统、诗词、音乐的审美潜移默化。没有悲伤，不是愁郁，而是乡音、乡愁，激起了感今思昔的审美愉悦和少年时代故乡生活的回放与"反刍"，感发了心中一丝柔柔的甜美。这成为我新的乡愁的温馨和记忆。寻得回乡愁，保得住乡愁，是现代化进程中人的心理依托。

五天日程在紧张中有意义地度过，连东湖和芝山，我常常在回忆中思念，是我魂牵梦绕的美好家园胜地，都没有来得及一顾；当时颇觉遗憾，设想过后当何等懊悔歉疚？于是我抓住晚餐前休息的短暂时光，与友人驱车匆匆一游。绕半个湖身而行，湖水清静纯净，微波不兴，一览无余。忆昔曾从七条巷出发，绕东湖而行，直达荐福寺校园，湖上菱角漂浮、渔舟点点，空中鸥鸟飞翔、鸣声啁啾，湖边洗衣女捣衣之声袅袅，天趣人间景，既给人以自然的审美情趣，又把人世温情注入心田，至今记忆犹新。赶赴芝山，一路街市繁华，直达山脚下。山上矗立着巍峨的鄱阳楼，恢宏雅观。但自然景色悄然隐退，"杖藜携酒看芝山"的雅趣难觅。东湖，芝山，一个悄然无声息，一个繁华盖天然。如何让东湖打扮、装饰、繁荣起来，"还我旧时庄"，菱角、渔舟、鸥鸟重现，成为类似西湖、瘦西湖的游览胜地；如何使芝山恢复一定的开阔、安静、自然的风光，成为游憩、观赏、令人流连忘返的清静去处？我这样思考和期盼。鄱阳湖湿地公园的建设和发展，可资借鉴。作为旅游景点，会有经济效益，更有文化效应。

在这短短五天中，我还接触到鄱阳古久深厚文化传统的一袭相传，至今闪耀现实光辉。鄱阳以一县之力，创办出版两种文化刊物——《鄱阳湖文化研究》和《鄱阳湖文艺》。两种刊物均按期出版，质量上乘，反映了鄱阳的历史文化和现代风貌。在鄱阳和鄱阳的"历史友城"、堪称"亲属城"的景德镇，都有鄱阳籍的瓷画艺术大师和杰出画师，而且瓷器造型既有古雅又有新颖的作品，赋予其上的瓷画，更是山水花鸟、鸟兽虫鱼、人物风景，琳琅满目、美不胜收，既具有传统中国画的审美特色与情趣，又具现代意识和构造，达到了很高的艺术境界。同时，我还接触和了解到，为数不少的县党政干部、企业家和年轻人，在书画艺术方面，钻研深入，颇有心得，亦颇有成就。这种业余活动、文化心态和生活情趣，是高雅的，具有文化素养的，是他们可贵的"文化后院"，既有益于个人身心健康，又是社会生活的健康成分，值得赞誉和推进。鄱阳还有一批中老年文化学者，钟情乡土文化，了解传统乡音土语、民俗和历史文化，有著述，有热情，有的堪称乡贤文化的承载人。所有这些，都是鄱阳的文化积淀、文化优势和文化力。文化已经从经济社会发展的跟跑角色进位为领跑力量。文化力就是推动和保证经济发展、社会进步的力量。祝愿故乡以文"化人"，发挥文化力的巨大作用，建设发展新鄱阳。

五日短暂的居留，五天匆匆而过的活动，虽是走马观花，却能触我心怀，既慰乡愁又激乡愁。永远的乡愁，它是现代人心中的圣地、温暖的心理家园，更是对于祖国、历史、文化、亲情的永在的怀念的寄宿地。它们构成了新的思念的乡愁，又是温馨流连的乡恋。

乡情未随年华俱老，乡恋将与此生同在！

（原载《鄱阳湖文艺》2016年第2期）

千年情思白鹤楼

——法库白鹤楼的传说

此篇应法库县邀约，依据其所提供资料，并参阅《辽史》，撰写成文。民间传说多所附会与想象，或与历史事实间有出入，但不出"历史大格"。按此为文，两相照顾，史实与文学结合、真实与想象会融，以求可信性和可读性互渗。特此说明。

——作者

有一个美丽的传说——关于白鹤和白鹤楼，在法库民间流传，历久不衰。

黄鹤已去，留下"白云千载空悠悠"的遗憾和慨叹。

然而，黄鹤虽逝，白鹤依旧在。不仅年年来去不爽，而且它的身影、它的鸣叫、它的善良和美好，以及关于白鹤楼的建造和意义，人们都一直把它流传在口头，铭记在心里，寄托着一种美好的向往和情感。

翩翩白鹤，翱翔千古不绝，南栖鄱阳湖，在这里越冬；北居俄罗斯雅库特地区，生息繁衍。当春风飘逸，鹤群北飞；待秋风萧瑟，便携幼南归。万里征程，途中何处歇憩？沈辽平原，法库湿地，是它们选择的栖息地之一。千百年来，年年春风、岁岁秋雨，它们从不失约，从不忘归，从不迷途。

高洁优雅的白鹤，生性孤傲，洁身自好，文静安详。它们依恋浅水湿地，喜食柔弱植物的种、芽、根、茎，渴饮洁净见底的浅水；它们喜爱清静温馨，栖息浅水，面积要阔大，屹立水中，引颈眺望，要视野开阔辽远。环境的良好和自身的习性，使它们从容、安静、友善、长寿，透着一种仙风道骨。人类在它们身上观赏、也希冀和寄托着美好的情愫，视为健康、善良与长寿的象征。

故此，在它们迁飞的中途站，在白鹤之乡法库地区，便流传着美丽的传说——关于白鹤和白鹤楼的传说，引人遐思。这个美丽的传说，与古老的契丹族，以及它所建立的辽国的历史和文化，息息相关。

《辽史》记载："辽之为国，邻于梁、唐、晋、汉、周、宋。"其于晋，"寇仇相攻"；其于梁、唐、周，"隐然一敌国"。是故连年征战，挽弓控弦，铁马金戈，奔腾杀伐。那是在辽天赞年代（922—926），辽太祖耶律阿保机派兵马大元帅、次子耶律德光东征渤海国。正当春风浩荡时，耶律德光在征战途中，行至今法库獾子洞湿地，只见青草茵茵，绿波逶迤、芦蒿返青、禽鸟飞鸣，好一番盎然春景春气，令人心旷神怡。他纵观周遭，山势奇伟，峰岭相连，放眼山前则原野辽阔，一望无际，极目远眺，辽水汩汩，流向远方。一代名将、契丹英豪，面对如此光景，远眺深思。这里既是军事要冲，又是风景佳处，还是风水宝地，于是赞不绝口："真个好地方！"随从告知"这里就是圣迹山"。好一个圣迹山！时逢际会，地灵人杰。他想，在此建一个"上京"的"陪都"，岂不是好！正思索间，忽听一声鸟鸣，凄厉惶恐，他抬头一望，只见一只白鹤在头顶飞鸣、盘旋，急切而惶悚。耶律德光不禁惊疑，四顾周边，猛见不及一箭之遥处，一斑斓水蛇吐着蛇信，蜿蜒疾行，正扑向一只雏鹤。原来如此！耶律德光立时明白一切。他迅急挽弓，拉弦，瞄准，"嗖——"的一声熠熠生风的箭矢射向水蛇。蛇亡鹤存，雏鹤得救。顿时空中白鹤，长鸣嘹嘹，是轻松快慰，是鸣谢感恩。它引领幼仔，渐行渐远，悦耳长鸣，余音袅袅，倾诉谢恩与依依惜别情。

若干年后，来到天显元年（926），耶律德光继承皇位，是为辽太宗。贵为一国君主，建陪都、修楼阁，本应是轻而易举之事，但耶律德光既日理万机，又逢战事频仍，却未能实现夙愿。百多年后，斯处成为驸马都尉萧匹敌所建之渭州城。继后，保宁元年（969）辽世宗之子耶律贤继承皇位，为景宗；14年后，辽统和元年（983）景宗子耶律隆绪继承皇位，为圣宗。在景宗和圣宗前期，太后萧绰居尊位、摄国政，并亲帅军旅，与宋展开数十年征战。战时某日，宋军以火攻之计，偷袭辽军，眼看火烧连营，危在旦夕，而辽营浑然不觉。正当此时，一只白鹤，飞临萧太后营帐，猛啄帐顶。太后闻声，猛然醒，便急急率众突围。不幸为宋军发现并认出太后，一兵丁弯弓搭箭即将一射命中。正当此时，太后忽闻一声刺耳鹤鸣，宋兵惊，箭射偏。太后转身回首，瞭见箭矢偏离，也瞅清是白鹤施救乃得脱险。她急速眺望，只见白鹤飘然远去。

萧太后铭感白鹤救主的恩情，更系念太宗射蛇救鹤的往事，并及太宗建陪都的遗愿。诸事扣连，乃悟先主救鹤、鹤回报的恩恩相续之因果报应，于是倡导爱鹤、尊鹤、礼鹤。于是辽代契丹族便奉白鹤为神鸟仙鹤，是长寿、吉祥、福瑞的象征，尊爱有加，精心保护。为了既系念先祖的福荫恩德，又铭感白鹤的感恩救主，萧太后更命韩德让等重臣，在昌平堡（今法库地区）选址修筑白鹤楼。然而历史发展每多曲折回环。萧太后的美意，终因辽宋战事重开，白鹤楼未能竣工，半途而废。虽然尔后辽宋订立"澶渊之盟"，结束半个多世纪的恩怨仇雠，但白鹤楼仍然未曾竣工。直至乾亨二十七年（1009），萧太后交权于其子圣宗，并不久辞世，她的建白鹤楼夙愿，始终未能实现，留有遗憾在人间。

历史进到辽道宗耶律洪基继位（1055），辽朝进入宗教、文化、文学艺术发展的鼎盛时期。耶律洪基精通音律、擅长书画、爱好辞赋，并广交天下名士、文人墨客。苏辙这位唐宋八大家之一的文豪，即是道宗的座上宾。一次文人雅聚，道宗同苏辙提及曾祖母萧太后建白鹤楼的遗愿。苏辙闻听，感动且兴味盎然，并想起其兄苏轼，曾在山东某处名山留下过"白鹤楼"的墨宝。于是造访昌平堡白鹤楼建造地。苏辙见楼虽功亏垂成，且数十年风雨摧损，但雄姿依旧、风骨犹存，环顾四周更是山峦起伏、树木葱郁，风光雄浑阔大。欣然慨叹，若白鹤楼落成，当是文人雅士饮酒赋诗的好去处，脱口而出："大辽福地！"适有当地僧人萧和尚在，接续吟咏道：

> 汝性自高洁，来去亦匆匆；
> 不语非本意，无声胜有声。

苏辙闻此，感触顿生，想起兄长苏轼宦海浮沉，屡遭贬谪，因而兴起他乡遇故知之感，便欣然应萧和尚之邀，到奚王岭寺庙相聚饮茶。两人话语投机，洽谈甚欢，上至天文地理，下至历史文学，以及风土人情，无所不谈，甚至涉及中药医术。至此，苏辙为萧和尚传授家传药方"茯苓散"，有关药性药理、煮熬制作及其功效，一一传授。他告知萧和尚，茯苓生于松树根部，是健脾肾、护肝脏、宁心安神的养生珍品，可以"解急难于俄顷，破奇邪于邂逅"，服用之，"可以固形养气，延年而却老者"。苏辙回宋后，曾撰《服茯苓散赋》一文，以记此行此事。后萧和尚应用此药此术，为当地百姓济难解困，治病救人。据云，此乃自中原传来法库地区最早的中医药学。

再后来，新起的女真灭契丹，金取代辽。几乎同时，北宋亦南迁杭州，进入南宋时代。金与南宋又起战事。民间传说亦相与衍生，据云：金太祖完颜阿骨打之四太子金兀术与南宋名将岳飞大战时，金兀术在今法库城东奚王岭调兵遣将，曾经以未建成的白鹤楼作为指挥台。

这一直未曾竣工的白鹤楼遗址，在漫长的历史进程中，历经战火兵燹、风雨摧折，日益湮灭，唯留下传说引人遐想，作历史的沉思与文化的追寻。

如今，普天之下白鹤仅存三千之数，是全球濒危动物中之极危物种。但它们南归北返依旧，法库湿地中途休憩依旧，它们思念祖先曾经的青山绿水、浓荫蔽日、幽静安详，期待自然的复苏，山川的返秀。

白鹤楼传说，连接与蕴含远古与现代、历史与传说、自然与人，以及保护与建设的深沉意蕴。

沈北抒情

迁居沈北新区，倏忽五载。时光易逝，匆匆五个春秋易递。五年中，过着孤独的读与写的平凡日常生活，也体察着沈北的时代新貌与快速发展。

回顾在此地送走的暮年岁月，虽然迭遭至亲亲人离去的无限伤痛，但节哀顺变，品味人生，体察生命之流永远如此生生死死不息的法则，勉力沉静度日，读书写作，送我流年，保持着心之平静与清净。应该感谢的是此地幽静雅致的环境，使我得以"心安便是故乡"。花卉草木茂盛，时闻蛙鸣，夜听虫吟，四周鸟雀啁啾，甚至于时不时闻听到只有山野才能够听到的野鸡的啼鸣，而且，它们竟然还到访我家的后园。我欣喜地与它默然对语："欢迎你，我的朋友！让我与你同在并和你一样自在地生存！"置身自然荒原，"仰观宇宙之大，俯察品类之盛，所以游目骋怀"，心意邈远，我思索康德之所言："我们头上的星空、心中的道德律。"又想起海德格尔孤居山顶林中小木屋，一张薄纸一支笔，抒写对"存在"这个人类永远的谜的深思与诠释，奉献给世人。我心意寂寂，却思潮起伏，若有所得，竟有一点儿"视通万里、思接千载"之慨，而旷达从容。"人世几回伤往事，山形依旧枕寒流"，人事尽力抗不过自然规律，顺天即是恩格斯所说的"自由是认识了的必然"。沈北，我在历经世变、风雨载途、虚度年华而一事无成，却已越耄耋之年时，就这样地定居在你的土地上。这就是我的，海德格尔论述过一生的"存在"的"此在"。感谢你使我能够"脱去红尘三十里"，这样与自然亲近，与星空默语，与鸟雀交流，而免去市声的烦嚣，保持心之宁静。

我家就在蒲河畔，楼上可以眺望悠悠流水，左近是锡伯族公园。锡伯族民族英雄图伯特的塑像庄严肃穆，表现锡伯族西迁的铁雕雄健刚毅，园林安静，人迹稀少。我曾多次独自徜徉于河边或林中。河对岸是

蒲河景观带，树木繁茂，逶迤绵延，曲径通幽，消失在远处。一个新兴开发区，却保持着，其实也是主事者着意地安排了，这样的繁华现世中的幽静雅致的去处。

但繁华、热闹离此并不遥远。不出三五公里吧，四周就是密集的大学校园，还有车水马龙、人声鼎沸，这是距离特大城市沈阳中心城区不太远的繁华喧嚣的新兴小城镇。远处，分布四周，在宽阔的马路两边，则是种种现代企业雄伟壮观、形态各异而具有美感的建筑群。沿途是宽阔整洁的马路，两旁围护着宽阔的带状树林。还有连片的高层住宅，集中处，显现水泥森林的壮观态势。这里洋溢着现代化进程的繁华却又有幽静的气息，使人感受到生活在行进、社会在发展、文化在进益、人群在劳作。它们与蒲河周边的宁静，互成对比、相互映衬，构成繁华与素朴、城市与乡野、传统与现代的结合。

大约七八年前，一位朋友驱车邀约我，说："走，我带你去看看沈北新区。"我们沿着颇显现代气势的马路，渐渐进入新区，道路宽阔、新兴建筑散布于城区各处，而人车稀少。我们来到河边，伫立一座石头拱桥上，举目四望，一派新兴现代氛围，而周边环绕着河流、森林、绿地。我说："这里颇有欧洲中小城市的风情韵味呢。"我们不禁赞赏建设者的现代意识。如今，作为沈北的居民，所见就更多，所感也更切、所思亦更深。

我之居地，是昔时的尚小村。我在工作中查阅史料，偶然发现了这个村名，原来它史上有名，生存历史悠久；而且还发现这里曾经存在过蒲阳书院。片言只语，勾起发思古之幽情。原来新区虽新，却历史远古。远在3500年前，蒲河就有人类定居了，这里曾发现青铜时代的遗址。而1000多年前就有了完整的蒲河古城；明代，蒲河是驻扎军队、囤积军粮和武器的重要军事营垒；1437年蒲河设千户所，1439年修筑城堡；明嘉靖十三年（1534），巡按御史常时平在城内建蒲阳书院。如今，历史的遗迹皆随岁月的流水逝去，人们的意识里也不再存在这些消失了的陈年往迹。但是，历史与文化的积淀，却在这块土地上，潜在地、隐蔽地、不为人知也不欲为人知地发生它的作用和影响。我时常谛听喧嚣的市声，静观眼前的蒲河流水、残存的菖蒲、日渐缩小和消失的绿地与原野，玄想思索在这里曾经有过的历史和文化，思索岁月如孔子所云"逝者如斯夫，不舍昼夜"。时间的巨流多么具有威势，消磨了一切，无论是如何巨大的权力与存在，都不能阻挡；而"发展"，则具有更强大的威势，日渐壮大自己，而消除过往的一切。这就是历史和历史的铁的规律。历史已经远去，但留下不息的声音，告诫人们心存历史感，瞩目发展观；既不要停留在历史上，又不能无视历史的发展。明清的"蒲河千户所"，已经演变为今天的"蒲河新城管委会"。从"历史"到"现在"，引发的不仅是"思古之幽情"，而且有"发展之深思"。

这里曾经繁华，是军事要冲、商旅通道，还有书院育人，但尔后凋落。蒲河从繁华到凋落，又从凋落到再繁华。这就是历史。从蒲河千户所到蒲河新城管委会、从蒲阳书院到辽宁大学，之间相隔三四百年，已经是天旋地转的变化了。但是，在此前的三百多年的长时间里，蒲河，沿着它的流域，始终是农业生产与农业经济的"存在"，直到21世纪的初始，才在现代化的脚步下，发展、演变到今天的模样和模式。从历史到今天、从传统到现代、从落后老式农业到现代高科技工业，这就是社会的发展、历史的进步。从中，我们应该体察和思索什么？不能停留，必须发展，但保留和继承传统，是发展的基础和立足点；发展和现代化是对传统的继承基础上的发展。

我从沈北新区的发展历程和状貌中，体验到这种历史与现代结合的发展思路。这是中国现代化新路和创造性模式的具体体现。

最近，几位新结识的沈北朋友，邀约去参观游览一二沈北名胜。我于是走出原地数十公里之外，打开一点视野，去理解和认识沈北新区。它与七八年前我所见的景象，大为不同了。我们穿过新城子街区，去了石佛寺水库、路过七星湿地公园，造访稻梦空间和紫烟薰衣草庄园等几个胜地休闲处，虽然都属走马观花，一瞥而过，但印象深刻、感受深沉、记忆美好、思索良多。

石佛寺水库，大坝宏伟，水面辽阔，尤其千顷荷花，荷叶田田，展开硕大的叶片，些许水珠珍珠般在一些荷叶上滚动；荷花壮硕，美丽而鲜艳，清风徐来，阵阵荷香，飘散于氤氲空气之中。远离尘嚣，天地空旷，四野寂静，荷叶好似无际，荷花开遍水面。在离城市不太远的地方，保有这样一方清静处所，是现代化城市的后院，是它的"肺"，又是它的养生休憩的好地方。不必深入其中，只要在它的周边游走徜徉、静坐沉思，就足以汰除紧张急迫的现代生活节奏带来的浮躁、烦恼与忧思，而在与自然相处，离群索思中，摆脱一切生活的羁绊，而萌生现代城市生活的意义感、成就感和幸福感。

七星湿地，辽阔平展，一片充满生机的绿色，空气在这里净化了。虽然只是一走而过，但眺望它，就觉肢体松弛，心旷神怡，万念俱寂，而沉醉于自然的怀抱。湿地，几时来这里与你亲近、与你心语、与你共存一时？

稻梦空间，更是自然的恩赐，又是人工的培育。这设计很巧妙，很有创意，也有文化。这里是"农业的""农村的""传统的"，也是生产的：稻田展布在辽阔的原野上，稻子绿油油地生长，但它们被人工布置出花样，"构筑、描绘"出世界最大的稻田画。这里还有生态稻田、稻草人观赏和农耕采摘。还有弯弓射箭、篝火宿营以及稻田婚礼。因此，这里又是"工业的""城市的""现代的"，也是休闲的。它们是多重的"对立"结合。而这一农村空间，又是与整个沈北新区的城市空间的"'对立'的结合"。

紫烟薰衣草庄园，一大片、一大片紫色的薰衣草花圃，错落镶嵌在众多其他颜色的花圃里，偶有微微的香气随风吹拂。这里有休息大厅、"LOVE"（爱）之角和音乐广场。人们在这里流连、摄影，还可以拍婚纱影像。这是游乐园、休息地，也是礼仪庄园。它不仅引进了法国普罗旺斯的香草，更输入了欧洲的浪漫情怀和现代文化。

这些，都是围绕着沈北新区，也是围绕着特大城市沈阳市区的辽阔空间。它们既是城市的肺脏，又是城市的大绿地、休息处，以及人们与大自然亲近、暂时投身其中的养生处所。它们是城市不可分割的一部分，是环境保护的证实，是生态文明建设的体现，这也就是城市的内涵扩大再生产的具体实施。愿他们保留，长久鲜活地存在。

在来去的途中，经过兴隆台镇和蒲河大集，这里人流滔滔、人声鼎沸，好生热闹。忽然想起，这就是历史上有名的"蒲河马市"。"马市"，历史上曾经是满汉物资交流、经济发展、民族融合的市场和园地，现在依旧保留着，并热气腾腾地生存着。这是历史的延续，又是现代的发展。不再是昔时的"马市"，但仍然保留着骡马的交易；不再有民族的交易场，却继承着满汉和锡伯族的民族情谊。从这里感受到，"历史"在这里显现，而"现代"又从"历史"中走过来。但愿这个"历史的遗存"、城市中的乡村，能够继续保留；它的存在和发展，不仅具有延续历史的意义，而且，更加体现这现代城市建设的新模式：保留着城市中的乡村，还有那些绿地、湿地和森林，让它们"微粒"似的，星罗棋布地镶嵌在庞大的特大城市的躯体中，犹如呼吸的肺脏、放松的散在空间、休息养生的处所，使城市生机勃勃，成为完整的"现代存在"。这正是世界性现代城市建设的新方向和新模式。

我们还曾经过马刚乡，途中，奔驰的汽车掠过一个颇为庄严巍峨的牌楼，上书"马刚烈士陵园"，我心头悚然而惊，不禁问道："这是沈阳市的烈士陵园建在马刚乡，还是这只是马刚乡的烈士陵园？"同行的"蒲河八媞"之一、服务于区政府的胡雪莲说："它就是马刚乡的烈士陵园。"原来，这烈士陵园还颇有来历。此处原名刘千户屯，因革命战士马刚于1946年解放战争期间，在此为保护首长和同志们安全，被叛徒杀害。为纪念这位不朽的战士，乃易名马刚村。在离此不远的原新南村，还发生过一次阻击战，亦有牺牲者。现在，马刚遗骨，以及全区6个乡镇和大芳等墓地的烈士忠骨，均安寝于此。墓园里长眠着325位烈士的英灵。我又一次心绪耸动：哦，为了沈阳人民的解放，他们血洒疆场，倒在了沈阳市区的门前，为了今天人们的幸福生活。来去的路上，我都很想提议在此处停留片刻，以寄托哀思，凭吊烈士英灵。但来去匆匆，不便单独动议。这烈士陵园的建立和存在，标示了人们对于历史的尊重，对于先烈的缅怀。我心存敬意，也颇感欣慰。烈士陵园的建立，不仅提示"历史"，而且警示"现在"，勿忘历史，具有历史感，铭记烈士们曾经奉献鲜血和生命。这是现代人应有的文化情怀。而且，这也是一种城市内涵的建设。

与此同时，我更结识了几位沈北新区的散文爱好者和作者。她们都是女性，有八位之多，人称"蒲河八媞"。她们都爱好文学，尤喜散文，闲暇写作，卓然成风，显示了沈北文气之盛。她们分布在各个部门，有的还担负一定的领导职务，但她们在日常繁忙的业务工作之外，还阅读文学作品，从事散文写作。她们后面，还有主持区作协工作和支持、指导她们写作的中老年干部姜文元和向春林两位同志。辽宁散文学会会长初国卿赞誉"蒲河八媞"说，她们"正属于那种单纯而丰富的'知识女人'群体"，"每一个人都是那种自强、自立、自信的新时代知识女人，正因为如此，她们才有文学的追求和散文的写作"。诚哉斯言，作为干部和知识女性，她们在本职工作之外，在业余时间，品读文学作品，悉心写作散文，这是她们的文化后院的生活表现。好的文学，是真善美的传输，足可养育人们的思想和心灵，培养高尚的情操。闲暇创作，书写性灵，如此以文学为业余爱好，并寄托身心，是一种善与美的选择。在重物质享受、重权力争夺、重金钱收益的世风中，她们选择了文学为自己的心性友伴，这是一种美好而有益的文化选择。

每个人都具有双重的生活内蕴：外在的、工作的、前台的、场面上的、热闹场合的、人际交往的一面，这是工作、是事业，这是生活的主流，它使人兴奋而疲劳；同时，还有另一面，这是内在的、业余的、家庭的、后院的、私密的、冷静场合的、家人共处以至独处的，它使人沉静而休憩。它不是生活的主流，但却是不可或缺、意义重大的后援。前者付出和奉献，后者休息和养生。两者互补互促，相得益彰。人们往往只是注意前者，而忽视甚至无视后者。但从生活意义的获得和生命价值的体验来说，后者却不是"人生天秤"的衬托，而是掂出生命斤两的秤砣。故此，我很赞赏并羡慕"蒲河八媞"的人生选择和文化后院的建设。

我更从她们看沈北，她们反映和代表了沈北的文学氛围和文化状态。她们的业余写作，倡导了沈北的文学与文化，而这正是现代城市建设的核心内容和重要方向，这也是前面说到的一个现代城市的"内涵的扩大再生产"。也许，不妨赞誉"蒲河八媞"，乃沈北八朵艳丽的文化之花。

只是浮光掠影，只是游目心测，却已能概略地领悟。这里在现代化的道路上前行，在工业化的进程上发展，也是在城市化的发展途中疾行；但具有新的发展理念、新的增长方式。它在整体上是现代模式的，它没有在城市化中，忽视更未曾放弃农村和农业；它在城镇的急速发展中，保持了绿色的、原野的、农村的隔离带、缓冲区、休憩地，葆有一种城市中的乡村、乡村中的城市的态势。同时，也注意到无烟工业的发展、生态文明的建设，注意到保护与发展的结合、传统与现代的结合、城市与乡村的结合。不仅有外延的扩大再生产，而且有内涵的（即文化的）扩大再生产；大城市——中型城市——大城镇——小城镇——小乡镇的城镇系列：这是现代大城市建设发展的新模式，是中国新型的城镇化道路。

保持、坚持这种发展理念和实践，丰富和注入实践中和地域性的新经验、新创造，"自然—历史—传统—环境—现代—发展"——带着这种殷切的期盼，我衷心祝福沈北新区的明天更美好。

（原载《沈北文艺》创刊号）

辽河文化，为你歌一曲历史畅想

——关于辽河与辽河文化的抒情

辽河文化，已经被历史学界、文化学界认可为：与黄河下游的大汶口-龙山文化、长江下游的崧泽-良渚文化、长江中游的屈家岭-石家河文化、中原地区的仰韶文化并列的，在公元前4000年起，在中华文化发展进程中，居于具有重大作用和地位的中华文化几大源头之一。其中，唯辽河文化雄踞东北大地，独树一帜。据此，辽河就可以和应该与黄河、长江，并列为中华文明的母亲河。

这里，且依凭考古的丰富发现、历史的新资料和历史学的新观念，"浮光掠影"，为辽河文化歌一曲历史畅想。

一、"龙"与"玉"生辉：中华文化基因符号的诞生与滥觞

20世纪80年代，辽宁牛河梁红山文化的系列考古发掘及其辉煌成就，被赞为"惊世的新发现""唤醒了中国，震惊了世界"，并诞生了中华文明的"满天星斗"说。

辽河流域的"龙"形象与龙文化出现最早。约在公元前8000年，在阜新查海诞生的堆塑龙，堪称"中华第一龙"。

辽宁境内的原始"龙"形象，出现早、类型多，形制独特、技艺精湛，并且已经进行了美的创造：其雏形类似某个动物，如野猪、鹿和鹰类的鸷鸟，但既非写实，亦非完全抽象，而是在"似与不似之间"。"龙

出辽河源"，龙形象的创造和龙文化的滥觞，以及"龙"的中华民族文化符号的意义，在红山文化时期，便已经确立了。一尊玉猪龙，闪光全世界！这是辽河文化对民族文化的奉献，也是它映照古今的亮点。

辽河流域的玉文化与龙文化大约同时产生，并成为北方玉文化中心，与浙江良渚玉文化中心，南北辉映。其玉器选料准确、种类繁多，工艺精细，造型优雅，蕴涵丰富，在"意义"和"技艺"上，均已达到相当成熟的地步，是中华玉器和玉文化最早的源头和滥觞。"唯玉为葬""唯玉为礼"和"以玉事神"：玉器，既是优雅美丽的装饰品，又超越之，成为统治者和上层人物"权力"和"德"的象征，已经附着了社会意识和审美意义及两者的结合。

二、"翻读"历史背面的新释义

辽河，我国七大河流之一，全长1345公里，流域蜿蜒广阔，涵盖辽吉两省和部分河北与内蒙古地区的辽阔区域。

在这里，展延着好似漫无边际而无比丰美的草原，有诸多马背上的民族，包括匈奴、东胡、乌桓、鲜卑、契丹、蒙古、女真和满族，先后依凭广阔的草原，挽弓控弦，秣马厉兵，驰骋征战，建功立业。

论及这段历史的状况，向来的史书，不免偏重记述草原民族如何"袭扰"和"作乱"，以及草原民族和游牧文化，如何接受汉族中原文化的影响，而改造了自身，即"胡人汉化"。这些都是符合历史事实的。不过，应该说这只是历史的"正面"，同时却还有其"背面"。如果我们摈弃久远的"汉族史观"，"翻"读历史，一睹历史的背面，就会发现：草原民族也曾影响、改造了汉族和农耕文化，即"汉人胡化"。

早在20世纪60年代，历史学家翦伯赞曾经深情地感叹：匈奴、鲜卑、契丹、女真，这些游牧民族，"一个跟着一个进入这个地区，走上历史舞台，鹰一样从历史上掠过"，后来，却"最大多数飞得无影无踪"，只有遗迹、遗物零落于荒原蔓草，诉说过去的繁荣。这不免引人感伤的历史浩叹，如今却可以用考古的发现、历史的记载和史学的新观念，来给予乐观的回应和"历史的进步补偿"的肯定。那些先后出现在辽河流域的草原民族，以这里为牧场、粮仓、武库、练兵场、根据地、出征的起始点、雄踞的立足点、退守的养生处，不仅据以为"历史的后院"，而且也曾经创辟为历史的前沿和"前庭"；不仅有破坏，而且也有建设；不仅杀伐征战，而且也创造文化，并且输送文化。

中华文化是一个由农耕文化与游牧文化双相文化构成的"多元一体和合文化"；而草原民族，则创造了中华文化的另一半：他们奉献了游牧文化这一"子文化"于中华文化的"母体"。翦伯赞先生感叹他们消逝于历史的尘沙之中。其实，"翻"过来一窥历史，就鲜明地显示出，他们并不都如"飘风尘沙"消失于历史长河中，一去无踪迹，了然无刻痕。他们在自身汉化的过程中，也曾经自然地、强制地或有意无意地，包括通婚育后这样的"血脉"浑融在内，向汉族、向农耕文化传输了自己的民族精魂与游牧文化，从而改造了汉族、提升了汉族，也改造、提升了农耕文化，这一切，已经进入中华民族的文化基因。他们虽然消逝了，但他们的血缘在、基因在、业绩在、文脉在。他们虽然消逝于历史的长河之中，但他们留下了辉煌的、本质性的伟大业绩和文化功勋，而永存于中华民族的血脉和文化之中。

三、"五胡乱华"、南北朝：历史灾难的进步补偿

公元291—306年，"八王之乱"发生，而后曹魏落幕、西晋衰颓，接续的则是"永嘉之乱""衣冠南渡""五胡乱华"。南北分治，中国于是一分为二。

关于"五胡乱华"，古今史册记叙纷繁，要旨未免是"一面之词"："胡（匈奴）、羯、鲜卑、氐、羌"这五个草原民族，侵袭、搅乱、占领了中华大地北方广大的土地，建立了他们的非汉族统治的政权，乱了中华。这是一个长达400年的历史大动荡、大变革时期。中华大地，烽烟四起、农田废耕、白骨遍野、人民流离。毫无疑问，这是历史的倒退、人民的遭难、民族的不幸。但是，若取综合历史观和长时段历史观的视角，去"单一民族观"，从"背面"看一看历史，"翻过来"窥视历史的另一面，那么，正如恩格斯所指出："没有哪一次巨大的历史灾难，不是以历史的进步为补偿。"[①]在这一历史时期中，真正是"胡汉杂糅"，

① 恩格斯：《致尼·丹尼尔逊（1893年10月10日）》，见《马克思恩格斯全集（第39卷）》，人民出版社1974年出版，第49页。

从血统族属到文化基因，率皆如此。那时候，以百万计的南渡北人及后续跟随来的中原人口，登录在册的就有大约70万，还有漂流不定、未落户籍的"浮浪人"，这超百万的人，携带北方农耕地区先进生产工具和耕作技术还有铁农具的推广和兴修水利等，来到南方。于是，引发了先进农业生产在南方推广，开发了落后的南方，以至"后来者居上"，超越北方。这成为"五胡乱华""背面"的积极历史功绩，也是"进步补偿"。

更重要的是另一方面，即在中国的北方这个"民族大熔炉"里，汉族与少数民族错居杂处，通商通婚，民族血统杂糅，农、牧文化浑融。在这个主要的历史转折点上，辽河流域的草原民族，东胡、乌桓、鲜卑等，都是重要的族群，是历史伟剧的重要角色，并在农耕—游牧两种文化的交流浑融中，起到了决定性的作用，做出了重要的贡献。这些，既是辽河文化的构成因素和文化积淀，也是它的丰功伟绩。

这种族群与文化"和合混融"的状况，大致是：作为历史进步的契机，首先是雄踞北方的草原民族积极地学习来自中原的汉文化，其中，如典型代表和走在前列的北魏孝文帝，强力推行"全盘汉化"，可谓达到"痴迷"程度。这是"胡人汉化"的一面。而更重要的是另一面，即"汉人胡化"。北魏在东北边疆的驻防部队即所谓"六镇"，其中的汉人就已经彻底胡化。特别是尔朱荣率"六镇"反攻中原，北魏来了一个回归胡化。鲜卑化成为历史潮流。鲜卑的文化以至血统，进入汉人的气血精髓之中，而改造了"种性"、文化心理与精神气质。

"汉人胡化"、胡汉杂糅，游牧文化楔入农耕文化，作为"历史的进步补偿"，其结果是汉族的民族性与文化得到进益性变异、本质性转换和跨越式提升。草原民族以"塞外野蛮精悍之血"，"注入中原文化颓废之躯"（陈寅恪语），甚至开辟了隋唐大帝国的"历史出口"，出现了隋唐盛世。

隋唐盛世之至，有何历史因缘？首先，皇室就具有浓厚的鲜卑血缘。据考证，隋炀帝杨广和唐高祖李渊的母亲，都是拓跋鲜卑独孤氏出身；唐太宗李世民母亲则出自鲜卑纥豆氏，而长孙皇后的父母都是鲜卑人；唐高宗李治的汉族血统竟只剩四分之一，应该算是外民族血统占主要成分了。所以有论者指出，隋唐时期的汉族是以汉族为父系、鲜卑族为母系的"新汉族"，而唐代的君主统治并不符合汉文化模式，他们的婚姻关系相当混乱，兄弟相杀、杀亲如仇、女子掌权（武则天）；因此，他们在胡人看来就是胡人。

而且辽、金、西夏，都是以这种"胡汉混合"的方式长期立国。

这就是"历史进步补偿"的民族与文化的硕果。

四、辽宋并存，百年和合

有宋一代，与北方的契丹辽国并存，前后三百多年。公元916年，契丹建国；公元1279年，宋灭亡。在这个历史时期，可以说是农耕文化与游牧文化高度和深度的结合，浑融一体，从血统到精神，都入其中。故此，历史学家评议这一历史时期时认为，包括辽河流域在内的"这一大片土地，胡化大于汉化"。

公元1005年，炫耀史册的宋辽之间的"澶渊之盟"，既是宋真宗的英明处置，也是契丹辽国萧太后的明智之举。澶渊（濮阳）签约，以此为界，两国和平相处120年。在这100多年中，多处榷场（贸易集市），农牧互惠、货畅其流，人员走动、民族混合，文化浸润。在地域大于宋朝的辽国，以辽河流域为主要根据地的草原民族和他们的游牧文化，与汉族的农耕文化，取得了深度结合浑融的"文化和合"的巨大效果。并且，由此形成了"胡汉混合的一种方式"，影响到其后的女真的金朝，甚至满族建立的清朝。这是辽河文化的历史状态，也是历史贡献。

至今，辽塔处处，辽瓷（辽三彩）熠熠，历经千年风霜、战乱兵燹而不衰颓，既显示其历史的遗迹与风光，又成为辽宁文化的出色亮点。它们在建筑上、手工艺上、艺术上和宗教上的影响，已经融入中华文化的精髓。至今，辽三彩是博物馆里的瑰宝；在辽宁的北镇、法库、阜新，依然留存着从皇陵到墓葬、从习俗到宗教的历史遗存和远久影响。这些，都是辽河文化的组成部分，都是辽河文化历史业绩的"昔日辉煌、今朝荣光"。

五、辽河文化：显示两种文化汇合的行迹与积淀

让我们略举实例，以观草原民族对中华文化的奉献，以及两种文化汇合的行迹与积淀。不过，真正是挂一漏万。

在生活起居方面，汉族自古席地凭案而坐，并由此产生一系列生活起居的习惯与行为准则，以至礼仪。这在《礼记》中有明确的记述。高桌、高椅之创设与使用，是吸收草原民族生活智慧取得的。这改造了汉族以至中华民族的生活习性与文明方式。饮食方面，北方的奶酪、牛羊肉，成为汉族的常用食品；食物、香料，带"胡"字的，都是从草原民族引入；旋转活泼的胡舞，乐器箜篌、琵琶、胡琴，皆草原民族的奉献。

自从赵武灵王以"胡服骑射"改革汉族服装的"峨冠博带"以来，汉族就相继采草原民族的"奇装异服"，乐而用之。五胡十六国、南北朝时代，服装变革和民族融合同步进行，来了一个汉族服装的鲜卑化。唐代的汉服，包括圆领胯袍、幞头、革带及长靿靴，是略施改革的鲜卑服装。

隋唐汉人胡化的程度更高，人们欣赏胡服，男女皆然。汉服是宽袍大袖斜襟束带，而胡服则是窄袖、瘦腰、翻领，这样装束，利索、精神，尤其女性借此显露了体态之美。唐代妇女，尤其宫中，尤喜胡服，因为女性胡服紧身、暴露部分多，显示女性之体态美。直至清代，满族的旗袍，又为汉族妇女十分喜爱，至今享用并享誉世界。

佛教传入华土，输入了新的文化素质，"引佛入儒"是文化的再建与复造，进入儒、道、释三元结合，和合浑融。但佛教自东汉明帝时（公元58）传入，迁延五六百年，至隋唐（公元580—907）才"飙风云起"，进入极盛时代。在这一发展过程中，草原民族起了关键作用。契丹建立的辽朝，深信佛教。耶律阿保机早在称帝之前，就崇信佛教，在其提倡下，佛教在辽朝得到很大发展，并播其影响及于汉族。

佛教在北朝的兴盛，引发寺庙、佛塔以及石窟佛像的绘制与雕塑，从而在建筑和文学艺术上，给汉族输入了新的建筑元素、新的艺术思维与艺术创作的新天地、新境界。其中，营州（今辽宁朝阳）的"思燕浮屠"首开先河，引发各处辽塔的建造。至今，朝阳的北塔，辽阳的白塔、沈阳仍存的东、西、南、北"四塔"，以及内蒙古林西的白塔、大明塔，历经900多年的风霜雨雪，依然屹立，显示昔日风光异彩，被世人称为世界建筑史上的奇观。此外更有敦煌莫高窟、云冈石窟和龙门石窟，这些闪耀世界的艺术瑰宝、中华民族的艺术圣殿，都在生动地、形象地诉说鲜卑、契丹民族的历史业绩，也就是辽河文化的荣光。

还有值得特别提出的是，据陈寅恪等的考证和论述，中华文化中的"平、上、去、入"四声之分殊与确立，得益于佛教的传播；汉族由于模仿佛教诵经的三声，而于入声之外，分出了平、上、去三声。于是音韵之学诞生。这是佛教文化对中国文学艺术与文化，所起的推进与提升的作用，意义十分重大。

一曲历史畅想，不过浮光掠影，略显辽河文化的昔时的奉献、今日之荣光。至今思辽河，引发历史情。

（原载《沈阳日报》2018年7月13日）

自叙传略

澳大利亚被称为"厨房作家"的艾伯特·费希（AlbertB. Facey）一生很幸运，所以他将自传题名取为《幸运生涯》，并在书的结尾写道：

> "我度过了很好的一生。我一向很幸运，当回顾往事的时候，我无比激动。"

我面对这行跳跃着欢悦和热情的话语，回顾平生。却只能作相反的叙述："我度过了坎坷的一生。我一向很不幸，当回顾往事的时候，我无比怅惘。"

不过，却并非因为没有得到什么，只在失去了青春、壮年和中年。岁月空度，无补于事。而且，我止于惆怅，却无怨无悔，心地坦然，只期望在未了的时光里能够为社会为人民做一点点能做的事。这是生命的终极价值，也是我的终期关怀。

一

我出生于江西省波阳（今鄱阳）县，时在1929年1月6日。

波阳原名鄱阳，濒临鄱阳湖之滨，位于庐山脚下，彭蠡波光匡庐影，尽收眼底。这里青山秀水，风景佳丽。波阳是座古城，建于秦始皇时，是当时江西全境仅有的两个县治之一（另一个为艾县，在九江郡内）。它也是一座文化古邑，自古人文荟萃。在我年少时，波阳文风犹盛，留学国外，在政界及学术文化界之名人不少。我出生时，我那官宦书香之家，尚在烟火炽盛之时。父亲正在湖北黄梅县县长任上。我作为父母的爱子，是唯一带在身边的孩子，那时我八九岁。但不幸在1937年抗日战火刚刚燃起时，父亲病逝于黄梅。从此，我的幸福就犹如东去的长江之水，离我日远。

弗洛伊德在面对父亲死亡时的自我感受是："有一种被连根拔起的感觉。"而克尔凯戈尔则称，他父亲之死是他的思想上的一次"大地震"。我的父亲逝世，确实使我的整个生活"被连根拔起"了，也确实是我生活中的一次大地震。然而我那时年方9岁，少不更事，在感受上和思想上毫无所觉。

父亲死后，我们举家回到故乡。先是一场火灾，焚毁房产数处；又经江西源源长私人银行的倒闭，父亲原拟辞官回乡办教育的经费的大宗存款付之东流；再后来波阳陷入日寇之手，我家累遭洗劫。如此命运，风雨摧残，不数年间，一个官宦书香之家便坠入困顿。因此，在我小学毕业时，母亲只好送我进一家金银首饰店去学徒。铺保找好，合约已签，只等过了元宵节就进店了。这时，波阳创办私立士行（陶侃的字）中学，招收春季班，我去报名（用现在的话说就是"玩儿考试"），不料竟"金榜题名"，中了第一名。我只当是命运的玩笑，仍准备进店。这时，仍住一处的伯父对母亲说："看来这'贵儿'（波阳土话，即小孩）是个读书种子，还是让他念书吧。"母亲接受了这个建议，我便这样继续求学了，并决定了自己一生的发展道路。从此，我一直苦读（经济上的苦）到完成高中学业。不过，所说的"苦"是指物质条件，并非说学习精神。我无钱买教科书，全和同学串用；无钱添衣，长年是布衣旧衫；雨天只有钉鞋（桐油刷过钉了钉子的鞋），而无水靴。在初二时开始在报纸上发表文章，从高一开始就从稿费中得一点学习费用的补贴。也曾在困窘中，得到亲人、亲戚、师长、朋友、同学的真挚而无私的帮助和救济。我至今不忘他们的情谊和那种人间温情赋予我的感受，以及给予我的至深的影响。

虽然少年时光总是笼罩在穷困带来的愁云惨雾中，虽然世道炎凉人情冷暖的刺激总是激起我愤世嫉俗的不平与感叹，但我对于那逝去的少年时光和青春年华的早期仍然怀着温馨的记忆和美好的感情。而在自己今后的生活中，今日的思想性格中，仍然深埋着昔日影响的刻痕。我感到最主要的是，曾经在幼小的心中接受山灵水秀的浸润和乡邑文化的渗透，以及艺术文化的熏陶。在坐落于上过古诗词的东湖之滨的我家旧宅里，我拥有一间书房，能够读到从古代到现代的许多典籍。我爱读五四运动以来的新文学作品，尤其那些挚意真情的散文。我也热爱音乐、美术，临过丰子恺的漫画、徐悲鸿的油画以至法国农村画派米勒的作品。春花秋月，风朝雨夕，水光山色来眼底，艺术文化润心灵，启迪了一个贫困中求知的少年的良知和审美意识，以至理性的情怀。

1947年夏，我毕业于私立正风中学，因无力升学，一面求职，一面自修各类功课。我先后担任过小学教师、中学职员、报纸副刊编辑及家庭教师等。这期间，我写诗和散文、搞翻译、刻木刻，先后在《赣北日报》（景德镇）、《长江日报》（乐平）、《中国新报》（南昌）发表了不少作品，如散文《月亮下去了》《绿漪之死》，评论《评影片〈万家灯火〉》《读〈萧红小传〉》，翻译《桑塔露琪亚》（诗），木刻《自画像》《寒雁高飞人未还》等。这期间我处于一种心理流浪的状态，但一面投身学运，一面读文学和理论书籍。苏联文学、鲁迅作品，给了我最早的思想文化的与审美的养育，艾思奇的《大众哲学》、狄超白的《经济学》、潘梓年的《逻辑学》和翦伯赞的《历史哲学》给了我最初的理论启蒙。

二

1949年春末，南昌解放，我立即投笔从戎，参加中国人民解放军，在第二野战军第四兵团文工团美术组任宣传员。秋天，当部队正向广东进军途中，我接到兵团司令陈赓通过文工团领导转来的通知，让我立即去南京。原来是陈赓司令员在南京参加二野军事会议时，见到我的大哥彭涛，他让我去南京。这样，我便持二野政治部的介绍信来到南京。到南京后，我表示仍愿继续我的学业，目标是上北京大学。于是，我又带着彭涛写给北京的几位领导和战友的介绍信来北京。在北京，我只去见了张磐石同志（时任中共中央华北局宣传部部长），提出去北京大学求学的愿望。他说，北大考期已过，你可去人民日报社工作或去新闻学校学习。我意在求学，便入了新闻学校。1950年夏毕业，我原本分配到武汉的《长江日报》工作，但有一位福建籍同学分到东北地区，坚决不肯出关，学校将我们对换，我服从分配；于是，我便替他出关。一个"入校"，一个"出关"，又决定了我今后的道路。

三

1950年至1969年，我先后在《东北日报》《辽宁日报》担任文艺编辑。这期间，写了大量的新闻通讯、报告文学、杂文、影剧评论和文学评论。1957年，一场政治风暴，刮去了我年轻的美丽的人生之梦，刮去了我青春的美好的理想，而在耻辱和苦役中生活。先是在辽阳的一个农场劳动改造。到农场不久，过度劳动摧残了我的身体，我得了一场大病，剖腹治疗，又留下后遗症。数月之后，远未痊愈，就返回农场，继续参加劳动。

不过，回到人民队伍之后，仍然叫"摘帽"右派，仍然在"黑五类"之中，所以隐姓埋名，写了不少文章，都不为人所知。（但这一点，在"文革"中却又成了一条罪状，说是为了反党所以挖空心思取了许许多多笔名来施放暗箭，有些笔名也成了罪证。）

也许有一件工作值得一提，这就是《永生的战士》这篇报告文学，当时以一版的篇幅发表，后来又在全国引发了学雷锋的热潮。报道写完，我当时只署了提供系统材料但并未参与写作的同志的名字，在领导的指定下，才加署了笔名"波阳"发表。发表后，新华社、《人民文学》都来约稿，但都被报社领导挡了回去。那位不是合作者的"合作者"，由于我给他署名，而改变了一生的道路和命运，逐步地可谓"飞黄腾达"；而我却籍籍无名，以后一切与雷锋有关的活动及给作者带来的荣光，均与我无缘了。只是在"文革"期间，又把这篇报告文学定为

"反毛泽东思想的大毒草""宣扬了刘少奇'吃小亏占大便宜'的修正主义黑货",而这时,那位正走红的"不是合作者的'合作者'",却声明我盗用了他的名义发表毒草,于是罪责却又由我来负了。

1956年,为纪念鲁迅逝世20周年,我写了长篇学术文章《鲁迅的一生》,在《辽宁日报》连载。这是我正式步入鲁迅研究领域的开始,也是我第一次对鲁迅的生平与思想进行描述和探讨。此文之作与发表,都得到了当时文艺组组长于铁同志的鼓励与支持。我至今感谢他。以后,在1961年和1962年,又有两三篇解释鲁迅诗作的文章,用笔名在《辽宁日报》发表。

1963年,我完成了电影文学剧本《忠王传》。这是我花了整整10年的业余时间,阅读收集史料,倾注了心血而写成的。我将手稿寄给了时任中共中央宣传部副部长的张磐石同志,后又由他转给周扬副部长过目。张磐石同志亲笔回信鼓励我。以后,又转告周扬同志的意见:"可作为电影文学剧本先行发表。"为此,我又把稿子寄给《人民文学》副主编、写过话剧《天国春秋》的著名戏剧家陈白尘。他读后给予充分肯定,也提出了许多中肯的、内行的(在历史上和文学与戏剧艺术上都如此)意见。这封长信,我至今仍保存着。以后,周扬同志还曾为此向省委主管宣传的领导请予关照,说"这些人还是要用的",因此我的命运曾有一时改善。

不幸的是,我的《忠王传》"出笼"之时,正是李秀成遭到戚本禹批判之时,一时间"批叛徒"的氛围如乌云蔽天。记得我曾忧心忡忡向张磐石同志谈及这方面的问题。他回信答复,情词恳切,大意说,戚文"政治上于我不利,理论上不科学",并嘱我注意《人民日报》,将发表文章以正视听。但是,不久就有"忠王不忠"的批示下传,形势大变,已是"文革"风暴起于青萍之末了,"山雨欲来风满楼"。我的10年心血,虽然有两位主管思想文化的中央部长级领导关怀与支持,也只能倾倒于反文化的风雨之中了。以后,在"文革"中,更遭到"为叛徒树碑立传"的谴责和批判,心血遭毁之后,更迸血泪。

四

从1969年到1978年,整整10个年头,我在内蒙古敖汉旗插队落户。前两年在生产队劳动，从春到冬同农民一起在山头和田野干活。这是一个偏僻荒凉的小山村，钻进去，满目凄黄，黄色多于绿色，农民劳动情绪极低，生产收入极低。除了劳动，我能读的书只有《鲁迅全集》，它是我心中的绿洲。

1972—1978年，我按照当时"改行分配，就地消化"的原则，被改行分到旗农业局工作，并且准备就被消化在那儿。

1976年打倒"四人帮"，乾坤扭转。在所谓"两年徘徊"时期，我也滞留敖汉两年。

在敖汉旗的6年期间，工作不忙，"心有常闲"，正是读书好时光。感谢旗图书馆的管理员，对我特别优待，允许我进书库去自己挑选书籍，也不过问我是否借了"封资修"图书。数年之间我得机会读了大批文史哲著作。农业局每年照例有4次拉练，要走遍全旗24个公社，日夜奔波。大卡车、坎坷路、途程长，再加晕车，我身心皆疲。于是我便在车上默背古典诗词以求消解，以后又背鲁迅诗词。再后来便在心里将鲁迅的诗一一译成白话，并想好注释的内容，晚上到了住地，便在电灯或烛光下记录下来。以后竟写成一本《鲁迅诗词注释》。接着，我又搞《鲁迅杂文注释与解说》，用粗陋的本子写了几大厚册。当时从未想到出版，只是以一种"只管耕耘，不问收获"的态度进行工作而已。不过，这既借以消解排遣心头的积郁，又从中获得审美与著作的乐趣。并且，沉入底层，平头百姓的生活，不仅使我更深地了解中国社会、中国文化的根底与精神，还使我得以更深地领略鲁迅的思想、鲁迅的心。这是"失之东隅，得之桑榆"。不过，虽属人生经历，读书所得，但在当时的我来说，却又似乎是多余的获得，徒增平凡生活中的"家国之忧，忝离之悲"而已。谁能想到，今后的岁月中，以至研究工作中，却从这段生活中获得了许多解读和研讨社会、历史、文化的圭臬与灵感。这也属"不正常的播种，正常的收获"或美其名曰"种下的是跳蚤，收获的却是龙种"。

五

1978年我从农村"出土文物"似的回到沈阳，并进入刚成立不久的辽宁社会科学院工作。抖去了身上的污垢，拂去了思想上的尘埃，掀去了荫蔽心灵的云翳，在行年50的人生的深秋初冬之季，我才开始有了真正的生命、真正的生活和正常的工作。

很有意味的是，1979年右派改正时，范敬宜参与了《辽宁日报》的这项工作。想当年我们被扣以"彭范联盟"的足可压死人的大帽子，共同跌入深渊。而现在，却正是他奉命为我起草了我的"改正决定"。当报社党委的领导同志和他一起召见我而给我看这个决定时，我不禁感慨万千而又兴奋不已。读过全文，我欣然签名，表示同意。历史走着一种多么令人难以预测又不易理解的路啊。这反映了中国最近几十年的时代风貌、社会情状。这中间蕴含了多少悲欢离合、屈伸浮沉的人生故事！我也成为这人生—社会剧中的一员，不知是幸还是不幸。

此时的我，常常想起郭沫若1948年从香港闯关来东北后，所写诗中的一联："我今真解放，但愧乏长才。"我唯一的办法就是用超常的努力和"惜寸阴"的精神，来追回失去的时光了。我尽可能地去做。这难免有点"苦"，然而却是乐在其中的。确实，最近十几年的生活，由于客观条件的变化，不仅是比较顺利的、比较畅快的，而且，还应该说是相当丰富而有意义的，是美好的。它是我生命之河的最舒畅和"风光美好"的一段。

在1978年秋到1980年初的一年多时间里，我在忙于建院初期的各种计划、规划起草工作、筹办刊物和文学所的工作之外，"私下里"进行着开展研究工作的准备、考虑近期和中长期计划。先是将起草于20世纪60年代的两篇鲁迅研究的文章——《鲁迅与辛亥革命》和《中国革命的发展与鲁迅思想的演进》整理、修改、发表了；同时，订出了《鲁迅评传》的科研计划。正是这个时期，中国社会科学院文学研究所在陈荒煤的主持下，在昆明召开了第一次文学学科的科研规划会议。也是在陈荒煤的关怀和主持下，分片召开了多次纪念鲁迅诞辰百周年撰稿会议。我先后参加了在北京的两次、扬州和大连各一次共四次研讨会，听了胡乔木、周扬和许多前辈鲁迅研究专家，以及当时健在的鲁迅的学生们的许多讲话、发言，所获甚多，很受启发，为我打开今后的研究思路，作用极大。也正是这个时期，各种学术刊物如雨后春笋，涌现出来，不断提供国际国内的学术信息。我作为一个在山沟里蛰居了十年，才来到这个学术文化的繁华世界中的科研工作者，如久旱之龟裂土地，获得了"知时节"的好雨，吸取的热情是双倍的，接受的情意是超常的，获益受惠也是广泛而深沉的，而所受影响更是长久难忘的。正是在这种时代背景下和整体语境中，我开始了《鲁迅评传》写作。难忘在一个五月的早晨，我坐在桌前，铺开稿纸，仰望一下窗外的绿荫，提笔写下了第一行："在19世纪80年代，鲁迅来到了人间。"心情是在压制无比激动下的沉静，"心泉"却似涓涓溪流汩汩而出，一泻无碍，感受到一种"创作"的愉悦。1981年完成之后，便"一发而不可收"，除了不断撰写论文之外，又陆续写出论著多部，论及鲁迅的思想及其发展、鲁迅的杂文以及鲁迅和他的同时代人，等等。这一研究领域一直延续下来，成为我十几年来"研究领空"的主要"星座"。而且，它还进射其光芒，照亮我的其他研究领域。于是，中国现代文学、中国文化现代化与中国文化，以及文化学、美学、创作心理学和比较文学，都互相渗透、有机地构成一个研究个体"整体研究状态"及各个分体的表现，进入我的研究视野。与此同时，由于我的职务上的需要和推动，同上述研究紧相结合，我逐步进入经济社会发展战略的研究，和理论与实践相结合地探讨当代经济发展与文化、科技发展的关系问题。"'闭门'读书学习"与"入世接触实际"，两相结合，互为动力，我感到一种思想学术上和社会行为上的共同的进展。正如歌德所说："时代是我的财富，时代是我的田园。"我感到这个改革开放时代和人类文化转型重构时代的巨大赐予。不过，由于在诸多领域里同时同步的"出击"，我甚感著述的难于避免的浮泛与粗疏，常思有所"收敛"和改进。

在几乎整个80年代，我除了着力于几部学术专著和几十篇论文之外，还被行政工作占去了许多时间。学术工作、科研管理工作，以至事务工作，头绪多端，常常忙得席不暇暖。但另一方面，又要"坐住冷板凳"，使人感到两面掣肘：有时学术影响了工作，有时工作影响了学术。如今回顾往事，却又不得不为工作方面不少事情——甚至不妨说有一些"理想"——未能实现，而甚感遗憾。

六

1989年，开始"坐到政协"，担任专职常委、学委会主任，直到1993年。政协的工作和生活，留下不少美好的回忆；可惜，科研、学术和社会活动太多，未能全力投入，也同样留下不少遗憾。1993年11

月的一天，上午接到辽宁社科院办理离休手续的通知，下午便接受东北大学党委的任命，奉命组建东北大学文法学院，并担任首任院长。这一时间上的巧合，反映了我还可以和应该为社会工作和尽力。不过，新的工作也标志我晚年生活的一大转折。终于踏着生命的晚霞，走进大学校园，为培养新世纪人才贡献微薄之力。在大学里，我主要致力于在这个以理工科为主的学校里，营造一点人文文化的氛围和人文社科知识的传播。

我感到欣慰的是，从1989年到1997年的8年中，我仍能保持一个大体尚可的健康水平，精力和思想仍能从事读书、思考和写作。有四部著作（其中有两部在篇幅上堪称"大部头"）是在这期间问世的；也有不少重要的论文写于此时期。更有兴味的是，我的散文包括散文体的读书笔记，大都写于此时期，尤其是最近三五年，抒写性灵和寄寓情愫，让理念与情感同在，给生活以一点审美的愉悦。

我仍想迎来一种真正的创作，生活沉甸甸的积累，人物栩栩如生的形象，时时浮出生活的水面、冲出记忆的闸门，要求表现。我希望能够在完成必须完成的几部论著之后，能够来创作小说：另一种叙事，另一种知人论世。"黄昏岁月夕阳心，犹自奋励写新意。"这是1988年访法时写下的心愿，现仍以此自励。我记住一位美国政治家的话，衰老主要是心理上的，青年是一种心态。岁月只能褶皱肌肤，而暮气却褶皱灵魂。

回顾与反思

——写在《彭定安文集》（旧版）第5、6卷出版时

一片最渺小的白杨树叶也有它自己的理性的生活。

——帕乌斯托夫斯基《面向秋野》

我的生活是从书开始的，它无疑也得以书结束。

——萨特《词语》

我梦想，因此我存在……。

——加斯东·巴什拉《梦想的诗学》

本文集所收论著，除三五篇外，全是我50岁以后，即1978年到现在将近20年中所写。这反映了我生活的经历和坎坷的人生路程：真正的生活和生命，从50岁开始。

斯宾格勒的名著《西方的没落》，以这样的话来作结束："愿意的人，命运领着走；不愿意的人，命运拖着走。"回首平生，我感到在更多的时候是命运逼着我走。但有时候却又是我逆着命运的"领"或"拖"或"逼"，硬着头皮、冒着风险走自己选定的路。这里，既有时代的决定性的刻痕，又有个人性格内在因素的驱动。因此，在滴水微尘中便映照着世界的一隅。每一片渺小的白杨树叶都有它自己的理性生活，一个人的"理性生活"同世界相连，他的命运同时代、社会相通。

命运是什么？我根据自己很不平坦却很平凡的生活经历和感受，有一种特殊的、"属于我自己"的"命运感"。命运就是时代精神、社会状况和心态，同个人经历和心性的交汇。或者说，命运是某个人的具体经历和独特心性，在一种具体的时代精神、社会状况与心态中的体现。在

这个意义上，可以说"性格即命运"。个人的心性在时代、社会大潮中飘荡悠游、上下浮沉、前进倒退，或搏击于滚滚浪涛，或荡舟于平静港湾，或急流勇退、或枯坐死湾。"江河湖海天地宽，凭君心性任去留"。这看似性格决定，但终是"身在江湖"，不能逞心任性的。

我在回顾走过来的路时，在心中升起"生命思绪"的袅袅炊烟：那是未曾充分燃烧的生命之火的"烟化"。我常在冥思默想中隐隐然遥望着它弥散于人生的天际。

一、中落家世与少年"四梦"

我出身于"由小康坠入困顿"的官宦书香之家，贫于物质，而富于诗书。——家无隔日粮，却有丰富的藏书。它使我得以在精神上成长。这包括思想的、理性的、情感的和审美的等方面。它们凝聚于少年绮梦和人生理想之中。

我很小的时候就听说了王国维在《人间词话》中所说的"人生三境界"，其中第一境界就是"独上高楼，望尽天涯路"。但我在少年时代却没有这种"无所适从"的茫然感，而是很早就进入了"记者梦"，选定了人生目的。我执着地追求这个渺茫的梦的实现。这种"少年美梦"的形成，大体上有两方面的原因：一是爱读报章杂志，受惠获益于名篇佳作，而至敬佩钦羡记者报人。像杨刚、彭子冈、徐盈这些名记者，都是我心目中的目标；而邹韬奋、范长江的文章功业、道德人品，更是我心中的楷模。我至今还记得他们名作的题名，对他们怀着亲切美好的感情。二是家庭的影响。那时，家乡著名的共产党员、家族的骄傲的堂兄彭涛（定乾），作为一二·九运动的主要领导人进到根据地以后，已经担任八路军总部所在地冀中第三地委书记，但对家里却说是"随军记者"，"随军"而又"记者"，既文且武，令人倾心。在幼弟心中，也就成为一个钦敬的楷模。当时，我就是一心想做这样的记者、这样的人。

"作家梦"则源于对现代散文作家朱自清、徐志摩、丰子恺等的挚情美文和文坛盛名的爱好和仰慕，以后更有对鲁迅的无比爱戴和无限崇敬，使我对于"作家"产生了心向往之的深情挚爱与坚定追求。但这只能说是"外部因素"的作用，从"内在心灵"来说，还是环境、家庭、艺术、文学综合培育和形成的一种爱美心灵和审美欲求，所造成的"文学—艺术情结"使然。故乡的秀美山水，东湖的绿波，芝山的云，杨梅桥上风雨亭，都使我迷醉。我家那中西合璧的两层小楼，濒临东湖，我从书房的东窗，近可俯瞰东湖的涟漪，远则能眺望东湖的绿波，春花秋月，风朝雨夕，美景无限，沁人肺腑，启人美思。这些自然风光，同我从吟诵古典诗词歌赋所领略的"诗之画"中所吸吮的审美营养、开掘的接受潜力、激发的美学要求和理想，相结合而至融会，便深深地种下了文学艺术的种子了。而且，我这时还迷恋绘画，从临《芥子园画谱》到临丰子恺、徐悲鸿更到法国巴比松画派（农村画派），这艺术的浸润后来也都融会进文学之梦中了。而"记者—作家梦"则是出于对"名记者成为作家和作家兼记者"这种双栖性的了解，把双梦合成一梦，"一举两得"，"甚得我心"焉，满足了心中的两种追求。至于"学者梦"萌生的时间则比较晚，那已是青年时代在政治上迭遭困抑，想要另做人生追求和生命意义的事了。这有点"退居书房"的意味，"潜心研究"成了我的"四字箴言"。然而，这也与我一直对理论和学术抱有浓厚的兴趣、对读书研究心向往之有很大关系。不过，自从走上专业研究这条路之后，记者—作家那种对社会的关怀、对生活的热情，仍是我心中不灭的火。

我在1947年高中毕业之后，到1949年秋上北京新闻学校之前的一年多时间里，曾经在两家报馆当过文艺副刊编辑，以后又学新闻专业，再后来又在《东北日报》《辽宁日报》工作20个年头，"新闻龄"长达20多年，也算"圆了记者梦"吧。不过，个中甘苦，难于言说。

我虽然在新闻工作岗位上写过诗歌、杂文、报告文学、电影剧本等，但主要是以文艺理论批评、文学研究方面的工作进入作家行列的。我一直希望以创作的成绩来获得"作家"的称号，少年时代"作家梦"的含义也是如此。我曾经计划在离休以后学写小说，我心中有许多故事和感受，是自身的经历和别人的遭遇所构成，其中蕴藏着社会的情状、时代的波浪、人生的悲欢离合、哀怨愁仇，足够构筑"中国现代社会—人生"的文学文本之一叶。但8年来，仍无余力"旁骛至此"！只是写了一些散文，算是寄托一点"情思文心"。

在最近十几年内，我的社会角色和职业分工是"学者"，为人民服务、为社会工作的岗位也是学术研究。不过，作为"完整意义"上的学者，我总觉得自己尚有欠缺的地方，要努力加强的方面还很多。"书到用时方恨少"，"眼高手低憾事多"，已经做过的，包括已经出版的著述，都有不尽如人意之处；以后要做的事情还很多。圆满的学者之梦的实现，该会永远是一个追求中的目标吧。

我曾经历过王国维所说的人生第二境界："衣带渐宽终不悔，为伊消得人憔悴。"不过我不但不悔亦不以为苦，而且甚以为乐——那种生活虽苦而心中甚乐之乐、获得知识之乐、实现愿望达到目的之乐，以至劳动成果取得社会—文化效益之乐。但我确实未曾感受到过王国维所说的人生第三境界："蓦然回首，那人却在灯火阑珊处。"每一篇文字、每一个成果、每一本书，都颇费心思力气，经略周章，推敲切磋，率皆历经思想、心灵、情思之寻觅探索追求，方能得到期盼得到者；而不曾享受过"飞鸿伊人"突然而至的"狂欢"。

这"少年四梦"，曾经作为"成名成家＝名利思想""白专道路＝反党思想基础"，成为"帽子"和"包袱"压在头上。而在那两次"毁灭性打击"中，它们更成为"表现"和"根源"。这几乎成了我"精神上的十字架"。但是，它们却又是我心灵中的"理想之光"和"精神寄托"，是鼓舞我上进的力量。

二、记者生涯20年

从1950年到1969年，我先后在《东北日报》《辽宁日报》工作，计20个年头，大体分四个阶段。1950—1957年，是学习、进步、发展、成长的时期，挥洒笔墨抒豪情，未曾"等闲白了少年头"。1957—1959年，劳动两年，是锻炼、改造、惶恐、考验阶段；心灵的困顿超过身体的疲累，青春的生命力勉强抵住了死亡的袭击，中外圣哲的智慧抗御了精神危机的降临。期望和理想，导引着滴着心血的艰险人生之途。1960—1966年，隐姓埋名作文章，埋头做事低头做人。白天8小时伏案"为他人做嫁衣裳"，晚上熬夜，"青灯黄卷"读书研究，秘密"营私"需得防不测。工作读书两不误，生活充实而丰富，但是心里却战战兢兢，"心中长虞天上祸"。1966—1969年，不幸而"忧"中，"文革"狂飙从天落，我的命运是重复1957年的命运，有过之而无不及，在惊涛骇浪中惊胆战、痛苦无地度过三年多阴霾时光。1969年年终岁末，举家下乡插队，就此结束了记者生涯。回首这20年，个人的苦难遭际、跌宕浮沉，同国家民族、学术文化的命运是一致的。"大宇宙"的风云变幻，决定并表现于"小宇宙"的命运蹇滞上。

（补记：总结这20年"新闻工作历程"，可述可记者大概有三，查看欣慰，它们是：（一）撰写、发表了《鲁迅旳一生》长篇连载；（二）采写了雷锋事迹报道《永生的战士》，引发了持续至今且仍将持续下去的学雷锋活动；（三）采写了歌颂工人阶级的先进典型的长篇通讯《工人阶级的好儿子许如意》。2018年11月29日）

在这20个年头里，我仍然收获了学习的成果、劳动的果实和写作的锻炼。

这时期，我有"四大学习"：业务学习、理论学习、文学学习和人生学习。通过实践学习是最好的学习，虽然我在文艺部，主要编文艺稿件、写文艺评论，但也写消息、通讯、短评、社论、报告文学，也外出采访，甚至长驻一地当一段时间记者，因此得到比较全面的学习和锻炼。理论学习是这一时期我的重要课程与兴趣所在，我在正常的理论学习中，参加中级组，而作为青年团员的代表又是唯一参加高级组学习的成员，得以从革命资历、理论水平都很高的领导集体那里，学习到史多的东西。我学习政治经济学、社会发展史、社会主义经济建设，但我最有兴趣的是哲学，马克思的《关于费尔巴哈的提纲》、恩格斯的《路德维希·费尔巴哈和德国古典哲学的终结》《自然辩证法》、列宁的《哲学笔记》都是我所爱读的。尤其是《马克思、恩格斯、列宁、斯大林思想方法论》，通读、细读、精读，使认识论、方法论一体化，使马克思主义哲学系统化，对于提高我的思想能力、分析能力，树立辩证唯物主义世界观、方法论及正确的思维方式，都有极大的帮助，从此形成马克思主义的思路，不曾改变。只是后来又从其他中外哲学家的著作中学到许多哲学理论知识，作为思想资源和精神营养，进入我的总体思路。这成为我日后学术研究的重要基础和思想动力。这也培养了我的理论兴趣和进行理论思维的习惯与热情。至于我的所谓文化学习的范围，是颇为广泛的，大体分为两个部分、两个阶段。

（一）1957年以前，基本上属于大学中文、历史两系的课程范围的自习，大体上在1950—1955年完成。以后，经教育部特批，允许我参加我国第一次（也是最后一次）举行的副博士考试。为此，又进行了更高一层的学习。此事虽然以后未获单位批准，但我的备考却取得了成效。

（二）1957年以后，我的文化学习则集中在文学、美学范畴。对于马克思的《1844年经济学哲学手稿》、恩格斯关于文学的论述，以及普列汉诺夫、拉法格、别林斯基、车尔尼雪夫斯基、杜勃罗留波夫等大家的名著，进行了系统的阅读，其中不少是经过复读、细读、精读的。至今难忘在艰困中阅读这些智者的论著、哲人的深思时的欢快和振奋。这足可抵御一切愁苦郁闷、消解各种低回沉沦，使人精神充实、心灵远骛。我不仅读其书，而且读其人，读他们的人生。他们都有遭遇艰困、拼力奋斗的不平凡经历，他们都心怀崇高理想、关心人类命运、追求民族解放和人民幸福，他们都有一颗广阔、丰富、深邃、敏感的文化心灵。这是人类的命运得以改善、社会能够发展、文化凭以升华、人的精神世界借此丰富提高的一个个梯级，他们的著作则是培育高尚文化心灵的一级级阶梯。因此，我也是读他们的经历、奋斗、献身、心灵，并且受到培养、教育、影响，心灵受到震撼，灵魂接受洗礼，精神得到鼓舞。从我以后的经历，也许可以说，思想精神上的受益，超过文化学业上之所得。他们献身的无比热情和崇高的心灵之光，一直是温暖我的身心、净化我的心灵、扫除我头上的乌云、照亮我充满荆棘、坎坷路程的不熄的光焰。

我的"人生学习"，即沈从文所说的"读人生这本大书"，固然从作为记者的"人生采访"中学到许多东西，特别是我经常被借去采访英雄模范人物，包括工业、农业、部队、学校等各行各业、各个阶层的人物，也就是各种"人生"。这引导、帮助、深化了对那本"大书"的认识。但是，最深入灵魂的"人生阅读"，还是两次疾风骤雨式的运动中的"毁灭性打击"。它不仅仅使我面对自己不幸的命运，更加促我思索社会历史、文化、人生、人性的问题。我觉得自己在种种既由自身痛苦遭际引起、又超越个体层面的思索，使我懂得了许多许多。正是在人格的深度遭辱中，深刻地领会了人格的意义与价值。正如王元化先生所说："人的尊严愈是遭到凌辱，人的人格意识就会坚强起来。"在自己被肆意丑化、生活和心灵也都被迫可能丑陋时，那些人类文化领空的灿烂群星投射它们的性灵之光，不仅"应是多情照无眠"，而且"教我心灵应向美"，对人间的美与善心怀渴望。就像有人在描述美国首任桂冠诗人罗伯特·贝恩·沃伦时所说："他的生活的核心不是他如何受着磨难，而是他战胜了磨难，把它们销蚀在他对美的追求之中了。"我正是在这种时刻沉潜于美学研习之中。在这样的地方、这样的时候，学理的阐述充满生活苦涩的实感，然而生活实感的苦涩，又消解于关于美的学理接受与心灵内化中。我难以忘记，在那时读车尔尼雪夫斯基的《美是生活》，既吸收他的理论教养，又感动于他的革命献身生涯而吸取精神营养的心境。

在这样的生活经历与心灵历程中，我感到"运动"的负面效应中，对人间美、人性美、人际关系之美的亵渎、毁坏和抛弃，是最令人痛心的损失，以至我们现在还在弥补和挽救，而且仍然感到棘手捉襟。在气势磅礴的批判中，最大的损失是那种无稽的诛心之论所造成的对实事求是的毁灭。对读书的批判，是对文化的戏弄反叛。但我却正是在批判中和为了从批判中解脱时，深深感到并确实得到读书的文化效应。正是在1958年批判的高潮中，新版《鲁迅全集》出版，我陆续购买和阅读，更懂得人生的现实和现实的人生，从而也进一步懂得鲁迅了。他引导我进入生活与生命意义的深层，进入人的心灵的内层。鲁迅曾有言，中国人被历代统治者治得犹如散沙，彼此不能沟通，连自己的手都不懂得自己的足，大家在灵魂的麻木中度日。他说，他的写作就是为了人们彼此的沟通。但是，这种历史的遗痕，在"运动"中却更加发展而深化了，竟以别人灵魂的受难和痛苦为快慰和嬉戏。我在自身灵魂的受苦中，不仅自己的心灵流着血，而且同情一切同命运的人，还希望以后能够停止这种人对人的灵魂折磨。因此，我在苦难中，并不总是咀嚼一己的不幸与苦痛，而是一面以文化来自我消解，一面更怀着理想与期盼，向往有好的岁月来到人间、有良知的光照亮人心。从此，我心中的在年幼时就由于"由小康坠入困顿"而产生的恻隐之心，被"纯化"、"理性化"和提升，成为我的理想、志向和内心追求，并以此为我的生活指针，不伤害别人，尽可能帮助人，这是生活的意义所在，在他人的愉悦与幸福中得到自身存在价值的实现，并从中得到满足感甚至幸福感。这正是"社会是人类存在的家园"的意义所在。

在多次急风暴雨式的批判中，以及"运动"之外平素的批评或批判中，我感到没有一篇文章、一场批评是如鲁迅所说"操马克思主义枪法"的。以势压人，难以服人。这不仅是个人的不幸，而且更是社会的灾难、时代的悲剧、文化的浩劫。但是，在这种批判中，我从相反的方向接受教训，在尔后的研究和讨论中总是坚持充分了解原文的本意，不做主观臆测，更不做无限上纲的把戏。

1969年年终岁末，"军令如山倒"，一批在干校劳动的人被急调回沈，限5天内收拾好行装。我们去昭乌达盟插队的人们，"一定要在大雪封山以前赶到插队点"。办好"五带"（户口关系等）手续之后，"革委会"立即宣布，"插队人员一律和报社脱钩"。这就最终结束了我的新闻生涯。对此，我内心感到十分高兴。我带着解脱和欣喜的心情，离开我居住了20年的家和干了20年的新闻专业，但我毫无留恋之情。当火车离开没有真情的"欢送"，在黑夜中疾驰，"专列"上的人们或者抽泣或者默然哀愁时，我内心欢快："别了，沈阳！别了，知识分子生活！"如今得到一个"按人民内部矛盾处理"，就是"如天之福"了，夫复何求？从此，"万人如海一身藏"，凭劳动种地为生，与人无争。安宁，就是幸福！结束了，我从少年时代就向往的记者生涯。卢梭曾在记叙经历时说："跳出童年时代吧，朋友，觉醒啊！"我也跳出了"少年时代"，觉醒了。我要去建立另一种生存模式，重建精神生活和心灵世界。然而，在前面迎接我的是什么呢？

三、"雷锋传"和《忠王传》：两部作品，两种命运

在叙述插队生活之前，还需要将20年新闻生涯中两篇作品的写作和命运作一交代。在20年中我所写的各种形式的作品数量相当大，有两部作品值得一述，并从中思考一点问题。这两部作品就是报道雷锋事迹的报告文学《永生的战士》和写太平天国李秀成的电影文学剧本《忠王传》。前者，我姑且称之为"雷锋传"，因为它写了雷锋的一生。这两个"传"的命运，真是天壤之别：一个从采访到写成，计5天时间，《辽宁日报》一刊出便轰动全国，"一举成名"，而且影响久远，至今犹存。另一个花了10年心血，惊动了中央宣传部两位副部长，得到两位电影戏剧大家的关心，而未能问世，且招来弥天大祸。这是多么不同的遭遇！其中蕴含着深深的时代、社会、文化的和个人的悲剧成分。

1962年末，我在离家15年之后，第一次准备举家南归省亲。临行前，突然接到总编辑指派的紧急任务：采写雷锋事迹长篇报道，限一周

内交稿。我退掉车票，立即投入紧张的采写活动。按照我的工作习惯，先研究已有资料，计有以前所有有关雷锋的报道、陈某某在《抚顺日报》发表的长篇通讯和他写的一本油印资料。然后，进入采访阶段，其中包括参观一个很有规模的雷锋展览。这个展览给我的触动很大，我的深刻感受有三：一是雷锋热心助人，是个"热心肠"；二是他热爱学习，善于学习；三是他勤于思考，善于思考。而这一切都出于他对共产党和新社会的衷心的、诚挚的、深层的和超常的热爱，而这一点又来源于他的穷苦出身和悲惨经历。此前，我阅读了大量的雷锋日记和读书笔记。那里充满激情，不时闪现思想的火花。我在走出展览馆时，心里闪过一个念头："雷锋不死能当将军。"这是一种直感，主要是想雷锋这样热爱学习、勤于思考，他的进步是会很快的，会有很高的成就。但他过早地离去了，不过他的精神永在，他将永生。我就按照自己的这种理解，在两天内一气呵成地写出了《永生的战士》。写作过程中，心情很激动，情绪很饱满，"文思泉涌"，一泻而下。以后，便是全国范围的"向雷锋同志学习"的运动。这有点"一举成名天下知"的味道。在《永生的战士》发表不久，《人民日报》《人民文学》杂志等报刊纷纷来约稿，人民文学杂志社并为我请半个月创作假，但都被一一谢绝了，连来人的面也没让见。以后，一切有关雷锋的事情皆与我无关了。而对于我来说，根据以往的经验，写了东西不招祸获咎，就是最好的了，此外一无所求，我也就心安理得、心平气和接受了。这篇报道，的确在全国引起了极其广泛深入的影响，也改变了有关人员的命运，有的人甚至因为它而转变了人生轨道，从此走上光明通途。但我的命运却没有丝毫的改变，而且仅仅事过三年，到了1966年，"文革"风起，连它也被定为毒草了。今天回想，我当时最严峻的考验是心理上的抗逆力，我凭着对"历史"的理解和信心、对社会进步的必然性的体认，以及对自身生活的一无所求，而获得了这种力量。让要来的都来吧，苦难不只我一人，苦难终会有尽头，且看事态如何发展、怎样结束。这样想时，有时竟有一种"冷眼观世界"的心境和平静。就这样一面"一己命运听安排"一面"心事浩茫连广宇"，我迎来了1969年。

"雷锋传"，五天采写，"一举成名"，真正是"得来全不费工夫"。虽然荣誉不属于我，我的命运依旧，但我内心仍然庆幸、高兴、欣慰，因为这究竟是我的工作、我的"创作"，也是我生命的意义所在。虽然在以后的漫长岁月中，我从不提及此事，然我内心以此为自我肯定的力量。在这次采写中，我体会到以下两点。第一，新闻报道也可以和应当塑造形象，虽然所依据的是其人本身的事实，但选取什么、突出什么、渲染什么，却是由作者的思想和水平决定的；选取不当、重点不明确，就可能是另一形象。因此，选材是重要的、决定性的，"成败在此一举"。第二，写人必须有感情，感情又必须真实；自己被感动了，才能感动别人。

比起"雷锋传"，《忠王传》的命运就大不相同了。它整整花去了我10年的业余时间。从1953年起，每天晚上都要读"太平天国"史料、"曾文正公全集"等，收集、研究、整理、抄录资料：星期天我称为"太平天国日"，全天研究"天国"；节假日包括五天春节，更是"太平天国假"。一切都是"业余"，一切都是"秘密"，属"地下工作"。如此七八年，艰辛研究。又2年，写作剧本。以后，惊动了时任中共中央宣传部两位副部长（周扬和张磐石）、两位电影戏剧大家（陈白尘和郑君里），并有幸得到他们的鼓励与支持。但是，《忠王传》完成之日，就是李秀成被打成"叛徒"之时。戚本禹大批于前，高层指示定案于后，"泰山笃定"，我的作品也就"落生就是死亡"。"文革"开始后，我和我的作品都成为"为叛徒树碑立传"而被打翻在地。"十年辛劳终获罪"，这同"雷锋传"形成而鲜明的对照。

说起以太平天国为题材创作文学作品，这似乎不是一个偶然的现象，而是一种社会文化和时代精神的反映。我后来知道，阳翰笙、陈白尘、王元化先生早年都写过这一题材。陈白尘、冯雪峰在20世纪60年代都曾有意于此，并去广西调查。这绝不是偶然的现象。其中蕴含的时代—文化的意蕴，似可研究。

四、十年塞外：凄情悲心与文化生命

我的生命历程恰好大体上10年一个周期。插队落户塞外10年，正是人生最美好的第4个10年（40~50岁）。内蒙古昭乌达盟敖汉旗成了我的第二故乡。在这10年中，我的生活充满了内在与外在、精神与物质、现在与未来的矛盾。一方面，凄情悲心像草原夏日风暴来临前天上的乌云一般，笼罩身心；另一方面，文化生命又像荒原上春天的绿茵似的，从黄沙冰碴缝隙中钻出，芳草天涯，生机盎然。最初的三年，我像一个农民一样从春耕、夏锄到秋收、冬藏，全年劳动，完全是一个体力劳动者。以后，被"改行分配，就地消化"地分到旗农业局工作，达六七年之久。

在农村3年，我们曾经全家4口挤住在仅有七八平方米大小还被一铺炕占去一半的小马架子里，这就是我的生存空间。我们的生产队，是最穷困的旗里最穷困的小队，12户人家90多口人，住在深深的穷山沟里。一个劳动日，好的时候值一两毛钱；不好的年岁，还要"倒挂"。我第一年的全年劳动所"得"是每10分（一个劳动日）倒欠队里3毛钱。物质生活极其贫乏，没有蔬菜，胡麻盐（当地一种特殊的芝麻，碾碎之后拌上盐而成。不拌盐，人畜食之即死）是最好的下饭菜；满目秃山，满目深沟，满目荒凉，狂风怒吼、暴雨成灾、洪水肆虐、冰雹伤人，风卷黄沙蔽天日，白天点灯夜披沙，"胡天八月即飞雪"，春风一起冬不停。一切同南国故乡青山秀水、绮丽风光大异其趣，但却具有一种寥廓、广袤、粗犷、肃杀、荒凉、忧郁之气概、威势与美丽。这种美丽，冲刷了我那少年时代江南美秀娇甜风光养育的纤弱细腻心理和情感素质，使情感世界、灵魂以至理性世界，都具有积极意义地"粗糙"起来。我觉得这是一种可喜的进步。

在这种自然环境和人文环境中，人的知、情、意都发生了变化。"胡地玄冰，边土惨裂，但闻悲风萧条之声。……晨坐听之，不觉泪下。"古人慨叹悲吟于胡天塞外之声，震响于耳，潜入人心，让人想起自古代至近代，多少仁人志士被贬谪边关。观当时之世，万千干部困厄塞外。风声呜咽，牧马悲鸣，衰草饮泣，"晨坐听之，不觉泪下"。但泪水不仅仅为今日而流、为个人而下，泪汁也不唯辛酸一味组成，而是蕴藏着历史、社会、文化的广泛、深邃的内涵。看来，这是从古至今一条人类社会与文化发展的规律。歌德似曾言，人类的前途是乐观的，但它由许多人的悲剧的命运所铺平道路。中国必须也有一代人走这条路，去铺垫那历史、文化的进步之途。站在我那坐落在小山村中间、一个独立小山丘上的马架子门前，面对深沟高垒，面对起伏的高原丘陵，白草在秋风中抖擞，面向苍穹，白云苍狗，变幻无穷，所思邈远，神飞历史、文化之天外。心是悲凉而又有一点悲壮感，既以己悲又不仅为己悲。历史如此，社会如此，文化如此。这也许就是对历史、文化发展规律的体认，即恩格斯所说的"自由是对必然性的认识"。在这种心灵的自由面前，痛苦无地却得消解，豁达难为却进至此境。我望着山丘沟壑，遥想将青山埋骨抛尸塞外，却心境平静；因为这是走着历史的必然之路，踏着文化逶迤发展的足迹，倒也心安理得。因此，常常跳出今天与一己命运，在文化的沙漠上、在反文化的心灵笼罩华夏的时代，思考文化的精灵与精髓。在这种时候，一部残破的《鲁迅全集》，成为最好的读物、文化思索的导引、我心中的绿洲。鲁迅之文，像烛照历史、文化、社会之光，照亮了我的眼我的心，开启了我的思考之闸，启迪了我的性灵之思。

周遭的自然环境如此，而人文环境却有它暖人的一面。人文性的荒凉也是惊人的。从来看不见电影，听不到广播，连有线广播也没有。我带去的一个小半导体收音机，是全村的稀罕物。夏天的夜晚，常有社员围坐在我的马架子前的草地上。

听"戏匣子"里唱样板戏。我带去的剪发推子，许多人是第一次看见。人们大多只知道，至少是只关心大队、公社范围之内的人和事。这些半蛮荒的村民，有其"粗野"以至"原始"的一面。但也正因为如此，所以在他们之中能享受到一种特殊的人间温情、一种平等感和安全感，特别有一种原始的质朴的感情和天真浑厚的思想。我真正在三年之中与他们实现了"三同"。他们常常来我家串门"拉呱"。我觉得自己从他们和他们的普通人生中，重新地和深一层地了解了中国社会、中国文化、中国人和中国的人生。

正是在这个极端穷困的山村，我不仅看到而且深深体认了鲁迅所说的，中国国民性中那种忍受困厄的、"生之搏斗，死之挣扎"的精神，中国人在贫穷之极的生存困境中还能保持着的乐天乐生的精神。这里许多家是一领大炕席已破碎不全，一床破薄被全家防寒；一件棉袄冬着棉，秋着夹、夏着单，四季都是它。每年春天，妇女们都去山上采榆钱（读"千"），回家后加一点苞米面煮成粥充饥，还要去参加繁重的春耕劳作。平常，人们总是用白萝卜、咸盐水下饭（"饭"是苞米面饼，小米饭是少数日子才有得吃）。在这种匮乏简陋的生活中，人们却是乐呵呵地过活，包括妇女们挎着篮子上山采榆钱时，虽然饿着肚子，却还嬉笑着、打闹着成群结队而去，给人间留下身影与声音之美。

在这些"老农民"中生活，没有歧视、没有冷眼、没有隔阂、没有防范，我感受自己是一个普通人，但有人的尊严，人格得到尊重。

正是由于上述的种种原因，我在深山沟里的三年，生活匮乏、平淡、平凡，但安详、愉快，包裹着凄情悲心，让它深埋在心里，不起涟漪；而飞翔的思想，却随着鲁迅著作所涉及的"历史、文化、社会、人生"的深广层面，而高扬、翻跹、回旋，既超脱尘世又很执着于尘世。这种思想与心灵的翱翔，使生活有了生机、有了意义。

调入旗农业局工作之后，生活起了比较大的变化：进"城市"（实际上是小镇，仅一万人口）了，做机关工作了，"恢复干部籍"了；但更大的变化、"质的变化"是可以读书了，有了这样的环境和条件。农业局的领导和同志们，对我这个"犯错误的干部"都挺友善，"以平等之人格待我"。因此，虽然生活依旧平凡、平淡，然而平安，具有安全感。我的工作并不紧张，但每天要"守铺"；不过，在晚上、星期天、节假日，我拥有大量的时间读书。旗文化馆图书室里封存了大量的书籍，我得到图书管理员的特许，可以进库任意挑选我想借读的书，不必担心"不予出借"或"向上汇报"。在数年之内，我读《资本论》，读《马克思恩格斯选集》，读恩格斯的《自然辩证法》《反杜林论》《路德维希·费尔巴哈和德国古典哲学的终结》，读列宁论赫尔岑、托尔斯泰，重读别林斯基、车尔尼雪夫斯基、杜勃罗留波夫（在读他们时我常常想起"文革"中看到的"周扬黑话"有言："俄国的几个斯基是伟大的'斯基'"）。当然，更读鲁迅。我读哲学、历史、文学，理论方面的多，创作作品少。在此时，读书，只有读书，才给我以思想与生命之泉。"只要在这斗室之中，/重新亮起亲切的灯光，/在认识自己的内心之中，/就觉得胸中豁然开朗。/理性又在开始抬头，/希望又在开始出现，/人们向往生命的溪流，/人们向往生命的源泉。"（歌德《浮士德》）我耽于理论思维和逻辑思维，我的思想反映着、贴合着而又受影响于眼前的、切身的"革文化之命"和"经济、社会发展受阻滞与破坏"的现实，但却"超越"它们，而飞扬和驰骋于"社会、历史、哲学、文学、艺术"的广阔的文化天空之上。我感受到历史必然前进的内在动力、社会一定要发展的车轮滚动、文化决不会绝灭的坚强永恒的力量，以及人性不会毁灭、人的良知不会消泯的信心。我坚信，"今日之日不可留"，文化的太阳、历史的曙光、良知的朝霞终会有一天驱散乌云，照亮中国大地。不过，我不知道这一天何时会到来，而且我一直以为，我自己是等不到这一天的到来的。"黑暗的闸门，只会被后辈开启"，由他们迎来光明。

我这一切"超越的"思索和"远距离"对现实的执着，相对聚焦于鲁迅；同时，又由鲁迅这一聚焦点，辐射和扩散于包容哲学、历史、文学、艺术于一炉的文化的广阔领域。我由此感到一种文化生命的生长、跳跃和延续。我把这种"生命"延伸到一件工作"学术研究"上，我那时称它为"生活与心灵的寄托"。我的"研究"工作，起步于作鲁迅古体诗的白话翻译和注释。它的起因和契机，我在文集中的几篇文章中详细说到了。竟写成一本厚厚的书稿。以后，又作《鲁迅杂文读本》，集选、编、注、释于一体。这一步工作，既梳理了鲁迅的生活、思想、创作的体系，又整理了我对这一"体系"的认识、理解、解读与诠释的"体系"。这一切，都是"只问耕耘，不问收获"的。因为我知道绝不可能出版我写的书。但这一工作的进行和展开，却给我的生活贯彻了和灌注了一种情感的、思想的、理性的、文学的与文化的意义与生机。这是贫困境遇中的一种"富足"、苍白生活中的一种"红润"、外在枯槁中的一种内在"丰腴"、物质匮乏中的一种精神"繁华"。元人萨都拉《野潜堂》诗云："高隐有深意，情闲值万金"，"读书风雨夜，灯火野堂深"。这有点我当时处境与心意的写照的意味。它在总体上是以由个人与社会的生存状况，所引发和构成的凄情悲心为核心，潜隐于心灵深处，而以对民族、对人民、对历史、对文化的信心，和由此信心而产生的对历史进步、社会发展、前途光明的信心为"心衣"裹拥着，期盼并相信"冬天来了，春天还会远吗"，"于无声处听惊雷"；只是由于思想的局限，以为美好的"春天"和"惊雷"的爆发，只会在遥远的将来降临。这种"文化的生命"对我度过平凡、平淡、清贫的日子和心灵的困厄时光，给予真实而雄健的力量。虽然我知道作品不可能问世，我之所作也绝不是足以藏之名山、传之后世之作，但我兴味盎然地工作着。"工作着是美丽的"，这美丽给了我的思想与生活以亮丽之色。这些在用粗糙纸张粗糙地装订的粗糙本子上写下的书稿至今犹存，记录了当时的思想历程，也是那一段生活最好的纪念。

"我们难道不应当生活得美丽一点吗？应当生活得美丽一点！"这是20世纪40年代末我在心理流浪时期，读骆宾基《萧红小传》时记住的萧红的一句话。这也成为我物质生活与精神生活，尤其是精神生活的内在圭臬。人难道不应该使自己的生活美丽一点吗？应当！因此要创造条件特别是培养心境，去寻找生活中的美丽，在艰困的生活中觅得美丽、创获美丽，扩而大之及于社会，也看到、发现、寻觅那美丽之点：美好的事物、美好的人心、美好的人际关系、美好的理想。这于人于己、于个体和社会、于历史和当今，都会增强信心、增加生活与心头的亮光。

我认为自己在艰困无望中寻到了生活的美丽，使充满苦汁的生活中自己仍然"生活得美丽一点"，这就是读书与思索。我难忘在敖汉旗新惠镇那个进屋就要低首弯腰的鸡窝式偏舍里，因仅有立锥之地，而左右脚调换着"金鸡独立"式站着读书和写笔记的乐趣，与古今圣贤的思想对话，使人的精神飞升，心头产生美丽，也使生活美丽。

五、"无限光景"又十年

"浮云一别后，流水十年间"。在僻乡插队十年后，1978年那个美好的秋季，我到刚刚恢复并扩大建设的辽宁社会科学院报到，从此走上专业的科学研究道路。其实，刚报到时，所谓"院"，还在招待所里，工作还不是很正常的；而我的"右派"改正，也是在1979年才解决；因此，我的真正的人生起点，应该从1979年算起。那么，从那时到1989年我从行政领导岗位上退下来，正是又一个"十年"。这是我生命史上的第五个十年。从我自身的经历来说，这是真正的工作、学习、生活的开始，真的生命的开始。在我一己的范围内，这是真正"辉煌"的十年。那时，家庭和个人工作、学习和生活上的喜事，一桩接着一桩。在十年浩劫结束后，全国到处呈现出一片生机，不仅政治、经济形势一片大好，而且文化科学事业的发展盛况空前，思想解放、百家争鸣、百花齐放。社会科学院的建立是一个重要的标志。在以后十年中，我不仅得以正常地工作和生活，而且在工作、学习、研究、著述等诸多方面，都得到良好的发展条件与机会。这时我已经50岁出头，正如古诗所说，"荷无擎盖菊已残"，已经入秋了，但却获得了一个"秋天里的春天"，获得了一个"橙黄橘绿时"，算是弥补了以往的损失，获得中年以后才获得的"生命的价值"。

在这十年里，我参与了辽宁社会科学院初创期的各项建设工作，侧重科研工作和学术文化的建设方面；参与了辽宁社会科学事业由恢复、发展到建设的工作，也是侧重科研规划与学术发展方面；还参与了辽宁文学学科诸多学会的创建和发展工作。此外，还参加许多涉及社科界、文艺界、新闻界以及其他方面的理论、学术、文化的研讨活动。毫无疑问，这占去了我大量的时间与精力。但这是一份工作、一份社会责任、一种奉献，我是愉快地去参加的。我感到从未有过的精力充沛。更有意义的是，这种"付出"同时又是一种"收获"。我从中得以了解实际、接触生活、向同行学习，能够从"生活实际"中得到理论的启示、思想的触动和写作的灵感。

十年中，我有机会和条件，参加众多（很多的次数，更重要的是很多的学科）的省内外和国内外的学术研讨会。这使我得到各种各样的学术信息、理论装备、思想启示和灵感触发。许多老一辈师长和同辈学者及年轻学人，他们以其学识学风、人品文品，教育、影响和启发了我。我深深体会到，自己沐浴在社会的、时代的科学文化的"春风十里""无边光景"中，吸取、接受，加以自身的学习体察，才有这十年的进步与发展。

十年中，我先后赴美、法、德、加、日、朝等国访问、讲学和参加国际学术会议，也是所获良多、所感良深、所思甚广。睁开眼睛看世界，"走向世界"，这是一个现代学人应该为之的事情，而目睹、亲身感受，更不同于隔岸观火。走出国门，一睹西方世界、发达国家，不是为发达的经济、炫目的繁华所吸引，而是为他们的科学文化教育之发达及其对经济、社会发展的巨大作用所触动；广泛的信息、众多的学科理论、繁复的文化现象、活跃的研究空气，都启人思路。"研究题目具体，研究视野开阔"，这是我对西方学人在研究的认识论、方法论上的一个重要感受；而广泛的国际学术—文化信息的接触和充足而畅通的来源，以及集中、整理、使用上的现代化手段的运用，都是令人触动而思有所改进的。

新时期以来，理论学术著作的出版，堪称空前。这给我开辟了学思的源泉。从未有过这样好的读书条件，从未有过这么多的阅读对象，从未有过这样良好的阅读心绪，我感到自己这才是罗兰·巴特所说的"成为读者"了。"学习者"，我在这个意义上落实自己的"学者"这个社会角色称谓。学理的启迪，思想的跃动，知识的增长，情感的涟漪，眼界的开阔，灵感的飞扬，一种"书本的世界"，连接着整个的世界，并触

动和启开自身的内在世界和思想理论的界域。正是这些

来自世界和中国、古代和现代的哲学、科学、文化、艺术的众多的书刊，所提供的知识和信息、理论和思想，启迪、帮助、支撑我完成了十几部论著和各类论文与作品。

六、寻求新的起点和学术生命

1989年末，我从行政领导岗位上退下来，只从事研究工作，并担任省政协专职常委、学术委员会主任，直至1991年。1993年，办理离休手续，恰在当天，受聘于东北大学，承担创办文法学院的重任并任首任院长，直至1997年。在那"又一个十年"（1979—1989年）之后，又过去8年了。"八年赋闲未曾闲"，行政事务、社会活动、出国访学、学术会议和科学研究，生活和工作仍然不得不用"忙迫不已"四字概括。在这8年中，出版了4部著作，发表了数十篇论文和数量更多的文章，这都是"秋日的话语"，记录了我这期间的学思与学行，留下了我对社会、文化、学术的理论与实践方面问题的思索、探讨和见解，我对社会与人生的关心与情怀。"浮沉人生非己运，淘沙大浪是真谛。黄昏岁月夕阳心，犹自奋励写新意。"这是1988年访法时写的《巴黎述怀》中的句子，它表露了我此后8年的心意、情怀与期望。

也许可以说，有两类学术生涯、学术品格。一种是"出世之学"，荒江野老、书斋穷经、与世无涉、学术遗人。另一种是"入世之学"，书斋与社会相连，超世与入世相通。两种学问，皆于世有用。我从主观与客观两方面来说，或者是内心的驱动，或者是客观的推动，都走的是后一条路。阅读求索以获得思想与理论、学术与文化的启示与资源；联系人生、接触社会使我得到实际的材料、生活的启示，感受时代的脉搏和群众的心态，从而既获得实践知识，又激发学思的灵感。从"邀请方"说，我是个"给予者"，但在我来说，却从别人的发言中，所获甚多，我是个"接受者"。不过，我总的视角侧重文化。所有论著，其宗旨都聚焦于文化。研讨与讲演，所探讨的也是文化问题。我试图选择一个更广阔而深入的起点、视野和研究界域。鲁迅研究，无论是所写《走向鲁迅世界》（1992），还是所主编的《鲁迅：在中日文化交流坐标上》（1994），都侧重"文化的鲁迅"与"鲁迅的文化"的探求与阐释，并且

扩展和深入到"鲁迅文化"与世界文化、中国文化及中国文化现代化之关系的层面。《创作心理学》（1990），也泛化和深入到文化层面来探其究竟。《文化选择学》（1997，辽宁人民出版社）则聚焦文化选择，探讨人类整体和个体的成长。许多论文和讲演，也以此为圭臬和归宿，它们涉及当代人类文化的发展走向与特征，经济-社会发展的文化动力、资源和方向问题，科技文化与人文文化的分裂与平衡问题，以及人的文化心灵的养育和文化后院的建设问题，等等。那些散文，包括访美、德、法、日、加拿大的"域外散记与杂忆"、读书随笔，以及一些零散感想，也常寄意于文化的眺望与透视，和民族文化心灵再造的探求。在阅读古今中外圣哲大师们的传世之作和当代著作中，既吸收思想营养，又与之对话，既获文化遗存，又得最新信息，"思接万里"，意象飞翔，"为学不欲作冬烘"，走进书本世界、瞩目"窗外风景"，关心实际、情通生活，理论、学术、文化与社会、实践通体结合，我感到一种新的学术生命的萌生。滴水涟漪，在生活的大洋中，微不足道，但就"滴水"来讲，那就是他的"整个世界和生命底蕴了"。

七、鲁迅：研究意旨与自身情怀

鲁迅研究几成我的毕生之业。我在初中一、二年级时就爱读鲁迅作品。不是一般的喜欢，而是一种心灵的投入。《〈呐喊〉自序》中的一段话："有谁从小康人家而坠入困顿的么，我以为在这路途中，大概可以看见世人的真面目。"这种情感倾诉与人生体验，完全同我那在烟火炽盛之时，不几年间，天灾人祸战乱使之坠入困顿的身世相叠合，达到心灵的相通。他那对长妈妈的深情挚爱，那一声"仁厚黑暗的地母呵，愿在你怀里永安她的魂灵！"的怀想与祝愿，十分符合我对我的劳动妇女的寄娘（保姆）的感情与心意。鲁迅对人情世态的深层揭露，篇篇印证我的生活体验、触动我忧伤的心灵。在以后，我就不是一般读书而是身心投入与融会地读鲁迅。差不多在每个生命历程的关键时期，我都是以鲁迅作品为心灵的依托和人生的指导。对于他的爱国爱民的精神，他的疾恶如仇的性格，他的献身人民、"我以我血荐轩辕"的心性，他的从不自视伟大而以凡人行世的真正伟大的品性，我都热爱、崇敬，以"高山仰止，景行行止，虽不能至，心向往之"的心情与决心去学而习

之。1954年，我写了《对怎样学习鲁迅作品的几点体会》，算是第一次把"阅读鲁迅"提到理性层面来认识。我在文中主要谈到解读鲁迅必须了解中国历史、社会、文化，初次把鲁迅同时代、环境联系起来，放在一种语境中和文化架构内来理解。当然，言之者浅、论之者浮，但意旨还是可取的。1956年纪念鲁迅逝世20周年，我阅读了当时发表的大量纪念文章，包括国外作家的论述，首次使我超越个人阅读的范围而进入广泛社会、文化意义的领略，同时写了长篇连载《鲁迅的一生》，第一次勾勒了"我心中的鲁迅"的形象，倾诉了我对他的热爱之情，阐述了我对鲁迅的理性把握。从此可算正式走上研究鲁迅的学思之途。以后，在困境中、在人生之舟倾覆之后、在隐姓埋名作文章之时，我继续心灵投入地系统读鲁迅，这种阅读同我对中国社会、历史、文化、人生的理解相结合，理解鲁迅如何解读与诠释了这本"中国大书"，又从我自己的理解中回返鲁迅和鲁迅对它之解析。"读鲁迅——读中国历史——社会文化——人生"成为一个交融会合的体系与架构。在20世纪60年代的困难时期，我写了几篇对鲁迅诗的解析，一篇关于《野草》的论文，两篇论述鲁迅思想的论文《中国革命的发展与鲁迅思想的演变》《鲁迅与辛亥革命》，它们都记录在我那时取名为《蚁垤集》的稿本中，除发表了几篇诗歌诠释外，其余均束之高阁，直到20世纪70—80年代才发表。再后，是十年塞外、十年插队，"文革"狂飙，荒原流徙，鲁迅遭灾、以捧扭曲，在此语境中，我撕开当时伪造的"神与打人的棍子"混为一体的"鲁迅形象"，走进鲁迅文本自身，接近真的鲁迅、人的鲁迅，并把这种阅读所得，写进了当时正在写的《鲁迅诗选释》和《鲁迅杂文读本》中。1979年《鲁迅诗选释》出版，1980年几篇鲁迅论文发表，1982年《鲁迅评传》问世。我从此走上鲁迅研究的学术文化之路，直至今天；以后，我仍将继续完成尚欲完成的鲁迅学论著。

鲁迅研究，不仅仅是我的学术文化之路，而且是我的心灵之路、生命历程的记录与表现。我之研究鲁迅，"盖有深因焉"，它是同我的生命历程、思想发展、人格形成血肉相连的，是同我对"社会、历史、时代、文化、人生"这个人世与认识的"混合体"的理解相结合的。这是一个学人对宗师的隔代隔世但血肉相通的对话，也是一个学人试图向世人借一位大师以传播真理、建立文化心灵和国民性格的认真、严肃、执着与献身的工作。

的确，我是怀着崇敬的心情来研究鲁迅的。我的这种感情，是融合着我个人的和着血泪之经历的，是凝聚了为鲁迅所启迪，为鲁迅一生所体现的，对于国家民族之深情、人民幸福生活之期盼和为此奉献一切的精神心意的，也是体现着心系艺术—文化品格与高洁情怀的。这与那些完全出自学术文化目的之研究相区别，更不同于以鲁迅为沽名钓誉以至获利的"无特操"之所谓研究。我为自己此种研究宗旨和心境，为出自心灵深处之所求，如清泉之出于深山然，也为我之独特情感与视觉的研究，颇感欣慰。有评论者以此为我研究中所寄寓的"自身情怀"，诚哉斯言。这自身情怀，不仅蕴含我一己之经历情愫，而且包蕴了历史、社会、时代、文化、艺术之客观情状及其在我心中的映照。这种自身情怀，见于我所有10部鲁迅研究的著作中，以及我在这方面的所有论文中。

20世纪70—80年代之交，我连续出版了《鲁迅诗选释》（1979，辽宁人民出版社）、《在世界的海边——鲁迅的少年时代》（1980，辽宁少儿出版社），这是以前的成果的今日之体现。1981年，完成《鲁迅评传》、1982年问世，紧接着又出版论文集《鲁迅思想论稿》（1984，浙江文艺出版社）。前者是综合研究，包含对鲁迅生平、思想、作品与论著、翻译的"全方位"的研究，而尤其侧重鲁迅思想历程与中国社会—中国现代革命进程的"主体/客体"互渗互动、互相影响的关系，把鲁迅放在"历史、时代、社会、世界、中国、文化、艺术"所构成的一个总体框架与总体语境中来研究与描述。《鲁迅思想论稿》则集中在鲁迅思想与中国革命、社会发展的关系之研究上，这都是综合研究。在这种研究与描述中，我一方面加重了理论阐述，一方面流露了感情抒发。它所体现的不仅是我的鲁迅研究成果，而且还是我通过"鲁迅视角"和"我对鲁迅的视角的把握"这样一个"双重视角"及其融合，所做出的对鲁迅思想的解读与诠释，对中国历史、社会、文化的理解与领会，以及我的思想、心态、价值观以至文艺观的潜在的、内蕴的、曲折的反射。

《鲁迅评传》出版后，颇获佳评，评论认为是当时已经问世的七八部鲁迅传记中，居于前列的一部。鲁迅学家张梦阳先生赞誉此著："将独特的感情，独特的现象、评论熔于一炉，既丰富多彩，又和谐统一。"评论者和同行朋友，除了给予鼓励外，也指出其弱点与不足，其中包括对鲁迅杂文论述不够。我很想予以弥补。1982年，中国鲁迅研究学会在杭州举行学术讨论会，我受命作关于鲁迅杂文的主题发言，受到老一辈鲁迅学家李何林、王瑶诸先生的鼓励，便接受出版社的约稿，撰写《鲁迅杂文学概论》，后由辽宁教育出版社出版。这是学术界第一本全面、系统论述鲁迅杂文的专著。出版后反映较好，有的学者以此为教材给研究生授课。

1980年，在北京参加纪念鲁迅诞生100周年撰稿会议，会上听到胡乔木的一个重要讲话，其中说到"鲁迅不是一个偶然的现象，也不是突然的现象，他是同他的同时代人一起成长的。"这使我很受启发，归后，乃确定了"鲁迅和他的同时代人"这一论题。在研究过程中，我体认到鲁迅不仅不是独来独往，而是受其同时代人影响与之共同成长，而且，他既吸收了众人之长和影响，又能突破这种影响，超越同时代人。由此乃撰写《突破与超越——论鲁迅和他的同时代人》。这是一种比较研究，涉及思想的、文学的、艺术的、学术的、文化的比较研究。由此我也能体会到，这种聚焦于鲁迅和他的同时代人的研究，实际上涉足中国现代文化的研究了。正是从这一出发点，依凭鲁迅这位文化大师，我在尔后的研究中，进入到中国现代文化、中国文化以至文化学、比较文化学的领域。此著奉呈季羡林先生，他回信鼓励说："研究鲁迅者多矣，似这样研究的还不多见。"鲁迅学界同仁则认为开辟了鲁迅研究的新界域。

1983年，辽宁一家出版社有再版《鲁迅评传》之议，我便进行修改补充，并请叶圣陶老先生题写书名，得到老人的关怀，很快写就。后因版权问题而未果，但我的修订工作却"大规模"进行，并于1986年大体完成。因为大部分是重写、新写，成为一部新作，故后定名为《走向鲁迅世界》，由辽宁教育出版社出版。此书之"新"，较之《鲁迅评传》在于：（一）除鲁迅前期有关部分有扩充、增写之外，后期部分则是重写；（二）特别是增写了贯穿全书、分节连写的"鲁迅的艺术思维与艺术世界"部分，其中突出探讨了鲁迅的创作心理与艺术思维之发轫、发展、成长、特征及其在作品中的表现；（三）对于《呐喊》与《彷徨》之比较研究，对于《野草》的创作背景与心理特征及其艺术体现，对于鲁迅杂文特别是后期杂文的研究，都加强了、增加了新的部分、新的内容、新的看法；（四）对于学者鲁迅、翻译家鲁迅，也都有新的描述与阐述。

如果从"总体上描述鲁迅形象与鲁迅世界"来说，从 1956 年的《鲁迅的一生》算起，至《走向鲁迅世界》，已经是第 5 次了，从内容上讲，自然是一次比一次丰富，而且研究与阐释的方面增加了，所谓"力度"与"深度"也加强了。到这第 5 次，事实上已经是综合研究与比较研究，生平、思想、作品（包括小说、杂文、散文、散文诗、学术论著与译作）、创作心理、艺术世界的"分体的"与"综合的"、"个体的"与"比较的"研究，都在其内，都融会于一体了。而所谓研究者的"自身情怀"，也都渗透于、贯穿于和"弥漫"于整个作品之中了。为了强化叙述，有时也是自然流露，在写作过程中，我对鲁迅、对鲁迅之整体的"知人论世"和我借鲁迅之"机理"和鲁迅之视角所作的"知人论世"之发挥，都尽力表现之，笔触与心意一起展开，情感与理性、形象与逻辑共同发挥。执笔为文时，心情激动，心潮汹涌。故此，张梦阳先生在《人民日报》上，发表评论，赞誉说："彭定安同志本人就兼备诗人与学者两种素质。"此著"使诗情与学术融会贯通，熔于一炉"（《人民日报》1993 年 2 月 9 日）。

在这些著作之外，我还发表了不少论文。这些，有两个方面可以一叙。一个是比较文学里的鲁迅或称鲁迅研究中的比较文学研究。其代表性论著有《鲁迅的〈狂人日记〉与果戈理的同名小说》《鲁迅艺术思维与艺术世界里的中西文化》，以及所主编的《鲁迅：在中日文化交流的坐标上》。这种研究，是把鲁迅放在世界文学—文化格局中来理解与诠释，并据此进一步论定鲁迅的成就、贡献与地位。我以为只有这样才能更好地认识鲁迅。

第二个方面是关于鲁迅学的构想与论述。1981 年我提出建立鲁迅学的建议并勾画了大体的学科构想，以后，有《鲁迅杂文学概论》之写作与出版；再后，有几篇关于鲁迅研究的综述与总论性的文章，具体论述鲁迅学的发展；又发表了《鲁迅学：中国现代文化文本的理论构造》（《鲁迅研究月刊》，1996 年第 11 期）一文，在理论层次勾勒了鲁迅学的轮廓和内涵概貌。

近十几年来，我还多次迫于形势，也出自内心地写了数篇批驳对鲁迅贬损、污蔑、攻击的文字，去年应邀写了几篇论述 20 世纪 90 年代对于鲁迅的重读现象的文章，其中也对这种"反调"进行了批驳。总结回顾至少从20世纪20年代末到30年代的对鲁迅的攻击批判，直至20世纪80—90年代对鲁迅的来自海内外的攻讦，我感觉到有一部分人不是出于误解，而是因为对于鲁迅的人格精神、文化方向有一种发自内心的反感。我常有一种感想，有些人根本没有认真读过鲁迅，甚至对之所知甚少，而有的人又是很有学问的人，他们一样在攻击鲁迅，前者有时攻得很"高级"，后者有时则作低层次的谩骂，这都涉及"文化方向/人格取向"问题，绝非偶然。

　　总括我的鲁迅研究和我对鲁迅研究的理解，我以为，鲁迅研究有三个层次：（一）鲁迅关于中华民族的命运和出路、中国国民性改造，以及中国传统文化向现代转化问题的思想、言论和作品；（二）鲁迅文化文本的整体的行动意义与实际效应，和鲁迅的实际工作与社会行为所构成的实际的文化文本的意义内蕴；（三）作为作家的鲁迅的产品（各类作品）所构成的文化文本的审美文化与一般文化意义。这三个层次既是各自独立存在的，又是互相渗透、彼此融会的；既是各自具有水平发展的三个层面，又是具有递进性的三个发展层次。如果从作家—作品研究的范围来说，也可以有三个类似的层面—层次，即：（一）"人生/人格"层面；（二）文本层面；（三）"抽象结构层面"。第一层面相当于"外部研究"，第二、三层面相当于"内部研究"。但从社会—历史批评的理论品格来说，第二、三层面也可以包容"外部研究"的成分，特别是第二层面。在这两个层面，以我个人的研究范围与发展变迁来说，先是侧重第一层面、第一层次的研究，兼及第二层面，部分涉及第三层次。近年研究则在创作心理、艺术世界分而进入第二、三层面，尤其在《呐喊》《彷徨》两部小说集，《野草》研究和杂文研究上是如此。但总体上，我仍感到自己在第三层面上的研究是不够的。而从学术界的鲁迅学研究的状况来看，近年来在第三层面上的研究有了长足发展，并在不断拓展和深化、提高研究领域与研究成果。这正是鲁迅学学科的重大进展。

八、创作心理探幽

　　长期以来，我在文学艺术的学习与研究中，常常思考一个问题：他（某一位作家）为什么表现"这一个"而且如此表现？是在一种什么心理状态下如此选择和如此写？我感到这里有一种特殊的心理即创作心理存在。20世纪70年代末、80年代初，我在一次文学集会上提出了这种认识和想法，并希望有人来研究它。我以为这是研究作家和作品的"正宗"的和深层的探索。而我在鲁迅研究中也深深体认到他的一种特殊的心理——艺术创作心理的存在与功能，它以不同的形态表现于不同的创作之中，比如小说、散文、散文诗、诗、杂文各种样式中，都有各样的表现与态势。这样，在80年初我就在原有关于美学研究的基础上，"专攻"创作心理。我的阅读和准备指向几个方面：美学、心理学、艺术心理学、文学理论与批评、传记学、作家艺术家传记。我做了大量的笔记。笔记分几种：专题笔记、一般笔记、摘抄、主题索引式笔记和卡片。以后我写《创作心理学》，这些大小不一的笔记本，成了我的"秘本"，于写作帮助极大。积五六年之久的研习，80年代开始写作。1987年完成，但几经周折，才在1990年问世。

我对创作心理的探索是全面的，不仅探索创作心理在创作中的表现，而且探索它的成因、构成因素、结构形态和动力系统，以及在创作中的功能发挥、作用力和"创造、艺术、文化"的效应。我的《创作心理学》一书就是这样构成的。我根据自己的研究，确定了一些属于自己的学术命题和勾画、描述创作心理的"结节"，其中有"人生三觉醒"（人生觉醒、艺术觉醒、性觉醒），创作心理的内构造、创作心理的"四大家族"（"自我""意识""感情""记忆"），创作"十魔"（创作冲动、情绪记忆与情绪激起、想象、直觉与灵感思维、潜意识与梦、忧患意识、悲剧心理、两面神思维、模糊意识、语言—言语），创作心态"十佳"（"创作冲动"的爆发状态、"强迫状态"、超越感、契合感、自由感、孤独感、灵感流星迸发、无意识状态、迷狂状态、"顶峰经验"），等等。此外，还有预备作家的"生活学""艺术学"，作家的"构思学"，等等。在探讨这些创作心理的内涵和表现时，我运用了鲁迅、托尔斯泰等伟大作家为主体的传记资料，又向二十几位我国当代作家进行了问卷调查，以求实证。如果说前者是"死"材料，是"六经注我"，那么后者则是"活"材料，是"现身说法"。我甚感欣慰的是，在以萧乾、梁斌等老作家为代表的诸家回答中，以自身的经历和经验，证实了我的许多推测和论述。

创作心理，不是研究者加在作家身上的"理论框框"，而是出自作家艺术家心灵深处和作品内涵的理论概括与心理结晶。作家艺术家都是具有一种特殊内涵、性质和形态的心理状态的人，它不同于一般人，也不同于科学家、学者、理论家等，否则，就不会有作家艺术家、不会有文学艺术作品。生活无疑是创作的素材，但掌握这种素材的人多得很，有些人所拥有的生活素材甚至比作家艺术家还要多许多，但却没有创作出文艺作品。这是因为"素材"是自在的，它必须经过作家艺术家的心灵的酶化，才能产生出文艺作品。而这种酶化的"汁液"便是作家艺术家特有的创作心理。酶化的过程，便是作家艺术家的包容于创作心理中的思想、思维方式、思维特征、直觉、灵感等，对素材进行加工，并在加工过程中，溶解素材，使之发生"生物—化学"作用，产生新的素质，成为新的形态，从而完成从"一般素材"向"创作素材"的过渡，从"客观材料"形成"客观—主观材料"，并且具有文学艺术作品的初级形态，然后，在此基础上，加上创作心理的再度加工，并使用技巧、借鉴经验，创造出文学艺术作品来。因此，创作心理的研究，既有利于作家艺术家的创作自觉性的提高和理论性的规范，又有利于"预备期"作家艺术家的成长，也可以帮助人们提高、深化文学艺术的欣赏力。

我们现在在这方面的研究还很不够，还不太为人所重视，尤其是作家艺术家不甚重视。我们还需要加强这门学科的建设。在这一研究上，我存有许多想法，期望能有精力和时间，在原有的基础上做进一步的探索。

我曾经在对一些作家的评论中，运用了我在创作心理方面的见解，感觉这种"理论支援"是有益的。我仍将在这方面做出努力。

《创作心理学》出版后，安徽师范大学舒咏平教授即采用为教材，还得到理论界和一些作家的首肯，这令我甚感欣慰。还有来自不少地方的读者的求购信，可惜无力满足他们。现在我将此书收入文集，作为第三卷单独出版，期望能为欲得者得到。

九、文化：经济——社会与人的发展

自20世纪80年代中期起，我逐渐进入文化研究领域。这有几方面的原因。从主观方面说，我从鲁迅研究自然进入中国现代文化以至一般文化研究，对中国现代文学的研究也势必进入这一领域。客观上，我的业务也推动我不断出席有关经济、社会、文化发展的研讨会、座谈会。

这样"内""外"互渗结合，不仅推动我进入文化研究，而且使这种研究同经济—社会发展与人的发展的研究，紧密结合在一起。最近十几年来，我对社会学研究发生浓厚兴趣，并由此走上对文化人类学的研习。这几方面的结合，使我的研究在实践上成为文化与经济—社会发展、发展战略研究，而在学理上则偏重文化社会学的研究。但不管是实践上还是学理上，我的研究的出发点、立足点、聚集点以至归宿都是文化。在实现现代化这一总课题中，我所侧重的是文化。我始终以为，现代化应有两大指标，不可缺一，这就是经济增长与社会进步。后者，作为一个广义的命题和指标，在总体上可以归为大文化的发展。关于我在这方面的认识和观点，最集中而系统地表现在论文《中国当代社会的变迁与文化整合》中。在这篇论文中，"实践"——社会实际和实际工作，同理论阐述与探讨是紧密结合在一起的。20世纪90年代以来，我结合所接触到的各种实际，就经济—社会发展与文化支援、文化整合问题，撰写了许多文章。我主要的看法是，经济增长不是全部现代化的目的，仅此也不足以实现经济增长，更何谈现代化；文化是经济的养育系统，是"明天的经济"，是经济的支援和保证。可以说，"经济是表现为经济的文化，文化是表现为文化的经济"，二者是一个钱币的两面，是不可分割的。这是战略上的论定。从战役、战术上来谈，没有文化的推动、支援、保证，经济也不能发展；从社会发展角度说，经济增长，无论是何种社会性质、发展模式，在工业化、社会化、商品化、城市化、科技化的过程中，必然产生种种社会问题与文化问题，说是不可越过的"泥沼"也好，说是现代化必须付出的代价也好，说是"现代化的阵痛"也好，大小轻重不同，但总会发生。对此，预防与补救之法，只有一条，就是发展文化，实现文化整合。而且，在人的全面发展和生活追求上，物质生活与精神生活必须平衡，单纯物质生活、福利生活，不能满足人的全面需要；相反，倒是物质生活越好，生活福利越高，越在"无尽的享乐"中，越会有空虚感、失落感、孤独感，而需要精神生活—文化精灵的补充和支撑。这样，现代化、经济—社会发展、文化发展，便又牵涉到而且是归结为人的发展，"人的本质的全面的展开"。因此，人的现代化——社会现代化——经济、社会发展——发展战略研究，是一体的，是互相渗透的。目前人们所忽视的正是这种战略上的一体化需要，而只注意经济增长一途。这里有一个目前和长远结合、外在和内在结合、物质和精神结合、经济和文化结合、阳与阴结合的问题。我们需要的是阴阳平衡，而不是阳盛阴衰或阴盛阳衰。我的许多文章和讲演，都是本着这个宗旨和认识来阐述的。

在此期间，我还就一些地区的经济、社会发展问题提出建议，大体内容也不出上述范围。这有几个方面：一是内部发言和建议（决策咨询活动）；二是参加有些地区的经济、社会发展战略讨论；三是在报刊上发表文章。

以上这些，算是我作为一个社会科学工作者为社会承担的一点责任，也是一点奉献。这方面的文章和建议，我选了一部分，收入《彭定安文集》第4卷。

应当指出的是，这方面的活动和研究与写作，对我的整个学术研究工作，是起了推动作用的。它推动我了解实际、结合实际、关心社会、情系民生，而这对学术研究是一种"生活之源""情感—思想之泉"，不仅可以支持、充实、提高这种"实"的研究工作，而且对所谓"纯学术""纯文化"研究也是具有同样意义的。因为，这是"根底"。

与此相联系的还有可以总括为"社会科学学"的研究。由于职务的关系，十几年来，我曾着力于这一课题，主要是关于社会科学的性质、功能、作用力和社会科学的发展史与方法论问题，与此相关则涉及与其他科学门类的关系以及在整个文化系统——社会系统中的地位与作用问题；同时，也探讨社会科学工作者必备的素质问题。除了参与合作国家重点课题《社会科学学》（湖北人民出版社，1991年）一书的策划、编写之外，在这方面发表了一定数量的论文。我以为社会科学是文化系统和科学系统中的一个重要组成部分，在现代社会中，科学已经囊括了一切文化现象：现代文化是以高科技为重要标志和核心推动力的文化；而科学本身并不是孤枝独立的，而是由自然科学、技术科学、人文科学、社会科学四大科学部类组成的一个"科学文化组合体"，它们分别地而又共同地对社会和文化发生作用。但相当时期以来，分裂成两种文化，即科技文化与人文文化，不仅两者彼此分离，互不了解，而且，人们一直重科技而轻人文、社科文化。尤其在中国是如此。现在，正是应该重视人文文化的时代，科技之绮梦，要靠人文文化来圆，因为人文社科是解决经济、社会发展，也是解决现代化事业的战略问题的，而科学技术则是解决战术问题的。我在一些文章和发言、讲演中都谈到这一点，有时是大声疾呼。这个问题，现在仍处于待解决中。重要的是解决认识问题。我把这一社会科学学的问题，纳入我关于"文化：社会与人的发展"的总体框架中来研究，它们彼此结合，互相补充与论证。

十、教与学：课堂与讲坛

我曾在辽宁大学中文系开设创作心理这门课。以后，又同辽宁师范大学合作，建立了中国现代文学的硕士点，培养研究生。1993年，受聘于东北大学创办文法学院并任首届院长，正式走进大学校园，走进大学课堂。在教学工作任务之外，长期以来，我经常被邀在学术会议、研讨会、座谈会上讲演或发言。我还兼任辽宁大学、辽宁师范大学等数所大学的兼职教授。这是我的社会活动和社会工作，也是学术—文化工作。所讲内容大体上是四个方面：（一）文学的，包括一般文学、文学理论、作品讨论、中国现代文学、比较文学与鲁迅研究等；（二）文化的，包括文化与人、文化与社会发展、精神文明建设、比较文化等；（三）社会科学研究的，主要是社科研究的规划、课题论证、研究方法的讨论等；（四）科学技术与社会发展的，这是到东北大学工作以后，适应以理工科为主的大学的需要而确立的主题，曾举行过若干讲座，撰写过多篇论文。

近几年来，这方面的活动，相当频繁，这方面的工作量非常大。我虽并非有请必到，但基本上是只要能去就去。我意只要有做一点事情的机会就做一点，这是生活的意义、存在的价值。而且，这也催逼我加紧加强学习，此正所谓"教学相长"，我要想前去有所"教"，就不得不先行学习，有所准备。教学相长还有另一方面，这就是同"听众""接受者"的交流，或听其同意的反映与发言，或听其补充、生发以至不同意见，这都是对我的帮助，是"先生"了。

我尚能感到自慰的有两点，一是这总算我的一份工作，是我对邀请者、对学生、对社会的一种"奉献"。尤其在同学生交流中，他们的信任的目光、求知的激情，往往使我感动，有不少来信告知他们之所获，有的学生因我的影响，而重视人文科学甚至转向这一研究领域，更使我感动。二是，我每参加这种会议、座谈，更不要说讲课了，事先都做准备，写出详细的提纲。现在，这些年写出的提纲，已经积累盈尺。这也算是我学习的笔记、思索的结晶、思想的体现，从这些提纲中可以看出我借此充实了自己，整理了思想，使之条理化、系统化、理论化了。有同志曾建议我将每次所讲录音整理成文。可惜我无法做到这一点，否则，这些"讲演录"，可能比我所写论文要多得多。所幸有几次讲演，如在大连的两次有关文学的讲演，因为记录人的认真整理而成为文章了；尤其是1990年在哈佛大学和加州伯克利大学的两次讲演——关于鲁迅与胡适的比较研究，关于中国当代社会变迁与文化发展，因有详细提纲，我整理成文了，这次收入《彭定安文集》第4卷。

十一、生活经历与学术生涯的几点感受

在出版自己的文集之际，我对从事学术活动的经历，做了一个简略的回顾，并且在一定程度上进行反思。我为不能作更有内涵和意义的总结而深感遗憾。不过回顾以往，"在抽象层面进行思考"，倒也有几点似可一述。

我喜欢引用《西方的没落》作者斯宾格勒的比喻，"世界、社会、环境"这是一个"大宇宙"，而人作为一个个体则是一个"小宇宙"。"小宇宙"的命运是受影响、受制于"大宇宙"的，而且，他的思想感情倾向、志趣追求、人生目的，也是受"大宇宙"制约的。回忆我自己的诸多梦想、追求，以至具体的写作内涵、题材选择、研究课题之确定，和完成它们所应采取的方向、方法，以至学术话语的采用，都受制于"大宇宙"，在根本上是"大宇宙"决定的。"小宇宙"——个人的作用，不是没有，而且就主体性来说，也可以和应该说是决定性的；但这种主体性的作用，其力度、其范围、其功能，都受到"大宇宙"的影响。回顾我几十年的历程和命运，其根本的"划线"就是1978年的前与后；如果没有20世纪70年代以后中国这个"大宇宙"的整体变化，一切不是依然如故吗？

在"大宇宙"对"小宇宙"的影响和制约方面，大环境，即社会、时代、区域、学校等方面，在幼年少年时代，一般总是作为"背景"而存在和发挥作用，以后，则越来越在人的生存和发展中，发生巨大的以至决定性的影响，因为本质上是"社会关系的总和"的人，这时已经越来越广泛深入地"介入"、投身于社会结构和社会生活之中了，他是这

个"社会之海"中的一滴水。而家庭和亲人，在童年时代，甚至可以和应该上推到婴儿和幼年时代，则具有决定性的影响。从心理学角度说，人的心理定势和人格雏形正在此时期形成，俗语谓"三岁看到老一半"，是有道理的。人的性格形成、人生目的确立之前，尤其是确立之后，对"大宇宙"的影响和制约，是会起到"接受"或"对抗"两种不同作用的，这就是反馈、反映、反应和反弹，这里会充分发挥主体性和个体性的作用。所以才有出身同一家门的亲兄弟而性格不同的结果。个人的这种自主性、独特性、高质量、高能量的反馈、反映、反应与反弹，是非常重要的，在这个范畴内，是决定性的。不过，"大宇宙"却仍具有权威的巨大制约力。怎样地扮演怎样的一出戏，选择什么角色和如何来完成这个角色、又完成的如何，这取决于自己，但"大宇宙"这个"舞台"提供的空间和条件，却都制约着你，它或者限制你、或者成全你。在这里，轻视自己的能量和努力，是不对的；忽视客观的限制和影响，也是不对的。因此，回顾平生，既不可"诸事归于一己之努力"，又不应"一切埋怨客观"，而应客观、冷静地分析主体与客体的辩证关系，准确地认识自己、评价自己。

"艰难困苦，玉汝以成""文章憎命达"，这是广泛深入中国人的"集体无意识"—"民族心理素质"中的"人生体验"。这有古今中外许多辉煌事例的证明，应以"真理"待之。不过，这也是有限度、有条件的。困难与命蹇，故可玉汝以成，但如果"反映不佳""反弹不力"，却也是"成"不了的。这是一方面。更重要的还有两条：一条是环境和条件不能过于恶劣、时间和困厄不能太长久，否则，人已毁矣，何成之有？荒沙狂风之地，寸草不生，苦寒经年之岁，万物枯槁。另一条是，并不是凡优厚条件都使人堕落或无所成。相反，好的环境好的物质条件，对于人的成才、对于科学文化的创造，是具有支援和保证作用的，歌德的贵族家园、托尔斯泰的地主庄园、普鲁斯特的"终身富贵"，都是客观优厚条件"成全"了他们。许多历经劫难的人，在后来有所成，也是"度尽劫波"之后具有了一定条件。尤其现代社会，现代化的手段与创造机制、广泛的国内外信息沟通与亲身交流，以及居住、交通、写作、出版等条件，都是很重要的，一味的"荒沙"与"苦寒"、一贫如洗、困居僻乡，也是不行的。

在个体的努力上进，即"小宇宙"对"大宇宙"的反作用上，文化的接续承继，其作用是很大的。这是一种内在力量、精神力量，一种主驱动力，具有持久的功能和不可摧毁的力量。我前述家庭影响，即有这种文化功能。我难于历数众多圣哲和书籍给予的多方面的影响，但我不能忘怀，在每个艰困阶段，总是这些"文化的甘泉"滋润心田，总是这些"文化的绿洲"给予安身立命、暂安魂灵之地，并创造一个生存和以后发展的"心理基地"。

我曾在一篇短文中写到过王元化先生得到过的周扬、孙冶方、郭绍虞的关心与帮助，以及这种师友之助的作用，并称为文化的发展与创造的"不可缺少的支撑"。这也是历经古今，承继不衰的"文化典故"。这包括物质上与精神上两个方面的支撑。我所做的一点工作和取得的一点成绩，即是在各个时期，特别是艰困时期，得到不少领导与师友的"支撑的雨露"的浇灌，才能有的果实。对于他们的关怀与帮助，我时在念中、永志不忘，愿在此敬献我衷心的感谢。

在个人的处世行事上，以及对研究对象上，我愿意首先注意"人生/人格"这一层面的表现。人生一世，不满百年，荣华富贵，跌宕浮沉，命运不同，但人生道途中的各种际遇，不应影响处世行事的人格；人格在各种情况、各种条件下有具体的表现形态，但本质一致。人格之美是人类本质之美。人之美以人格美为最。照亮人类历史领空和良知天际的，是历朝历代以人格光芒闪烁于世的圣哲贤俊、英雄志士的"人格之光"，而不是高官厚禄、盛名隆誉，更不是万贯家财，而对人类之前进、社会之发展，具有推动作用和生命意义的，也正是前者而不是后者。如果说我一生有所向往和追求，便是前者而非后者。据此，我在研究作家和作品时，所首先注意的，也是"人生/人格"层面，即他经历着怎样的"人生"，在这种具体的"人生"中他形成和表现出怎样的高尚"人格"，这"人格"又怎样影响了他的"人生"？他们的这种"人生/人格"，又怎样辐射于社会，产生怎样的社会、思想、文化效应？我之研究鲁迅，即本于此；我之敬仰鲁迅，亦本于此。

与此相关联，我对研究对象，总愿意放在"大时空"的视野观照下和论述框架中来探索，这"大时空"，包括世界、国家、民族、历史、时代、家族、家庭和个人经历之全过程；同时，就其个体来说，也涉及他的生平、思想、著作和思维特性、艺术特征等所有方面。一个是"大宇宙"的大时空，一个是"小宇宙"的大时空。两者不可分割、互相影响、互相渗透。因此，我喜欢做全方位的、综合的、比较的研究。

在进行这种研究时，不能不掌握大量的、充分的、详细的、系统的材料。材料务求齐全，资料产生思想，思想产生资料，众多的资料会提供产生见解、观点、思想的素材和依据；思想，会扩大收集资料的眼界、能化"非资料"为资料。掌握了充足的资料，不能不对所有材料进行全面的、深入的、综合的、比较的分析和研究。这是一个思索的过程、探讨的过程、研究的过程。在这个思维运作、精神飞动的过程中，会感受到一种非凡的愉悦，一种心灵的上升和思想的飞跃。这大概就是居里夫人所说的"科研本身就是报酬、就是美"吧。在此基础上来撰写论著，在描述与论证中，我追求理论上的把握和讨论，愿意进行思辨的以至论辩的探讨，试图尽量使文章具有理论色彩、理论深度，并且使人得到一种"理论兴味"的欣赏愉悦。学术文化论著也要有情感，爱之弥坚、恨之弥深，心底有真情，笔下情飞扬。情不逾理，更不掩理，但"情"应该和可以附丽于"理"，使"理"生动活泼而出，动人心魄、振人情怀。情感理性化，理性情感化。这样的文章才有读头。

我以为一个研究者描绘和论述的是他研究的对象，但是，同时又是在表现自己，是在"表现他人时表现了自己"，"自我"附丽于"他者"之身出现了。"不是我在说话，而是话在说我。"我说"他者"时的"话"，同时是在"话说"我自己。一个研究者的思想、道德、人格、理想、信念、爱好、情趣等，往往会在叙述时和阐释"他者"时，"自我表现"或"自我暴露"出来。

这是我的一些体验和感受。说它是一种结果、一种收获不如说是一种体验、一种动力和一个起点。

十二、激发老年的活力

正如法国女作家达尼埃尔·萨勒纳芙所说："写作的行为实际上是存在的一种延伸。"她还说："写作也是一种呼吸，一种舞蹈，一种运动，一种激情，作家因此而加入到整个世界的呼吸循环过程。"写作也是我存在的延伸，我也是凭依写作来呼吸、舞蹈和运动，并以内在与内省的激情，渗入社会与人生的呼吸循环之中。研究的计划仍然不少，材料、构思、提纲皆备，只等撰写的论著仍有好几部，创作梦仍在诱惑我，"生活素材"的呼唤，促我寻找属于自己的叙事范型。然而，天道难违，衰老必至，必须激发"老年的活力"，创获一个"充满活力的衰老"。

"欲少留此灵琐兮，日忽忽其将暮。吾令羲和弭节兮，望崦嵫而勿迫。"

（写于1998年2月）

《我的自述》：前言与结语

《我的自述·前言》

题记：

"……围绕着它，和它有关的都是从往事里抓出来的片段回忆，随想里留下来的思想点滴。"（赫尔岑《往事与随想》）

前言：

（按：《前言》的第一至四部分，已作为单独文章发表，此处从略。）

五

前面说及"性格即命运"的确实性，但还需要补充。性格的确决定命运，但是，决定命运的却不只有性格，它不是唯一的决定因素。其他还有社会环境、生活境遇以及"遭遇何等人"（包括亲人、朋友、上级、下属甚至偶遇的"生活撞入者"等）这样一些重要的因素，起作用，在关键时刻，甚至起决定性作用。性格的决定命运，往往是在人生选择上，主观上于去取之间起决定作用。而那些客观因素的决定命运，却都是外在的，带着强迫性的，人只得服从，别无可取，甚至无可躲避。

六

关于命运问题，还可以进一步思考。命运究竟是什么？这可以有多种多样的释义与解读。我根据自己很不平坦却很平凡的生活经历和感受，有一种特殊的、"属于我自己"的"命运感"。我觉得，如果从社会学的角度来解析，那么，命运就是时代的精神、社会的状况和心态，同个人的经历和心性的交汇，或者说，是某个人的具体的经历和独特的心性，在一种具体的时代精神、社会状况与心态中的体现。在这个意义上，可以说"性格即命运"，因为面对同样的时代、社会状态，不同的个体有不同的经历，而他的性格则决定了他在相同的时代精神、社会角色与人生道路中的独特选择，从而也就"产生"和决定了他的经历和心态。这是一种释义与感受。在这个意义上，命运既是受时代、社会条件制约的，又是由个人的心性所做出的"自我选择"决定的。从后一点说，"你的选择是自由的""你的性格在决定你的命运"；但从前者说，那"时代、社会"条件，又是"如来佛的掌心"，那"心性之孙悟空"，凭你再"心比天高"，也是跳不出去的；最多你能像孙悟空一样，翻个筋斗"淘气地撒泡尿"而已。但结果还是逃不出"掌心"，反倒受惩罚。这算是"社会学的一解"吧。但如果从"浪漫主义"艺术视角来解读，那么我以为，个人的心性在时代、社会的大潮中飘荡悠游、上下浮沉、前进倒退、翻江倒海、优哉游哉，或搏击于滚滚浪涛，或荡舟于平静港湾，或急流勇退，或枯坐死湾。"江河湖海天地宽，凭君心性任去留"。这看似性格决定，但终是"身在江湖"，不能逞心任性的。这是又一解。这二解，都似有决定论之嫌，但人类命运终是如此。然而，我却常常有另一种感受，那就是事情常常就那么出现了，既不关乎"时代、社会"条件，也不涉及个人心性，反正就那么出现了，带有极大的偶然性、随机性、随意性，甚至瞬间性。"片时千古"，一个人的"一生大关节处"，就"鬼使神差"似的那么出现了，做了，办了，决定了，选取了。一失足成千古恨也好，"一举成名天下知"也好，反正真个是"一次定终身"，令人不得不感"运"叹"命"了。

要说四十年的历程与反思，这算是一个"总体感受"吧。我在回顾走过来的路时，在心中升起"生命思绪"的袅袅炊烟：那是未曾充分燃烧的生命之火的"烟化"，我常在冥思默想中隐隐然遥望着它弥散于人生的天际。

说来说去，别怨什么环境呀，时代呀，历史呀，还有什么领导呀，同事呀，朋友呀，这个人那个人呀。其实，归根结底还是"你自己说了算"——是你自己选择、决定取舍、决心往哪儿走和怎么走。……

七

还有所谓创伤记忆（traumatic memory）和创伤书写问题。前者是弗洛伊德首先提出的心理现象和病状；后者则是研究这种创伤在文学创作上的表现，提到研究的对象包括鲁迅的《藤野先生》、萧红的《生死场》，以至现在很火的电影《芳华》等。毫无疑问，我有着创伤经历，自然存在创伤记忆，也自然在心理和思想情绪上，留下刻痕。我的创作，也有这种创伤的表现。不过，有几点却不同一般。这就是，伤痕的击袭严重，但主观的记忆留存，却并不那么深重，事后也会触发而回忆起来，但不那么"伤心伤肺"、放不下想不开，而耿耿于怀，即未曾留下病理性症状。我觉得是许多内外原因淡化了、抚慰了以至化解了其困顿的骚扰和恶性发展的前景。其中更有上述的"读书效应"。这应该是我未曾"跌倒爬不起来"的原因。而创作上（例如创作长篇小说《离离原上草》）积极效应的表现，能够获得一定的艺术效果，则是"蚌病成珠"的体现了。

八

有一句流行话说："有一个人，就有一个名字；有一个名字，就有一个故事。"我自然也不例外，在我的名字下，也有一个故事，那可是一个90岁老人的一生的故事。这故事很长、很绵延，也很波折，但平淡而又平凡。不过却是生活于一个伟大历史转折的、社会生活巨变的时代，因此不能不映照着社会和时代的映像。这也许是，我的口述历史的一点可取之处。

九

马克思说，人在本质上是"社会关系的总和"。人既然生活于社会关系之中，并受到它的影响，其一生中，就会有种种社会关系，遇到种种人，并接受他们的影响。所以马克思给人确定了一个专属名词——"社会个人"。这就是"社会"与"个人"、"个人"与"社会"，彼此都分不开。不过，人们的机遇千差万别。有的人，一生遇到贵人恩师，由此获得成功而幸福的人生，有的幸运者一生还会遇到不止一两个贵人恩师（我的老朋友中，就有这样的实例）；但是也有的人，一生一次或多次遇到宵小之辈，因此人生途中跌跌撞撞、风雨载途，不堪其苦。我一生中，虽然遇到过贵人恩师，但用俗话说，却由于客观原因或我自己的"性格关系"，"没有得济"，多次遇到人为的阻滞、虐待、冤屈和坑害，使我不顺心、不顺利甚至跌入深坑、颠沛流离。但施恶者并不都是宵小之辈，我也寻不出他们加害于我的动机和目的。他们有的从中有所获，有的也并无获得，即"害人未利己"。所以我把他们一律称为"怪人"。他们做了，设谋了，施虐了，"挖坑"了，投井下石了；而我，确实倒霉了，遭殃了，受害了。现在，"过去"已成历史，我追忆其迹，既不是揭发，也不是秋后算账，更不想诅咒，只是回顾、追忆，客观陈述事实而已，故均姑隐其名，只是让人们了解，世上会有这种人，会有这种事。借伏契克临终忠告的话来说："人们，我爱你们，你们要警惕啊！"这，权且算是一种人生体会、社会经验吧。

十

黎巴嫩作家纪伯伦有言："不要由于走得远，而忘记了出发点。"

我一生平凡而坎坷，风雨载途，曲折逶迤，颠颠簸簸，走得跌跌撞撞，碰得头破血流，然而未曾稍歇、稍懈。年届知天命之年，才从荒僻之乡的十年插队之地回城，过上正常的生活，能够正常地工作和学习。于今九十初度，应该说在人生的道途上，在革命的征途上，是走得很远很远的了；但是，途路兮绵长、命运兮蹇滞，却从来没有忘记过自己的出发点，即在人生的起跑点上和起跑之时的内心出发点。我的"出发点"是什么？从文化—心理的积淀上来说，从思想意志的基点来说，就是对大自然的热爱、对祖国和人民的热爱、对中国共产党的热爱，以及对文化的热爱。

纪伯伦还曾说过，"大自然的瑰丽，母亲的慈怀，在他的心中种下了爱与美的种子"。我亦如此。

十一

我总记得季羡林先生常说的话："假话全不说，真话不全说。"我亦如此奉行。这里，假话全没有，真话却也未能全说。

我姑且这样言说。这姑且算是社会经验、人生感悟与生命体验。

哦，知我者谓我心忧，不知我者谓我何所求！

《我的自述·结语》

结语：

数十年来，我孜孜矻矻于学术研究和撰著，与我的心性和思想、志向分不开，有如顾颉刚在他的《〈古史辨〉自序》中所说："我所以特别爱好学问，只因学问中有真实的美感，可以生出我的丰富的兴味之故。""学问"具有我生活中、工作中的"真实的美感"，这是基因，但还另有所宗，即前述的生活经历中"潜心研究"四字箴言的人生道路的抉择。两者结合融会，而笃定心性。同时，也还因为我信奉社会科学工作者是"社会的产物"，也就要为社会服务。我愿尽微薄之力，以自己的科研工作和著述，为社会服务、为人民服务。这是我的生存方式、我的志向、我的人生意义和幸福之所在。

回顾九十年华，平生可述可记的，计有6个"三"，或可为结语之余绪，勉为一己之差堪欣慰者。它们是：

（一）"平生三书"。即20世纪50年代、50—60年代和70—80年代及90年代至今的四个"平生三书"。详见《彭定安文集》第12卷之《九十忆"平生三书"》。

（二）"平生三文"。即近20年新闻工作历程中，可记述之三篇文章，它们是：

1.《鲁迅的一生》（1956年为纪念鲁迅逝世20周年而作，《辽宁日报》连载。我毕生研究工作滥觞于此文写作。时年28岁。）

2.《永生的战士》（引发持续至今并将延至永后的学雷锋活动。1963年《辽宁日报》刊载，首次全面、系统报道、赞颂雷锋事迹并概括、提炼"雷锋精神"为助人为乐的共产主义风格。毛主席题词"向雷锋同志学习"，全国兴起学雷锋活动，至今未衰并不断发展。时年35岁。）

3.《工人阶级的好儿子许如意》，是报道为救落水儿童而牺牲的工人许如意生平事迹的长篇报告文学，《辽宁日报》连载，辽宁人民出版社出版单行本，署名"辽宁日报记者"。

（三）"平生三议"。即《关于开辟、建设"江西青山湖科技园区"的建议》、《关于保留开封古城的建议》和《关于建设"沈阳—大连现代化经济—社会区域"的建议》。详见《彭定安文集》第14卷《社会与文化转型论》。

（四）"平生三事"。平生做了三件可以一述的事情：其一，撰写了雷锋事迹报道，引发学雷锋活动；其二，提了三件被采纳而且发挥了作用的决策建议；其三，主编了2套大型历史—文化著作：《中国地域文化通览·辽宁卷》（与林声联合主编）和四卷本《沈阳文化史》。

（五）"平生三著"。即撰写了《创作心理学》《文化选择学》《鲁迅学导论》三本获得好评或获奖，具有开创性和独创性，目前仍然是居于该学科的"唯一"性的学术论著。

（六）"平生三研"。即总括一生研究工作重中之重者，始终如一的主旨，为互相联系、融会一体的三大主题，即中国的现代化、中国人的现代化与中国文化从传统向现代的创造性转换（即鲁迅所言"稽求既往，别立新宗"）。

我曾经引述过恩格斯在《路德维希·费尔巴哈和德国古典哲学的终结》一文中，对于费尔巴哈晚年思想没有"前进"，而"被挤到后台去了"的论述，他指出，主要是由于费尔巴哈"在穷乡僻壤中过着农民式的孤陋寡闻的生活"，不能"从同与他才智相当的人们的友好或敌对的接触中产生出自己的思想"；我之引述这一论述，主要是由此清醒地来认识自己在思想发展和社科研究上的缺陷和局限，这也就带来了我的学术著述的不足和缺失。前已述及，我的几十年的生活，颠簸坎坷，从纯体力劳动到十年乡村蛰居，其情景和状态和当年的费尔巴哈相比，是相差很远的。我不仅生活于穷乡僻壤，没有条件安居，而且过的是"入了另册"人的生活，谈何切实的科研，又何谈"与才智相当的友好或敌对的接触中产生自己的思想"呢？我生命中的岁月，多半荒废于艰困扭曲的生活中了。这是我的生活的一种消极的状况，它不能不影响我思想——学术的进展。不过，也还有另一面。这就是王元化先生依据自身的跌宕生平所说的"生活经历激发了思考"，却也可收获思想之果。而我自己的体认则是，由于身处社会底层，好似越过肌肤而深入到它的腠理，故对于认识、理解中国社会以至历史——文化以至中国人，还有对于鲁迅对于中国历史、社会、文化和国民性的深刻理解与沉痛批判，均可结合生活实感更好地领会。这些，我感觉也都沉潜隐约进入我的思考和论著之中了。这也促进了我的夙愿的形成："为学不欲做冬烘。"也许这可勉强喻为"种下的是跳蚤，收获的却是龙种"，或者说"蚌病成珠"吧。

记得郭沫若晚年病重时，著名作家沙丁去看望，对他一生事业学问的巨大成就多所赞誉，而郭氏慨叹曰："唉！十个指头摁跳蚤，一个也没有摁住啊！"我常以此自问自责，亦自叹自警。

宋人徐铉有句："青襟空皓首，往事似前生。"皓首述往事，书何能尽言。献兹文而愧赧，乞余生犹有为。

《沈阳日报》记者采写的报道《彭定安：时代·机遇·努力》中，曾以这样的话语结尾：

> 讲到这里，彭老又引述弘一法师李叔同自撰联"一事无成人渐老，一钱不值何须说"，自称"二一老人"这个故事，调侃自己是"一生坎坷、一事无成、一晃而过、一钱不值"，是个"四一老人"。呵呵，彭老平淡地笑了笑。

他们认为我之所言，乃是"调侃自己"；但其实这是我真实的自我感受，是肺腑之言啊。

这种"自我感受"的内蕴，曲折而委婉，真实而"扭曲"，期盼自许与实现距离、目标邈远而达到差距，等等，都构成一种"心理虚幻"，不免自责自贬而感慨系之。